Reinhard Winter

Porno, Sex und Männlichkeit

Reinhard Winter

Porno, Sex und Männlichkeit

Wie junge Männer ihre Sexualität schaffen

Unter Mitarbeit von Katharina Siedler,
Lilia M. Steinmetz, Lisa Holzmann, Moritz Malmede,
Pia Ewert und Sophia Hamdorf

BELTZ JUVENTA

Der Autor

Dr. Reinhard Winter ist der profilierteste Jungenexperte im deutschsprachigen Raum. Er ist Diplompädagoge und in der Leitung des Sozialwissenschaftlichen Instituts Tübingen (SOWIT). Er arbeitet in der Jungen- und Männerberatung, in der Jungenforschung sowie in der Qualifizierung von Lehrern und Fachkräften in der Sozialen Arbeit zu Jungenthemen.

FSC www.fsc.org MIX Papier | Fördert gute Waldnutzung FSC® C089473

Dieses Buch ist erhältlich als:
ISBN 978-3-7799-6893-1 Print
ISBN 978-3-7799-6894-8 E-Book (PDF)

1. Auflage 2022

Herstellung: Ulrike Poppel
Satz: Helmut Rohde, Euskirchen
Druck und Bindung: Beltz Grafische Betriebe, Bad Langensalza
Beltz Grafische Betriebe ist ein klimaneutrales Unternehmen (ID 15985-2104-1001)
Printed in Germany

Weitere Informationen zu unseren Autor_innen und Titeln finden Sie unter: www.beltz.de

Inhalt

Einleitung

Männlich zu sein ist ohne Sex schwer vorstellbar. Nach der jugendlichen sexuellen Aneignungsphase stehen Jungs[1] vor der Aufgabe, beides zu vermitteln und zu integrieren: ihr Männlichsein und ihre Sexualität. Dabei können sie heute nur bedingt auf bewährte Strategien zurückgreifen. Denn die Jungs heute befinden sich in einer neuartigen Situation, sie gehören zur ersten Generation, die mit einem dreifachen gesellschaftlichen Umbruch umgehen muss: Männlichkeitsbilder und -normierungen haben sich gravierend verändert; der Wandel der Geschlechterverhältnisse und -beziehungen zeigt weitreichende Folgen; und die Medialisierung der Sexualität ist in vollem Umfang bei Jungs angekommen. Dazu gehören neben online verfügbaren Jugendkanälen (z. B. jungsfragen.de, loveline.de) vor allem Internet-Pornos.[2] Jungs sind »porn natives« und verfügen erstmals schon während der Phase der sexuellen Aneignung, oft lange vor einer sexuellen Praxis mit anderen Personen, über unbegrenzte Zugänge zu explizit sexuellen Medien und nutzen diese auch, häufig viel stärker als weibliche Jugendliche und junge Frauen, und mit einer hohen Selbstverständlichkeit.

Pornografie zu nutzen unterscheidet junge Männer oftmals von jungen Frauen, aber auch die jetzige Generation junger Erwachsener von ihrer Eltern- und Großelterngeneration, die noch keinen schwellenfreien Zugang zur Pornografie hatten. Zwar definieren junge Erwachsene ihre Generationszugehörigkeit nicht über spezifische Facetten ihrer Sexualität (der Begriff »Generation Porno« ist also Unsinn). Dennoch prägen Pornoerfahrungen das sexuelle Lernen und Erleben der Jungs, weil sie massenhaft genutzt werden und Facetten von Männlichkeitsbildern präsentieren, die gesellschaftlich in Verruf geraten sind. Auch wenn öffentliche Diskurse über Sexualität und Männlichkeit heute umstritten und widersprüchlich sind, bleibt beides eng verknüpft: Sexualität stellt eine Kerndimension von Männlichkeit dar, die in den Medien wie auch in der Kommunikation vieler Männer fortwährend betont und bestätigt wird. In ihr treffen Männlichkeitskonstruktionen, alltägliche männliche Praxis, soziale Strukturen, Gesetze, Normen, Moral, Lebenslagen, Selbstgefühle und Lebensentwürfe zusammen.

Zudem sind Männlichkeit und Sexualität aus je unterschiedlichen Richtungen umkämpfte Gebiete. Vorstellungen von Sexualität und Geschlecht werden ständig

---

1 Damit sind hier 18- bis 25-jährige männliche Jugendliche bzw. jüngere junge Männer gemeint (ausführlicher erklärt auf S. 11).

2 Sexuell explizite Darstellungen, hier: vor allem im Internet kostenlos erhältliche Porno-Videos.

reproduziert, idealisiert und damit stabilisiert, wie auch hinterfragt, kritisiert oder weiterentwickelt. Leitideen der Männlichkeit formulieren sich dabei am Traditionellen orientiert, gleichzeitig tauchen neue gewandelte Figurationen auf. So lassen sich gleichermaßen Verfestigungen und Veränderungen im Zusammenhang von Männlichkeit und Sexualität entdecken, eine mehrdimensionale, bisweilen fast paradoxe Gleichzeitigkeit von Entwicklung und Persistenz (Maihofer 2007). Mit dem gesellschaftlichen Wandel und der Kritik an Männlichkeiten verändern sich Themen und Bedingungen der männlichen Sexualität. Das betrifft insbesondere Jungen und männliche Jugendliche im Prozess der Aneignung, Bildung und Bestimmung ihrer Sexualität. Dies lässt sich nicht nur über Erfahrungen im Privaten bewältigen, Männlichkeit zielt auf die Öffentlichkeit. Die Demonstration der Verbindung von Sexualität und Männlichkeit nach außen ist deshalb auch ein Bedürfnis von Jungs. Weil sich Männlichkeit bevorzugt im homosozialen Kontext bestätigt, markieren Jungs ihr Sexuellsein in der Kommunikation über Sex in Jungs-Gruppen. Aber auch das Nutzen von Pornografie selbst ist ein quasi-öffentlicher Vorgang, in der Jungs mit männlicher Sexualität kommunizieren und diese meist unbemerkt mit ihnen.

Im Schnittfeld von Sexualität und Männlichkeit zeigen sich heute erhebliche Verwerfungen. Innerhalb kurzer Zeit haben sich Koordinaten verschoben, in denen sich männliche Sexualität entwickelt, nach denen sie ausgerichtet wird oder die zur Bewältigung sexueller Entwicklungsaufgaben unterstützend herangezogen werden. Derzeit ist offen, wie Jungs mit aktuellen Veränderungen und Widersprüchen umgehen, wie sie davon betroffen sind und sie »als Männer« bewältigen. Sicher ist: Jungs, auch solche, die reichlich Pornos nutzen, sind oder werden keine Monster. Dennoch agieren Pornos, sie machen etwas mit Jungs. Jenseits der traditionellen Männlichkeitsfolien sind diese Wirkungen nicht als noch mehr Stärke und Dominanz identifizierbar. Stattdessen spaltet sich die Sexualität der Jungs auf: Partnersex wird idealisiert und »bereinigt«, während im Pornosex Entgrenzungen und Entgleisungen aufgehoben sind. In dieser neuen Lage steht es an, mit einem wissenschaftlichen Blick über die männliche Sexualität zu sprechen, das Wissen über sie vor dem Hintergrund erheblicher Veränderungen zu aktualisieren.

Dabei geht es um mehr als nur um den konkreten Sex. Sexualität kann als Prototyp, als Musterbeispiel für den Umgang mit dem Männlichen in einer Gesellschaft gesehen werden. Sicher ist sie in vieler Hinsicht ein außergewöhnlicher Gegenstand, dennoch kann sie stellvertretend für andere gelten, etwa für die Körper- oder die Beziehungssozialisation, den Umgang mit Risikoverhalten und -kompetenzen oder mit Gesundheitsthemen; auch hier wird, wie im Bereich der Sexualität, gesellschaftlich wenig hingesehen und investiert, während die Folgen von problematischem Verhalten »den« Männern pauschal vorgeworfen werden. Neben der äußeren, öffentlichen Dimension zählt in der Sexualität die persönliche und private Seite (die selbstverständlich auch politisch ist), wo ganz andere Eigenschaften gefragt sind. Was Jungs im Außenverhältnis, in öffentlichen Darstellungen zur männlichen Sexualität aufnehmen, kann sich in ihren Innenverhältnissen, also in den gelebten sexuellen Beziehungen niederschlagen oder sich in diesen spiegeln. Fragen im Zusammenhang damit, wie dies in Bezug auf Männlichkeitsmuster geschieht, sollen durch dieses Buch beantwortet werden. Wer etwas über die Lage der Männer und über Männlichkeit erfahren will, wird im weiten Feld der Sexualität immer fündig; gerade die Wechselwirkungen und Abhängigkeiten zwischen Männlichkeit und Sexualität versprechen neue Zugänge und Aufschlüsse. Das Thema Sexualität bringt – teils verdeckte – geschlechtliche Ausprägungen, wie auch Geschlechterverhältnisse zum Vorschein. Um männliche Sexualität zu verstehen, ist es deshalb hilfreich, sie bezogen auf Männlichkeiten zu dechiffrieren.

Jungs stehen in der postadoleszenten Lebensphase – nach der Jugendphase, vor ihrem männlichen Erwachsensein – vor der Aufgabe, ihre Sexualität in der heutigen, neuen Konstellation zu »schaffen«, und zwar im doppelten Sinne: Sie versuchen, ihre Sexualität als männliche Praxis sozial angemessen zu bewältigen; gleichzeitig müssen sie ihre Sexualität kulturell passend kreieren, sie auf die aktuelle Situation ausgerichtet neu (er-)schaffen. Daraus ergibt sich für Jungs eine herausfordernde Aufgabe: Wie können sie in diesen Spannungen ihre Sexualität aneignen und entwickeln? Wie bewältigen sie die Entwicklungsaufgabe Sexualität unter den veränderten Bedingungen? Dies soll das Buch aufschließen und bezogen auf die Zukunft männlicher Sexualitäten klären.

Wer oder was sind eigentlich »Jungs«?

Unter dem Begriff »Jungs« verstehen wir hier ältere männliche Jugendliche bzw. jüngere junge Männer im Alter von 18 bis 25 Jahren. Die Wahl des Begriffs ist auch dem Problem des Zwischenstatus geschuldet, dass wir korrekterweise von »männlichen Jugendlichen und jungen Männern« sprechen müssten; nach kurzer Eingewöhnung hat sich der Begriff bewährt. Wie unter »Kids« nicht mehr Kinder, noch nicht Jugendliche verstanden werden, so sind Jungs nicht mehr Jugendliche, aber auch noch nicht Erwachsene. Jungs sind damit definiert als »postadoleszente junge Männer«. Sie sind gleichzeitig also in einer »Weder-Noch-Situation« und vertreten ebenfalls einen »Sowohl-Als-Auch-Zustand«. Jungs geben Einblicke in die sexuelle Welt männlicher Jugendlicher, wie auch in Sphären der Männersexualitäten. Durch die Verlängerung der Jugendphase können Jungs damit rechnen, diese Zeit erst im Alter von 20, 23, 25 Jahren allmählich abzuschließen.

Während der langen Jugend eine Vielfalt von Entwicklungs- und Bildungs-Chancen zu genießen, kann auch für die Entwicklung ihrer Sexualität als Ressource gesehen werden. Die meisten Jungs befinden sich nach ihrer Schulzeit und während der Ausbildung bzw. während des Studiums. Jungs leben in einem Alter, in dem sie sich orientieren, sie sind am Sich-Finden und damit am sich Stabilisieren, auch sexuell. Die Suche nach sexueller Orientierung beschränkt sich dabei keineswegs nur darauf, welche Geschlechtskörper begehrt werden, und sich darin zu definieren oder eine Identität abzuleiten, sondern darüber hinaus in einem weiteren Feld sexueller Praxis und Praktiken das Eigene zu finden, Erfahrungen zu machen, und damit auch Wege einzuschlagen, die das künftige männliche Sexualleben ausmachen.

Den Begriff »Jungs« als Selbstbezeichnung gibt es bisher nicht fachlich, sondern vor allem in informellen Gruppenbezügen und in der Mehrzahl: »meine Jungs, »die Jungs«, ich gehe »mit den Jungs« weg, »wenn wir Jungs«, »bei Jungs ist es eben so, dass ...« Jungs bestätigen sich damit in ihrem Status und in »Jungskulturen« als einem post-jugendkulturellen Bezug.

Wir beziehen uns begrifflich auf Cis-Jungen bzw. -Männer, bei denen männliches Körpergeschlecht, psychisches Geschlecht (Selbstbild und -definition, männliche Identität) und soziales Geschlecht übereinstimmen. Es gibt jedoch eine Vielzahl geschlechtlicher Identitäten jenseits eines binären Geschlechtersystems. In der Bezeichnung »Jungs«, »Jungen« bzw. »Männer« können gegebenenfalls trans-, inter- und queere Personen eingeschlossen werden, die sich selbst als Jungen oder Männer adressieren. Dementsprechend sind im Buch mit dem Begriff »Jungs« junge Cis-Männer zwischen 18 und 25 Jahren definiert. Selbstverständlich sind schwule Jungs auch Männer, die sich mit ihrem biologischen Geschlecht zugehörig fühlen, und insofern in die Definition eingeschlossen.

Zum Buch

Was ihre Sexualität für junge Männer bedeutet, wie und wohin sie sich entwickelt, ist unklar geworden; die Richtung entscheidet sich momentan bei den Jungs. Das Buch verfolgt die Fragen, was Männlichkeit mit der Sexualität junger Männer »macht« und was aktuell Aufgaben sind, die junge Männer in und mit ihrer Sexualität zu bewältigen haben: Wie wirken sich die veränderten Bedingungen der Medialisierung auf die Sexualität junger Männer aus und wie gehen sie damit um? Wie schaffen – bewältigen und kreieren – Jungs heute ihre Sexualität? Wohin wird sich diese »neue« männliche Sexualität in Zukunft entwickeln?

Männliche Sexualität wird im Buch über exemplarische Zugänge in den Schnittfeldern von Männlichkeit, Sexualität und Pornonutzung erschlossen. Es wird untersucht, wie Jungs ihre Sexualitäten erleben und entwickeln, wo sich dabei Traditionelles finden lässt, besonders in den Auswirkungen auf Jungs – etwa wann sie durch Männlichkeitsbilder unter Leistungsdruck kommen. Gleichzeitig wird nach aufscheinenden Veränderungen und Lösungen aus männlichen Mustern gesucht und das Erleben der Pornonutzung von Jungs reflektiert, insbesondere bezogen auf ihr Männlichsein und auf ihre Ambivalenzen dabei: Wie positionieren sich Jungs zu den pornografischen Medien, die sie offenbar faszinieren und gleichzeitig abstoßen? Woher kommt männlichkeitsbezogen die Macht der Pornografie, die sich ins Leben der Jungs drängt?

Das Buch befasst sich mit Porno, Sex und Männlichkeit, von den Schwerpunkten und dem Inhalt her allerdings in einer anderen Reihenfolge. Zunächst wird im ersten Kapitel der soziale Horizont umrissen, in dem Jungs mit ihrer Sexualität verortet sind und wo ihre Entwicklungen stattfinden. Jungs sind Jungs, aber sie unterscheiden sich. Es gibt Gruppen und darin wieder Besonderheiten, Jungs, die »von Fall zu Fall« verschieden sind. Das zweite Kapitel zeichnet dies anhand von sechs Portraits junger Männer nach, die als kurze Fallstudien vorgestellt werden.

Im dritten Kapitel richten wir den Blick auf Männlichkeiten, insbesondere in ihren Wirkungen und Formungen bezogen auf die Sexualität der Jungs. Aus dieser Grundperspektive suchen wir nach dem Körper im Männersex, wir erforschen, wann und wie sich Jungs männlich fühlen und wie bei ihnen und heute Männlichkeit und Sex zusammenhängen. Traditionelle Männlichkeitsbilder verlangen von Jungs, dass sie die Führung übernehmen – aber tun und wollen sie das auch? Dies klärt sich im Beantworten der Frage, wer im Bett »die Hosen anhat«. Weil Männlichkeit nicht nur in der Praxis, sondern auch im Reden über Sexuelles hergestellt wird, ist zudem interessant, wie Jungs untereinander und in sexuellen Beziehungen über Sexuelles kommunizieren.

Die nächsten beiden Kapitel analysieren Jungs und ihre Erfahrungen aus der Perspektive ihrer beiden sexuellen Sphären, der Pornowelt, in der sie sich allein bewegen im vierten Kapitel, und der Partnersexualität mit sexuellen Gegenübern im fünften Kapitel. Zuerst – weil es heute meistens die biografisch erste Praxis darstellt – wird die Pornosexualität untersucht. Dabei kommt die Pornoinitiation in den Blick, die bei den Jungs eine biografische Bedeutung erhalten hat. Die von den Jungs oft gefährlich erlebte Macht der Pornos bietet zahlreiche Einblicke und Erkenntnisse, warum Jungs fast schon Pornos nutzen »müssen«. Aus der Perspektive der Partner-Sexualität nehmen wir im folgenden fünften Kapitel zunächst Bezug auf Spaßziele und -zwänge, analysieren den Sexstress von Jungs und kommen zur gelingenden Seite: auf den »guten« Sex. Auch und gerade heute müssen im Zusammenhang mit der Jungs-Sexualität Bewertungen und Normen, Fehler und Schuld in den Blick kommen, was wir als Abschluss dieses Kapitels erledigen. Am Schluss wenden wir im sechsten Kapitel den Blick und fragen abschließend nach Zukünften der männlichen Sexualitäten.

Die Studie

Grundlage dieser Veröffentlichung ist eine empirische Studie im Themenspektrum von Pornografie, Sexualität und Männlichkeit. In dieser Untersuchung begeben wir uns an die Stellen im Leben von männlichen Jugendlichen bzw. jungen Männern, an denen sich ihre Sexualität ausprägt: in die postadoleszente Lebensphase. Wir wollten etwas über die Zusammenhänge und das Zusammenspiel von Männlichkeit mit der sexuellen Praxis von Jungs, mit Sex, erfahren: »Sex« in einem engeren Sinne verstanden als genitale Sexualität, also Solosex – Masturbation, insbesondere unter Verwendung pornografischen Materials (Pornosex) – und Duosex mit anderen Personen (Partnersex). Es bestehen keine Interessenskonflikte, da die Studie weder von öffentlichen Einrichtungen (mit Präventionsaufträgen) noch von Wirtschaftsunternehmen (mit kommerziellen Interessen) finanziert wurde.

Für die Studie wurde im Sozialwissenschaftlichen Institut Tübingen im Jahr 2021 eine Forschungsgruppe gebildet, mit der verschiedene Forschungszugänge entwickelt wurden: ein qualitativer Teil der Studie mit insgesamt 50 leitfadengestützten Interviews und im Anschluss daran ein quantitativer Teil mit einem Online-Fragebogen. Die Datenerhebung beider Zugänge fand zwischen Juni und Dezember 2021 statt, die Auswertungen im zweiten Halbjahr 2021 und im ersten Quartal 2022. Selbstverständlich wurden alle Personen anonymisiert; in der Darstellung, auch an späterer Stelle in diesem Buch, erhielten die Probandinnen und Probanden Aliasnamen, die nicht ihren eigenen entsprechen.

Die Studie ist auf Sexualitäten »im grünen Bereich« orientiert, wir untersuchen ausdrücklich nicht sexualisierte Gewalt oder sexuelle Kriminalität. Diese Themen wurden nicht ausgeschlossen, aber auch nicht aktiv platziert, abgefragt oder verfolgt; sie tauchen an mehreren Stellen auf, bleiben aber insgesamt randständig (z. B. wenn unter 18-jährige Jungs Pornos nutzen ist das unzulässig; wenn Jungs Sex haben, obwohl sie das nicht wollten, fällt dies unter Umständen in den Bereich sexueller Gewalt usw.). Zudem wollten wir unsere Studie in der Mehrheitsgesellschaft verorten, also von der sozialen Mitte her forschen, und haben deshalb versucht, einigermaßen Jungs aus Mittelschichten zu erreichen.

Unter »Porno« haben wir uns für die Studie und die Veröffentlichung auf einen pragmatischen Begriff verständigt, wir verstehen darunter »sexuell explizite Darstellungen aller Art, insbesondere in Medien«. Aktuell und dementsprechend werden damit in den Interviews der Studie meistens im Internet kostenlos erhältliche Videos bezeichnet. Jede und jeder weiß, was Pornos sind, es gab keine Rückfrage, was genau damit gemeint sein könnte (»kostenlos« ist natürlich euphemistisch, weil die Internet-Pornoindustrie zum großen Teil auf gestohlenen Inhalten basiert und das sexuelle Interesse der Jungs dafür verwendet, den Pornonutzern unseriöse Produkte anzudienen, z. B. für Penis-Vergrößerungen, Durchhaltepillen, betrügerische Dating-Seiten).

Qualitative Erhebungen

Für die Studie wurden mit 32 jungen Männern leitfadengestützte Interviews geführt. Von ihnen haben zum Zeitpunkt des Interviews 21 studiert, zwei waren noch Schüler und neun in anderen Ausbildungen oder Berufen (mehrere Auszubildende, Krankenschwester, Versicherungskaufmann, Polizist, Freiwilligendienst, unbekannt, vermutlich arbeitsuchend). Damit haben wir im statistischen Vergleich einen Überhang an Studierenden (nach Destatis-Angaben liegt die Studierendenquote in dieser Altersgruppe bei ca. 58 %, das würde 19 von 32 Probanden entsprechen). Regional fanden die Interviews der Jungs deutschlandweit statt, die Probanden kamen aus Bayreuth, Berlin, Bochum, Düsseldorf, Ehingen, Haigerloch, Haingrund, Hechingen, Rostock, Rottenburg, Schwäbisch Gmünd, Starzach und Tübingen.

Am Ende der Interviews erhoben wir sozialstatistische Informationen der Jungs; neben den üblichen Kriterien baten wir sie, sich auf der Kinsey-Skala (vgl. Kinsey 1948/1998) zur sexuellen Orientierung selbst einzuordnen. 22 der Jungs wählten die »0« (ausschließlich heterosexuell); ein Proband gab »X« an, acht kategorisierten sich bei der »1« (überwiegend heterosexuell, gelegentlich homosexuell), ein Proband bei »2« (mehr als gelegentlich homosexuell).

Abbildung 1: Kinsey-Skala (eigene Darstellung, vgl. Kinsey 1948/1998)

0	1	2	3	4	5	6	X
Ausschließlich heterosexuell	Überwiegend heterosexuell, nur gelegentlich homosexuell	Überwiegend heterosexuell, aber mehr als gelegentlich homosexuell	Gleichermaßen heterosexuell wie homosexuell	Überwiegend homosexuell, aber mehr als gelegentlich heterosexuell	Überwiegend homosexuell, nur gelegentlich heterosexuell	Ausschließlich homosexuell	Keine soziosexuellen Kontakte oder Reaktionen
	◄— Bisexuelle Erfahrungen vorhanden —►						

Zwei der Jungs haben sich in der Kinsey-Skala selbst bei »5« bzw. »6«, also überwiegend bzw. ausschließlich homosexuell eingeordnet. Das sind zu wenige, um in der Auswertung eine eigene Gruppe zu bilden. Wir wollen auch bewusst keinen Vergleich zwischen hetero- und homosexueller Orientierung vornehmen, denn in den meisten Fragedimensionen spielt die sexuelle Orientierung keine Rolle. Deshalb haben wir entschieden, diese beiden Fälle nicht zu besondern, zumal es weitere, nicht polarisierte sexuelle Orientierungen gab; wir setzen hetero-, homo- und bisexuelle Orientierung als Möglichkeiten männlicher Sexualitäten gleich, verzichten bewusst auf eine Auswertung nach sexueller Orientierung und auf das Herausstellen dieser Fälle, weil es sich bei ihnen nach unserer Definition einfach um Jungs handelt.

Die Interviews wurden überwiegend vollständig transkribiert, ein kleinerer Teil wurde nur teiltranskribiert. Der qualitative Teil der Studie erschließt die Innensicht der aktuellen Jungssexualität durch Sondierungen der sexuellen Wirklichkeiten junger Männer im Alter von 18 bis 25 Jahren. Die untere Altersgrenze hängt mit der Wahrung ethischer Grundsätze in der Forschung bzw. mit rechtlichen Fragen zusammen; nicht volljährige Probanden hätten eine Einverständniserklärung der Eltern benötigt, Jungs hätten sich dann nicht beteiligt. In der qualitativen Studie haben wir Männlichkeit, Pornonutzung und Sexualität »von den Jungs aus« thematisiert; Ziel war es weniger, »harte« und repräsentative Sexualdaten zu erheben (das erledigt seit Jahren zuverlässig die Bundeszentrale für gesundheitliche Aufklärung). Im Gegenteil bewegten wir uns weitgehend im »weichen« Bereich, auf der Einstellungs- und Vorstellungsebene, die für die Jungs (mit) handlungsleitend ist. Anders als bei einer beobachtenden Studie verlassen wir uns auf die Aussagen zu Erfahrungen, Einstellungen oder Erinnerungen der Jungs. Beim Nachdenken über das eigene Sexualverhalten können natürlich Verzerrungen auftreten, manche der Jungs neigen vielleicht dazu, die eigene Selbstdarstellung zu schönen.

Um eine vergewissernde, ebenfalls erfahrungsbasierte Außensicht »auf Jungs« einzubeziehen, wurden zusätzlich 17 junge Frauen im selben Alter interviewt; von ihnen waren zehn Studentinnen, jeweils zwei Schülerinnen und Auszubildende sowie je eine Industriekauffrau, Assistentin und ohne Berufsstatus. Wir sehen die jungen Frauen als Expertinnen, die mit ihrer Perspektive von außen auf die Jungs und das Erleben mit ihnen die Einschätzungen der Jungs bestätigen, ergänzen oder auch kontrastieren können. Mädchen und junge Frauen stehen oder setzen sich ihrerseits beim Sex unter Druck, sie passen sich den Jungs an oder denken bisweilen, sie sollten den Pornodarstellerinnen ähneln; dies war kein Gegenstand der Untersuchung, sondern die Frage, wie sie die Jungs in und mit ihrem Männlichsein erleben: Können sie Männlichkeitsanforderungen oder Auswirkungen der sexuellen Medialisierung identifizieren, müssen sie mit den Folgen bei den Jungs umgehen (lernen)? Möglicherweise, so unsere Annahme, nehmen die jungen Frauen Aspekte wahr, die bei den Jungs hinter blinden Flecken verschwinden, also nicht wahrgenommen oder verdeckt werden.

Außerdem konnte ergänzend Steve Holmes (Künstlername/Aliasname in der Studie) interviewt werden. Steve ist ein in den USA lebender, deutscher Pornodarsteller, -regisseur und -produzent, der noch eine andere Sichtweise, gleichsam von den Pornos aus reflektieren und wiedergeben sowie Einblicke in die Pornowelt geben konnte.

Quantitative Erhebung

Im Anschluss an die qualitative Studie wurde, um diese mit größeren Zahlen zu unterfüttern und einen Teil der Ergebnisse an einer größeren Population zu überprüfen, eine nicht repräsentative quantitative Online-Befragung von Jungs über SoSci Survey durchgeführt. Die Akquise der Probanden fand über persönliche Ansprache, Weiterleiten der Einladung zum Interview, Hinweise in Newslettern sowie durch gezielte Werbung über Google-Ads statt. Dabei wurden über 300 Probanden erreicht, 226 Fragebögen wurden vollständig ausgefüllt. Aus diesen wurden die 175 männlichen Jugendlichen und jungen Männer im »Jungs-Alter« von 18 bis 25 Jahren ausgewählt; nur diese Daten wurden anschließend quantitativ ausgewertet (die anderen Datensätze entsprachen gemäß der Sozialstatistik nicht vollständig den Kriterien in Bezug auf Alter oder Geschlecht).

Von den gültigen Fragebögen der quantitativen Erhebung entfielen 67 % auf Studenten; gemessen am bundesdeutschen Durchschnitt von 58 % erreichten wir mehr Studenten, also einen Überhang von 9 %. In Ausbildung waren 8 %, Schüler 9 %, Angestellte oder Beamte 12 % der Jungs.

Neben der Grundauszählung der quantitativen Daten haben wir Vergleichsgruppen nach drei Kriterien gebildet, einen Teil der Antworten dieser Gruppen haben wir jeweils verglichen:

- Nach der Selbsteinschätzung der sexuellen Erfahrung die Vergleichsgruppe »wenig« und »viel Erfahrung« im sozialstatistischen Teil des Fragebogens; für die Gruppe »Erfahrene« addierten wir die Wertungen »sehr viel« und »viel«, für die Gruppe »Unerfahrene« die Angaben »wenig« und »sehr wenig« Erfahrung.
- Nach der Einschätzung der Bedeutung von Sex fürs Männlichsein die beiden Gruppen »Sex ist nicht wichtig« vs. »Sex ist wichtig fürs Männlichsein«; dazu wurde die folgende Frage verwendet: »Was würdest du sagen: Wie bedeutsam ist Sex für dein Männlichsein, für dein Selbstgefühl als Mann?« Die Fälle haben wir entsprechend ihren Antworten nach Ablehnung und Zustimmung gruppiert; in die Gruppe »Sex wichtig«, das waren 56,36 % aller Fälle, und in die Gruppe »Sex unwichtig« mit 43,64 % aller Fälle.
- Nach der Selbsteinschätzung »zu viel« bzw. »nicht zu viel« Pornonutzung; dazu bildeten wir zwei Vergleichsgruppen nach der Selbstbewertung des eigenen Pornokonsums der Jungs: Eine Gruppe, die im Fragebogen »Ich schaue zu oft Pornos« geklickt haben (= Gruppe »zu viel Pornos«), und eine zweite Gruppe, die »Ich schaue gerade richtig oft Pornos[3]« oder »Ich schaue zu selten Pornos« geklickt haben (Gruppe »nicht zu viel Pornos«). Beide dieser Gruppen waren mit 50 % (n=77) gleich groß.

In den Auswertungen suggerieren Prozentzahlen mit Kommastellen Gewissheit und Präzision. Aufgrund der geringen Zahl von Fällen vor allem in den Teilgruppen sind die Ergebnisse aber besser als Momentaufnahmen, als Tendenzen zu verstehen.

3 »gerade richtig oft« bedeutet im Fragekontext so viel wie: für mich passt es, das heißt es ist weder zu viel noch zu wenig; »gerade« bezieht sich auf die Häufigkeit, nicht auf die aktuelle Zeit (jetzt gerade).

Auch bei der quantitativen Erhebung haben wir die Selbsteinschätzung der sexuellen Orientierung in einer vereinfachten Form mit dem folgenden Ergebnis abgefragt (Darstellung wie im Fragebogen).

Tabelle 1: Selbsteinschätzung der sexuellen Orientierung

Sexuelle Orientierung	%
ausschließlich heterosexuell (Mann begehrt Frauen)	62,4
überwiegend heterosexuell	19,1
bisexuell (Mann begehrt Frauen und Männer)	8,7
überwiegend homosexuell	4,6
ausschließlich homosexuell (Mann begehrt Männer)	5,2

Entsprechend detaillierte Vergleichszahlen gibt es nicht. Üblicherweise rechnen wir bei jungen Männern mit einer Heterosexualitätsquote von ca. 85 % – mit unseren Probanden liegen wir mit 81,5 % leicht darunter.

1. Sexuelle Horizonte der Jungs

Im Leben Jugendlicher und junger Erwachsener stellt Sexualität ohne Frage eines der zentralen Aneignungs- und Bewältigungsthemen dar und wird zu einem der bestimmenden Themen in ihrem Alltag. Dabei formt und bildet sich aus, was die Jugendphase – grob gefasst im Altersspektrum zwischen 12 und 25 Jahren – mitprägt und was später ihre Sexualität ausmacht. Adoleszenz und Postadoleszenz sind Schlüsselphasen für die Sexualität, wie für die Geschlechtlichkeit von Menschen. Der Begriff Sexualität meint explizit »das Geschlechtliche«, eine geschlechtlich neutralisierte, vom Geschlecht befreite Sexualität ist demnach unmöglich: Jede sexuelle Praxis ist unweigerlich auch eine Form von Geschlecht. Ihre Sexualität ist für Jungs – auch mangels noch fehlender Alternativen wie Beruf, Einkommen, Besitz, Statussymbole, Vaterschaft usw. – ein bedeutsames, oft das zentrale Aneignungs- und Praxisfeld für Männlichkeit. Ab der Pubertät ist geschlechtliche Sozialisation dementsprechend neben anderen Handlungs- und Erlebnisfeldern »verbunden mit der Herausbildung von (…) Sexualitätspraxen« (Maihofer 2015, S. 670).

Dennoch wissen wir überraschenderweise über Sex und Männlichkeit bisher nicht sehr viel. Es gibt kein Standardwerk, das dieses Themenfeld umfassend erarbeitet. Viele Publikationen und Aussagen über Männlichkeit und ihre Sexualität stützen sich auf interessengefärbte Spekulationen oder anekdotische Evidenzen (z. B. Hinz 2021, S. 201). Andere Veröffentlichungen beruhen auf der Arbeit mit Männern, die wegen sexueller Störungen Hilfe in Anspruch nehmen (z. B. Zilbergeld 1996) und verallgemeinern solche Erfahrungen. Das Thema Sexualität wird von der relevanten Forschung und Theoriebildung übergangen oder vermieden, das gilt sowohl für die Jugendforschung (z. B. die Jugendberichte des Deutschen Jugendinstituts oder die Shell-Jugendstudien) wie auch für die Geschlechterforschung. So referiert Michael Meuser (2013) »zentrale Themen der Jungenforschung«, ohne auf Sexualität einzugehen. Im ansonsten breit aufgestellten soziologisch orientierten »Gender Glossar«[4] finden sich Lemmata zu »Sexismus«, »Sexarbeit«, »Sexualpädagogik« und sogar über »Sexualhormone in der Wissenschaftsgeschichte«, nicht aber zu »Sexualität«. Bei Dag Schölpers (2008) fundiertem Überblick zur Männer- und Männlichkeitsforschung der neueren Zeit zählen Gewalt, Arbeit oder Familie zu zentralen Themenfeldern, Sexualität dagegen nicht; ähnlich wird Sexualität als »Konstruktionsbereich von Männlichkeit« kurzerhand unterschlagen (Baur/Luedtke 2006).

4 www.gender-glossar.de (11.3.2022).

In der Männlichkeitsforschung wird Sexualität bisweilen immerhin erwähnt oder mancherorts ihre Bedeutung betont, aber es wird ebenso gerne vermieden, dies weiter auszuführen oder empirisch zu untersuchen. Möglicherweise wird Sexualität von ihr stiefmütterlich behandelt, weil sie sich (bzw. deren Protagonisten) mit dem Körperlichen schwertut und Geschlecht nur im Kognitiven verortet. Wenn überhaupt, dann benennt Männlichkeitsforschung Sexualitäten reduziert auf Fragen sexueller Orientierungen und Begehren, weniger auf traditionelle und neue Normierungen oder Differenzierungen in der Praxis. Dem nachzugehen ist ein Anliegen dieses Buchs, Zusammenhänge von Männlichkeit und Sexualität sollen in dieser Studie bezogen auf Jungs erschlossen und empirisch verfolgt werden.

Männliche Sexualität – nur ein Problem

Wann haben Sie zuletzt öffentlich etwas Positives über die männliche Sexualität gehört oder gelesen? Vielleicht noch nie? Das wäre wenig überraschend. Männliche Sexualität steht in der Kritik und bietet dafür reichlich Anlässe. Vor allem die nach wie vor am häufigsten praktizierte, die heterosexuelle Variante männlicher Sexualität wird mit Assoziationen wie übergriffig, gewalttätig und toxisch belegt – eine Sexualität, die besser nicht gelebt, sondern vor allem begrenzt werden muss. Das unterstellen zumindest aktuelle öffentliche Debatten, etwa zu #MeToo oder zum Pornokonsum von Männern. Speziell die männliche Sexualität wird problematisiert; sie wird »in aller Regel nur dann ein öffentliches und politisches Thema, wenn es Probleme mit ihr gibt« (Wermuth/Theunert 2012, S. 383). In vielen Veröffentlichungen zur männlichen Sexualität ist eine interessante Figur erkennbar, die auf der einen Seite mit der WHO-Definition zur sexuellen Gesundheit operiert und die Kernaussage betont – also »nicht nur die Abwesenheit von Störungen und Krankheit« –, um sich dann ausschließlich mit Problemen zu befassen (z. B. Laakkonen 2014). Auch die Sexualaufklärung ist vielerorts hauptsächlich mit Problemverhinderungen unterwegs, allen voran Zeugungsverhütung und HIV-Infektionen.

Für männliche Jugendliche, die ihre Sexualität entdecken und entfalten, und für junge Männer, die sie etablieren und ausbauen wollen, ist die Problemfixierung Erwachsener ungünstig. Wie können sie sich etwas unbefangen und optimistisch aneignen, über das nur kritisch oder entwertend kommuniziert wird und das von vornherein als problematisch stigmatisiert ist? Negative Auswüchse der männlichen Sexualität sind sicher keine natürliche Notwendigkeit, sondern das Ergebnis von nicht gelungenen Entwicklungsprozessen: »Sexualität ist kein Schicksal, sondern eine wesentliche Möglichkeit, Beziehungen, ja die Schöpfung zu gestalten« (Foucault 2005, S. 910). Dafür benötigen Jungs aber entsprechende Umgebungen und förderliche Bedingungen, um ihre Sexualität gestalten zu können.

Sexualität bei Menschen ist nichts Natürliches (Dinges 2017), und kein Phänomen »an sich«, sondern ein kulturelles Konzept, das aus einem Zusammenspiel von biologischen und physiologischen Voraussetzungen mit individueller Praxis, sozialen Normen und Regeln sowie kulturellen (darin auch religiösen) Vorstellungen entsteht. Der natürliche Anteil am Sexuellen tritt »nie unmittelbar, sondern stets nur als historisch Gewordener und gesellschaftlich Produzierter in Erscheinung« (Sigusch 2013, S. 28); umgekehrt wirkt auch der Körper auf das soziale Leben, mit ihrem »irreduziblen Geschlechtsrest« schlagen sich Ereignisse, die mit dem Körpergeschlecht unlösbar verbunden sind, »in Körper und Seele nieder« (ebd., S. 543) und werden unablässig interpretiert und gedeutet, in Bezug gesetzt zu sozialen und psychischen Geschlechterbildern. Dementsprechend greift die sexuelle Sozialisation der Jungs auf beides zurück, auf körperliche wie auf soziale Aspekte des Männlichen.

Gesellschaftliches Fremdeln mit der Sexualität

Sich seine Sexualität als körperbezogene Kulturtechnik anzueignen, ist nicht einfach. Dem offiziellen Narrativ einer enttabuisierten Sexualität steht heute ein Arsenal von Befürchtungen und Ängsten gegenüber. Über Sexualaufklärung und -informationen wird die Gefährlichkeit dieses Gebiets unterstrichen. Jungen Menschen zuvörderst ein positives Gefühl zur Sexualität zu vermitteln, sieht die Gesellschaft nicht als ihre Aufgabe an, sondern potenzielle negative Folgen zu verhindern. Besonders die männliche Sexualität gilt als gefährlich; sexuelle Übergriffe und Machtmissbrauch (#MeToo), immer wieder neue Missbrauchsskandale gesellen sich zu den traditionellen Motiven der Sexualprävention, der Zeugungs- und HIV-Verhinderung. Familiär, schulisch oder in sonstigen gesellschaftlichen Sphären wird über Sexualität nach wie wenig oder gar nicht gesprochen; die Darstellung von Nacktheit oder aktiver Sexualität ist massiv reguliert (ganz anders als Gewaltdarstellungen, die in Streamingdiensten oder im Fernsehen zelebriert werden).

Weil Sexualität bei aller proklamierten Offenheit tabuisiert ist und die Norm gilt, Sex im Verborgenen zu praktizieren, sind für die Aneignung das entspannte Zuschauen im Alltag oder das Lernen am Modell im wirklichen Leben unmöglich. Gerade das Verstecken von Sexualität und die Tabuisierung fördern auf der anderen Seite die Neugier, was die Sache gerade für junge Menschen noch interessanter macht und sie an Orte treibt, wo dieses Interesse befriedigt werden kann: Für Jungs sind das vor allem die Gleichaltrigen und das Internet. Andere Jugendliche sind unsichere Informanten, sie befinden sich ja auf demselben

Entwicklungs- und Erfahrungsstand. Internetpornos dagegen bilden den ganzen Horizont der Sexualität ab, sie zeigen enorme Wirkungen auf Körper und Geist und nehmen nach der Entdeckung einen wichtigen Platz in der sexuellen Aneignung der Jungs ein. Wenn Jungen Informationen über die unterschlagenen Seiten der offiziellen Sexualität suchen, finden sie diese in Pornos. 38 % der 14 bis 25-Jährigen antworten auf die Frage, wo sie etwas über Sexualität erfahren haben, das für sie wichtig war, mit der Kategorie »in Sexfilmen« (nach den BZgA-Daten »Jugendsexualität«, aber nur 16 % der Mädchen), mehr als auf »Aufklärungs- und Beratungsseiten« (35 % der Jungen) und etwa gleich viel wie bei Wikipedia (39 %); alle anderen Informationsquellen liegen darunter.

Kulturell wird Sexualität moralisch verortet. Die Pornowelt ist eindeutig unsittlich, dagegen wird das gesellschaftliche Beziehungsideal der romantischen Liebe als legitimer Ort für Sexualität hoch gehalten; Filme, Serien oder Musik erzählen vom Auftrag, die große Liebe zu finden, mit ihr Sex zu haben, eine Familie zu gründen und ewig zusammenzubleiben. Diese Liebe wird mit Keuschheit, ja »Heiligkeit« verknüpft, selbstverständlich unabhängig von körperlichen Begierden, die generell von sekundärer Bedeutung seien (Früchtel 1994, S. 68). Lust auf Sex und Begierden verschwinden dadurch aber nicht, das Sexuelle wird nur verlagert und wegprojiziert – heute insbesondere in Pornos. Jungs finden sich in der Spannung zwischen heiliger Beziehungsromantik und Hardcore-Sex wieder. Wie sie eigene Positionen dazwischen finden sollen und wie sie in realistischen Zwischenräumen ihr Liebesleben gestalten können, dieses Rätsel müssen sie selbst lösen. Dass sie dann zwischen den Polen Porno und Beziehung pendeln, verspricht einen Weg dahin. Für Jungs liegt das sexuelle Problem heute nicht darin, dass (wie bis in die 1970er Jahre) Selbstbefriedigung oder vorehelicher Sex öffentlich verteufelt werden. Schwierig ist, dass Sexualmoral diffundiert, nur vermittelt und indirekt erscheint mit der Folge, dass sie individuell stärker gefordert sind. Eine offensive Ermutigung Jugendlicher oder junger Erwachsener zu sexuellen Erfahrungen ist auch heute kaum festzustellen, eher eine Duldung.

Wie in den Bildern romantischer Beziehungen (und im harten Gegensatz zu Pornos) wird von Jungs auch im restlichen wirklichen Leben Vernunft, Disziplin und auch Verzicht verlangt, nach der Devise »Bedürfnisaufschub zugunsten späterer Gratifikationen«. Gut männlich zu sein heißt dementsprechend vor allem, sich gut kontrollieren zu können, auch sexuell. Jugendliche erhalten wenig Ermutigung zur Sexualität, aber viele offene oder versteckte Warnhinweise, Risiken werden überbetont, Lust und Vergnügen – für die meisten Menschen das zentrale Motiv für Sexualität – dagegen unterschlagen (Zaneva et al. 2022).

Auf der Suche nach der männlichen Sexualität

Mit der Aneignung ihrer jugendlichen Sexualität verbunden ist für Jungen der »Eintritt in die sexuelle Erwachsenenwelt« mit den damit verbundenen Männlichkeitskonstrukten (Stein-Hilbers 2000, S. 71). Sexualität wird mehr zu einer Form der sozialen Inszenierung von Männlichkeit (Matthiesen 2013b, S. 58). Für männliche Jugendliche und junge Männer spielt deshalb Sexualität zumindest phasenweise eine zentrale Hauptrolle in der Auseinandersetzung mit sich »als männlich« und der Welt. Auch gesellschaftlich enthält männliche Sexualität für das Geschlechtliche eine funktionale Relevanz. Ethnokulturelle Studien verweisen an einer Schnittstelle zwischen Sex und Gender auf die reproduktive Sexualität als ein zentrales Moment von Männlichkeitsvorstellungen (Gilmore 1991, S. 245).

Ein wesentliches Merkmal, welches das Verlassen der Kindheit markiert, und eines »der wichtigsten Entwicklungsziele des Jugendalters liegt in der Festlegung der endgültigen sexuellen Organisation« (Beier et al. 2005, S. 113). Die Jugendphase dient der aktiven Aneignung des Sexuellen, für alle Geschlechter gilt, dass Sexualität im Jugendalter bewältigt werden muss, wie Fend (2005, S. 258) auf der Basis eines breiten Forschungsüberblicks feststellt. »Der wohl wichtigste Teilprozess der Pubertät ist die (...) Entwicklung genitaler Sexualität« (ebd., S. 254). Als Teil der Sozialisation ist Sexualität eine soziale Praxis, in der gesucht, imitiert und experimentiert wird, um sich zu orientieren und zu finden. Eine wesentliche Entwicklungsaufgabe von Adoleszenten und Postadoleszenten ist die Aneignung, Bewältigung und Kultivierung ihrer Sexualität. In individualisierten Zeiten heißt dies für Jungs, ihre persönliche männliche Sexualität zu (er-)finden, sich für sexuelle Styles zu entscheiden, Erfahrungen zu machen, diese zu integrieren und sich dabei immer auch in Auseinandersetzung mit Männlichkeit zu begeben.

Durch diese kulturelle Verankerung ist männliche Sexualität auch im Biologisch-Reproduktiven unausweichlich durch Männlichkeitsbilder »besetzt«. Mit diesen Bezügen sind die beiden Dimensionen umrissen, die »das Männliche« in der Sexualität markieren: eine spezifische Körperlichkeit und Männlichkeitsbilder. Für männliche Jugendliche und junge Männer bedeutet Sexualität deshalb auch die Aneignung von, Auseinandersetzung mit und Bewältigung ihrer Körperlichkeit und seiner Besetzungen (Böhnisch/Funk 2002, S. 143 f.). Männliche Jugendliche flechten nicht nur sozial-kulturelle Prägungen, sondern auch psychodynamische Entwicklungen und körperliche Aspekte in ihr Männlichsein ein, in ständigen »Wechselwirkungen biologischer, psycho-sozialer und kultureller Aspekte« (Schmitz 2012, S. 15). Dabei treten Impulse aus der Körperlichkeit in einen Austausch mit psycho-sozialen und sozial-kulturellen Wirkungen, wie dies umgekehrt ebenso der Fall ist: »Der ›biologische‹ Körper ist zwar konstruiert, aber dennoch nicht passives Einschreibungsprodukt, nicht Endprodukt diskursiver Akte, sondern er ist aktiv beteiligt an allen Entwicklungsprozessen« (ebd., S. 31).

»Wechselwirkung« ist also keine Einbahnstraße, soziale Faktoren wirken auf die Körper und umgekehrt beeinflusst auch der Körper mit einem »irreduziblen Geschlechtsrest« (Sigusch 2013, S. 543) das soziale Leben. Die körperliche Unterschiedlichkeit, die Kinder schon sehr früh interessiert, wird sozial aufgeladen und kulturell geprägt; aber dennoch bleibt eine Unterschiedlichkeit mit all ihren subjektiven Verarbeitungsformen (Aigner 2017, S. 305). Solche spezifischen Ereignisse sind bei Jungen und Männern

- die Erektion des Geschlechtsteils, das heißt das Erleben der Erektion, das Füllen der Schwellkörper, die Verbindung erektiler Steife mit Lust, was die Erfahrung (bzw. Befürchtung) unerwünschter Erektionen und die damit verbundene körperlich empfundene Scham oder Angst einschließt;
- das Erleben des eigenen Spermas, das heißt die Zeugungsfähigkeit als mit dem Sperma verbundene Potenz, die Erfahrung von Samenergüssen in Verbindung mit dem sexuellen Höhepunkt und nächtliche Pollutionen;
- die Hoden mit ihrer äußeren Position der Gonaden in einem besonderen Haut-Behälter (Skrotum), einschließlich Erlebnisse von Hodenschmerzen, etwa nach Druck, einem Sturz oder Schlag auf die Hoden, verbunden mit dem Bedürfnis nach ihrem Schutz;
- die Erfahrung des Gefühls des »lustvollen Umfasstseins« des Penis' bei der sexuellen Penetration und der Circlusion,[5] dem Überstülptwerden des Penis' (manuell, vaginal, oral oder anal); und
- die männliche Fruchtbarkeit als die Fähigkeit, ein Kind zu zeugen (und die damit verknüpften Aspekte Freude, Verbindung, Lust, Stolz, dem Risiko einer unerwünschten Schwangerschaft).

Ausgehend von dieser Bestimmung müssen bei der männlichen Sexualität neben gesellschaftlichen Normierungen (»Männlichkeiten«) auch körperliche Bedingtheiten einbezogen werden: Beides macht das Spezifische männlicher Sexualität mit aus und definiert das »Spezielle« daran.

5 Umschließen, überstülpen; Komplementär- und Konträrbewegung zur Penetration (vgl. Adamczak 2016).

2. Von Fall zu Fall verschieden – sechs Jungs-Portraits

Auch wenn es bei vielen Jungs Gemeinsamkeiten in der Bewältigung und handlungsleitende Themen beim Sex gibt: Immer wieder und an vielen Stellen der Untersuchung wurde deutlich, dass die größte Gemeinsamkeit der Jungs darin besteht, dass sie sich in vielen Aspekten unterscheiden, sie sind nicht alle gleich (und wollen auch nicht *immer nur das Eine*). Geschlechter sind wie Sexualitäten immer zuerst etwas Gewordenes, und weil sich die Bedingungen dieses Werdens unterscheiden, gibt es so viele Geschlechter wie Menschen. Jungs und ihre Sexualitäten sind einzigartig wie ein Fingerabdruck, sie sind von Fall zu Fall verschieden.

Selbstverständlich gibt es auch Gemeinsamkeiten im Werden und Gewordensein, es gibt deshalb Gruppen und Untergruppen, die sich voneinander unterscheiden lassen und auf die wir ebenfalls eingehen werden. Im Verlauf der Auswertung haben wir nach einer Systematik gesucht, wie unsere Fälle vor dem Hintergrund des Untersuchungsinteresses charakterisiert oder sortiert werden könnten. Dabei geht es nicht um eine quantitative Auswertung unserer qualitativen Daten, sondern um eine Typenbildung in einem zweidimensionalen Koordinatensystem: Bezogen auf Männlichkeit mit den Polen »traditionell« und »kritisch«; und bezogen auf Pornografie mit pornopositiv und pornokritisch. Unabhängig von der Typzuordnung soll besonders die Person, das Individuelle, also der spezifische Fall betont und gewürdigt werden.

Abbildung 2: Fall-Typenbildung

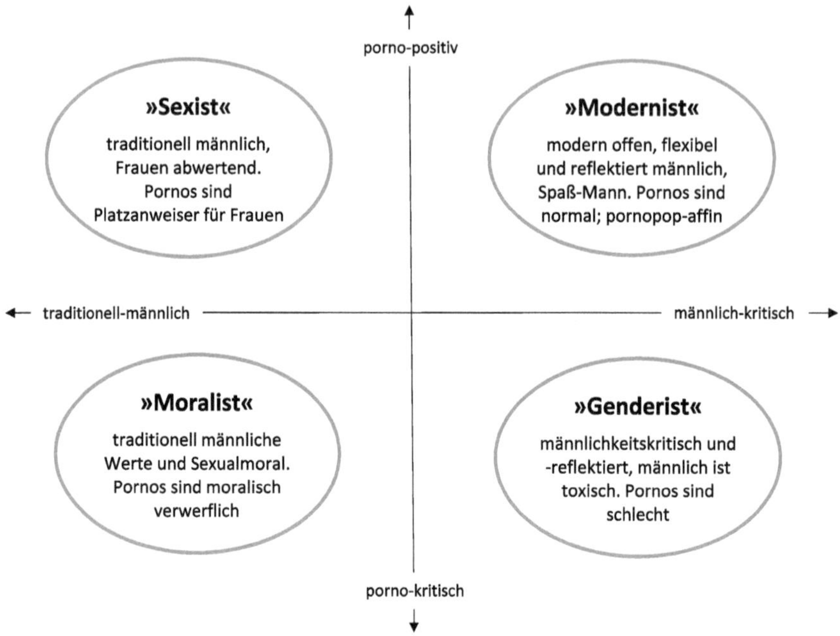

Die meisten unserer Interviewpartner lassen sich allerdings nicht ganz eindeutig, sondern tendenziell zuordnen, sie befinden sich oft in Felder überschreitenden Positionen (also z. B. mit männlichkeitskritischen, aber auch traditionell männlichen Tendenzen). Vier der sechs Fälle, die wir in den Fallstudien etwas ausführlicher vorstellen, konnten wir jeweils einem der Typen in diesem System identifizieren und als Moralist, Sexist, Modernist und Genderist zuordnen: Marc, Max, Niklas und Sebastian. Bei zwei der hier portraitierten Fälle, Linus und Cem, soll jenseits dieser Typenbildung die jeweilige Besonderheit stärker herausgestellt werden. Es handelt sich nämlich jeweils um »besondere« Fälle: Sebastian hat kein Interesse an Sexualität, während Linus zwar Interesse an partnerschaftlichem Sex, aber noch keine Erfahrung damit hat.

Marc – ein »Sexist«

»Pornogucken ist wie Kacken«

Auf den ersten Blick und oberflächlich betrachtet ist Marc ein netter, reflektierter und toleranter junger Mann. Zwar hat er das meistens gut im Griff, aber immer wieder taucht im Gespräch mit Marc unvermittelt etwas doch ziemlich traditionell Männliches auf. Marc tendiert, auch wenn er das sicher heftig abstreiten würde (er ist schließlich linksalternativ und reflektiert!), in Richtung Sexist. In den Ansichten, die er äußert und in seinen Porno-Vorlieben wird das erkennbar, zudem in seinem Handeln, vor allem dann, wenn unter Alkohol die Hemmungen fallen und seine Kontrolle abhandenkommt.

Dass und wie er darüber nachdenkt zeigt, dass er kein Sexist in Reinform ist, sondern gleichzeitig auch Tendenzen in Richtung Modernist oder Genderist zeigt. »Ich bin halt auch gern eher der Dominantere«, sagt er von sich, und das hat Folgen: Es gibt in ihm Strebungen, die kontrolliert werden müssen und innere Spannungen, die sich zu entladen drohen. Bei Kontrollverlust kann es zu Grenzüberschreitungen kommen, er interpretiert Signale von Frauen falsch und »fährt irgendwie in so eine sexuelle Belästigungsschiene rein als Mann«. Marc reflektiert die eigene, mögliche Übergriffigkeit, wenn er sie auch relativiert (»bisschen überschnell gehandelt«, »im Suff«). Er denkt über Situationen nach, in denen er sich Frauen gegenüber grenzverletzend verhalten hat. Vielleicht war das bisher nicht zu heftig, denn er erzählt, dass es »zum Glück« noch nie vorkam, dass eine Frau ihn konfrontiert, ihm sein Verhalten vorgeworfen hat.

Marc lebt in einer mittelgroßen Stadt, er ist in der Ausbildung in einem technischen Beruf. Mit fast 25 Jahren gehört er zu den älteren unserer Interviewpartner. Nach seiner Einschätzung verfügt er über viel sexuelle Erfahrung, im Moment hat er aber keine feste Freundin. Seine letzte Liebe dauerte sechs Monate, es hat gut gepasst, auch beim Sex, den besten, den Marc je hatte, das entsprach seinem Ideal, denn es ging ohne viel Reden: »Wir mussten gar nicht so viel darüber reden oder so, es war einfach so Symbiose«. Es muss aber keine feste Beziehung sein, auch bezogen auf One-Night-Stands oder Freundschaft-Plus ist Marc erfahren, in diesem Modus fanden seine häufigsten sexuellen Erlebnisse statt. Dementsprechend ist er grundtolerant, das gilt für alle Geschlechter, Sex außerhalb von festen Beziehungen sollte nicht abgewertet werden. An One-Night-Stands mag er die Überraschung beim Sex, sie »sind wie so eine Wundertüte«, lacht er, weil man nicht wissen kann, wie der Sex sein wird. Sex in einer Beziehung ist geregelter, eingespielt, die Vorlieben sind bekannt, es kann auch Neues entdeckt werden und über die Zeit kann der Sex noch nachgebessert werden. Die One-Night-Stands dagegen sind »Affektentscheidungen, die einfach aus dem Rausch entstehen«, und wieder taucht die Notwendigkeit zur Kontrolle auf, denn im Affekt ist die Rationalität der klaren Entscheidungen ausgeschaltet, ein Kontrollverlust schleicht sich ein.

Dass sich eine Sexpartnerin besser auskennt oder mehr Erfahrung hat ist für Marc kein Problem. Er hatte ein solches Erlebnis, es war interessant, keinesfalls unangenehm: Sie hat »die Zügel in die Hand genommen« und das war okay so. Er wurde auch schon mal abgeschleppt, in der Regel ist es aber umgekehrt und das heißt: »Ich muss auf jeden Fall mehr arbeiten«, also den ersten Schritt machen, auf Leute zugehen, sie ansprechen, damit er zum Sex kommt. Damit entspricht

Marc der gesellschaftlichen Erwartung an Männer, fände es wegen der Mühen aber schon besser, wenn es dabei ausgeglichener zuginge.

Eine feste Vorstellung, wie der Sex dann ablaufen solle, hat Marc nicht, das ist eher eine Sache der gemeinsamen Dynamik und der Kommunikation. Wenn eine Partnerin sagt, dass sie etwas nicht möchte, ist das völlig in Ordnung, es muss nichts Bestimmtes passieren. Nach Absprache mit der Partnerin haben sie den Sex auch schon mal abgebrochen als beide gemerkt haben, dass das im Moment nicht das Richtige ist. Allerdings kennt er schon auch den Leistungsdruck beim Sex, der war früher, zwischen 14 und 18 bei ihm extrem, weil Sex eine Statusfrage war. Heute mit knapp 25 entspannt sich das, Sex wird weniger wichtig und damit lässt auch der sexuelle Status- und Beweisdruck nach.

Sein »Männlichkeitsgefühl« kommt mehr von außen, bei Zuspruch oder Lob bei der Arbeit und wenn er ein Kompliment oder ein positives Feedback bekommt, von einer Frau oder von einer Person, zu der er sich hingezogen fühlt (das muss nicht unbedingt eine Frau sein, auf der Kinsey-Skala sortiert er sich mit einer 1 als heterosexuell und etwas offen in Richtung Homosexualität ein; im Interview erzählt er allerdings ausschließlich über heterosexuell orientierte Erfahrungen). Jedenfalls stärken es solche positiven Rückmeldungen, dass er sich männlich fühlt. Diese Empfindung verknüpft er mit seiner Persönlichkeit, seinem männlichen Charakter, den er dann bestätigt sieht: »dass ich ein guter Mann bin so wie ich bin«. Als ein »guter« Mann findet er Feminismus selbstverständlich gut, er steht dahinter, auch die MeToo-Debatten, klar. Allerdings sollte es nicht in Richtung Fanatismus tendieren, der übers Ziel hinausschießt. Dann geht es nicht mehr um die Gleichstellung der Frau, sondern ums Ziel der »Über-den-Mann-Stellung der Frau« (und dahinter könnte die Befürchtung stehen, dass gleichsam auf der Gegenseite etwas außer Kontrolle gerät, was ihn bedrohen könnte).

Wichtig ist Marc, dass über Sexuelles offen geredet wird. Bei aller Reflexion übers Reden – in der Praxis kann das anders aber aussehen. Denn Marc denkt schon, dass er »eher so dieses männliche Ding« hat, nämlich beim Sex dominanter zu sein und den Ton anzugeben. Die Begründung dafür findet er sowohl in der Gesellschaft, wie auch in der Biologie, in der Natur des Menschen, bei der das Männchen lange Zeit seine Muskelkraft gebraucht hat und »was weiß Gott was«. Gleichwohl gilt es, sich zu einigen, und hier kommt als Gegenkraft die Vernunft ins Spiel. Einfach anzunehmen, dass man sein Ding durchziehen kann, gehe heute schließlich nicht mehr: Es kommt drauf an, was die andere Person mag und was zusammenpasst.

Manchmal nimmt Marc Widersprüche wahr, in denen er sich befindet, zum Beispiel dass ihn manche Pornoinhalte unmittelbar an seinen sexuellen Bedürfnissen abholen und er das aber gar nicht positiv bewertet. Widersprüchlich ist seine Einstellung zum Zusammenhang von männlichem Sex und Leistung. Im ersten Gedanken lehnt er das völlig ab, dann gibt es ein kurzes Zögern – um dann zu erkennen: Ja, es gibt Erwartungen an den Mann (wie auch an die Frau), und ihm fällt der Sexstress-Faktor ein, die Partnerin befriedigen zu sollen. Wer darüber zu viel nachdenkt, dass er »nicht Manns genug wäre oder sowas irgendwie, um eine Frau zu befriedigen«, führe das dazu, dass die Leistung im Bett nachlässt.

Marc ist einer der Porno-Experten in unserer Studie (die dieses Prädikat selbst für sich in Anspruch nehmen): Er kennt sich gut aus und interessierte sich schon früh für Pornografisches; wenn zum Beispiel im Porno-Rap »Natursekt« vorkam, wollte er wissen, was das ist und landete bei den entsprechenden Informationen. Auch heute verfolgt er solche Spuren weiter, er wechselt in die dritte Person, wenn er von sich redet, um sich mit der Aussage zu verallgemeinern: »Man informiert sich manchmal über bestimmte Fetischbereiche oder sowas auch nur, weil man einen Witz verstehen will oder sowas (lacht)«. Extremeren Porno-Rap hat er früh gehört, »Orgi69 (...) diese ganze Berliner Szene, (...) auch Kool Savas und sowas«. Zu seinem ersten Pornokontakt kam Marc mit neun oder zehn, über einen vier Jahre älteren Freund. Dabei war erstmal nicht das sexuell Erregende der Reiz, sondern das Verbotene, das er mit Nacktheit und Sex verbindet, ein Ablösungsimpuls: er wusste, dass seine Eltern es ihm verbieten würden, etwas anzuschauen, was sich in einer Tabuzone befindet. In dieser Initiations-Erinnerung ist sein Kontrollthema eingeflochten: Es gibt etwas Verbotenes, eine Norm, die von außen, von den Eltern kontrolliert wird und gleichermaßen wohnt etwas in ihm, das ihn reizt und interessiert, und sei es nur, um gegen die elterliche Kontrolle zu rebellieren.

Über Sex und Männlichkeit macht er sich seine Gedanken, gerade auch bei Pornos – in der Abgrenzung, also bei solchen, die ihn nicht ansprechen. Da gibt es Inhalte, die er gar nicht gut findet, Bukkake-Parties zum Beispiel, er kann auch nicht verstehen, das jemandem gefallen kann. Seine Erfahrung ist, dass die Konfrontation mit solchen Inhalten am Anfang einen kleinen Schock auslöst, der aber allmählich durch die Häufigkeit der Porno-Nutzung verschwindet: es wird abtrainiert. Marc findet Selbstreflexion beim Pornoschauen wichtig, besonders immer daran zu denken, dass das alles nichts mit der Realität zu tun hat, eine notwendige Körperfunktion.

Heute ist Pornonutzen für Marc etwas Gewöhnliches, er vergleicht es mit dem körperlichen Bedürfnis des Stuhlgangs, eine interessante Assoziation: Pornonutzen und Masturbation ist »wie beim Kacken«. Beim Erwerb ihrer Ausscheidungsautonomie ist für Kinder die Kontrolle des Darms (und der Blase) ein wichtiger Entwicklungsschritt, eine Leistung, die mit bewusster Steuerung einhergeht. Etwas Wesentliches dabei ist jedoch die Kontrolle des natürlichen Bedürfnisses und seine Kultivierung. Marc nutzt Pornos funktional, zum Masturbieren. Er denkt einerseits, man sollte einfach masturbieren, wenn man darauf Lust hat; andererseits fallen ihm beim Erzählen sofort Abgründe ein, die Kontrolle rechtfertigen: dass die Masturbation zu einem psychischen Tic oder zur Sucht werden könne und dann Hilfe benötigt würde. Das Beherrschen des potenziell Unkontrollierten, des Kranken wird durch vernünftige Kontrolle erreicht, auch damit es nicht zu häufig wird. Beim Bewerten der Frequenz zieht er das Alter als wichtiges Kriterium hinzu; Marc spricht hier aus eigener Erfahrung: mit 14 ist eine höhere Frequenz ganz normal (später nicht mehr). Dreimal am Tag zu Masturbieren findet Marc viel, täglich auch, sofern es über einen längeren Zeitraum der Fall ist. Damals war das bei ihm auch so, aus biologischen Gründen in der Pubertät, wo »meine Hormone mal wieder hochgefahren wurden« – ein Bild für in der Jugend schwer zu zähmende und deshalb zu kultivierende Kräfte.

Pornos können durchaus einen schlechten Einfluss auf Jungs haben, vor allem dann, wenn es einseitig wird und ein Ausgleich durch realen Sex fehlt. Marc weiß, dass Pornos auch seinen Realsex beeinflussen; er nimmt gute Ideen auf, ein positiver Porno-Effekt, sofern diese Ideen mit der Partnerin offen kommuniziert werden können. Und wenn das funktioniert, bestätigt es die Beziehung. Bei solchen Ideen geht grenzt er sich ab, ihm geht es nicht um Leistungssex mit ihm als »toller Hengst«. Zu unterscheiden zwischen Porno und Realität, das ist für ihn das Wichtigste, und das ist auch sein Tipp, den er jüngeren Jungs mitgeben würde. Marc nimmt den Widerspruch genau wahr, in dem er sich befindet, dass ihn manche Pornoinhalte unmittelbar an seinen sexuellen Bedürfnissen abholen und er das auf der realistischen, reflektierten Vernunftebene eigentlich gar nicht positiv bewertet; aber außer der Idee, diese Macht im Zaum zu halten, fällt ihm dazu nichts ein.

Den Nutzen von Pornos leitet Marc aus dem traditionellen (männlichen) »Dampfkesselprinzip« ab. Pornos sind eine »Beihilfe für den Sexualtrieb«; ihn zu unterdrücken löst keine Probleme, es wäre sogar gefährlich, weil der Sexualtrieb dann im schlimmsten Fall in einer ungünstigen Situation unkontrolliert seinen freien Lauf sucht (die ausgehebelte Kontrolle: der schlimmste Fall und eine ungünstige Situation). Dieses Risiko formuliert Marc abstrakt und unkonkret, aber genau das ist die Energie, die er kontrolliert entladen muss (beim Masturbieren, wie beim Kacken). Pornos zu verbieten hält er jedenfalls aus diesem Grund für nicht angebracht, sie sind auch moralisch völlig in Ordnung, sofern keine Menschenrechte verletzt werden.

Harmlos und gut bewacht scheinen auch Marcs Pornopräferenzen auf. In den Pornos sollen »die Frauen (ein) bisschen devoter unterwegs« sein, sonst nichts Besonderes; sein bevorzugter Typ bei den Frauen im Porno sind »eher kleinere Mädchen, sehr dünne Mädchen«. Hübsch verpackt und gut kontrolliert präsentiert Marc hier männliche Macht- und Dominanzwünsche über Frauen in Reinform. Marc kennt das Gefühl, dass die Pornos, die er schaut, schwer in sein Sexleben mit anderen zu integrieren sind. Pornos funktionieren während dem Nutzen, danach kommt er wieder zur Besinnung, er kennt die Erfahrung der Post-Nut-Clarity[6] gut, wenn er härtere Pornos ansieht, bei denen »man« danach

6 Erfahrung bzw. ein mental wacher Moment nach dem Orgasmus, wenn die Vernunft wieder »eingeschaltet« wird. Beim Sex werden bestimmte Bereiche im Gehirn weniger durchblutet, vor allem der präfrontale Kortex, der für Selbstkontrolle, Bewusstsein und

denkt, dass das eigentlich nicht gut ist, was er da konsumiert. Ursache ist »dieser Reiz, also dieser Paarungsdrang«, die männliche Energie seiner Sexualität, die überhand zu nehmen droht und seinen inneren Konflikt zwischen unterdrücktem oder kontrolliertem Bedürfnis und der Vernunft schürt. Unmittelbar nach der Entspannung, der sexuellen Befriedigung setzt die Bewertung ein: »Was schau ich mir da eigentlich gerade für eine Scheiße an?« Seine Strategie des Umgangs ist, das zu reflektieren und mit der Wirklichkeit abzugleichen, in der so etwas nicht stattfinden kann.

Beim Kind (damit meint er junge männliche Jugendliche) ist die Kontrolle (noch) Aufgabe der Eltern: »dass das Kind auch kontrolliert werden kann (...), dass das Kind nicht jetzt Zugriff auf irgendwelche Hardcore-Pornoseiten hat«. Marc erlebt das spontane, biologisch-tierische oder triebhaft Männliche als gefährlich, es muss bewacht und eingesperrt werden: Kontrollier' das Tier in dir! Denn stets droht das in ihm schlummernde Männliche, außer Kontrolle zu geraten. Männlich zu sein heißt deshalb wachsam zu sein. Das beginnt schon beim Reden mit anderen: »Wenn ich jetzt mit jemanden reden will, der so sehr viel sich mit dem Gender-Thema beschäftigt (...) oder mit Sexualität, dann muss man auch vielleicht ein bisschen aufpassen, dass man nicht unbedingt so halb ironische Stammtisch-Scheiße rauslabert«. Auch an der Oberfläche seiner Pornonutzung liegen körperliche Funktionen und etwas Männliches, das kontrolliert werden muss.

Marc zeigt im Gespräch aber eine Richtung im reflektierenden Umgang mit Pornos auf: Die Fähigkeit zu entwickeln, Pornos dechiffrieren und damit Männlichkeitsthemen herausarbeiten zu können, die Jungs unterschwellig beschäftigen. Denn mit den Pornos kommen sie auch in Berührung mit Unterbewusstem. Das wahr- und ernst zu nehmen, um es zu integrieren und damit (anders) umgehen zu können, wäre nach Kontrollpflicht und Kontrollzwang der nächste Entwicklungsschritt.

Moral zuständig ist. Der Orgasmus ist ein komplexer Vorgang, bei dem mehrere Hirnregionen aktiviert werden, es werden Hormone und Neurotransmitter wie Dopamin und Endorphine ausgeschüttet, Gefühlszentren des Gehirns werden stimuliert. Nach dem Orgasmus sinkt der Dopaminspiegel wieder und der Prolaktinspiegel steigt, möglicherweise hängt dies mit dem Eindruck der mentalen Klarheit zusammen. Porno lebt als Antithese der Kontrolle: Porno ist entgrenzt, entfesselt, unvernünftig – Vernunft wird, so eine Erklärung der Jungs, erst hinterher wieder eingeschaltet, in der »Post-Nut-Clarity« (welche empirische Relevanz dieser Begriff hat, ist nach meiner Kenntnis bisher nicht erforscht).

Max – ein »Modernist«

Dass Max kein Problem mit einem kritischen Blick auf Männlichkeit hat, belegt auf den ersten Blick schon seine, von ihm selbst so angegebene Berufsbezeichnung: Max ist Krankenschwester. Die Sache mit der Männlichkeit ist für Max eine entspannte Angelegenheit. Er lebt in einer mittelgroßen Stadt, derzeit hat er keine feste Beziehung, ist heterosexuell orientiert (Kinsey-Skala 0) und verfügt nach seinem Eindruck für einen 22-Jährigen über viel sexuelle Erfahrung. Max erzählt, dass er schon immer »unter sehr vielen Frauen« war und sich keine großen Gedanken um Männlichkeit gemacht hat. Auch körperlich, er sieht sich nicht als den trainiertesten oder fittesten Mann, es gibt zumindest auf den ersten Blick keine männlichen Ansprüche, die er vor sich erfüllen müsste. Manchmal, berichtet er lachend, hat er homosexuelle Tage, an denen er sich dementsprechend verhält, aber nur, weil er kein Verhalten identifiziert, nach dem er sich als Mann zu richten hat. Beim Sex kann er schon »eine gewisse Rolle« übernehmen und findet das schön, aber auch diese Rollenfacette ist nicht fixiert, sondern flexibel. Das Offene, Variable im Männlichen, sagt Max, macht ihm nichts aus, es »kratzt nicht an der Wand, die mich als Mann ausmacht«.

Die Enge und die starke männliche Kontrolle kennt er dagegen von früher gut; er erinnert sich, als er groß geworden ist, dass auf jede Bewegung geachtet werden musste, die man gemacht hat, dass immer irgendwas nicht gestimmt hat, irgendwas war nicht so cool, wie es sein sollte, man hat eine Hose getragen, die nicht männlich genug war oder ein unpassendes Hemd in der Schule und dann war man »auf einmal der Vollidiot vor der Klasse«. Auf eine männliche Darstellung, »was man für ein geiler Typ ist«, hat Max jedenfalls heute keine Lust. Max umgibt sich nicht mit solchen Leuten (Männern), die sich toxisch verhalten oder Fälle für MeToo wären. Ihm geht es nicht um solche, die »gute Männer« oder »gute Frauen« sind, nicht um Rollenbilder und -stereotype, sondern offener um gute Menschen im großen Ganzen. Dass Männlichkeitsvorstellungen ihn als Mann einschränken, nimmt Max detailliert wahr, auch emotional, mit Trauer und Wut steht man zum Beispiel als Mann allein da, es wird ihnen »antrainiert, nicht zu weinen«, die Suizidrate ist bei Männern höher, weil »sie es in sich reinfressen«.

Was einen Mann ausmacht, das ist heutzutage sowieso schwierig. Max versucht, sich »darauf zu konzentrieren, wie man (er) sich am wohlsten fühlt mit sich selbst«, das gilt auch fürs Sexuelle. Sex ist für ihn keine Bestätigung für seine Männlichkeit, er verbindet das Thema nicht damit, sondern ist »auch gerne mal der kleine Löffel, so ist es nicht«. Mit Freunden spricht er viel über Sex, in der WG zum Beispiel wird offen geredet, ohne Filter. Nach ein paar Bier oder Wein wird es dann auch grober, plumper, aber manchmal geht es dabei auch um sensiblere Themen, etwa um den sexuellen Performancedruck. Gerade diesen Druck »abzuliefern«, mag er nicht an Männlichkeit. Das kennt er auch von sich, in letzter Zeit hat er viel Stress als Krankenschwester, und es ist leider so, dass es sexuell hier und da »nicht klappt«. Das belastet ihn, er empfindet es aber erstmal nicht als sein Versagen, mehr als Frustration. Das Erleben wundert ihn selbst, »man denkt's nicht«: Max versteht und verzeiht es sich ja, aber dennoch verletzt es ihn als Mann »sehr, sehr tief«. In solchen Momenten erlebt es Max so, dass er nicht klar darüber denken kann, es kratzt an der Männlichkeit, am Selbstbewusstsein und Selbstwertgefühl auch. Offenbar gibt es also schon so etwas wie ein Versagen, das er sich vorwirft.

Max muss feststellen, dass bei ihm bestimmte männliche Aufträge schon angekommen sind. So hat er sich früher viel Leistungsdruck gemacht, Sex war sehr lange keine Sache, die er selbst genießen konnte, er hat es für die Partnerin, mehr als Serviceleistung »für jemand anderen gemacht«. Das merkt er heute nur noch ganz leicht, er genießt Sex mehr, kann ihn auch »für mich selbst« genießen und denkt dabei nicht dran, »dass ich jetzt auf Teufel komm raus 'ne 20 Minuten Show ablegen muss und 'nen Salto dabei machen muss, damit jemand zufrieden ist«. Natürlich ist es schön, wenn passt, wenn nicht nur er zum Orgasmus kommt, sondern dass auch seine Partnerin Spaß hat oder auch zum Höhepunkt kommt. Das erlebt er als Bestärkung, dann macht es auch ihm noch mehr Spaß. Aber es ist kein Zwang, es muss nicht so sein. Umgekehrt kommt bei ihm auch aktives Verhalten vor, das er als Fehler bezeichnet. Max kennt das, wenn man (er) mittendrin merkt, dass es nicht die richtige Person ist, dass es nicht stimmt. Oder auch den Klassiker, dass man (er) aus Versehen jemandem körperlich weh tut: »Als Mann passiert's gerne, dass man zu animalisch wird, ein bisschen zu grob wird mit der Person und man nicht gelesen hat die Zeichen, dass es nicht das ist, was die andere Person wollte. Das passiert auch gerne. Es ist auch bestimmt jedem Typen mindestens einmal passiert, dass man halt so gesehen – ähm – aus Versehen die Frau anal penetriert«.

Hier meldet sich eine andere, eher körperbezogene und energische Seite des Männlichen, die mit ihm in der Kombination von Männlichsein und Sex durchgehen kann. Im Sex erkennt er »was Animalisches«, sogar »das Animalischste, was der Mensch noch sein darf heutzutage«. Außerhalb vom Sex ist dagegen volle Kontrolle angesagt: »Ansonsten müssen wir Kleidung tragen und uns gut benehmen und so 'ne Scheiße«. Diese Energie und der Kontrollverlust sind ihm aber gar nicht geheuer, schließlich können sie zu »Fehlern« beim Sex, zu unbeabsichtigten Schmerzen bei der Partnerin führen. Und auch aus seiner früheren Pornozeit kenn er das Problem der Entgrenzung, er sagt, er sei früher den Pornos »verfallen« gewesen. Bei Pornos kennt Max sich aus, aber denkt nicht, er sei ein Experte; er weiß ein paar Kategorien, aber kein Schauspieler. Pornos sieht Max auch kritisch, vor allem wenn er dran denkt, wie und wie viel er sie früher genutzt hat, es fallen ihm doch einige negative Folgen ein. Für (zu) junge Männer, glaubt Max dementsprechend, gibt es heutzutage »nichts Schlechteres als Pornografie«.

Aber in einem gewissen Rahmen sind Pornos normal und positiv. Wenn er sich heute als Vorbild nimmt, ist Max ein typischer Porno-positiv-Nutzer, was sich einfach erklären lässt: Pornos sind »für viele Männer der Welt und auch Frauen wahrscheinlich ein Stresslöser«. Pornos sind normal, viele Männer machen das, er glaubt sogar, dass jeder Mensch Pornos guckt, und sie können eine Art Ersatz darstellen: vor allem, wenn Männer wenig Frauenkontakt haben. Vom Nutzen und den positiven Pornowirkungen kommt Max, und das wirkt wie eine rhetorische Rechtfertigung und Absicherung des Rahmens, gleich wieder auf potenzielle Probleme zu sprechen. Sich ganz auf die positive Pornoseite zu begeben wirkt bei ihm wie verboten. Er unterscheidet zum Beispiel zwischen guter und schlechter Pornografie, lässt die »gute Pornografie« aber nicht einfach »gut« sein, sondern kritisiert gleich das Unrealistische von Pornos generell, zum Beispiel seien auch Amateurpornos keine Realität; das ist aber eine generelle Medienproblematik, Mediendarstellungen sind eben Darstellungen und nicht die Wirklichkeit.

Max betont, dass er das Pornonutzen überhaupt nicht verbietet, seine Gesamtwertung liegt im positiven Bereich: Pornos sind »Fantasien von Menschen, die dürfen ausgelebt werden, weil, darum geht es ja bei der Sache«. Er warnt aber auch eindrücklich, vor der Menge und vor möglichen negativen Folgen. Dabei vergleicht Max Pornos mit anderen Alltagsdrogen wie Kaffee, Rauchen oder Alkohol, langfristige Schädigungen oder das Suchtpotenzial gilt es im Blick zu behalten. Selbst ist Max zufrieden mit seinem Pornokonsum, teilweise macht er es zum Stressablassen, teilweise weil er in der Stimmung ist, er versucht, sich zu regulieren – ein bis zweimal in der Woche ist positiver Konsum – und hat kein Interesse an zu harten Sachen. Die Third-Person-Perspektive in der Empfehlung an den jüngeren Freund unterstreicht die positive Haltung (garniert mit der typischen Einschränkungsergänzung von Max): »Nutz' Pornos um herauszufinden, was du magst, aber halt dich nicht zu sehr an der Darstellung fest«.

> Max wirkt heute selbstbewusst und in seinem Männlichsein entspannt, aber es gab andere Zeiten und Ansichten, aus denen er sich ein gutes Stück herausentwickelt hat. Traditionelle Männlichkeitskonzepte kritisiert er, er kennt die leistungsbezogenen Folgen. Dass Kontroll- und Performance-Druck auch jenseits traditioneller Männlichkeitskonzepte wirken, und dass dies mit neuen Bildern und Standards des Männlichen zusammenhängt, hat Max noch nicht im Blick. Max gelingt es, sein Männlichsein wie seine Einschätzung zu Pornos mehr an und in sich selbst festzumachen, er entwirft sich seine Männlichkeitsposition selbst, auch im Austausch oder im Vergleich mit anderen Jungs. Damit kann er sein aktuelles Mannsein gut bewältigen. Entwicklungspotenziale scheinen in der Frage auf, wie er seine sexuelle Energie und Potenz so kennenlernen, weiterentfalten und integrieren kann, dass ihm das Risiko der Grenzüberschreitung nicht mehr im Nacken sitzt, damit er seine Sexualität weniger kontrolliert leben und genießen kann.

Niklas – ein »Genderist«

Niklas kommt es viel auf das Reden an, er ist ein großer Kommunikator. Auch wenn er mit einer Partnerin Sex einfädeln möchte oder wenn es beim Sex nicht klappt – Kommunikation ist die Lösung! Er studiert Politikwissenschaft im sechsten Semester, lebt in einer Kleinstadt, im Moment hat er keine Beziehung, aber er hatte schon welche, die letzte dauerte dreieinhalb Jahre. Niklas schätzt sich als komplett heterosexuell ein, auf der Kinsey-Skala markiert er die Null. Sexuelle Erfahrung hat der 23-Jährige nach seiner Einschätzung wenig. Männlichkeit sieht er sehr kritisch, das festzuhalten ist ihm wichtig, ohne dass er danach gefragt wurde, legt er los: männlich, das bedeutet stereotyp und ist problematisch – für alles andere hat er keine Vorstellung bzw. das ist eben nicht männlich. Zum Stereotypen zählt er »Stärke, emotionale Resilienz oder wie man es auch nennen mag, Potenz, diese ganzen Dinge, dieser Lockerroom-Talk«. Auch Pornos sieht er kritisch, obwohl er sie viel nutzt. Sowohl über Männlichkeit als auch über Pornos hat er schon viel nachgedacht und mit anderen geredet.

Sein Männlichsein hat er auf dem Dorf entwickelt. Typische Jungsgespräche über Sexuelles fanden in einer Zeit statt, als er und die anderen wenig Erfahrung hatten und sie mit »sehr, sehr viel Unwissen unterwegs waren«, was sie durch »Hypersexualisierung« kompensiert haben. Meistens war die Stimmung dort schon »sehr, sehr sexistisch« (die verstärkende Betonung durch ein doppeltes »sehr« verwendet Niklas gern). Das Problem sieht er dabei mehr bei den anderen, seine eigene Beteiligung an dieser Dynamik benennt oder reflektiert er jedenfalls nicht. In dem Kreis von Jungs ist er jetzt aber nicht mehr. Heute kann Niklas mit einigen jungen Männern gut reden, auch über Sexuelles. Das ist kein Dauerthema, aber ab und zu wird darüber gesprochen. Es sind eher weniger ernste Gespräche, »immer in Humor gekleidet«, aber es werden schon ernsthafte Fragen erörtert. Das hat ihm sehr geholfen, »weil ich irgendwie gemerkt habe, hey, das ist bei anderen vielleicht tatsächlich ähnlich«.

Niklas reflektiert, dass ihm Männlichkeitsstandards im Nacken sitzen, er spricht über den Druck und über den »Männlichkeitswahn«, stellt aber auch fest, dass sich durch seinen kritischen Blick etwas verändert, es hat sich bei ihm »sehr, sehr stark gewandelt, (…) die Rollenverteilung ist ein bisschen dynamischer geworden«. Trotz seinem veränderten Bewusstsein fällt es ihm schwer, sich nicht an stereotypen Anforderungen zu messen, die an Männer beim Sex gestellt oder die ihnen suggeriert werden. Er selbst fühlt sich »nicht über die Maßen männlich«, sieht das Männliche eher als Zuschreibung und versucht, sich von stereotypen Männlichkeiten fern zu halten, er hat »da sicherlich irgendwie ein gekränktes Verhältnis zu meiner Männlichkeit«. Niklas erkennt, dass er durch sein Geschlecht profitiert bzw. dass Frauen durch ihres abgewertet sind, zum Beispiel, dass eine weibliche Seminarteilnehmerin weniger ernst genommen wird als er, obwohl sich »qualitativ unsere Aussagen nicht wirklich unterscheiden«. Im

Wandel der Geschlechterrollen und der Männlichkeit sieht er Vorteile. Für ihn selbst war diesbezüglich ausschlaggebend, dass er in ein anders Anregungsmilieu für solche Fragen kam, weil vom Dorf in eine Universitätsstadt gezogen ist, wo es mehr Berührungspunkte mit progressiveren Ansichten von Sexualität, von Männlichkeit gab, was er als eine große Hilfe erlebt.

Seine Befreiung vom sexuellen Männlichkeitskorsett ist aber nicht einfach, Niklas spürt immer noch die klassische Anforderung an die Potenz, das sexuelle Durchhaltevermögen – und auch die körperliche, spezifisch männliche Realität, eine Einschränkung: »Nach dem Orgasmus eines Mannes ist halt einfach etwas Energie raus, man braucht dann irgendwie einfach einen gewissen Regenerierungszeitraum«. Allerdings sieht er, dass das »auch etwas Psychologisches ist«. Leistungsdruck und Sexstress sind da, aber er kann jetzt anders mit der Situation umgehen, dass er zu früh kommt; es ist dann nicht vorbei, »sondern irgendwie, dass man, also dass man zurücktritt, etwas anderes macht, und dann irgendwie, also wenn es dann wieder geht, weitermacht«. Das ist so »okay, wenn man das entsprechend mit dem Partner, der Partnerin gut besprechen kann«.

Früher war sein Sex nach seiner eigenen Einschätzung einseitig: Der Mann steht im Mittelpunkt, es wird wenig kommuniziert und »es beginnt und endet sozusagen mit dem männlichen Orgasmus«. Heute dagegen ist sein Sex kommunikativer geworden, er vertritt ein Ideal von Sexualität, das der Pornowelt direkt widerspricht, natürlich, realistisch, schön und kommunikativ. Niklas hat dazugelernt, sein Anspruch ist jetzt mehr die Begegnung, um »mit der anderen Person zusammen eine gute Zeit zu verbringen«. Er versucht, das Verschlossene, Unkommunikative aufzubrechen, erlaubt sich, Fehler zu machen, weil die »auch verziehen werden können«. Damit meint er, dass es nicht jedes Mal »klappen« muss. Kommunikation ist dabei immer der Schlüssel, sie ist ihm »extrem wichtig dabei geworden und (…) hat auf jeden Fall diesen Leistungsdruck ein Stück weit rausgenommen«. Sein Sexstress, vermutet Niklas, hängt mit seinen ersten sexuellen Erfahrungen, aber vor allem auch mit Pornos zusammen. Die dort vermittelten Standards kennt er gut: »(Man) muss jetzt möglichst lange durchhalten, man muss jetzt möglichst harte und lange Erektionen haben, man muss möglichst lange zum Orgasmus brauchen, auch, auch, auch Fragen: ist er groß genug, ist er dick genug, also der Penis«. Solche Anforderungen sitzen fest, was seinen Sex früher »sehr, sehr verkrampft« und »nicht wirklich schön« gestaltet hat. Bis er »auf den Trichter gekommen ist, dass das vielleicht auch anders aussehen kann«. Pornos suggerieren eine männliche »Über-Leistungsfähigkeit«, sie führen zu einer Überreizung, Pornobilder beeinflussen ihn und wirken auch deshalb, weil es seine einzigen Bilder sind, die man (er) hat, »man misst sich an ihnen«, auch wenn man rational weiß, dass das weder das ist, was er will oder auch leisten kann – was hängen bleibt, sind Druck und Stress.

Seine Pornoinitiation erfolgte mit 12 oder 13 Jahren durch einen großen Bruder eines anderen Jungen, der einen Wissensvorsprung hatte. Niklas wechselt jetzt zum Indefinitpronomen »man«, er verallgemeinert sich in dem Vorgang: »Und dann kommt man irgendwie auf diese Seiten, also kann anfangs vielleicht noch gar nicht so viel damit anfangen, also bringt das gar nicht in Verbindung mit – ahm – sondern ahm, das kommt dann mit der Zeit«. Beim Stichwort »junge Männer und Pornos« fällt ihm als erstes »Reizüberflutung« ein, es ist zu viel, eine Welle, die ihn anspringt und überschwemmt:

> *»Es gibt zu viel – man weiß gar nicht, was man sich alles anschauen kann, man könnte ein ganzes Leben lang Pornos schauen, so viele gibt es. Und man hat wenig Filter am Anfang, man weiß nicht genau, was man sich da anschauen soll, was man sich überhaupt anschaut, und das wird dann mit der Zeit selektiver. Aber ich glaube, gerade dieses Überangebot an pornografischen Inhalten, das ist so eine Sache, also dass man wirklich – es springt einem förmlich ins Gesicht, also alle möglichen Dinge, wenn man sich die einschlägigen Seiten öffnet«.*

Niklas hat Phasen, in denen er Pornos viel nutzt, jetzt grade versucht er aber, das zu reduzieren. Auch hier ist er reflektiert, er hat das Gefühl, dass ihm das Pornonutzen nicht so guttut, Masturbation mit Pornos erinnern ihn an eine »Schnellabfertigung«. Dass Masturbieren etwas Angenehmes ist und schön sein kann, geht dabei unter. Er stellt es so dar, dass ihn Pornos (aktiv) daran hindern, die Lust mit sich mehr zu genießen – er ist ihrer Macht ausgeliefert, unterlegen. Ist er auch ein Porno-Experte? Die Frage danach beantwortet Niklas nicht eindeutig, sicher ist aber, dass er sich auskennt: Man – also er – hat über die Jahre »schon viele Berührungspunkte mit allen möglichen Dingen gehabt«. Niklas denkt, dass er einen sehr guten Überblick über die Pornolandschaft hat, allerdings abgesehen von »den Untiefen«. Bestimmte Darsteller und Darstellerinnen kennt er, sie begleiten ihn über Jahre.

Pornos nutzt er funktional, je nachdem, was er gerade braucht: ob er sich Zeit lässt oder ob es schnell gehen soll mit dem Ziel, Stress abzubauen, wofür er nur »den Hormonkick« braucht. Unter diesem Vorzeichen greift er eher auf Inhalte zurück, die er im Gespräch kritisiert, als problematisch wertet und die bei ihm hinterher schlechte Laune hinterlassen: Wegen der industriellen Fließbandproduktion von Pornos, wo mit Druck (»pressure« – wenn er peinlich verstrickt ist, verwendet Niklas gern englische Begriffe) gearbeitet wird, wo »gestählte Typen mit Riesenpenissen und fast bis in die Unkenntlichkeit operierte Frauen« am Werk sind. Das verkörpert nicht sein natürliches Bild von Sexualität, er findet das eigentlich zutiefst befremdlich, es ist aber ein Mittel zum Zweck (»means to an end«) für ihn. Mit diesem Widerspruch zwischen vernünftiger Bewertung und körperlicher Funktion kommt er innerlich schwer klar: Er lehnt Pornos ab, aber sie helfen ihm nun mal, zu einem schnellen Orgasmus zu kommen. Das löst unangenehme Gefühle aus, »nicht unbedingt, unbedingt Ekel« – seine inneren moralischen Widersprüche, Porno- und Männlichkeitskritik einerseits, Pornonutzen und sich damit Männlichkeitskonform zu verhalten andererseits führt zu einer fühlbaren Spannung. Wieder zur Vernunft gekommen denkt er daran, wie diese Industrie funktioniert, dass er das nicht unterstützenswert sei und er sich damit »nicht wirklich assoziieren will«.

Niklas hat Zugang zu seinen Gefühlen, er kann sie wahrnehmen und darüber reflektieren, er fühlt und kennt zum Beispiel die Angst als Folge von Männlichkeitsbildern und Sexstress: Die Angst, nicht gut genug zu sein – was wieder zu Stress führt und »die Spirale anheizt, die es dann noch schlechter macht«. Oder die Scham, wenn es bei einer neuen Partnerin »nicht so funktioniert, wie man es vielleicht gerne hätte«, oder wenn man (er) »noch nicht so richtig weiß, wie die andere Person tickt, wie sie diese in Anführungszeichen Nicht-Leistung wahrnimmt«. Auch die Furcht zu enttäuschen kann er empfinden, die Wirkung des enttäuschten Blicks, »wenn es mal wieder zu schnell ging«, den er doch als Kränkung erlebt.

Ein großes Risiko im Pornonutzen sieht Niklas darin, dass dieses Genre nicht die Wirklichkeit, sondern sehr »einseitig männliche heterosexuelle Vorstellungen« darstellt; dadurch bekommt man (er) ein verzerrtes Bild von Sex. Pornos, so seine Kritik, funktionieren aus der männlichen Perspektive, der Mann und sein Orgasmus stehen im Mittelpunkt. Dem versucht er jetzt aktiv gegenzusteuern, er wählt bewusster aus, mehr aus dem Amateurbereich oder »in Anführungszeichen feministische Pornografie«, die auch die Frau oder das Gemeinsame in den Mittelpunkt rückt. Trotzdem spiegelt das nie die Realität wider. Niklas meint, auch ohne Pornos könne man sexuell sehr, sehr weit kommen, aber den Pornonutzen sieht er natürlich auch: die immens vielen Eindrücke, welche die sexuelle Kreativität anregen, umsetzbar und inspirierend sein können – man (er) muss es nur irgendwie richtig machen, dann können Pornos helfen, sich näher zu kommen. Falsche Vorstellungen von männlicher Sexualität haben tendenziell immer einen negativen Einfluss auf seine Selbstwahrnehmung; früher hat man (er) sich »sehr, sehr naiv irgendwie doch an den Leistungsvorbildern vielleicht in den Pornos gemessen«, was seine sexuelle Entwicklung negativ beeinflusst, nämlich gebremst hat.

Seine kritische Ambivalenz zum Thema Pornos kommt auch beim Rat für einen jüngeren Jungen zum Ausdruck. Ihm (und indirekt sich selbst) würde Niklas in einem ersten Impuls »gerne dazu raten, dass er es sein lassen soll«, weil es am Ende irgendwie der falsche Weg ist. Aber dann legt er nach und kommt auf Seitenempfehlungen zu sprechen, wo es nicht allzu problematische Inhalte gibt. Pornos zu nutzen sieht er nicht als notwendigen Entwicklungsschritt, um seine Sexualität zu entwickeln, aber dennoch: es ist okay, sie zu nutzen, sie bringen etwas, sie helfen vielleicht, um bei der Masturbation dorthin zu gelangen, wo man hin will oder um eine Vorstellung zu bekommen, wie das überhaupt aussieht. Und natürlich folgt die Relativierung wieder auf dem Fuß, mit einem »Disclaimer«, dass das »nicht der Realität entspricht, sondern dass das Entertainment am Ende ist und dass da Schauspieler aktiv sind«.

Seine entwickelte und reflektierte Männlichkeits- und Pornokritik qualifizieren Niklas zum Typ Genderist. Vielleicht tendiert er in diese reflektierte Richtung, weil er die bittere Erfahrung gemacht hat, den Männlichkeitserwartungen nicht genügen zu können, die ihm stabil vermittelt wurden?

Für Niklas persönlich stellen seine Männlichkeits- und Pornokritik aber ein doppeltes Dilemma dar. Er ist männlich und nutzt Pornos, die Schwierigkeit dieser Schwachstelle hat er deutlich vor Augen: Dass solche Kritik für ihn auch harsche Selbstkritik bedeutet und ihn als Person und als Mann verunsichert. So klar er in seiner rationalen Meinung und seiner Wertung ist, so diffus ist er im Verhalten. Als Mann wirkt Niklas ambivalent und instabil. Seine kritische, demontierende und depotenzierende Einstellung ist nicht etwas, was ihm gleichzeitig Halt oder Orientierung geben kann.

Cem – ein »Moralist«

Cem will ein »guter Mann« sein, und damit vielleicht auch besser als andere Jungs. Damit ihm das gelingt, orientiert er sich an moralischen Werten. Aufgewachsen in einer Großstadt geht es Cem nicht darum, eine strenge, rigide traditionelle Moral zu vertreten. Aber in seinen Ansichten und Einstellungen, in den Themen, die ihn als 21-jährigen jungen Mann unter der Oberfläche beschäftigen, hat die Moral Gewicht. Traditionell männliche Orientierungen gibt es bei Cem durchaus, er ist bei der Feuerwehr und im Rettungsdienst aktiv; dabei fällt ihm auf, dass seine weiblichen Kolleginnen in emotional herausfordernden Situationen betroffen sind oder weinen, er aber denkt, »ich darf jetzt keine Schwäche zeigen«. Allerdings vertritt Cem eine heldenhafte, ritterliche, rettende, gleichsam eine »edle Männlichkeit«. Andere Jungs reden zum Beispiel respektlos über Frauen und Sex, nicht aber Cem! Gerade der Zusammenhang von Sex, Porno und Männlichkeit provoziert moralische Fragen und Positionierungen, die auch bei Cem immer wieder auftauchen. Er ist der Typ Moralist, sicher nicht als Extrem, sondern modern moralisch und dabei in einer bestimmten Variante auch traditionell männlich.

Gesellschaftliche Bilder von Männlichkeit und Sex missfallen Cem gehörig. Sie machen Druck, man muss sich beweisen, die Frau ist entwertet, sie »ist eigentlich dazu da, den Mann zu beglücken«. Sex wird nur zur Statistik und ist bewertet, gerade im Hinblick auf die Leistungen des Mannes, die sich in Sexdauer und Genitalgröße bemisst. Cem denkt, dass solche gesellschaftlichen Bilder durch Pornografie verstärkt werden, die »Leute aus der Gesellschaft« machen sich damit »selbst den sexuellen Akt kaputt«. Solche Männlichkeit beim Sex heißt zu dominieren, und ihm selbst hat das nie gefallen oder geholfen.

Gegen die gesellschaftlichen Bilder des dominanten und egoistisch Männlichen, das Frauen entwertet und benützt, setzt Cem eine andere, eine genauso traditionelle, aber gute und edle Vorstellung der modernen Ritterlichkeit. Cem braucht Sex nicht für seine Männlichkeit, um sich oder auch um seiner Freundin zu beweisen, »dass ich der geile Hengst bin«. Ihm ist es – durch das »man muss« direkt moralisch unterlegt – wichtig, über sexuelle Motive zu reflektieren: »Man muss auch nachdenken, mit wem man es macht und warum und so weiter«. Seine sexuellen Wünsche soll und kann er gut zurücknehmen, in seiner jetzigen Beziehung tat er das so lange, bis es »etwas Ernstes« war: »Ich will erst Sex haben bis es für uns ernst ist (...) dass du auch weißt, dass ich mich nicht nur über das Thema Sex, ist, sondern dass es auch was mit Gefühl zu tun hat«.

Über seine Kriterien zur sexuellen Leistungsfähigkeit hat Cem bislang nicht nachgedacht, er stellt sich jedenfalls nicht in den Mittelpunkt. Seine Priorität, ganz klar: edler, traditioneller Gentleman, »dass die Frau ihren Spaß hat und sie auch wirklich dann zum Höhepunkt kommt (...). Ich fokussiere mich viel mehr auf die Frau als auf mich. Ich stehe im Hintergrund«. Er muss keinen Höhepunkt haben, muss auch keine zwanzig Minuten durchhalten – aber die Frau glücklich machen, und da spürt er durchaus einen Leistungsdruck. Mit seiner Haltung kennt er dennoch die gesellschaftlichen Anforderungen an den Mann, Durchhalten zu müssen und eine entsprechende Genitalgröße vorweisen zu können. In der Realität, so seine Erfahrung, ist das den Frauen echt nicht wichtig. Aber der häufige Pornovergleich verstärkt die Normvorstellungen bei Männern und das Selbstbewusstsein leidet.

Eine Schattenseite seiner altruistischen Männlichkeit zeigt sich bei der Frage, ob oder wann Sex mühsam und anstrengend sein kann. Cem erzählt zwei Beispiele bei denen er sich und seine Bedürfnisse zurückstellt und der Frau zuliebe Sex hat: Er hat keine Lust auf Sex, aber seine Freundin; er möchte sie nicht verletzen und ihr »dieses Vergnügen bringen«, und da wird der Sex mühsam, »weil du selber nicht willst, aber du machst es eben für deinen Partner«; in der anderen Situation mit einer früheren Bekanntschaft hat sich Sex angebahnt, Cem fand es nicht so toll, aber wollte das Mädchen nicht kränken und es ihr nicht sagen oder zeigen; das war dann mental anstrengend, weil er keine Lust und keinen Spaß dran hatte: es war nicht schön, aber »man hat weitergemacht, um diese Person nicht zu verletzen«. Schön ist für Cem eine Bezeichnung für einen eingehaltenen moralischen Rahmen; ist etwas »schön«, dann entspricht es der Moral, »nicht schön« zeigt einen moralischen Verstoß an.

Gemessen an seinem moralischen Ideal sind Pornos »nicht schön«. Cem muss Pornos aus seinem guten und edlen Bild der männlichen Ritterlichkeit heraus nicht moralisch verdammen, aber er sortiert und wertet sie auch aus dieser Perspektive. Seine erste Pornoerfahrung erinnert er nicht als schön, weil sie nicht eingebettet war, sondern eher ein Gruppenzwang. Er hat das Video auch nur »grob« angeschaut, »mit einem sehr betrübten Blick«, erinnert er sich. Das änderte sich aber; früher, in seiner Hochphase, hat er viel Pornos genutzt, bis zu dreimal am Tag! Hier kommt Cem mit etwas Kraftvollem, Triebhaftem, einem sexuellen Drang in Kontakt, der ihm aber suspekt ist. Er macht sich ein bisschen Vorwürfe deshalb, es gab solche Phasen, manchmal hat er tageweise geschaut, mehr Zwang als Lust, denn es war »gar nicht so, dass ich sage, ich habe Spaß daran, es war so ein Drang«, auch »kein schönes Gefühl«. Wenn sein sexueller Drang an der moralisch nicht passenden Stelle so stark ist, dass er ihm nachgibt, schämt er sich dafür. Zum Beispiel erinnert er sich an eine Szene im Urlaub mit Freunden: »Ich bin dann für kurze Zeit einfach vom Pool weggegangen, einfach, und dann habe ich mir einen Porno an-(geschaut), und das hatte ich dann, dadurch, in dem Sinn geschämt, dass ich einfach, das tun musste – da habe ich mich geschämt«.

Heute dagegen ist Cem wichtiger, sich tugendhaft zu verhalten, auch bezogen aufs Pornonutzen, was er unterstreicht und betont: »Ich bin gerade in einem Augenblick, wo ich gar keine Pornos schaue, weil ich eine Beziehung habe, wo ich es auch gar nicht brauche und wo ich es auch nicht richtig finde«. Seine moralische Grenze liegt aber nicht generell bei der Pornonutzung, er ist nicht prinzipiell dagegen. Cem geht es nicht um ein generelles Pornoverbot, sondern um die rote Linie innerhalb der Pornosphären. So gesehen gibt es gute und schlechte, moralische und unmoralische Pornos. Zwei Kategorien fallen ihm auf der unmoralischen Seite besonders auf, beide im fantasierten bzw. inszenierten »Halb-Inzest-Bereich«: Sex zwischen Stiefmutter und -sohn und zwischen Stiefschwester und -bruder, also moralisch doppelt verwerflich: Sex plus Inzest! Hier ereifert sich Cem richtig:

> *»Stepmom, Stepsister – dass (es) da einfach gar keine Grenze gibt, dass du denkst, alles ist möglich, alles ist erlaubt (...) Weil es einfach so irreal ist, es macht dich einfach kaputt (...) Es sind einfach moralische Prinzipien, die du eigentlich hast in der Gesellschaft, die vorhanden sind: dass man so was nicht macht und es ist auch gesetzlich, manches ist gar nicht erlaubt, so. Und durch die Pornografie senkt sich so dieser Scham dagegen«.*

Ein anderes Beispiel sind Hardcore-Kategorien wie ›Gang Bang‹ oder ›Rape‹ – »das ist nicht mehr schön«. Cem denkt, dass Leute dadurch animiert werden, solche Praktiken umzusetzen, es sich als Vorbild oder als Beispiel nehmen, und denken, dass das »nichts Schlimmes« sei. Klar ist aber: Für Cem ist das etwas Schlimmes, eine moralische Grenze ist überschritten, es ist verwerflich und ein Risiko, dass »Leute« das schauen und falsch aufnehmen. Dagegen liegen innerhalb des moralischen Toleranzrahmens Kategorien, die er nützt(e): Die Kategorie »Teen« – weil er sich damit altersbezogen identifizieren kann – und seine Lieblingskategorie: »Public«; ihm gefiel, »wenn es etwas Natürlicheres war«. Cem nimmt das Thema der Moral auch dabei mit; beim Sex in der Öffentlichkeit sind die moralische Toleranz und die soziale Kontrolle, das Risiko des Entdecktwerdens als Reiz ein Teil der Inszenierung. Auch seine sexuelle »Lieblingsfantasie«, die er sich ohne Pornounterstützung selbst ausmalt, integriert die Spannung zur öffentlichen Moral; sie spielt nachts an einer Bushaltestelle, sie und er sind schick gekleidet, es regnet, sie werden nass …

Cem ist sich sicher, dass er nie Pornos schauen würde, wenn er dafür zuerst in einen Sexshop gehen müsste. Auch hier entdeckt er ein Paradox. Er schämt sich zwar angeblich nicht fürs Pornoschauen und kann offen drüber reden, gleichzeitig fände er es komisch, wenn das öffentlich würde, wenn ihn Leute sehen würden, wie er in so einen Shop geht: Das wäre unmoralisch!

»Schmutzige« sexuelle Praktiken in Pornos findet Cem »eklig«, zum Beispiel Analverkehr oder Fellatio: »dass der Mann es dann so gefühlslos macht, so die Haare packt und dann irgendwie sein Genital hin und her bewegt und richtig doll (…) so als ob er mit ihr gerade schläft, aber im Mund und es ist einfach richtig grob und schon alleine, wie das aussieht, das finde ich einfach nur eklig«. Diese Wertung gilt auch für seine eigene sexuelle Praxis: »Blasen. Ist nicht meins, ich finde ja, aus meiner Sicht sehr herabwertend«. Er will das niemandem verbieten, aber findet das »irgendwie nicht schön«, sondern abwertend – besonders wegen der Position, wenn die Frau vor dem Mann hockt oder sich beugt.

Seine Ambivalenz beim Thema Porno fällt ihm selbst auf, er nennt es selbst ein Paradoxon, die Gleichzeitigkeit von nützlicher Wirkung und Risiken. Cem denkt nämlich schon, dass Pornos auch »gut« sind, dass man durch sie Erfahrung bekommen kann, einen Überblick über Positionen, was sexuell gemacht werden kann. So gesehen helfen Pornos weiter und »es könnte dann manche Sachen auch wirklich schöner (!) machen«. Dagegen gibt es aber auch Risiken und Nebenwirkungen. Moralisch schwierig ist, dass die Gedanken »versaut« werden, zudem können Erektionsprobleme entstehen oder dass »du nur noch durch Pornos kommst und normaler Sex erregt nicht mehr«. Gerade für Leute, die wenig oder keine sexuelle Erfahrung haben, sieht er dies als Problem, weil sie ein »falsches Bild von Sex vor Augen haben«. Seine moralischen Grenzthemen formuliert er auch im Ratschlag an jüngere, sie können gerne Pornos schauen – aber sie sollen die Grenzen im Blick haben, »nicht *zu* regelmäßig«, wichtig ist, »dass man da die Grenze weiß«.

Idealisierter Sex – idealisierte Frau

»In der heutigen Zeit achten auch viele Frauen darauf, eben gleichberechtigt zu sein«, bemerkt Cem, und deshalb ist es für ihn wichtig, dass der Mann (auf) die Frau achtet. Das versucht er auch umzusetzen. Zum Zeitpunkt des Interviews hat Cem seit vier Monaten seine erste feste Freundin. Davor hat er sexuelle Erfahrungen ohne Beziehungsstatus gesammelt, er ist »eben sehr rumgesprungen bei Frauen (lacht)«, was Cem heute allerdings kritisch wertet, denn das ist »auch nicht das Positivste«. Jetzt merkt er, dass eine feste Beziehung etwas ganz anderes ist, er schwärmt geradezu: »Aus meiner Sicht – es ist was ganz Anderes. Es ist viel mehr Körperkontakt und viel, viel mehr Gefühl darin und du achtest viel, viel, viel mehr auf deinen Partner«.

Porno passt überhaupt nicht zu seinem moralischen Anspruch, denn Sexualität ist in Cems Worten etwas Idealisiertes: ein »Akt der Liebe, des Kontaktes, der Nähe« oder, an anderer Stelle, ein »Akt, der schön ist, den man genießt«. Es kommt ihm auf die Intimität mit der anderen Person an, und das ist dann etwas moralisch Hochwertiges, also: Schönes (nur wird das den Leuten durch Pornografie »ganz anders beigebracht«).

Der Mann ist für das Glück der Frau da, er stellt eigene Bedürfnisse zurück, auch (und gerade) beim Sex. Eine Frau so glücklich machen zu sollen, das ist sein Rat an Jüngere (und in der Third-Person-Perspektive der indirekt formulierte Auftrag an sich selbst): »Dann ist der Sex immer allgemein schöner und besser. Weil die Frau dann eben auch weiß, dass du dir Mühe gibst, auch Gedanken über sie machst und dadurch gibt sie sich mehr Mühe und dadurch ist der Sex viel schöner und besser«. Der Frau zu ihrem Glück zu verhelfen, gilt selbstverständlich auch für ihn selbst:

> *»Mein einziges Ziel, das ist wirklich mein einziges Ziel (...) mein einziges Ziel ist es die Frau glücklich zu machen, die Partnerin. Ob das jetzt meine feste Partnerin ist oder – allgemein, immer: Die Frau glücklich zu machen und auch in dem Sinne bis zum Kommen zu bringen. Nicht nur glücklich machen in dem Sinne, dass es guter Sex ist, sondern auch zum Kommen zu bringen«. Auf der Rückseite eines so hohen Anspruchs lauert die Möglichkeit, dem nicht gerecht werden zu können: »Also Angst vielleicht schon so nach dem Sex in dem Sinne, dass man sagt, oh, hoffentlich war das jetzt gut so. Hoffentlich war es nicht scheiße. Das ist meistens die Angst«.*

Ein starker Ausdruck seiner Idealisierung von Frauen und der Sexualität ist auch, dass sich Cem einfach nicht vorstellen kann oder will, dass Frauen Pornos schauen und masturbieren, es wirkt verboten und undenkbar: »Das ist selbst für mich komisch (...) wenn ich mir vorstelle, dass vielleicht eine Freundin von mir oder meine Freundin sich einmal einen Porno angeschaut hat und sich da – na, ich kann das irgendwie nicht assoziieren«. Sex mit seiner Freundin ist »sehr schön«, aber eigentlich nur eine Ergänzung zur Beziehung, ein Bonus. Begierde zu spüren, offen Sex zu wollen, das passt nicht so gut in Cems ritterlich-altruistisches Männlichkeitsbild, in dem Sex mit der idealisierten Frau nicht geil, sondern schön ist. Er legt es auch in seiner Beziehung nie auf Sex an, sondern »es kommt einfach dazu. Es ist jetzt nie so, dass ich sage, ich will jetzt Sex (...) man plant es nie.« Umgekehrt allerdings, wenn eine Frau »rangeht« und ihm zeigt, dass sie ihn will, ist das so legitim wie toll.

In Cems ritterlichem Bild ist es die Aufgabe des Mannes, die Frau glücklich zu machen. Seine Traditionalität gründet sich nicht auf Frauenabwertung, im Gegenteil, er setzt die Frau auf einen moralischen Sockel und idealisiert sie. Wie er die Liebesbeziehung moralisch erhöht, hat er auch eine Tendenz, Frauen höher zu platzieren, sie zu idealisieren. Deshalb ist ihm Fellatio zuwider, weil sich die Frau dabei Cems Ansicht nach in einer körperlich untergeordneten Position befindet. Cems Sexualität wirkt moralisch ummantelt, eng gefasst und damit gebremst. Seine sexuellen Kräfte scheinen ihm suspekt zu sein. Moralische Ansichten und Leitlinien helfen ihm, mit seiner Sex-Energie umzugehen und sie einzuhegen. Die moralische Schranke zu überschreiten, seiner sexuellen Potenz Raum zu geben und dabei vielleicht sogar so geil zu werden, dass er wirklich Sex will, egal wo, sogar in der Öffentlichkeit – das passt bislang nur in seine sexuellen Fantasien und in die Pornos, die ihm gefallen.

Sebastian – ohne sexuelles Interesse

»Man kann sich, auch ohne Sex zu haben, sehr gut fühlen«

Beim Interview mit Sebastian zeigt sich gleich in den ersten Sätzen, dass er einen interessanten Hintergrund mitbringt. Er ist jetzt 22 Jahre alt und er verfügt über keinerlei sexuelle Erfahrung, weder mit sich noch mit anderen. Er nimmt es so wahr, dass es in ihm einfach keinen inneren sexuellen »Trieb« gibt, der sich bei Jugendlichen entwickelt. Das würde Sebastian wahrscheinlich gar nicht groß kümmern. Dass ihm da etwas fehlt, fällt ihm auf, wenn andere Sexuelles ansprechen, weil ihn das schnell langweilt und vor allem, weil er die Erwartung spürt, dass er doch zumal als Mann einfach schon Sex gehabt haben müsste.

Sebastian studiert, er lebt in einer mittelgroßen Stadt. Zuhause mit seinen Eltern hat er nie über Sexuelles gesprochen. Die Frage, ob er sich das gewünscht hätte, kann Sebastian auch nur hypothetisch erörtern. Beim Reden über Sex mit Gleichaltrigen schwingt bei ihm deutlich die Wertung mit, nicht normal zu sein, gerade weil er noch keine Erfahrung hat. »Ich bin Jungfrau«, sagt Sebastian und empfindet das latent entmännlichend hinter der Tatsache, keine sexuellen Erfahrungen vorweisen zu können und sich nicht zum Sex hingezogen zu fühlen. Die Sache Sex ist für ihn schon auch interessant, aber dieses Interesse kommt eher aus dem Kopf. Er verweigert Sex auch nicht offensiv, würde sich schon mal darauf einlassen, aber nur, wenn die Bedingungen für ihn passen, was Zeit oder Verständigung mit der Partnerin (er empfindet sich eindeutig als heterosexuell) angeht – ihm schwebt da »Komfort-Sex« vor.

Sein Männlichsein erlebt Sebastian körperlich, bei kraftvollen Leistungen oder auch, weil er einen starken Bartwuchs hat. Ansonsten denkt er, persönliche Männlichkeit stelle sich quasi von selbst ein, allein über die persönliche Reife, die er vom Kindlichen, »Bübischen« abgrenzt. Er versteht nur näherungsweise, was andere Jungs meinen, wenn sie sich männlich fühlen, mit (sexuellen) Erfahrungen oder Erfolgen, die männlich aufgeladen sind – aber das bewertet er als »komisch«, für ihn passt das nicht. Auch den Klassiker Wettbewerb bewertet er für seine Person nicht als männlich. Seine Erfahrung, nicht »normal« zu sein, erlaubt es ihm, sich von traditionellen Männlichkeitsprinzipien zu lösen, er betont es dagegen geradezu, dass »Männer, die sich nicht nach dem puren Männlichkeitscodex (...) verhalten« trotzdem Männer und selbstverständlich männlich sind. Dementsprechend hat Sebastian durchaus eine normative Vorstellung davon, wie männlicher Sex sein sollte – das sind allerdings ausschließlich moderne Normen: sich auf Augenhöhe zu begegnen, keine Grenzen zu überschreiten, ein Nein zu akzeptieren. Dabei erkennt er wieder, dass es schwieriger ist, sich außerhalb männlicher Normen zu bewegen, wenn jemand wie er ein »Romantiker« ist. Umgekehrt kennt er auch die Idee, dass das Männliche über Aktivität erwartet wird, etwa bei der Kontaktaufnahme oder beim Anbahnen oder Einfädeln vom Sex.

Sex ist ein Thema, dem Sebastian nicht ausweichen kann, denn selbstverständliche Annahmen lauten: Ein Mann hat Sex, Männer kennen sich mit Sexuellem aus – und weil das für ihn nicht zutrifft, ist er gleichsam als Negativform, davon »das komplette Gegenteil«. Er erlebt und formuliert den erheblichen Erwartungsdruck, dass ein Mann Sex haben oder gehabt haben muss. Wer mit 22 noch keinen hatte, für den ist es eine Blamage, beschämend, eine »Bloßstellung«. Selbst unter dem Druck zu stehen, sich aber gleichzeitig nicht zum Sex hingezogen zu fühlen, übt eine psychische Spaltkraft aus, es bereitet ihm »Kopfzerbrechen«.

Nicht nur partnerschaftlicher Sex, auch Selbstbefriedigung und Pornos interessieren Sebastian nicht aktiv, deshalb hat er hier ebenfalls keine Erfahrung. Pornos hat er schon auch mal mit anderen Jungs gesehen, das war lustig, aber nicht so lustvoll, dass es ihn zur Nutzung hingezogen hätte. Das Konzept dahinter leuchtet ihm ein, allein: es gab keinen Anlass für ihn, sexuell aktiv zu werden. Wieso auch? Derzeit macht er sich zwar »keinen großen Stress damit«, dass er auch bezogen auf die Selbstbefriedigung inaktiv ist, aber die Anspannung kennt er durchaus und vermutet, dass es ihm geholfen hätte, wenn er »einfach mal Druck abgelassen hätte«. Weil er sich nicht selbst befriedigt, erlebt er bisweilen einen nächtlichen Samenerguss, das empfindet er als etwas Unangenehmes.

Im Zusammenhang mit der Pornonutzung fällt ihm eine »Doppelmoral« unter den Jungs auf. Denn jeder weiß, dass (fast) jeder Pornos nutzt – aber wenn jemand davon erfährt, machen sie sich darüber lustig. Wenn er anderen erzählt, dass er keine Porno- oder Masturbationserfahrung hat, wird dies nicht als eine Option unter mehreren gewertet, sondern ruft Entgeisterung hervor.

Jüngeren empfiehlt Sebastian, das männliche Selbstgefühl vom Sex zu lösen. Er betont die Legitimität seines Erfahrungsmodells, »dass man sich auch ohne Sex zu haben sehr gut fühlen kann«. Ansonsten ist es »normalerweise« einfach menschlich, sexuelle Lust zu spüren und dem Verlangen auch zu folgen. Von männlichen Konventionen sollten sich Jungs aber nicht in sexuelle Erlebnisse »reindrängen« lassen, sondern sich Zeit lassen. Sebastian denkt, Pornos könnten schon helfen, die eigene Sexualität besser zu verstehen. Deshalb empfiehlt er jüngeren Jungs, sich Pornos anzuschauen, weil die dort vermittelten Informationen die Erfahrung erleichtern.

> Sebastian ist insofern besonders, als er von sich aus kein Bedürfnis nach Sex hat. Sein spezielles Männlichsein belegt, dass Sex ein männliches Erfahrungsfeld unter vielen ist, er ist ohne Frage ein Mann und zeigt: Jungs können (zumindest theoretisch) auch ohne Sex gut männlich sein. Sebastians Problem kommt von den Zuschreibungen und den Normalitäten, die ihn umgeben und mit denen er konfrontiert wird. Die sexuelle Null-Variation löst bei den Jungs in Sebastians Umgebung stärkere Irritationen aus, als ungewohnte sexuelle Orientierungen; sie scheinen für Jungs verständlicher zu sein, als gar kein Interesse an Sex.

Linus – ohne sexuelle Partnererfahrung

Linus lebt auf dem Dorf, er ist 18 Jahre alt und schätzt sich als einer der Jungs mit wenig sexuellen Erfahrungen ein. Überwiegend heterosexuell orientiert, hat er aber auch vereinzelt homosexuelle Erfahrungen (1 auf der Kinsey-Skala), im Interview bezieht er sich darauf aber nicht. Offenbar sind bei Linus reichlich »Männlichkeits-Botschaften« angekommen, die er aber – aufgrund seines Alters und des mageren Erfahrungsschatzes – (noch) nicht mit Erlebnissen oder einer fundierten eigenen Meinung verbinden und persönlich füllen kann. Deshalb arbeitet er sich an Stereotypen ab, die er allerdings auch gern den Mädchen zuschanzt: er tendiert in Richtung »Sexist«. Linus zeigt uns ein Dilemma auf, bei dem Männlichkeit normalisiert, die Kritik daran aber ebenfalls angekommen ist. So haut er einerseits immer wieder ziemlich stereotype Sprüche raus (ältere Jungs beschreiben sich so im selbstkritischen Rückblick, Linus befindet sich mitten in dieser jugendlichen Phase); auf der anderen Seite gibt er sozial erwünschte, männlichkeitskritische Antworten, mit denen er vielleicht bei der Interviewerin punkten möchte.

Männlichkeitsbilder spielten in seiner Erziehung zu Hause keine große Rolle, er wurde »ausgewogen« erzogen. Wann er sich »männlich« fühlt? Das ist für Linus eine schwierige Frage, er zögert mit seiner Antwort; und dann fällt ihm als erstes das Trainieren mit Freunden ein, darauf folgt eine kleine Kaskade an männertypischen Bildern, die auch aus Werbung und Medien bekannt sind: Sport mit anderen Jungs, Bier trinken, grillen, Rockmusik hören und noch spüren, wie die Muskeln vom sportlichen Wettkampf brennen – dann lässt sich etwas vom Männlichen fühlen, und das ist einfach geil.

Das Leben mit »den Jungs« ist es, wo das Männliche für Linus Raum bekommt. Mit Freunden über Sex reden ist, wie Linus sagt, selbstverständlich gar kein Problem, sie reden, klar, über alles und ohne Beschränkungen, mit Jungs wie auch mit Mädchen – das ist alles normal. Und prahlerische Gespräche unter Jungs? Nein, das kommt praktisch nicht vor, vielleicht mal »dummes Gerede«. Wenn andere Jungs über Sex reden findet er manches schon abschätzig, denn das sollte man natürlich nicht machen. Wichtig sei vielmehr eine konsensuelle Verständigungsmoral, alles soll geklärt sein vor dem Sex. Aber gleich darauf springt seine Wortwahl doch wieder ins Vulgäre (»kurz seinen Pinsel irgendwo eindrücken«), ein Hinweis, wie unter Jungs eben auch über Sexuelles gedacht und geredet wird:

> *»Man sollte halt nur machen, wenn es halt klar ist von beiden Seiten, was das Ziel ist und was auch danach passiert und nicht jetzt so einfach ausnutzen die Emotionen, und dann einfach nur, damit man jetzt kurz – ähm – seinen Pinsel irgendwo eindrücken kann«.*

Linus zeigt sich mit einer aufgeklärten Haltung, und verortet dabei das Kritische an traditionellen Geschlechterbildern ausschließlich bei Mädchen. Mit »Macho-Jungs« hat er selbstverständlich nichts zu tun und zählt sich natürlich auch selbst nicht zu dieser Gruppe. Aber Mädchen mit ihren traditionellen Beziehungswünschen kritisiert er doch deutlich. Er schreibt »manchen Mädchen« zu, dass sie nach einem überholten, »unemanzipierten« Muster agieren und »sich dann immer so unterordnen«, was ihn echt stört. Oder es gibt Gleichaltrige, »wo halt das Mädchen so sagt: ›Ja, ne ich will dann – hier dann dass er mir alles zahlt und das er – mich halt rannimmt‹« – um dann doch wieder auch gegenüber solchen Einstellungen den Toleranten zu geben: »ist ja klar, ne, wie jeder will, so, ja«. Es kann natürlich schon sein, dass Linus solche dörflich-traditionellen Erwartungen von Mädchen wahrnimmt, hier scheint aber auch einfach Frustration darüber mitzuschwingen, was der Mann angeblich alles »bieten« können muss, was von ihm von Mädchen erwartet wird – und dass Linus dem nicht entspricht.

So bleibt der echte Beziehungssex in weiter Ferne. Was »männlicher« Sex sein könnte erschließt sich Linus über Dominanz und ein hohes Aktivitätslevel. Gesellschaftliche Bilder assoziiert und erklärt er evolutionsbiologisch – »du musst halt deinen Samen verteilen« – und nach dem Alphamännchen-Muster: »also starke Männer, hier viele Frauen und so«. Dieses Verständnis kann er zwar auf den Punkt bringen und wiedergeben, er stimmt dem aber überhaupt nicht zu, ja hält es für »kompletten Müll« und setzt dem ein individualisiertes »jeder wie er will« dagegen. Dabei schließt er allerdings ganz tolerant mit ein, dass traditionelle Männlichkeitsmuster dann in Ordnung sind, wenn die Beteiligten damit einverstanden sind.

Sein eigenes Sex-Ideal liegt dagegen anders und entspricht der modernisierten Moral, es ist wechselseitig bedürfnis- und spaßorientiert; dazu gehört, dass du »nach den Bedürfnissen des anderen schaust und nicht nur nach deinen, es ist halt besser, wenn beide da Spaß dran haben«. Aber dann gibt er doch eine den Mädchen zugeschriebene oder bei ihnen – »selbst die emanzipierten« – wahrgenommene Erwartung wieder: »Ja man muss halt schon, ja sehr den Ton angeben«. Den Grund dafür findet er wieder im Biologischen, »das sind ja dann die tierischen Triebe und so, keine Ahnung, und da musst du schon mehr, ja mehr dich so (dominant) verhalten«.

Mit solchen Erwartungen im Kopf befindet sich Linus in einer spannungsreichen Gleichzeitigkeit: Einerseits in der An- und tendenziellen Überforderung, »dass man alles selbst hinbekommt«; andererseits nahe einem männlichen Größenwahn sexueller Allwissenheit – denn wenn die Partnerin äußert (es sagen *muss*!), was sie sexuell will, und das der Mann nicht selbst schon wusste oder hellseherisch erahnen konnte, ist dies ein »Stich in die Männlichkeit«. Das Bild des »Stichs« verwendet Linus im Interview dreimal. Hier droht bildhaft und geradezu fühlbar ein aufgeblasener Geschlechterballon zu platzen:

> *»Wenn dann sie sagt, was sie will, und man nicht selbst drauf kommt, also dann währenddessen, das ist dann schon doch ein Stich in die Männlichkeit, wenn man das so sagen kann (...). Weil es wird ja erwartet, dass man das dann irgendwie selbst hinbekommt alles«.*

Und an einer späteren Stelle im Interview:

> *»Da ist dann ja auch wieder dieses Männlichkeitsding, dass ›du jetzt hier der Mann sein musst‹ (...) bei älteren (Mädchen) ist das nicht so, aber bei jüngeren, wenn die dann halt wirklich halt einen ansprechen: ›mach jetzt dies und das‹, weil du es halt einfach verpatzt (...), dann ist es (...) halt so 'n Stich in die Männlichkeit rein«.*

Ein verwirrter Porno-Experte

Mit Pornos kennt sich Linus gut aus, er hat Erfahrung und schätzt sich selbst sogar als »Porno-Experte« ein (was im Interview allerdings eine geschlossene Frage ist, er kam also nicht selbst auf diesen Begriff). »Im Normalfall« nutzt er Pornos täglich oder jeden zweiten Tag, »es kommt halt drauf an«. Bei den Wirkungen der Pornos auf sich kommt er ins Stammeln, jetzt wird es doch sehr privat – aber gut: Es macht einfach Spaß und außerdem wirken Pornos emanzipatorisch, denn sie lösen die »richtig konservative Verklemmtheit gegenüber solchen Themen« auf. Seine Sexualität beeinflussen Pornos ebenfalls positiv, als Animation und Anregung. Denn was er da sieht, könnte er ja selbst einmal anwenden und ausprobieren.

Seine Auswahl der Pornos erfolgt recht spontan, er macht die Hauptseite eines Pornoanbieters auf und lässt sich von dem leiten, was ihn dann so anspricht. Negative Folgen seiner Pornonutzung sieht er zwar nicht, trotzdem probiert er gerade, seine Pornonutzung zu reduzieren, seit einer Woche will er darauf verzichten, denn so ganz folgenlos bleibt die Sache dann doch nicht: »Irgendwie, ich glaub das beeinflusst auch meine Wahrnehmung, deshalb tu ich grad seit 'ner Woche drauf verzichten«. Und dann ist da noch die kognitive Diskrepanz, wenn er über Pornos nachdenkt. Hier kommen Vernunft, Wissen und Kritik ins Spiel, die den Pornospaß wieder ablöschen können:

> *»Du erwartest halt was anderes, weil das ist ja echt nur geschauspielert. Grad wenn man sich auch Dokus anschaut, wie das produziert wird – die haben da nicht wirklich Spaß dabei, die meisten jedenfalls (…). Ja das ist dann der Klassiker, dass man das erwartet hat, dass es so ist. Dann ist man halt enttäuscht«.*

Manches in Pornowelten ist ihm suspekt: »In jedem Porno tun die so am Ende in das Gesicht abspritzen« – das versteht er also überhaupt nicht. Auch »kranker Scheiß« kann bei Linus beim Pornonutzen durchaus schwierige Gefühle auslösen. Er schaut sich das an, offenbar macht ihn das ja auch an, aber wenn er dann wieder »zu sich kommt« und darüber nachdenkt, dann stellt sich Verstörung ein:

> *»Ja da gibt's so ganz komische Sachen mit so Elfen, Orgviechern. Und dann ist die Frau so groß und das ist dann so 'n drei Meter Ding, und dann guckst du dir das an und dann warst du halt davor schon dabei und dann, ja dann – kommst du halt und dann und so. Und dann denkst du dir so: ›Was zum Henker hab ich mir da grad angeschaut?‹ Und dann bist du erstmal so richtig verstört für mehrere Stunden und dann tust du auch drei Tage, keine Ahnung 'ne Woche lang, das nicht mehr anfassen«.*

Das kennt er aber eher aus der Vergangenheit; jetzt erzählt er, dass er vernünftiger agiert. Linus klickt sich nicht mehr so ausschweifend durch »die ganzen Sachen« durch, deshalb kommt er nicht mehr auf »irgendwelche komischen Sachen«. Er macht »auf der Hauptseite drei Dinge auf und das reicht dann«. Etwas Mächtiges und Bedrohliches scheint im Erleben von Linus irgendwo in den Pornos verborgen zu sein. Die Porno-Ambivalenz spiegelt sich auch in seiner Empfehlung an Eltern. Sie sollten das Pornonutzen ihrer Söhne akzeptieren, aber gleichzeitig wachsam sein: »Man sollte halt auch aufpassen, dass die Kinder jetzt nicht fünfmal am Tag – da kenn ich auch so Leute, das ist halt echt nur noch krank«.

Linus und der Zweiersex

Mit »echtem« Zweiersex ist bei Linus noch nicht viel gelaufen. Er hatte zwar etwa ein halbes Jahr lang eine Freundin, aber »da hatten wir keinen Sex. War noch ganz früh«. Er bedauert es, noch keine Beziehung mit Sex gehabt zu haben. ONS[7] findet er gut, denn das ist auch »das Einzigste, was ich kenn'«. Seine Vorstellung von »gutem« Sex koppelt er mit seiner Leistung und dem Spaß beim Gegenüber: der soll »halt wirklich« stattfinden, und das ist der Ertrag seiner Leistung, »wenn ich den Partner dann halt auch befriedigt hab«. Dann ist er als Orgasmus-Macher selbst mit sich zufrieden.

Die Haltung, dass er als Mann unbedingt mehr Erfahrung haben müsste, leuchtet Linus aber nicht ein. Er hat es schon erlebt, dass seine Partnerin mehr Erfahrung hatte und fand das »eigentlich recht angenehm«, weil sie ihn »auch ein bisschen mehr anleiten« konnte. Auch wenn Frauen beim Anbahnen aktiver sind, hat das für ihn eher Vorteile, denn er sieht sich selbst als zurückhaltender und schüchterner: »Also, meistens geht das dann von denen aus, also ich tu jetzt nicht einfach so ein Mädchen ansprechen«. Dass Mädchen aktiver sind, muss aber nicht unbedingt sein, es ist »eigentlich egal«, aber es kommt ihm schon entgegen.

Direkten Leistungsdruck formuliert Linus zwar nicht, aber er spürt schon Erwartungen, wenn man »halt die führende Rolle hat«. Seine Leistungsfähigkeit macht er am Funktionieren des Penis' und am richtigen Zeitpunkt für den Orgasmus fest; er denkt, dass er altersentsprechend mit der Erektion »keine Probleme« hat: »ich bin ja auch noch jung, ne?« – »und dass ich halt auch – nicht – also – direkt komme, sondern halt auch – also ich kann – dass ich halt weiß – dass ich halt weiß – wie mein Körper tickt«. Wenn der Penis nicht mitspielt ist dies wieder die Attacke auf seine Männlichkeit, wieder kommt das »Stich«-Bild ins Spiel: »Ja, also dass ich halt einfach – einfach keinen Ständer bekommen hab, weil ich, ja weil ich zu betrunken war, ja also schlimm (...) also das ist dann ja ein totaler Stich in die Männlichkeit«.

> Bei Linus kommen immer wieder die Ambivalenzen des Männlichen zum Vorschein. Er nimmt einen »Männlichkeitsdruck« wahr, die Verantwortung dafür schiebt er aber nicht anderen Jungs oder der Gesellschaft, sondern Mädchen zu. Er wäre gern ein großartiger Sex-Experte, lässt sich aber doch auch bereitwillig von Frauen führen und verführen. Linus kann oder will sich nicht von der männlichen »Messlatte« lösen, Männlichkeit ist in ihm stabil verankert und doch wichtig, auch wenn er unter überzogenen Vorgaben leidet und die Fragilität eines aufgeblasenen Ideals erahnt.

7 Abkürzung für »One-Night-Stand«.

3. Männlichkeiten und Jungs-Sexualitäten

Für ihr Geschlechtlichwerden und -sein gilt bei Jungs Männlichkeit als eine orientierungsstiftende Hauptkategorie. Männlichkeit wird in der Genderforschung als Strukturbegriff verhandelt und auf Normierungen oder als Position in Geschlechterverhältnissen hin analysiert; sie bekommt Substanz, wenn sie auf konkrete Themen, Praxen oder auf Lebensbereiche bezogen wird, wie Kommunikation, Macht, Beruf, Reproduktion, Elternschaft, Gesundheit oder eben Sexualität. Auf der individuellen Mikroebene prägen sich Männlichkeiten als Bilder, Vorstellungen, Wertungen oder affirmative Leitsätze ein und wirken sich aufs Denken und Verhalten aus, zum Beispiel mit der Vorstellung, wie »männlicher« Sex sein müsse oder wie sich Jungs beim Sex verhalten sollten. Solche Männlichkeitsbilder werden Jungs gesellschaftlich vorgesetzt, verknüpft mit einem Versprechen, dadurch ihr Männerleben erfolgreich meistern zu können.

Männlichkeitsbilder sind zugleich deskriptiv, indem sie beschreiben, wie Männer (angeblich) sind, und präskriptiv, weil sie formulieren, wie Jungen und Männer optimalerweise sein sollen. Jungen und Männer orientieren sich an beidem, werden dadurch stabilisiert, aber auch in ihrer Entwicklung eingeengt und gezwungen, Aspekte ihrer Persönlichkeit zu unterdrücken. Über Männlichkeitsbilder erfahren Jungen und Männer, wie das Männliche hergestellt und präsentiert wird und dass es legitime und sozial anerkannte Formen des aktiven »Männlichtuns« gibt. Männlichkeit setzt sich als latentes Wissen und als Überzeugungen fest. Dies wird nicht intentional vermittelt, sondern nebenbei, schwebend gelernt, wodurch der Eindruck einer Selbstverständlichkeit und Natürlichkeit entsteht.

Als soziales Phänomen ist Männlichkeit aber weder angeboren noch universell, sondern kulturell vereinbart und vermittelt. Männlichkeitsvorstellungen variieren erheblich, etwa in unterschiedlichen Kulturen (Gilmore 1991) oder sozialen Schichten und Milieus (Koppetsch 2001). Dennoch ist Männlichkeit nicht beliebig, ihre Vorgaben wurden auch nicht von fremden, patriarchalen Mächten installiert; Männlichkeit ist zwar ein Konstrukt, etwas »Erfundenes«, dafür gibt es aber gute Gründe: Sie ist oder war funktional. Ein Faktor, der traditionelle, kämpferische Männlichkeit hervorbringt und fördert, sind etwa knappe Ressourcen oder ein Gefühl der Bedrohung (Gilmore 1991). Überzeugungen von Geschlecht sind bedeutsam für die Identität und für Zugehörigkeiten, zur Familie, zu einem sozialen Milieu, einer Region, einer national-ethnischen Gruppe, einer Religion usw. Sich von der jeweils »passenden« Männlichkeits-Überzeugung zu lösen, kann Identität, Zugehörigkeit oder den sozialen Status bedrohen. Auch deshalb sind Jungen und Männer motiviert, sich Männlichkeitsvorstellungen anzupassen.

Dominanz-Männlichkeit – die traditionelle Männlichkeitsfiguration

Traditionell sind soziale Konstruktion von Männlichkeit mit Vorstellungen von Macht, Stärke, Durchsetzungsfähigkeit und sexueller Potenz aufgeladen. Als Praxis immer wieder neu hergestellt wird diese Form der Männlichkeit über den Nachweis der Überlegenheit oder im Gegenzug durch Unterwerfung, Ab- oder Entwertung anderer, durch demonstrative Stärke, Souveränität, Autonomie, Konkurrenz und Coolness, aber auch durch Statussymbole, die eine hohe Position, Macht und Einfluss repräsentieren. Leben und Aufwachsen in einer Sphäre der Dominanz-Männlichkeit führt bei Jungen und Männern als Zugehörige zum überlegenen Geschlecht zu einer Tendenz zur Grandiosität, zu »erlernter Selbstüberschätzung« (bei Mädchen und Frauen dagegen zu Minderwertigkeitsgefühlen und »erlernter Hilflosigkeit«). In der Selbstdefinition ist Männlichkeit als Antithese des Weiblichen und damit darauf als Abgrenzungspol angewiesen: »Männlichkeit (ist) ein eminent relationaler Begriff, der vor und für die anderen Männer und gegen die Weiblichkeit konstruiert ist, aus einer Angst vor dem Weiblichen, und zwar in erster Linie in einem selbst« (Bourdieu 2005, S. 96).

Der bessere und anerkannte Mann ist in dieser Männlichkeitstradition der, welcher stärker im Sinne von durchsetzungsfähiger ist und der über mehr Macht verfügt. Das von Connell (1999) entwickelte diesbezügliche Konzept der »hegemonialen« Männlichkeit wurde zu einer »Leitkategorie« (Meuser 2006b, S. 160) der Männlichkeitsforschung. Hierarchien und die Positionierung in hierarchischen Beziehungen ist für Männlichkeit als »eine Position im Geschlechterverhältnis« elementar (Connell 2015, S. 124). Diese traditionelle Figur der Männlichkeit fassen wir hier unter »Dominanz-Männlichkeit«.[8] Hier sind vor allem der soziale Status und damit die Berufsarbeit von Belang, zur Leitidee gehört, dass Männer sich an ihrem Beruf und auf ihre Karriere ausrichten und sich die Umgebung darauf einstellt: »Vollerwerbstätigkeit im Rahmen des sogenannten Normalarbeitsverhältnisses und eine Karriereorientierung machen den Kern industriegesellschaftlicher bürgerlicher Männlichkeitskonstruktionen aus (…). Sie bilden die Normalitätsfolie männlicher Lebenslagen, und sie sind die Basis männlicher Suprematie« (Meuser 2007, S. 34 f.). Berufliche Tugenden finden sich auch als sexuelle Anforderungen, wie Selbstsicherheit, immer »Herr der Lage sein«, sexuelle Führungskraft und sexuelle Erfolge (Früchtel 1994, S. 68).

8 Dies auch, um zu unterstreichen, dass weitere Vorstellungen von Männlichkeit vorstellbar sind: Dominanz-Männlichkeit ist nicht »die«, sondern »eine« Männlichkeit.

Archaisch anmutende Bilder von Königen, industriellen Patriarchen und patriarchalen Vätern, von Helden, Herrschern, Soldaten und Kämpfern illustrieren dieses Ideal. Macht wird über Aggressivität und Gewalt gesichert; in einem gewissen Rahmen wird deshalb bei Männern toleriert, »zu männlich« zu sein und übers Ziel hinaus zu schießen: blindwütig zuzuschlagen, blutige Rache oder sich das Recht auf Sexualität zu nehmen. Machtansprüche werden zudem sexuell vermittelt, seinen kompetenten Status erhält der Mann auch über den Nachweis seiner sexuellen Potenz: »dicke Eier« zu haben und öffentlich sexuell aktiv zu sein, viele Eroberungen« nachzuweisen, Kinder, bevorzugt Söhne zu zeugen (vgl. Gilmore 1981). In der Fall-Systematik folgen der »Sexist« und der »Moralist« der Dominanz-Männlichkeit. Sexuelle Macht ist ein Privileg derjenigen, die hegemoniale Männlichkeit verkörpern,[9] weniger privilegierte Männer blicken neidisch darauf.

Autorität gründet in der Dominanz-Männlichkeit auf Herrschaft, Kontrolle und Gewalt, auf autoritäre Strukturen und die Macht der Patriarchen; in traditionellen Institutionen (Kirchen, Militär) wurde der Umgang mit Macht übersetzt in Befehl und Gehorsam oder Bestimmen und Unterwerfen; ein solches Autoritätsverständnis beruht direkt oder vermittelt auf Zwang und Gewalt. Der Körper wird für harte Produktionsbedingungen und fürs soldatische Leben instrumentalisiert und zugerichtet, Körpersignale müssen deshalb übergangen, Schwächen ausgemerzt werden. Zu dieser Vorstellung passende Sportarten sind Fußball, Handball, Kraft- oder Kampfsport.

Dominanz-Männlichkeit steht allerdings seit langem in der Kritik, von Frauen in den verschiedenen feministischen Strömungen und, mit weit geringerer Lautstärke, auch von Männern. Dass Männer Männlichkeit zum Thema machen ist jedoch keine neue Idee der vergangenen dreißig Jahre. Schon im Mittelalter zum Beispiel sind andere Lesarten des Zusammenhangs zwischen Geschlecht und Begehren wider die heteronormative Ordnung, also Männlichkeitsalternativen zu entdecken (Hornung 2014). Frühere Reflexionen von Männern werden jedoch meist ignoriert, um Dominanz-Männlichkeit – aus zustimmenden oder auch aus kritischen Positionen heraus – als homogen und machtvoll darzustellen.

Jede soziale Modernisierung schafft spezifische Geschlechter- und Männerprobleme (vgl. Beck/Beck-Gernsheim 1990) und produziert auch männliche Gegenpositionen. Widerspruch gegen vorherrschende Männlichkeitsbilder wurde lange Zeit kaum offen formuliert, männliche Geschlechterfragen wurden nur latent angesprochen (vgl. Winter 2005, S. 1160 f.). Historische Analysen (z. B. Kimmel 1987; Badinter 1991) belegen frühere Männlichkeitskrisen und relativierende Gegenströmungen zur Sta-

9 Insbesondere von Männern aus wirtschaftlichen und politischen Eliten: Es wird z. B. zwar öffentlich moralisch verurteilt, aber die Möglichkeit wird nicht angezweifelt, dass Donald Trump sich von Prostituierten bedienen lässt, dass der Milliardär Jeffrey Epstein oder Prinz Andrew bezahlten Sex mit Minderjährigen haben, dass ERGO-Versicherungsmanager ihren Betriebsausflug in einem Bordell enden lassen usw.

bilisierung von männlichen Geschlechtsstereotypen, etwa die Précieux im 19. Jahrhundert in Frankreich (Badinter 1992, S. 24). Auch im 20. Jahrhundert mangelt es nicht an Belegen für die latente Kritik an Männlichkeit, etwa in der Jugendbewegung (Böhnisch 1997), bei Deserteuren und Kriegsdienstverweigerern. In der Nachkriegszeit seit den 1950er Jahren erschien eine Reihe von Veröffentlichungen, welche die Situation von Männern und Männlichkeit auch explizit reflektieren (vgl. Maier 1993). So stellt etwa Bodamer (1956) eine Krise der Männlichkeitsvorstellungen fest: »der Mann von heute« wurde haltlos »und was er an Sicherheiten vorweist, sind keine, die aus freier Männlichkeit kommen, sondern Scheinsicherungen« (ebd., S. 42).

Bemerkenswert ist, dass diese historischen Vorläufer der Männlichkeitskritik heute fachlich und fachpolitisch negiert werden (vgl. z. B. Schölper 2008). Dies verstärkt die Vorstellung von identischen, geschlossen wirksamen Männerinteressen (»das Patriarchat«) und einer allgegenwärtigen männlichen Normalität, einer Stabilität und Statik in Geschlechtern, die aber eher prozesshaft gebildet und in Praxen stets neu hervorgebracht werden (Maihofer 2007).

Zudem ermöglicht diese Haltung kritischen Fach-Männern, sich jeweils generativ von den »alten Männern« abzugrenzen, einen modern männlichen Helden- und Entdeckermythos zu konstruieren (wir sind historisch die ersten Männer überhaupt, die Männlichkeit kritisieren!) und dabei einen »elitären Minderheitenstatus« in Anspruch zu nehmen (Trio Virilent 1995, S. 101), der es gerade männlichkeitskritischen Männern erlaubt, sich über andere (normale, traditionelle) Männer zu positionieren. Damit werden hierarchische Geschlechterverhältnisse hergestellt, also Dominanz-Männlichkeit in veredeltem Gewand konstruiert.

Im Ideal der Dominanz-Männlichkeit ist die Unabhängigkeit, die Autonomie des Mannes und des Männlichen eingeschrieben; das Bild des »Lonesome Cowboy« ist gerade bei männlichen, echten, harten Männern positiv besetzt, er »schweigt und ist alleine; er genügt sich selbst« (Böhnisch/Winter 1997, S. 129). Autonomie ist ein Hilfsmittel im Konkurrenzkampf, wo »Mann gegen Mann« zählt, nicht etwa die Kooperation. Vor dem Hintergrund der Autonomie ist jede Form der Sexualität bedrohlich. Die Liebe zu anderen Männern ist unmöglich, weil sie innerhalb der männlichen Sphären zu Abhängigkeiten führen könnte, Homosexualität wird entwertet, eigene homosexuelle Anlagen und Tendenzen darf es nicht geben – und weil es sie aber doch gibt, werden Homosexuelle zur Projektionsfläche für unerwünschte Anteile, abgewehrte Sehnsüchte oder Ängste. Aber auch das heterosexuelle Begehren steht im Widerspruch zur Idee männlicher Autonomie: Sexuelle Erregung, die von der Frau abhängt und durch Frauen ausgelöst wird, stellt Eigenständigkeit und Selbstbestimmung infrage und kommt einem Kontrollverlust gleich. Dafür wird der Frau oder dem Weiblichen Schuld zugewiesen (Pohl 2019, S. 279), das Weibliche wird als bedrohlich und unrein dargestellt (»Hexe«, »Hure«) und bekämpft oder in keuschen Idealisierungen heiliggesprochen (Mutter Gottes, Jungfrau Maria).

Diese Figur der Männlichkeit ist eine harte Währung und ein hohes Ideal, das vom einzelnen Jungen oder Mann vielleicht ausschnitthaft und situativ, aber nie als Gesamtprogramm zu erfüllen ist. Schwierigkeiten und Störungen schlagen deshalb auf Jungen und Männer, auf deren Identität zurück; sie können sich zwar »komplizenhaft« auf Männlichkeits-Vertreter oder -Idole ausrichten, die dem Ideal entsprechen, müssen sich selbst aber als unvollkommen und defizitär erkennen. Dominanz-Männlichkeit ist durch ihre Ausrichtung auf Überlegenheit, autonome Durchsetzung und Leistungsnachweise ein fragiler Zustand: Bei Jungen oder Männern kann sie weniger werden, gar verschwinden, jedenfalls ist das Männliche nichts, was – etwa aufgrund der sich entwickelnden Körperlichkeit – im Grunde einfach da ist. Der Körper kann dafür kein Bezugspunkt sein, weil er im Sinne der Dominanz-Männlichkeit beherrscht und für seine Zwecke instrumentalisiert wird. Je nach persönlicher Stabilität und sozialem Status wird auf der individuellen Ebene bei Jungen und Männern ihr Männlichsein bedroht werden, die Angst, kein Mann oder kein »richtiger« Mann zu sein (sondern: ein »Mädchen« oder »schwul«). Deshalb lernen Jungen und Männer sich zu verbergen, sich so zu maskieren, dass sie nicht angreifbar werden können; demonstratives Männlichkeitsverhalten ist ein hilfloser und letztlich zum Scheitern verurteilter Versuch, diese Gefahr zu bannen.

Die Geschlechterforschung formuliert massive Kritik an Dominanz-Männlichkeiten, deshalb wird Männlichkeit mit problematisierenden Adjektiven versehen (mit Begriffen wie: hegemoniale, komplizenhafte, marginalisierte oder toxische Männlichkeit). Positiv scheint Männlichkeit heute kaum mehr vorstellbar; für eine Ausstellung im Berliner Gropius Bau unter dem Titel »Masculinities« wurde ein Glossar erarbeitet, in dem unter dem Begriff »Männlichkeit« lediglich der Verweis auf problematische Teil-Aspekte vermerkt wird:[10] »siehe ›fragile Männlichkeit‹, ›hegemoniale Männlichkeit‹ und ›toxische Männlichkeit‹«. Auch fachliche Diskurse über Dominanz-Männlichkeit werden unter negativen Vorzeichen geführt, von problematischen Seiten und Aspekten her analysiert, und das nicht ohne Grund: soziale Normierungen haben negative Auswirkungen, Jungen und Männer können durch »konventionelle männliche Überlegenheitsbotschaften« (Friebel 2014, S. 116) unter Druck kommen, auch in der Sexualität.

Zu den Folgen zählen in diesem Bereich Auswirkungen, welche männliche Sexualität entlang von Elementen hegemonialer Männlichkeit entwerfen: heteronormativ, dominant, gefühlsreduziert, leistungsorientiert, konkurrent oder homophob. Zeigen sich bei Jungs körperlich-sexuelle Reaktionen, die solchen Normierungen zuwiderlaufen oder Leistungserwartungen nicht erfüllen, ergibt sich ein bedeutsamer Konflikt. Die Angst vor eigener Ausgrenzung kann die Betonung ebendieser hegemonialen Elemente weiter anheizen und das Interesse daran

10 www.berlinerfestspiele.de/de/gropiusbau/programm/2020/masculinities/glossar.html (10.3.2022).

beleben. In der kommerziellen Werbung, im Sport, in Medien- und Spielwelten, von Gleichaltrigen und gerade auch in der Pornografie wird Dominanz-Männlichkeit nach wie vor angeboten, teils regelrecht zelebriert und von Jungen und Männern mit Interesse, aber auch verunsichert abgerufen.

Auch wenn sich in Geschlechterverhältnissen vieles wandelt und differenziert, entfalten die Koordinaten der Dominanz-Männlichkeit weiterhin Wirkung. Gleichzeitig wird Dominanz-Männlichkeit als Leitvorstellung heute nur noch in bestimmten Randbereichen offensiv vertreten, etwa von Menschen aus älteren Generationen, in bildungsbenachteiligten sozialen Milieus oder bei Fans mancher Sportarten. Öffentlich finden sich die reaktionären Männlichkeitspositionen verstärkt bei Männer- und Väterrechtlern der Maskulinisten-Szene. Ansonsten sucht sie sich legitime Nischen im Sport, bei körperlich zupackender Arbeit, im männlich konnotierten Handwerk, in der familiären Arbeitsteilung von Haupt- und Zuerwerb. Empirisch sind männliche Traditionalisten heute in der Minderheit (Theunert 2021, S. 82).

Männlichkeits-Zweifel

Lange Zeit bildete Dominanz-Männlichkeit den Mainstream der westlich-kapitalistischen Männlichkeit, auch wenn sich diese Vorstellungen kulturell unterscheiden, etwa in der Massivität, wie rigide sie vertreten oder eingefordert werden (was sich z. B. am Grad der Zustimmung zu Männlichkeits-Affirmationen ablesen lässt; vgl. Heilman et al. 2017). Heute jedoch gibt sie nur einen Teil der Realität männlicher Existenzweisen wieder, wird aber von der Gesellschaft – insbesondere von der kommerziellen Werbung, von Medien und darin auch der Pornografie – in ihrer Unterkomplexität stets als die einzige und damit »wahre Männlichkeit« reflektiert und transportiert. Als Struktur ist Dominanz-Männlichkeit in Gesellschaften eingeschrieben; auch wenn sich weite Teile davon absetzen, wird sie stets aufs Neue reproduziert. Dazu trägt auch die Männlichkeitsforschung als Teil dieser Struktur bei, die sich – wenn auch mit kritischem Impetus – primär auf diese Figur bezieht und die selektive Wahrnehmung darauf schult und verstärkt. Empirisch ist jedenfalls unklar, wie stark Dominanz-Männlichkeit tatsächlich noch gesellschaftliche Bedeutung hat: Wer glaubt daran? Wer verhält sich so? Wo haben strukturelle Veränderungen (vor allem Gesetze) zu Veränderungen geführt, sodass die Figur nicht mehr passt? Welche Strukturen funktionieren so, welche nicht?

Dominanz-Männlichkeit ist lediglich ein Ausschnitt sozialer Wirklichkeit von Männlichkeitsbildern. Geschlechter verändern sich; wo sie sich dysfunktional erweisen oder zu hohe Kollateralschäden verursachen, entwickeln sich andere. Männlichkeitsbilder sind Konstrukte, die Wandel und Persistenz aufweisen (Maihofer 2007), die gleichermaßen stabil sind und die sich kontinuierlich weiterentwickeln. In westlichen Industrie- und Bildungsgesellschaften zeigt sich Männlichkeit nicht eindeutig. Die Zustimmung zu Männlichkeitsbildern und -normierungen der Dominanz-Männlichkeit hat sich verringert, in vielen soziale Milieus stellt sie nicht mehr das akzeptierte Leitbild dar. Zumindest männliche Jugendliche und junge Männer distanzieren sich auch empirisch nachweisbar davon (Heilmann et al. 2017).

In der Moderne wurde Dominanz-Männlichkeit zunehmend fragmentiert, modularisiert (Böhnisch 2015), ja pulverisiert zu feinen Detailsegmenten und -erfahrungen, die sich wie ein Sandmandala situativ zu einem als männlich dechiffrierbaren Bild zusammenfügen können, sich aber Momente später wieder auflösen und zu Staub verwirbeln, um sich an anderer Stelle erneut in einer veränderten Form wiederzufinden. In dieser Gemengelage ist es nicht erstaunlich, dass Männlichkeitskritik und Bilder idealisierter Dominanz-Männlichkeit, Pornosex und Idealisierungen der Paarsexualität, sexuelle Spaßdekrete und sexueller Generalverdacht nebeneinander existieren und empirisch gleichermaßen aufscheinen müssen. Unsere Studie liefert hierzu eine Momentaufnahme von Männlichkeiten der Jungs im thematischen Ausschnitt ihrer Sexualitäten.

Die traditionelle Figur der Dominanz-Männlichkeit kann heute aber als fragwürdig, in weiten Lebensbereichen als überholt gelten, jedenfalls nicht mehr eindeutig als die Hauptströmung akzeptierter Männlichkeit. Die Lautstärke, die Vehemenz und die Durchgängigkeit, mit der Dominanz-Männlichkeit kritisiert und demontiert wurde und wird, legt nahe, dass sie tatsächlich bereits abgelöst wurde (Tocqueville-Paradoxon[11]), dass sie jedenfalls nicht mehr die wirklich akzeptierte Form des Männlichen abbildet. So bildete sich auf der einen Seite eine renovierte Form hegemonialer Männlichkeit heraus, eine moderne, neoliberale »transnational business masculinity« (Connell/Wood 2005; Connell 2015). Sie ist kompetitiv, kalkulierend, flexibel und egozentrisch, darin ebenso hegemonial ausgerichtet wie ehedem, nur in einem modernisierten Gewand. Andererseits hat sich diese Form der Männlichkeit zumindest teilweise aber auch überlebt. Sie ist wegen des gesellschaftlichen Wandels dysfunktional und obsolet geworden: Dominanz-Männlichkeit löst die Probleme nicht mehr, aus denen heraus sie entstanden ist,[12] sondern produziert – für Frauen und Männer, für die Gesellschaften insgesamt – mehr Probleme als Lösungen.

11 Gemeint ist damit das Phänomen, »dass sich mit dem Abbau sozialer Ungerechtigkeiten gleichzeitig die Sensibilität gegenüber verbleibenden Ungleichheiten erhöht« (Geißler 2006, S. 301).

12 Was sich allerdings auch schnell wieder ändern kann, wie zum Beispiel aktuell die männlichkeits-restaurativen Reaktionen auf den Überfall Russlands auf die Ukraine zeigen.

Kontroll-Männlichkeit – der neue »Woke«-Männlichkeitstyp

Diese Entwicklung ist auch empirisch seit den 1990er Jahren belegt. Bei Männern und ihren Einstellungen stehen sich zwei etwa gleich große »Lager« gegenüber; die Hälfte der Männer aus dem »progressiven Lager« befindet sich in einer Vorwärtsbewegung und nimmt »die Herausforderungen rund um eine gerechte Neudefinition der Geschlechterverhältnisse als gestaltbare Chance« an (Theunert 2021, S. 82). Diskussionen um und Kritik an Dominanz-Männlichkeit bleiben nicht ohne Folgen, zumal wirtschaftliche Entwicklungen in der Bildungs- und Wissensgesellschaft ganz andere Erwartungen an Männer stellen. Wenn und wo sich Gesellschaft wandelt, insbesondere die Welt der Berufs- und Sorgearbeit (z. B. Bernholt 2022), verändern sich auch Geschlechterbilder und -verhältnisse.

Gewissermaßen hat jede Zeit die Männlichkeiten, die sie braucht (und verdient). Sie sind heute nicht mehr nur in einer Variation des Dominanz-Themas zu fassen, sondern bilden eine eigenständige Figuration. Sie entspricht den Anforderungen an Männer im modernen und individualisierten Kapitalismus, wo körperliche Kraft weitgehend überflüssig und Gewalt dysfunktional wurden (nach der Devise Kooperation ist rentabler als Krieg). Hierarchien und dominante Machtausübung verlieren, Anerkennung (Honneth 1994) und Beziehungen »auf Augenhöhe« gewinnen an Bedeutung: Sie sind effektiver, produktiver und sorgen für weniger Reibungsverluste. Als eine Folge dieses gesellschaftlichen Wandels hat sich erkennbar eine andere Figur herausentwickelt, mit anderen Normierungen und Idealisierungen: die Kontroll-Männlichkeit.

Jeder Mensch muss sich auch kontrollieren. Warum gilt das besonders für Männer, sodass es sogar eine Männlichkeits-Figur abwirft? Grundsätzlich ist in jedem Jungen angelegt, ein sozial verträglicher, kompetenter, kooperativer, fürsorglicher und wertschätzender Mann zu werden; da gibt es nicht mehr zu kontrollieren, als bei anderen Menschen auch. Problematisch und folgenschwer ist, dass die Kontroll-Männlichkeit – weil sie sich nach der Dominanz-Männlichkeit entwickelt hat – an der Kritik traditioneller Männlichkeit anschließt, für die es ja gute Gründe gibt. Sie nimmt dabei einen sozialphilosophischen Paralleldiskurs einer »negativen Andrologie« auf, der seit dem 18. Jahrhundert das Männliche als etwas grundlegend Schlechtes klassifiziert (Kucklick 2008). Demnach sind Männer aus ihrer Natur heraus gewalttätig, triebhaft, unsozial (auf eine kurze Formel gebracht: »Männer sind Schweine«). Diese Zuschreibung bezieht sich selbstverständlich auch auf die männliche Sexualität: »Im Manne ist ursprünglich nicht Liebe, sondern Geschlechtstrieb« (Fichte 1797, S. 100; zit. n. Kucklick 2008, S. 251), »der bloßen Naturanlage nach geht der Mann (…) auf die Befriedigung des Geschlechtstriebes aus« (ebd.). So wird auch heute Jungen und Männern (und Frauen) »beigebracht, dass männliche Sexualität schädlich und gefährlich ist – und gleichzeitig absolut natürlich. Männer lernen, dass tief in ihnen ein Quell der Gewalt schlummert, der eng mit Sexualität verknüpft ist und nicht beherrscht, sondern nur eingedämmt werden kann« (Penny 2015, S. 107). Kontroll-Männlichkeit nimmt diese Prämissen auf und gibt vor, sie zum Besseren zu wenden. Ein »guter« Mann zu sein heißt, etwas dafür zu tun und den Beweis zu führen, kein in diesem Sinne »schlechter« Mann zu sein. Sexuelle Kompetenz bedeutet, sich hinreichend kontrollieren zu können – Kontrollverlust ist ein Beleg für »schlechtes Mannsein«; seinen sexuellen Status erhält der Mann, indem er aus der Selbstkontrolle heraus Erwartungen bedient, etwa den Beweis zu erbringen, dass »es« seinem sexuellen Gegenüber gefällt. Vor diesem Hintergrund ist auch die Kontroll-Männlichkeit keine heile Welt für Jungen und Männer, sondern etwas Bemühtes und Fragiles, denn schnell ist aufgrund zu schwacher Kontrolle ein Fehler passiert

Kontroll-Männlichkeit konstruiert sich einerseits aufbauend auf dem Mythos, dass das Männliche nicht »einfach so« da ist, sondern dass etwas dafür getan werden muss, dass es bewiesen werden müsse, nicht (mehr) über Körperkraft, sondern über Kontrolle und den heldenhaften Einsatz für Benachteiligte, insbesondere für Frauen. Andererseits beruht sie dabei auf der (falschen) Annahme, dass im Männlichen etwas Bedrohliches, Unmoralisches, eine unbeherrschte Aggressivität angelegt sei: Das Männliche ist qua Geburt gefährlich, in jedem Mann tickt eine Zeitbombe. Auch so werden Männer gemacht, die nicht als solche geboren werden (vgl. Beauvoir 1951, S. 265). Das Schlechte und Bedrohliche sei im Mann und in Männlichkeits-Strukturen gleichermaßen angelegt; deshalb gilt es, diese einzudämmen, um Durch- und Ausbrüche zu verhindern. Nur sozial eingezäunt und gezähmt erscheint das Männliche weniger gefährlich, es muss deshalb beschränkt und überwacht werden, vor allem vom Jungen und Mann selbst, aber auch von Institutionen, der Öffentlichkeit oder von Frauen.

Durch diese Zuschreibung und Konstruktion entstehen sozialisatorische Einflüsse, die Jungen und Männer tatsächlich gefährlich(er) werden lassen, Jungen werden zu solchen Männern gemacht (nach dem Prinzip des symbolischen Interaktionismus: Man wird so, wie man gesehen wird). Aggressivität, Dominanzstreben und Machtverhalten sind anerzogene, nicht angeborene Eigenschaften. Bei Jungen und Männern werden sie aber vorausgesetzt und ihnen dadurch vermittelt. Deshalb ist die Selbstkontrolle heute unhinterfragt ein großes Ziel männlicher Sozialisation mit der Funktion, sich und andere vor »dem Männlichen« zu schützen, anderen nicht zu schaden und stattdessen (damit) sozialverträglich dem Gemeinwohl zu dienen. Symbolisiert und illustriert wird dies z. B. durch die »neue«, zugewandte Väterlichkeit, im Gegensatz zum distanzierten familiären Patriarchen.

Diese Kontrolle setzt sich deutlich ab vom traditionell männlichen Interesse an einer Kontrolle der Frau und einer Abwehr des Weiblichen (Pohl 2019). Nicht die Frau, sondern der Mann muss kontrolliert werden, die Frau wird im Kontrast dazu in ihrer Fürsorglichkeit, mit zugeschriebenen kommunikativen und nicht-kompetitiven Fähigkeiten eher idealisiert. Kontroll-Männlichkeit besteht auf gesellschaftlichen Vorgaben, Erwartungen und Einschränkungen, sie ist eine disziplinierende Vorlage, nicht eine »bessere« Männlichkeit oder der positiv gewendete Kontrast zu einer schlechten Dominanz-Männlichkeit (auch wenn das diejenigen so empfinden und darstellen werden, die in der Kontroll-Männlichkeit sozialisiert wurden). Vielmehr ist Kontroll-Männlichkeit einfach in der heutigen Situation an vielen Stellen angemessener, passender. Sie wird nicht bewusst »installiert« (weder vom Patriarchat noch von »neuen« Männern und schon gar nicht »vom Feminismus«), sondern hat sich sozial-evolutionär auch auf der Grundlage der Kritik und der gesellschaftlich unübersehbaren negativen Folgen von Dominanz-Männlichkeit so entwickelt. Auch die Kontroll-Männlichkeit verspricht Jungs Großartigkeit, über die Illusion, sich selbst, seine schlechten männlichen Gedanken und sogar den Penis völlig kontrollieren zu können; in der Realität drohen allerdings stets Versagensgefühle, weil dies nicht möglich ist, Körper, Begehren, Verlangen folgen (auch) einem Eigensinn.

Scham ist eine emotionale Messgröße für Männlichkeitsvorstellungen; eine Frage zur Identifikation von Männlichkeit lautet deshalb: Was ist für einen Mann »als Mann« beschämend? In der Dominanz-Männlichkeit beschämt ihn Unehrenhaftigkeit, die Feigheit vor dem Feind oder Schwäche, wenn er die Partnerin, seine Familie, seine Gruppe nicht schützen kann. In funktional ausdifferenzierten und individualisierten Gesellschaften kommt es darauf weniger an (das erledigen Institutionen: Feinde bekämpft das Militär, Familie und Gruppen werden von der Polizei beschützt usw., diese Männlichkeit als Ansporn ist deshalb überflüssig). Unter der Kontroll-Männlichkeit beschämt es Männer, wenn sie sich und ihre »männlichen Triebe« – Aggression und Sexualität – nicht unter Kontrolle haben, wenn sie dabei unverzeihliche Fehler begehen, etwa Platzhirschverhalten, Mansplaining, Wutausbrüche, unangemessenes sexuelles Begehren oder gar sexuelle Übergriffe. Kontrolle und Kontrollzwänge produzieren Ängste: etwas falsch zu machen, nicht zu genügen, sich mit noch nicht kontrollierten Persönlichkeitsanteilen zu zeigen, entdeckt zu werden in dem, wer man wirklich ist. Die Anforderungen an Männlichkeit und die der Leistungsgesellschaft überlagern sich. Bessere Selbstkontrolle dient der Optimierung, um Fehler und Fehlverhalten auszumerzen und um sich optimal zu präsentieren: Alles richtig und keine Fehler machen!

In vielen sozialen Milieus ist die selbstkontrollierte Männlichkeit zur dominierenden Leitfigur geworden,[13] möglicherweise zu derjenigen Form, die aktuell die »bestimmende Position einnimmt« (Connell 1999, S. 97) und die in westeuropäischen Gesellschaften mindestens gleichwertig und parallel zur

13 Gleichwohl wird Kontroll-Männlichkeit bislang von der Sozialforschung nicht wahrgenommen, weil der Platz durch Dominanz-Männlichkeit stabil besetzt ist und über diese Konstruktion hinaus nicht gedacht wird (Männlichkeit ist einseitig definiert, was nicht den Kriterien der Dominanz-Männlichkeit entspricht, wird nicht als Männlichkeit dechiffriert); eine Analyse und Kritik findet deshalb bislang nicht statt.

Dominanz-Männlichkeit liegt (vermutlich ähnlich, wie es submissive Tendenzen in Weiblichkeiten auch heute noch gibt, diese aber nicht den Mainstream der Weiblichkeitsvorstellungen ausmachen). Im Gegensatz zur Leitidee von Macht und Dominanz zählen in der Kontroll-Männlichkeit bewusste Selbstkontrolle durch Reflexion und Vernunft als bevorzugte Eigenschaften. Körperlich wird diese Vorstellung idealisiert als schlank, durchtrainiert und zäh, passende Sportarten sind etwa Marathon, Skaten oder Bergsteigen. Kontrolle ist altruistisch eingestellt, durch sie können Männer nämlich die wichtigen »höheren« Werte wie Kooperation, Gleichheit und Gerechtigkeit umsetzen; auch deshalb werden vom Mann Selbstbeherrschung und Disziplin verlangt. In unserer Fall-Typisierung entsprechen der »Genderist« und der »Modernist« dem Anspruch der Kontroll-Männlichkeit.

Ein wichtiges Element bleibt dabei die männliche Autonomie, aber nicht als Egoismus, Selbstherrlichkeit oder demonstratives Nicht-Angewiesensein auf andere, sondern als Fähigkeit zur bewussten und vernünftigen Selbststeuerung, die Gewalt, cholerisches Ausrasten, Kontrollverluste vermeidet (»Herr seiner selbst« sein und bleiben). Autonomie zeigt sich individualistischer, mit einem progressiven und demonstrativen Gestus, indem betont wird, gerade nicht traditionell männlich zu sein und sich persönlich vom Normal Männlichen abzusetzen.

Autorität ist in der Kontroll-Männlichkeit persönlicher, demokratischer angelegt, als »Leadership« und »Followership«, es ist »horizontale« Autorität (Verhaeghe 2016). Zwang und Gewalt sind Merkmale dafür, dass Autorität unwirksam ist: »Autorität jedoch schließt gerade den Gebrauch jeglichen Zwanges aus, und wo Gewalt gebraucht wird, um Gehorsam zu erzwingen, hat Autorität immer schon versagt« (Arendt 1957, S. 118). Machtspiele oder -ausübung ist verpönt: »Wer über Autorität verfügt, hat Macht nicht nötig« (Popitz 1981, S. 79). In der Kontroll-Männlichkeit ist der Umgang mit Macht autoritativ, nicht autoritär, Selbstreflexion und -kritik, Anerkennung und Respekt sind Führungsqualitäten. Wertschätzung und Förderung von Gleichberechtigung, Frauen, Feminismus, Homosexualität und neuerdings auch Queers werden selbstverständlich erwartet. Kontrollierte Männlichkeit könnte auch als »Woke[14]-Männlichkeit« bezeichnet werden: Sie präsentiert sich explizit als reflektiert, nachhaltig und divers, mit Bewusstheit für soziale Ungleichheiten, diese Haltung wird insbesondere durch Selbstkontrolle garantiert. Kontroll-Männlichkeit ist nicht offen, sondern verdeckt männlich[15], indem Jungen und Männer zum Beispiel eindeutig geschlechtstypisierte Produkte verwenden (Hygiene, Kleidung, Kosmetik) oder ihren Körper männlich gestalten (derzeit beliebt beim reflektierten Mann ist die Barttracht: ein Abgrenzungsmerkmal, mit dem Frauen nicht dienen können).

---

14 wach, wachsam, aufgewacht; analog zu »woke capitalism« (vgl. Noah 2021).

15 wie der Woke-Kapitalismus nach vorne hin gut aussieht, aber dahinter Kapitalismus bleibt.

Diese Formung des Männlichen ist nicht so stark auf die Abgrenzung vom oder Abwertung des Weiblichen angewiesen wie Dominanz-Männlichkeit, aber dennoch konstruiert auch sie sich durch Unterschiede, nur schwächer dosiert, subtil und kultiviert, zum Beispiel bei Körpergestaltung und -pflege, in der Ernährung und beim Konsum, in Mediennutzung, Sport, Berufswahl usw. Es sind die »feinen Unterschiede« (Bourdieu 1979), die im Gesamten diese Männlichkeit markieren, ein Feld, nicht einzelne Elementarfaktoren. Viel stärker als gegenüber Weiblichkeit konstruiert sich Kontroll-Männlichkeit im Kontrast zur Dominanz-Männlichkeit. Traditionelle Normierungen oder Stereotype werden entwertet und dienen als Negativfolie zur Abgrenzung, gelten als überholt, prollig, machohaft. Im Vorteil ihnen gegenüber ist der Mann, der sich besser kontrollieren kann.

Die Narrative (insbesondere der jüngeren gebildeten Männer) grenzen sich damit auch klassistisch von weniger privilegierten, migrantischen oder bildungsbenachteiligten Männern ab:[16] Wer toxische Männlichkeit kennt und durchschaut, kontrolliert sich, rottet alles traditionell Männliche in sich aus und wird dadurch zum »guten« Mann, in jedem Fall besser als einer, der sich unbedacht an herkömmlichen Männlichkeiten orientiert oder diese komplizenhaft stützt und fördert. Ein Teil der woken Männer identifiziert dabei mit Interesse und fast schon Lust bei sich selbst traditionelle Männlichkeitsreste; sofern sie als unschädlich gewertet werden, können sie schmunzelnd toleriert werden, ansonsten versuchen solche Männer, sie auszumerzen, sich noch besser zu kontrollieren. Kontroll-Männlichkeit setzt hohe normative Standards. Kontrolle hat öffentlich und privat, also auch in Beziehungen und in der Sexualität dafür zu sorgen, alles richtig zu machen und sich nichts zuschulden kommen zu lassen, eine reine Weste zu behalten und nicht angreifbar zu werden. Im Privaten ist dafür eine Richtschnur, »es der Frau recht zu machen«. Gerade die Sexualität zu kontrollieren hat deshalb für Männer Bedeutung.

Sexualität zu kontrollieren ist keine neue Erfindung, sondern seit dem Mittelalter aus der katholischen Kirche hinlänglich bekannt; Priester, Mönche und andere Klerikale unterwerfen sich dem Zölibat und versprechen, ihre Sexualität bis zum Verschwinden zu kontrollieren.[17] In der Kontroll-Männlichkeit soll die Sexualität nicht eliminiert, sondern in sich reguliert unter heruntertransformiert werden. Praktisch führt die sexuelle Kontrolle dazu, dass sich Männer zurückhalten und sich von einem Teil ihres Begehrens abtrennen müssen. Unerwünschte Impulse, die wegkontrolliert werden sollen, suchen sich (unbewusst) Wege, um wieder zu erscheinen: womöglich in Pornos? Zudem sorgt Kontroll-Männlichkeit

---

16 Zugespitzt: ungebildete Prolls, Hilfsarbeiter, Bauarbeiter, alte weiße Männer, Mansplainer, Manspreader; »testosterongesteuerte«, insbesondere muslimische Jungmänner usw.

17 Allerdings wurde hier lange Zeit nicht so streng hingeschaut, weder bei Gemeindepriestern noch bei Amtsträgern: im 15. Jahrhundert soll Papst Innozenz VIII. zum Beispiel 16 Kinder gehabt haben, die sicher nicht durch Gebete, sondern durch Sexualität entstanden sind.

für Irritation und Angst vor der eigenen Kraft, Jungen und Männer können sich selbst nicht trauen. Eine Erektion ist deshalb nichts per se Gutes, sondern in den meisten Lebenslagen unerwünscht und peinlich. Der Kontrolldruck wirkt sich vor allem auf ihre (positive) sexuelle Energie und Aggression aus, die gebremst werden müssen, sie müssen Männer zurückhalten (sie sind potenziell gefährlich). Dominanz-Männlichkeit missachtet das sexuelle Gegenüber, indem Männer es überwältigen. Männer, die der Kontroll-Männlichkeit folgen, missachten ihr sexuelles Gegenüber damit, dass sie ihm sich selbst oder zumindest etwas von sich vorenthalten.

Gleichzeitige Männlichkeiten

Auch wenn in unterschiedlichen kulturellen und sozialen Milieus die eine oder die andere Männlichkeit dominiert: Vermutlich sind derzeit beide Männlichkeitsformen gleichzeitig kulturell verankert, es handelt sich um Parallel-Universum der Männlichkeit, in dem jeder Mann etwas von beiden Figurationen ansozialisiert bekommen hat und damit in sich trägt, seien es offene oder verdeckte Idealisierungen oder seien es nur Abgrenzungsfolien: von Kontroll-Männern, die keine richtigen Männer mehr sind und umgekehrt von Machos, die überholten Vorstellungen hinterherlaufen. Natürlich sind auch offene, entwicklungsfreudige und progressive Männer vor Dominanz-Mustern nicht gefeit, nur weil sie über Männlichkeit nachdenken, sie dominieren nur verdeckter oder eleganter (z. B. indem sie für sich einen »elitären Minderheitenstatus« in Anspruch nehmen; vgl. Trio Virilent 1995, S. 101).

Kontroll-Männlichkeit stellt sich zwar selbst als eine Art positive Antithese zur Dominanz-Männlichkeit dar, ist es aber aus der Distanz betrachtet nicht (sondern eben eine aktuell angemessene Ausprägung). Insofern gibt es auch keine bestmögliche Männlichkeits-Synthese aus beiden Formationen, keine optimierte und optimale, entspannte, problem- und sorgenfreie Glücks-Männlichkeit. Wäre es dann nicht am besten, alle Männlichkeiten kurzerhand abzuschaffen? Nein. Keine Männlichkeit ist auch keine Lösung, allein schon deshalb, weil Geschlechter als Struktur gesellschaftlich eingeschrieben und verankert sind (z. B. in Gebäuden: Toiletten, Umkleidekabinen), weil es unteilbare körperliche Potenziale und Erfahrungsfelder gibt, aber auch weil es ein starkes Bedürfnis nach Differenzierung und deshalb Zuschreibungen gibt: »Das Bedürfnis, sich vom anderen Geschlecht zu differenzieren, ist nicht das Ergebnis eines Lernprozesses, sondern eine archaische Notwendigkeit« (Badinter 1992, S. 81).

Jede Männlichkeit hat ihre dunklen und hellen Seiten, auch wenn derzeit bei der Dominanz-Männlichkeit nur die Schatten im Vordergrund stehen.[18] Auch Kontroll-Männlichkeit ist kein idealer Zustand, sondern zuerst Beschränkung, eine Zumutung; das haben generell alle soziale Normierungen so an sich. Für Dominanz- wie für Kontroll-Männlichkeit gilt: Mann muss darin und damit leben (lernen), kann vielleicht die orientierenden Vorteile mitnehmen, muss aber Nachteile und Schattenseiten wahrnehmen, womöglich die negativen Folgen abfedern oder – insbesondere wo Männlichkeit zu Privilegien führt – diese auszugleichen versuchen.

Mannsein und Sexualität

Bezeichnet Männlichkeit Strukturen und Normen, verstehen wir unter Mannsein die Praxis, die reale und konkrete Ausgestaltung der Geschlechtlichkeit der Jungen und Männer, ihre Lebensbewältigungen und -entwürfe: also das tatsächlich gelebte, verwirklichte Männerleben. Hier ist der Raum, wo sich in Jungen und Männern das Individuelle und das Gesellschaftliche treffen. Das »Mannsein« beschreibt Empfinden, Selbstbild oder Ausdrucksformen ihres Männlichseins (Böhnisch/Winter 1997, S. 21 ff.; Böhnisch 2015, S. 12). Männlichkeiten sind kein Zwangssystem ohne Gestaltungsräume, ohne Möglichkeit, sich im Mannsein davon zu entfernen oder ihm ganz zu entrinnen. Insofern gibt es bei jedem Jungen und Mann eine mehr oder weniger große Diskrepanz zwischen Männlichkeitsvorgaben (jeder Couleur) und ihrem gelebten Junge- bzw. Mannsein.

Gerade männliche Jugendliche und junge Männer verfügen über ein Potenzial, sich von Männlichkeitserwartungen zu distanzieren. Darin liegt ein generationenbezogener Auftrag, die althergebrachten Auffassungen der Väter und der Gesellschaft zu überwinden. Nach einer Phase der Übernahme von Geschlechtsnormierungen vor allem in der Kindheit, öffnet sich in der Jugendphase die Möglichkeit der Abgrenzung und Neudefinition. Viele junge Männer tun das bezogen auf Männlichkeiten bewusst und aktiv, auch deshalb, weil sie von den negativen Folgen geschlechtlicher Engführungen wissen oder sie zumindest erahnen können; sie sehen, dass es im Geschlecht offenbar Spielräume gibt, die ungestraft genutzt werden können.

Geschlecht wird als Praxis verwirklicht; dementsprechend können junge Männer gleichzeitig zur Stabilisierung von Männlichkeiten beitragen, wie sie auch den Wandel vorantreiben können. Ihr Männlichsein hat sich als Existenzweise

18 Es muss zum Beispiel davon ausgegangen werden, dass Dominanz-Männlichkeit in der westlichen Welt zum Erreichen eines Wohlstandsniveaus beigetragen hat, auf dem über Männlichkeiten reflektiert wird, wo negative Folgen der Dominanz-Männlichkeiten aufgezeigt werden und in dem sich Männlichkeiten weiter entwickeln können.

unter gegebenen Bedingungen und Möglichkeiten entwickelt. Geschlecht als Existenzweise zu denken erlaubt es, »die materielle Realität und damit das (Geworden-)Sein von Geschlecht im Modus der Existenz zu begreifen und damit als in ständiger lebendiger Bewegung« (Maihofer 2015, S. 671). Solche lebendigen Bewegungen gilt es neben den strukturierten Männlichkeiten zu erschließen und ihnen Resonanz zu geben. Selbst im überschaubaren Gebiet der Sexualität gibt es bei den jungen Männern ja »alles Mögliche« (wie in anderen Lebensfeldern auch, z. B. Berufsarbeit, Gesundheit, Vaterschaft, Freundschaft usw.), Dominanz-Männlichkeit wird sich bei ihnen genauso finden lassen, wie Kontroll-Männlichkeit. Gleichzeitig ist es keineswegs so, dass sich das Männliche einfach negieren oder auflösen ließe, Aspekte von Männlichkeiten sind tatsächlich fassbar, sie stellen konstruierte, aber wirksame Wirklichkeiten dar. Wechselwirkungen zwischen Männlichkeit und Sexualität können zu Problemen führen; in einer Studie zum Thema ist zu erwarten, dass sie auch geäußert werden.

Zwischen Person, Männlichkeit und Sexualität werden sich zahllose Unterschiede, aber nicht nur individuelle Geschlechtlichkeiten finden lassen, weil sich Untergruppen oder Tendenzen innerhalb der Geschlechtergruppen bilden. Bezogen auf die Meinungen und Haltungen wird dies an der Systematik der Fälle deutlich: In dem Koordinatensystem gibt es durchaus die Möglichkeit der Zuordnung innerhalb der vier Felder, gleichzeitig aber eine unendliche Zahl von Variationsmöglichkeiten. Wenn und weil Männlichkeit wie auch Sexualität pluralisiert sind, denken wir Sexualitäten und Männlichkeiten im Plural und verfolgen eine heterogenisierende und nicht-pathologisierende Herangehensweise, betrachten individuelle Ausprägungen und Fälle, ohne den Blick auf Tendenzen oder Gemeinsamkeiten zu verschließen.

In der Studie haben wir viele unterschiedliche Jungs, aber keinen Prototypen für traditionelle oder gar toxische Männlichkeit gefunden, keiner entsprach auch nur annähernd traditionellen Bildern sexueller Männlichkeit, die meisten Jungs setzen sich auch von ihren Einstellungen deutlich davon ab. So gesehen ist keiner der jungen Männer ein »richtiger« Mann. Konkrete Männlichkeitsbilder bezogen auf Sexualität werden von den Jungs zwar wiedergegeben, aber durchgängig kritisch gesehen und abgewertet (s. u.); gleichwohl zeigen sich an einigen Stellen Auswirkungen sowohl von Dominanz-, wie auch von Kontroll-Männlichkeit, die von den Jungs meist nicht auf der Männlichkeitsfolie reflektiert werden, wie zum Beispiel Leistungserwartungen, die zu Sexstress führen.

Männlicher Sex und gesellschaftliche Vorgaben (Pia Ewert und Lilia Steinmetz)

In der qualitativen Interview-Studie haben wir Jungs nach gesellschaftlichen Vorstellungen dazu gefragt, wie »männlicher Sex« sein soll. Viele Jungs zögern bei ihrer Antwort oder stellen fest, dass sie darüber noch nicht nachgedacht hätten. Dann werden aber doch Stereotypen aufgezählt: Männer müssen den ersten Schritt machen, sollen dominant, aber nicht schwul sein, sich bedienen lassen, lange durchhalten können, die Frau rannehmen, beim Sex Härte zeigen oder emotionslos bleiben. Teilweise wird auch davon gesprochen, dass ein Merkmal des männlichen Sex' sei, »wenn der Mann sehr grob ist«. Dahinter liegt die Annahme, dass Dominanz ein spezifisches Merkmal des männlichen Sexualverhaltens sein könnte. Zudem wird Emotionslosigkeit mit Stereotypen zum männlichen Sex in Verbindung gebracht, wie es auch bei Philipp angekommen ist: »ja doch also das typisch Männliche eher dominant (ist). Eher tatsächlich auch, auch wenn's eigentlich komisch ist so 'n bisschen gefühlskalt«. Auch Dominik stellt fest: »ansonsten wird von außen halt immer angenommen, dass der Kerl der Dominante sein muss«.

Solche Motive werden intuitiv genannt, es sind nicht die Meinungen der Jungs, sie distanzieren sich davon. Alexander macht durch »blablabla« deutlich, was er davon hält: »Ja, er (der Mann beim »männlichen« Sex) darf jetzt nicht übermäßig stöhnen, er darf nicht zu emotional involviert sein, er muss natürlich ein dominanter Part im sexuellen Akt sein, weißt, so, die Frau muss auch immer unten sein und was nicht alles, blablabla«. Auch auf die Größe und Länge des Genitals als gesellschaftlicher Maßstab wird Bezug genommen: »Es geht (...) darum, wie groß, wie lang und solche Sachen«, sagt Daniel, denn ohne ein großes Genital sei man »kein richtiger Mann«. Gesellschaftlich werden Sex und auch der Penis mit Leistungsfähigkeit assoziiert (vgl. Gilmore 1991, S. 119 ff.). In solchen Bildern wird dem Mann die aktive Rolle zugeschrieben, Kontaktaufnahme und das Initiieren sexueller Interaktion werden von ihm erledigt. Im Gegenzug wird dann der Frau beim Sex die passive Rolle zugeteilt.

Auch die jungen Frauen bestätigen, dass es gesellschaftliche Vorstellungen zum männlichen Sex gibt, die selbstverständlich auch bei ihnen ankommen, es sind dieselben Leitgedanken: Der Mann ist dominant und gibt den Ton an, während die Frau sich unterordnet; Männer wollen wilden Sex usw. Antonia fasst diese Erwartungen und ihre Transportmittel zusammen: »Filme und Serien vermitteln Bilder von männlichem dominanten Sex. Der Mann gibt den Ton an beim Sex. Nimmt sich die Frau. Mann kommt zu seinem Höhepunkt, die Frau wird ein bisschen beiseitegelassen, auch im Film«. Die Bewertung solcher Bilder fällt unterschiedlich aus. Während manche Mädchen und Frauen befürchten, dass sie Jugendlichen ein falsches Bild von der Realität vermitteln, gibt es wenige, die bestätigen, dass ihnen dominantes Sexualverhalten von Männern, das Übernehmen der Führung oder das Erfüllen männlicher Wünsche auch gefällt. So sagt Anna: »Also, ich mag's schon auch, wenn der Mann sich beweisen kann«. Dabei wird von den jungen Frauen mehrfach betont, dass Jungs sich auch an Vorstellungen und Ansprüchen festhalten, »die eigentlich keine Frau an irgendeinen Mann hat«.

Der überwiegende Teil der Jungs distanziert sich explizit oder implizit von solchen Bildern, auch durch Äußerungen wie »früher dachte ich so«. Einige Jungs weisen darauf hin, dass solche Vorstellungen eher pubertäre Bilder seien, etwa wenn David zurückblickt: »Das sind auch so Sachen, die ich so am Anfang der sexuellen Entwicklung, so mit 15, 16 auch dachte, mittlerweile aber auch anders sehe«. Möglicherweise könnte dies eine »Aneignungsfigur« sein: Jungen lernen traditionelle Männlichkeit, auch in Bezug auf Sexuelles, sie erhalten dabei eine Art Orientierungshilfe. Vielleicht sind für sie dabei schlechte Orientierungen besser als keine? Nachdem sie selbst sexuelle Erfahrungen gemacht haben, können Jungs schließlich ihre eigene Haltung dazu entwickeln und sich von solchen Bildern distanzieren.

Wann Jungs sich männlich fühlen

Die offene gestellte Frage, wann sie sich als männlich erleben oder empfinden, bringt Jungs auffällig ins Stottern. Sich männlich zu fühlen scheint für sie erst einmal etwas Verdächtiges oder Verbotenes, jedenfalls ist es kein einfacher emotionaler Zustand. Von einem selbstverständlichen, positiven Geschlechtergefühl, gar von einer stolzen »Männerwürde« (Schiller 1823) ist bei den Jungs nicht viel zu spüren, dagegen eher Abgrenzung, Irritation und Ambivalenz. Ihr geschlechtliches Selbstgefühl ist, wie sich in den Gesprächssequenzen zeigt, einerseits eigenartig verdeckt, andererseits mit etwas Nachbohren dennoch erkennbar und von Belang. Bei manchen Jungs braucht es Anlauf und Vertiefungszeit, bis sie anfangen, entsprechende Situationen zu erinnern oder zu benennen. Viele Interviewpartner antworten zuerst, indem sie die Frage nach männlichen Selbstgefühlen als »schwierig« bezeichnen oder unterstreichen, dass sie darüber noch nicht nachgedacht hätten. Und einige scheinen zuerst ein kritisches, abgrenzendes geschlechterpolitisches Statement, eine Betonung, fast ein männlichkeitskritisches Glaubensbekenntnis abgeben zu müssen, bevor sie es sich erlauben, darüber nachzudenken, ob sie sich selbst möglicherweise situativ dennoch als männlich empfinden (was dann oft so ist). Jungs hinterfragen es also, was es bedeutet, ein Mann oder männlich zu sein, sie wissen oft nicht, was »männlich« sein soll und zeigen sich damit offen und befreit von verengten traditionellen Vorgaben.

Ob oder wann sie sich männlich fühlen ist keine Frage, über die Jungs bewusst schon viel nachgedacht haben, sie ist ungewohnt, oft auch ein bisschen unbequem. Zwei Drittel (!) der Jungs antworten zuerst auf der Metaebene, es sei »eine schwierige Frage« oder »darüber habe ich noch nicht nachgedacht«. Viele Jungs fassen sich erstmal kurz, Lukas sagt: »Uh, das ist eine schwierige Frage«, Linus meint: »männlich? – schwierig«. »Nee, keine Ahnung«, sagt Justus um dann zu erläutern: »So das ist schon 'ne Frage, da hab' ich mir noch nie wirklich Gedanken drüber gemacht«. Und Cem entwickelt seine Antwort in einer kreisenden Suchbewegung allmählich heraus:

»Wo ich mich männlich gefühlt habe? Ich bin eigentlich, da – pff, äh. Wenn du jetzt meine Freundin (Name) (…) fragen würdest, würde sie ganz viele Punkte aus der alten Klasse, wo wir zusammen waren in der Klasse, erzählen, wo ich männlich war, wo ich es gar nicht realisiert habe, weil ich noch nicht so reif war. Jetzt im Nachhinein habe ich gar keinen Punkt, wo ich sagen würde, oh, da war der Augenblick, wo ich mich richtig männlich gefühlt habe. Denn (lacht kurz) ich bin auch eigentlich ein Mann, ein Junge, der sich mehr, auch mehr mit Frauen identifizieren kann und ich da auch nicht so sehr den Macker spielen muss und mich da auch eher im Hintergrund halte«.

Für die quantitative Studie haben wir im Fragebogen Situationen vorgegeben, die in den Interviews öfter benannt wurden, Jungs konnten mehrere dieser Bereiche auf Polaritäts-Skalen anklicken (oder auch nicht), zwischen »stimmt überhaupt nicht« bis zu »stimmt genau«. Für die Darstellung haben wir die drei positiven Angaben (schwach, mittel und stark positiv) addiert. Erstaunlich, interessant und ein Hinweis auf die grundsätzlich skeptische Haltung gegenüber der traditionellen Dominanz-Männlichkeit der Jungs: Mehr als ein Fünftel der Jungs gibt an, sich nie männlich zu fühlen.

Für die Jungs, die sich in bestimmten Situationen männlich fühlen, hat Sex eine hohe Bedeutung, sie tun dies am häufigsten beim Sex, am wenigsten bei der Masturbation. Dazwischen liegen traditionell männliche Kontexte: Sport, andere beschützen, handwerklich aktiv sein oder sich durchsetzen. Im Durchschnitt der befragten Jungs spielen also Segmente traditioneller Dominanz-Männlichkeit durchaus eine Rolle.

Abbildung 3: Wann Jungs sich »männlich« fühlen (oder nicht) • nur Zustimmung (stark, mittel, wenig) • Mehrfachnennungen möglich (in %)

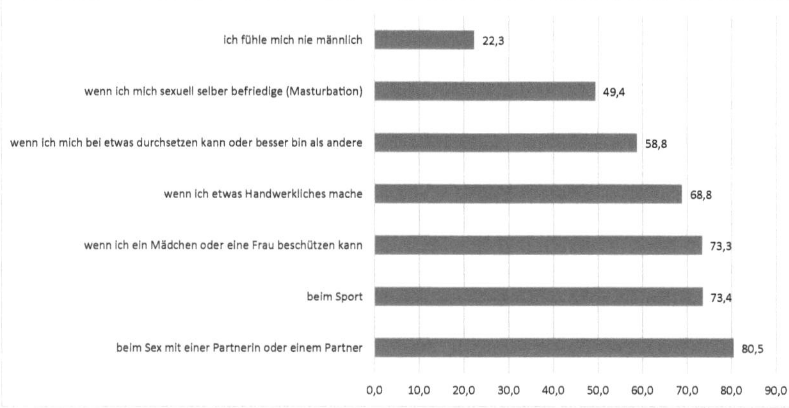

Sex ist wichtiger als Gender

Sex als Praxis und Erleben, ihre individuelle sexuelle Erfahrung ist Jungs jedenfalls deutlich wichtiger, als irgendwelche Gender-Vorstellungen oder die Frage, was Männlichkeit zur Sexualität alles so vorschreiben könnte. Dennoch wurde in den Interviews von den Jungs die persönliche Note (»du für dich«) der offen gestellten Frage nach ihrem persönlichen Sich-Männlich-Fühlen oft überhört oder übergangen. Generell wäre an dieser Stelle ja manches denkbar, Klischees genauso wie individuell gefärbte Antworten jenseits aller Stereotypen (z. B. »wenn ich für meine WG koche«; »wenn mich mein Partner begehrt«; »wenn ich mich im Spiegel betrachte«; »wenn ich masturbiere«).

Fast reflexhaft springt jedoch sehr oft bei der Frage nach dem Männlichen die Aufmerksamkeit auf die sozial-normative Ebene. Dann zitieren Jungs die erlernten Stereotype, allerdings ohne sie zu vertreten; es ist mehr der Nachhall einer vergangenen Epoche, der hier abgefragt und festgehalten[19] wird. So wirkt das Männlichsein der Jungs eigenartig nach außen verlagert, es wird an sozialen Maßstäben gemessen und richtet sich an Stereotypen aus, auch wenn diese abgelehnt werden. Das Persönliche kommt dann in einer Positionierung gegenüber sozialen Normierungen zum Ausdruck: in der Kritik oder der Ablehnung von Stereotypen oder der Behauptung, sich (deshalb) nicht männlich zu fühlen. Das im Äußeren, Sozialen verortete Männliche ist gerade in Verbindung mit ihrer Sexualität in einem Gespräch über Sexuelles bemerkenswert, wo körperliches Erleben, individuelle biografische Erfahrungen, Beziehungen und Intimität selbstverständlich im Raum stehen.

Männlichkeit – und das wirkt sich auch auf ihre Sexualität aus – ist für Jungs nichts Zugestandenes, kein geborenes Recht, sondern eine Kompetenz oder Leistung. Jannik reflektiert dies, wenn er feststellt: »Ich glaube, es ist auf komische Art und Weise vielleicht ähnlich wie beim Sport oder so, dass ich denke, ich muss irgendetwas können, um diese Männlichkeit zu haben«. Vor diesem Hintergrund ist es verständlich, dass viele der Jungs diese Qualität des Selbstbezugs ablehnen und betonen, dass sie sich nicht oder »nicht besonders« männlich fühlen. Niklas erklärt seine Abgrenzung damit, dass er »männlich« mit stereotyp assoziiert, und das ablehnt: »Ich fühle mich nicht über die Maßen männlich (…). ich fühle mich einfach nicht wirklich stereotyp männlich«. Und Finn stellt knapp fest: »Mir ist das eher egal«.

Was im Allgemeinen und in Beziehungen eher schwierig ist, wird bei ein paar traditionellen Mustern und Mechanismen leichter möglich: Es gibt die Nischen, in denen das Sich-Männlich-Fühlen kritiklos gestattet ist. So ist es beim Sport zugestanden, im sportlichen Erleben scheint es ungebrochen erlaubt, sich dabei männlich zu fühlen (in der quantitativen Studie für fast drei Viertel der Jungs eine Form, sich männlich zu fühlen). Männliche Kraft, Kampfgeist und Heldenhaftigkeit werden hier verlangt und nicht kritisiert, Sport passt ohne Probleme zu traditionellen Männlichkeitsbildern und -mustern, die wettkampforientiert angelegt sind. »Es sind die ernsten Spiele des Wettbewerbs, in denen Männlich-

19 Mit einem gewissen pädagogischen Risiko: Jede Wiederholung von Stereotypen ist eine Verstärkung des Gelernten, auch wenn es kritisiert oder abgelehnt wird.

keit sich formt, und die homosoziale Gemeinschaft sorgt dafür, dass die Spielregeln in das inkorporierte Geschlechtswissen der männlichen Akteure eingehen« (Meuser 2008, S. 5174). Manchem kommt das zwar seltsam vor, wie Dominik, der antwortet: »Ehrlich gesagt, beim Sport. Also bei normalem Sport tatsächlich und, ähm, komischerweise«. Aber bei vielen Jungs ist die Aussage klar, Sport und sich männlich fühlen, das passt und braucht nicht kritisch reflektiert zu werden, so bei Sebastian, der Kraftsport betreibt und vom Training erzählt: »dann fühle ich mich stark. Und weil Stärke halt archaisch konnotiert hauptsächlich mit dem Mann zusammenhängt, auch übertrieben männlich«. Die anderen Jungs verstärken als Resonanzkörper das positive Gefühl, wie es Linus beschreibt: »Wenn man halt mit Freunden trainiert (…) und dann fühlt man sich danach halt so richtig, boah, richtig, boah geil, und dann geht man noch mit denen Bier trinken und dann grillt man noch (…) und dann hört man noch Rockmusik und – die Muskeln brennen noch so. So ja, so richtig männlich fühlen, wenn man das so definieren kann überhaupt«.

Stärke und Überlegenheit sind zwar zugeschriebene Marker der Dominanz-Männlichkeit, im individuellen Erleben der Jungs taucht dieser Faktor selten in Nischen oder Reservaten auf, eben beim Sport oder in (wenigen) anderen Situationen. Lukas ist sich zwar unsicher, ob das sich stark fühlen wirklich auch männlich ist, aber es fällt ihm genau so ein: »Also ich weiß nicht, ob ich das direkt definieren würde als ein männliches Gefühl, aber es ist halt ein Gefühl der Stärke«. Ein Klassiker der Männlichkeitsbegründung scheint auf, wenn Stärke zur fantasierten Verteidigung von Frauen eingesetzt wird, Daniel zeigt das auf: »Ich fühle mich männlich, wenn irgendwelche Freundinnen von mir belästigt werden und ich dann halt mich dagegenstellen kann«. Bei Justus stellt sich sein Männlich-Fühlen mit einem Sieg ein: »Also immer, wenn man irgendwo was gewinnt fühl ich mich männlich. So, ein Triumph«. Auch wenn die Jungs nicht über das Sich-Männlich-Fühlen nachdenken, unbewusst spielt es mit ins Selbstgefühl. Louis fällt das im Interview auf: »So Situationen im Alltag, wo man sich vielleicht so behauptet und seinen Mann steht, sag ich mal so, solche Sachen, also da ist es immer so, da fühlt man sich immer quasi in seiner Männlichkeit bestätigt, unterbewusst, auch wenn man nicht aktiv dran denkt«. Und auch die Sexualität taucht hier, aber nur kurz und am Rande, bei Louis auf: »Ob jetzt in der Sexualität, wenn man jetzt eine dominante Rolle übernimmt, sage ich mal so«. Stärke wird aber nicht auf Körperkraft beschränkt, mentale Stärke zählt ebenfalls, Moritz meint, »sich nicht gleich gekränkt fühlen« sei männlich, und Tom führt diese Stärke auf die Fähigkeit zurück, Gefühle zuzulassen: »Stark sein bedeutet halt auch, also auch Emotionen zulassen. Weil, alles andere wäre ja dann auch nochmal eine Flucht davor. Also, natürlich – ja, ich finde, wenn man stark ist, dann lässt man auch alle Emotionen zu«.

Männliches Selbstgefühl entsteht auch durch andere, durch deren Resonanz. Bei Niklas inspiriert die Anerkennung sein Sich-männlich-Fühlen: »wenn ich Anerkennung erhalte, zum Beispiel für – ja, schon auch körperliche Stärke, aber auch Intelligenz (…). Dort, wo man irgendwie bewusst als männlich markiert wird«. Auch Marc bekommt »so ein Männlichkeitsgefühl an sich«, wenn er irgendwie »Zuspruch bei der Arbeit oder von hübschen Mädchen« bekommt. Vereinzelt tauchen noch weitere, eher an traditionellen Bildern orientierte Faktoren auf. Für Justus zum Beispiel stellt sich das Gefühl ein, »wenn man so was Handwerkliches macht (…). Wenn man so auf dem Bau schafft, das find ich auch ziemlich männlich«. Moritz fühlt sich männlich »beim Reparieren im Haus« oder auch bestimmte Kleidungsstücke, wie Alexander erzählt: »da habe ich ein paar Klamotten von früher angezogen, so, so, weißt so Adidas-Jacke und so 'n Stuff, und da habe ich mich doch schon sehr männlich gefühlt«. Traditionelle Bilder eignen sich als Abgrenzung oder als witzige, ironische Anspielung aufs traditionell Männliche, auch wenn dabei vielleicht doch noch eine Spur von Orientierung mitschwingt, wie bei Justus: »Wenn ich am Grill steh' (lacht) – nee, keine Ahnung«. Oder bei Tobias: »Vorm Baumarkt stehen und am Stand irgendwie so eine Wurst essen. Du machst dich eigentlich in Gedanken fast über dich selber lustig, so«.

Neben den eher an traditionellen Vorstellungen orientierten Anlässen nennt eine kleinere Gruppe der Jungs Faktoren, die sich auf andere Quellen stützen. Luca setzt auf Verantwortung: »für die Dinge, die man tut und tun möchte, auch Verantwortung zu übernehmen«. Meistens wird eher ein selbstbezogenes Männlichsein reflektiert, sich gut fühlen, authentisch und bei sich sein. Sich männlich zu fühlen entsteht in sich oder »aus sich selbst« heraus; ein gutes allgemeines Selbstgefühl und Authentizität induzieren gleichsam im Nebeneffekt auch ein gutes Männlich-Fühlen: Fabian beschreibt es so: »Wenn die Laune gut ist und die innere Einstellung, dann fühle ich mich gut und automatisch fühlt man sich da schon irgendwo männlich«. Alexander betont dabei seine Individualität: »dass ich einfach so bin, wie ich bin, einfach zu dem stehe, was ich bin (…) einfach authentisch sein ist für mich männlich«. Auch Marc schließt an ein sich selbst erklärendes Männlich-Fühlen an: »Und da ich ja ein Mann bin, würde ich sagen, dass ich mich da dann männlich fühle und meinen männlichen Charakter bestätigt fühle, dass ich ein guter Mann bin so wie ich bin«. Für Jonas ist das Authentische dabei das Wesentliche: »Also Hauptsache, man steht zu sich selbst. Und das ist dann vermutlich männlich. Aber kann halt genauso weiblich sein, wenn eine Frau zu sich selbst steht«.

Ein nur machtanalytisches, herrschaftskritisches Verständnis von Männlichkeit reduziert Geschlecht auf die Dimension der Dominanz, Macht oder Gewalt und lässt wenig Raum für Gelingendes. Theoretisch sicher wichtig und auch erkennbar bei den Jungs angekommen, nützen ihnen solche Konzepte für ihre Aneignungs- und Bewältigungspraxis wenig, sondern bringen sie durcheinander. Die spürbare Verunsicherung der Jungs durch die Gemeinplätze der Männlichkeitskritik öffnet zwar als ein positiver Effekt traditionelle Vorstellungen, gleichwohl fehlt es an Anregungen und Informationen, an etwas Substanz nach der Männlichkeitsdemontage.

Körperarmes Männlichsein

Das wichtigste Sexualorgan sitzt bekanntlich im Kopf, dennoch ist Sexualität in entscheidenden Anteilen ein auch körperlicher oder leiblicher Vorgang. Ob beim Sex allein oder zu zweit, hier wird maßgeblich körperlich empfunden, agiert und erlebt, und ohne die zentralen Körperteile, die Sexualorgane, ist es mit der Sexualität meist nicht weit her. Dennoch werden explizite Körperbezüge von den Jungs in den Interviews durchgängig selten oder gar nicht angesprochen: Ihr Körper mit seinen Organen, Funktionen, Produkten, Potenzialen und Erlebnismöglichkeiten wird von Jungs oft übergangen oder achtlos beiseitegestellt.

Der Begriff »Körper« wird nur in der Hälfte der Interviews (mindestens einmal) verwendet, »Penis« in einem Drittel (10), ebenso »Orgasmus« (9), »Erektion« in einem Fünftel (7), »Schwanz« in weniger als einem Sechstel (5); Muskeln tauchen lediglich in zwei Interviews auf. Erstaunlich in einer Interviewstudie zur männlichen Sexualität: »Sperma« wird lediglich in einem und »Hoden« in keinem der Interviews erwähnt. »Lippen« wird einmal abgrenzend bezogen auf den weiblichen Körper verwendet (aufgespritzte Lippen); »Zunge« ebenfalls gar nicht.

Wenn die Jungs Körperliches ansprechen, dann am häufigsten im Zusammenhang mit sexuellen Leistungsfähigkeiten, mit Quantifizierungen und Bewertungen (Penisgröße, Durchhalten). Ihre Körperwahrnehmung bleibt auf den Penis konzentriert und reduziert; dabei wird sogar die Funktionalität des Penis einige Male mit »der Körper« umschrieben, etwa wenn »der Körper« nicht mitspielt und deshalb der Sex zeitlich beschränkt ist. Auf ihren Körper als Ganzes oder auf ihr leibliches Selbstgefühl kommen die Jungs selten zu sprechen. Das ist kein prinzipielles Verbot, sondern vereinzelt durchaus möglich, sowohl kritisch, beschreibend als auch mit positiver Assoziation. Der Körper ist nicht generell tabuisiert, was gelegentliche Nachfragen und die Antworten darauf belegen. Aber darüber nachzudenken oder zu reden fällt Jungs offenbar wenig ein. »Gar nicht überzeugt« von seinem Körper ist zum Beispiel Cem. Dass er etwas eklig findet oder keinen Sex haben will, so stellt Jannik fest, ist bei ihm eine Folge davon, dass er sich gerade in seinem eigenen Körper unwohl fühlt. Tom beschäftigt es mehr »im Vorfeld, dass man von seinem Körper dann denkt, ja, ich muss so und so aussehen, dass es dann beim Sex noch besser ist für den Partner oder die Partnerin«. Und Marc fühlt sich durch körperliche Nähe besonders männlich bestätigt.

Beim Körperlichen in der Sexualität geht es Jungs in erster Linie um die Funktionalität, um Erektion und den Zeitpunkt der Ejakulation. Hier muss berücksichtigt werden, dass die Jungs nicht homogen sind, das gilt auch für die Bedeutung des Penis' und seiner Funktion. Die in der Tendenz starke Konzentration aufs Genital kann als symptomatisch gewertet werden. Dabei wird nicht wohlwollend oder stolz über Erfahrungen mit dem Penis kommuniziert, sondern durchgängig gestresst, kritisch oder skeptisch. Möglicherweise verhindert dieser »kritische Penisblick« generell einen positiven Bezug zum Genitalkörper, ein unbedingtes Ja zum eigenen Penis. Öfter wird von Jungs das sexuelle Männlichkeits-Credo, diese auch über Pornos vermittelte oder bestätigte entscheidende genitale Komposition, in einem Atemzug genannt, wie von Niklas: »Man muss jetzt möglichst harte und lange Erektionen haben, man muss möglichst lange zum Orgasmus brauchen, (…) auch Fragen (wie): ist er groß genug, ist er dick genug, also der Penis«.

Eine zum richtigen Zeitpunkt vorhandene Erektion ist mehr oder weniger unhinterfragt das Merkmal und die Eintrittskarte für männlichen Körpersex, manchmal direkt formuliert: »auf jeden Fall, dass man überhaupt eine Erektion bekommen kann«, (Felix), öfter auch blumig umschrieben: Einen »Penis, der funktioniert« (Louis), gut ist, wenn es neben der vorhandenen Lust auch »biologisch klappt« (Jonas). Mit der passenden Erektion wird der Penis demonstrativ männlich, mit der Erektion kann man »den Mann zeigen: »dass (…) man körperlich den Mann zeigen muss, indem man halt steif ist irgendwie«, erklärt Jannik und ergänzt: »Ich glaube, irgendwie für das, was ein Mann beim Sex ist, gehört für mich irgendwie so ein steifer Penis dazu«. Störungen beim Erigieren lassen dagegen gleich auch am Männlichen zweifeln, wie Louis ausführt: »Bei mir gibt es jetzt dafür keinen Anlass, da (wegen Erektionsproblemen) irgendwie Zweifel an der Männlichkeit oder so zu haben«. Die Situation, wenn »er« nicht richtig funktioniert, ist beschämend und peinlich, was unterstreicht, wie groß Erektionsdruck und -erwartung sind. Für Moritz war die Erfahrung sehr beschämend: »man war halt sehr aufgeregt, und wenn man sehr aufgeregt ist, dann steht er nicht immer wie eine eins, sag ich mal, und dann ist es halt in dem Moment das Peinlichste auf der Welt«.

Wegen der hohen Bedeutung und der Ausschließlichkeit, mit dem der Penis und seine Funktionen belegt sind, ist er ein weniger physisch, sondern besonders psychisch stark belastetes Organ. Erst dadurch erweist er sich als anfällig für Sexstress und wirkt durch die potenzielle Überlastung fragil. Sobald dies ins Bewusstsein gerät, gefährdet es die Penisfunktionen und den Sex – also besser nicht an die Erektion denken, weil sie das schnell gefährden könnte: »Allein der Gedanke, dass man jetzt theoretisch hart bleiben muss«, sagt Max, »macht meistens, dass man seine Erektion verliert. Das ist 'ne Sache die passiert ganz einfach«.

Neben den Funktionen taucht immer wieder die Norm eines ausreichend großen Penis' auf, sie wird zwar bisweilen kritisiert bzw. als – aufgrund der eigenen Erfahrungen – nicht als entscheidendes Kriterium für eine gelingende Sexualität bewertet. Aber selbstverständlich belegen auch Abgrenzung oder Kritik zuerst die Bewältigung der Idee, dass es zumindest potenziell auf die Größe des Penis' ankommen könnte. Interessanterweise ist die Vorstellung des großen Penis' dabei nicht (nur) das Medium zum Vergleich mit anderen Männern, sondern eine Projektion, es gilt die Annahme, dass Partnerinnen bzw. Partner den Mann daran messen oder als eine Voraussetzung, um Frauen zu befriedigen. Cem beschreibt es, wie sich soziale Normierungen festsetzen, um als Affirmationen in einer Art Selbstgespräch ins Bewusstsein zu drängen: »dass man sich sagt, oh, es ist auch wichtig als Mann für den Sex ein großes Genital zu haben, sonst wäre man kein richtiger Mann, sonst wäre auch der Sex nicht richtig und du kannst die Frau niemals befriedigen«. Reflektierte Erfahrungen und eine stabile eigene Position können Männlichkeitsbilder von großen Penissen oder den Erektionszwängen zurechtrücken, wie es Louis erlebt: »Und jetzt, wenn ich das quasi, wenn ich das selber dann auslebe, dann merke ich halt – also, äh, es kommt nicht wirklich auf – also weder, ich sag mal Penislänge oder sonst irgendwelche Sachen (an)«.

Auch beim Nachdenken zu den Pornowirkungen reflektieren Jungs über Körperliches. Vereinzelt werden dabei positive Körperwirkungen durch Pornonutzung erkannt, nämlich die funktionale Wirkung von Pornos oder Lerneffekte in Bezug auf den männlichen Körper. Finn beschreibt diese körperliche Wirkungsmechanik: »Der reine Nutzen vom Pornoschauen ist quasi dem Kopf vorzumachen, dass man im Akt ist und dadurch die Erektion zu haben oder – dadurch zum Orgasmus zu kommen«. Und Florian denkt, es könne für Jugendliche ganz cool sein, dass sie (im Porno) mal »was sehen und lernen, wie ihr Körper funktioniert«. Meistens werden aber von den Jungs die Folgen der Pornonutzung in Bezug auf die Körperlichkeit reflektiert und problematisiert. Auch dabei dreht sich viel um den Penis, die Ausstattung der Darsteller irritiert und verunsichert, bisweilen wird die Konfrontation mit Penisabbildungen als unangenehm bis schockierend beschrieben. Florian erlebt das, »wenn die Kamera auf den Typen und seinen Penis 'ranzoomt und man sich denkt, dass man das jetzt nicht sehen wollte«. Und gleich »zwei Penisse da so zu sehen, das war ein Schock für mich«, erzählt Moritz.

Auf ihre Hoden, das Sperma und den Vorgang der Ejakulation gehen Jungs in den Interviews nicht ein; der Orgasmus oder der Höhepunkt werden häufig thematisiert, aber mehr als Erlebnis- und Recheneinheit, um die männliche Leistung nachzuweisen oder um den Spaß der Frauen fassen zu können. Der männliche Orgasmus findet in den Gesprächen aber stets ohne Hoden, Prostata, Ejakulation und Samenflüssigkeit statt. Dies überrascht, weil all dies ja sehr spezifisch männlich ist und als »Männlichkeitsnachweis« dienen könnte. Zudem bestimmen gerade die Ejakulation und das Sperma in Pornos oft die finale Szenerie, Darsteller ejakulieren in Pornos sehr häufig demonstrativ ins Gesicht oder auf andere Körperteile ihrer Partnerin. Lediglich in einem Interview taucht die Samenflüssigkeit auf, wo Louis ein »Sperma-Energiemodell« erklärt (aber keinen Bezug auf sein eigenes Erleben nimmt):

»Man denkt viel an Sex und körperlich gesehen so eine Antriebslosigkeit, quasi weil, wenn du halt das ständig machst oder regelmäßig, also ständig machst, dann, dann – biologisch ist es halt so, dass der männliche Körper quasi immer Sperma produziert, und wenn du halt, so gesagt, nichts im Tank hast, dann produziert das quasi immer nach und verbraucht halt die ganze Energie, um wieder Ejakulat zu produzieren«.

Was es mit dem Verschweigen des Spermas auf sich hat, wird in den Interviews nicht klar: Ist es die Konsistenz, die Assoziation mit Scham und Schmutz (wegen Befleckung und Flecken), ein kulturelles Männlichkeits-Tabu? Möglicherweise fällt dabei auch ins Gewicht, dass es im Jungs-Alter explizit um Zeugungsverhinderung geht. Sperma ist der Stoff, der das Zeugungsrisiko symbolisiert und transportiert; vielleicht soll mit dem Verschweigen des Ejakulats das Risiko magisch gebannt werden? Oder werden Hoden, Sperma, Prostata in sexuellen Bildungsprozessen in Familie und Schule unterschlagen?

Übergangene Körper

Von den Jungs wird das Männliche in Kopf und Gesellschaft verortet, wobei traditionell männlich-stereotype Figuren abgelehnt werden. Dass Jungs ihren Körper oft übergehen oder wenig beachten, ist nicht zuerst ihnen anzulasten. Es ist ein Ergebnis der männlichen Körperkultur und der Körperbildung, die ihnen geboten wird. Männlichkeitspraxis ist immer auch Körperpraxis: Geschlecht entsteht im Körper und drückt sich in ihm oder durch ihn aus. Das gilt in der Jugendphase und im jungen Erwachsenenalter besonders, weil sich Geschlechts- und Körperidentität stabilisieren und als Entwicklungsaufgaben bewältigt werden müssen. Dementsprechend ist ihr männlicher Körper für Jungs eine Ressource, eine Form männlichen Kapitals, bedeutsam für die Demonstration des sozialen Status', für sexuelle Beziehungen, für den Arbeitsmarkt. Anders als materielle Ressourcen oder soziale Statussymbole kann den Jungs ihr »eigener« Körper nicht genommen werden. Er wird als Ausdruck von Differenz umso bedeutender, je mehr sich Geschlechter angleichen. Körperform, Figur, Muskulatur oder auch die körperliche Gestaltung durch Kleidung, Haare, Piercings, Tattoos sind auch Medien, um das Geschlecht zu kennzeichnen und die Zugehörigkeit zum Männlichen zu belegen.

Gleichzeitig stellt ihr Körper eine Ressource dar, eine Art persönlichen Kapitals, mit dem sich Jungen und junge Männer auf den Markt begeben: perspektivisch auf den Arbeitsmarkt, zunächst aber auf den Beziehungsmarkt der Cliquen und Freundschaften, der kurzen Affären oder der festen Partnerschaften. Der Körper wird dabei nicht als angeborene Potenz oder Schicksal genommen, sondern als Handlungsobjekt, es erfordert Arbeit mit dem Körper. Wie Männlichkeit wird auch Sex mit Handeln, etwas bringen, mit Aktivität und Leistung verbunden. Dabei wird der Penis mit seinen Funktionen überhöht und aufgeladen, er ist sinnlich wahrnehmbares Männlichsein und seine symbolische Bestätigung – aber er muss dazu auch »funktionieren«.

Hohe Erwartungen an den eigenen Sexualkörper und die Notwendigkeit, die eigene Männlichkeit zu betonen, fallen im Penisgebrauch zusammen. Es ist nichts daran auszusetzen, dass Jungs ihren Penis als sexuelles Zentrum oder als Handlungsorgan wahrnehmen. Verdächtig ist der fehlende Kontakt zum übrigen Körper, die Negation anderer Körperaspekte, die einfach da sind, ohne Handeln, Leistung oder Bewertung. Ihr Körper wird von Jungs meist nicht ganz, subjektiv und selbstverständlich erlebt, sondern als Objekt, das erst in der sexuellen Aktivität registriert wird. Dieser Teil der männlichen Existenzweise ist ein Ergebnis ihrer Körpersozialisation und verweist auf erhebliche Mängel in der Körperbildung.

Im Geschlechtervergleich ist das körperliche Erleben etwas Spezifisches (vgl. Winter 2017). Damit könnte gerade auf der Ebene des Selbstgefühls der Körper Substanzielles zum Männlichsein beitragen, ohne auf stereotype Mechanismen der Entwertung oder Dominanz zurückgreifen zu müssen. Dieser Aspekt ist den Jungs aber kaum bewusst, weder in der Körpersozialisation noch in der sexuellen Bildung wird der Bezug aufs Körpergeschlecht und die speziellen Erlebnisaspekte hergestellt (ebd.). Deshalb interpretieren Jungs ihr Männlichsein bevorzugt sozial, Körperbezüge bleiben verdeckt, in den Reflexionen und Diskursen spielt ihr spezifischer Männerkörper kaum eine Rolle. Das Naheliegende – männlicher Sex hat etwas mit dem eigenen Erleben ihrer Geschlechtsorgane zu tun – wird nicht einbezogen und mitgedacht, der Körper wird auf Leistungen bezogen. Ihren Körper können Jungs nicht »einfach so männlich«, als quasi angeborene Bestätigung ihres Männlichseins wahrnehmen (z. B. für sich im Spiegel; beim »Fühlen des Körpers von innen«). Das reduziert ihr Körpererleben, er wird zum Leistungs- und Handlungsorgan, die Funktionen und das Funktionieren – Erektion, Ejakulationskontrolle – werden zur Hauptsache. Orientiert an Kontroll-Männlichkeit ist der männlich, der sich gut kontrolliert. Dabei muss die Diskrepanz zwischen Anspruch der Männlichkeit und körperlichen Wirklichkeiten Spannungen und Stress erzeugen. Jungs mit ihren realen, menschlichen und deshalb glücklicherweise gar nicht perfekt funktionierenden Körpern tun sich schwer damit, körperliche »Mängel« auszuhalten und geraten unter Druck. Männlichkeitsbilder in Pornos können dies verstärken.

Sex und Männlichkeit

Jungs sind bei der Frage, ob Sex eine Rolle fürs Männlichsein oder für Männlichkeit spielt, in zwei etwa gleich große Gruppen geteilt: die einen sagen ja, die anderen nein. Viele Jungs antworten mit einer klaren Zurückweisung, mit einer fast schon wieder symptomatischen Betonung: Nein, nein, Sex hat definitiv nichts mit Männlichsein zu tun! Schon gar nicht für sie selbst! Für das reflektierte oder reflektierbare männliche Selbstgefühl scheint Sex dann nicht konstitutiv wichtig zu sein: Spontan antwortet keiner der Interviewpartner auf die vorab offen gestellte Frage, wann er sich selbst männlich fühlt, mit »beim Sex« bzw. mit einem Hinweis auf sexuelle Situationen, auch das Pornonutzen taucht hier nicht auf. Auffällig auch hier wieder, dass in keinem (!) Zitat im Schnittfeld von »Sex« und »sich männlich fühlen« der Begriff »Körper« oder der Bezug auf sich »als Körper« auftaucht.

Die Frage wurde relativ zu Beginn der Interviews gestellt; da es klar war, dass sich das Interview um Sexualität dreht, wäre diese Assoziation naheliegend, sofern sie Bedeutung hat. So gesehen scheinen Sex und Porno auf der bewussten Ebene eher so etwas wie eine mögliche, aber geschlechtsbezogen nicht besonders bedeutsame Facette im männlichen Gesamtgefühl zu sein. Vielleicht strahlt auch das Verbot, sich überhaupt einfach so männlich zu fühlen, auf den Sex aus.

In der quantitativen Online-Befragung gingen wir dagegen anders vor: Wir boten den Jungs eine Auswahl an situativen Möglichkeiten, sich männlich zu fühlen, hier war Sex neben anderen Aussagen gelistet. Nun wurde das Sich-männlich-Fühlen »beim Sex mit einer Partnerin oder einem Partner« das Item mit der stärksten Zustimmung (80 % aller Jungs zustimmend), während »wenn ich mich sexuell selber befriedige« nur knapp 50 % zustimmten (Mehrfachnennungen waren dabei möglich).

Viele der Jungs, die sich im Interview dazu äußern, verneinen einen Zusammenhang von Sex und Männlichsein, manche ganz rigoros, wie etwa David: »Nein, gar nicht. Also überhaupt nicht«, andere kurz und knapp einige mit einer Begründung, stellvertretend sagt Sebastian: »ich glaube, dass es (sich männlich fühlen) nicht unbedingt was mit Sexualität zu tun hat. Ich – könnte mir jetzt vorstellen oder ich stelle mir vor, dass ich durchaus männlich bin – ohne das (Sex) zu haben oder gehabt zu haben«. Allerdings wird die Bedeutung von Sex fürs eigene Männlichsein retrospektiv, nämlich bezogen auf die Zeit als Jugendlicher, anders gewertet. Zwei Interviewpartner kontrastieren die heutige Bedeutung der Sexualität für ihr Männlichsein mit dem in ihrer früheren Jugendzeit: Jonas berichtet von der Veränderung seither: »Es hat sich ein bisschen verändert tatsächlich. Also früher, weiß ich nicht, wo man so zwischen 16 und 18 war. War schon so ein Ding, so, oah, hast du schon Sex gehabt, so nach dem Motto«. Und Louis erzählt: »Ich habe das auch gespürt in meiner Jugendzeit, dass so ein bisschen ein Druck auf einem herrscht, quasi da jetzt sexuell aktiv zu sein«.

Die eindeutige Zustimmung zum Zusammenhang von Sex und sich männlich fühlen gibt es in den Interviews auch, zahlenmäßig ist dies aber eher selten. Nico gesteht fast: »Ich würde schon sagen, dass es wichtig ist, wenn ich ehrlich bin. Genau, ja, dass es wichtig ist, ja, es hat schon einen gewissen Stellenwert«. Auch Jannik stimmt zu: »Also, ich glaube schon, dass es irgendwie ein wichtiger Teil ist davon (...). Also, dass so guten Sex haben irgendwie für mich einen Teil meine Männlichkeit ausmacht«. Niklas nimmt den Zusammenhang ebenfalls wahr: »Durchaus – also, gerade wenn es zur Frage der sexuellen Leistungsfähigkeit kommt, also was wird von einem Mann erwartet, welche Rolle er beim Sex oder so einnimmt, auch wenn sich das sehr, sehr stark gewandelt hat bei mir«.

In der quantitativen Studie haben wir ebenfalls nach dieser Dimension gefragt: »Was würdest du sagen: Wie bedeutsam ist Sex für **dein Männlichsein**, für dein Selbstgefühl als Mann?« (Im Fragebogen ebenfalls hervorgehoben). Die angebotene Skalierung reichte von »überhaupt nicht wichtig« bis »sehr wichtig«. Die Teilung spiegelt sich auch hier, allerdings mit einer positiven Tendenz: Zusammengefasst sagen 56,4 %, Sex sei für das Männlichsein wichtig (Wertung schwach, mittel und stark addiert), während 43,6 % der Jungs meinen, das sei nicht so.

Abbildung 4: Bedeutung von Sex für das Männlichsein • positive und negative Angaben addiert (in %)

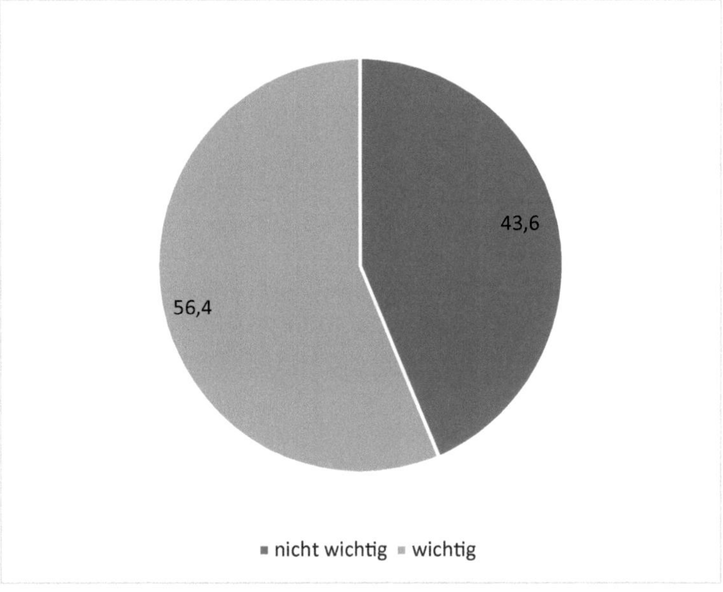

Sex hat Bedeutung fürs Männlichsein

Erwartungsgemäß hat Sex fürs Männlichsein aber doch eine erhebliche Bedeutung, auch entgegen der demonstrativen Betonung der einen Hälfte der Jungs in den Interviews, also auch für diejenigen, die kritisch über Männlichkeit nachdenken und reden, wie für diejenigen, die sich nicht männlich fühlen oder das nicht benennen können. Der hohe Stellenwert wird eher über Umwege und weniger über klare Statements deutlich: Im Zusammenhang mit Erektionsstörungen oder »nicht lang (genug) durchhalten können«; mit der Enttäuschung der Partnerin, wenn sie noch Lust hätte; wenn Jungs keine sexuellen Erfahrungen mit Partnern oder Partnerinnen vorweisen können (vgl. den Fall »Linus«) oder sich nicht für Sex interessieren (Fall »Sebastian«): Fehlender oder mangelhafter Sex kommt einer partiellen »Entmännlichung« gleich (s. u.) – was könnte die Bedeutung von Sex fürs Männlichsein noch mehr unterstreichen?

Gesellschaftliche Normierungen, Vorgaben und Vorstellungen machen sich bemerkbar und wirken sich aus, »man macht sich selbst Druck«, reflektiert Luca: »also klar, macht man sich vielleicht auch selber einen, einen Erwartungsdruck, ähm ob das jetzt was Spezielles – ja, mit Sicherheit, gehört vielleicht auch zur Männlichkeit dazu«. Wird den Stereotypen gefolgt, hat ein echter Mann Sex, ist sexuell interessiert und dabei sexuell leistungsfähig. Lukas bezieht sich darauf, wenn er das Klischee nachzeichnet: »Ein echter Mann, der hält irgendwie, keine Ahnung, zwanzig Minuten durch, mindestens«. Und die Vorstellung, dass mit Männlichkeit dann immer assoziiert (wird), dass man immer Sex haben will und dass man immer bereit ist« ist für Tom selbstverständlich, »natürlich«, auch wenn er sich mittlerweile von diesem Gedanken stärker lösen kann.

Solche Aufladungen von Sex fürs Männlichsein sind bei vielen Jungs vorhanden, sie werden aber oft gebrochen. Das kann ironisch-spaßig vermittelt werden, vielleicht mit der Ahnung verknüpft, dass doch Wahres an der stereotypen Verknüpfung dran sein könnte, wie Justus zitiert: »Ach so, äh ja klar, je mehr Sex desto besser (lacht)«. Möglicherweise empfinden Jungs, die Sex haben oder hatten, die Bedeutung der Sexualität für die Bestätigung des Männlichseins weniger, weil sie die Hürde übersprungen, die Norm erfüllt haben. Anders ist die Situation für Sebastian, der noch nie Sex hatte: Er empfindet Sex persönlich zwar nicht als konstitutiv für sein Männlichsein, kann aber aus dem Verhalten anderer ableiten, dass Sex selbstverständlich zum Männlichsein dazugehöre und dass er deshalb »nicht normal« sei, wenn das bei ihm nicht so ist: »weil es, glaube ich, in dieser Situation (Reden über Sex mit anderen Jungs) immer diesen Reality-Check gibt: ist das noch normal, was bei mir abgeht, also, oder ist das schon so sehr untypisch, dass ich mir Gedanken darüber machen sollte?«

Wenn bzw. weil Jungs männliche Stereotypen ablehnen, befinden sie sich in einer Art Geschlechtsvakuum, es gibt kein begriffliches Inventar oder keine Reflexion im Rahmen von »männlich«, auf die sie guten Gewissens zurückgreifen könnten. Körper- und Geschlechtsbedürfnisse verschwinden dadurch aber nicht, sondern werden nur in verbotenen Räumen verschlossen. Möglicherweise werden diese durch die Pornonutzung geöffnet und Körperliches dringt offensiv ins männliche Spiel. Dann kollidiert das Bedürfnis nach Körper und nach Männlichsein aber hart mit Männlichkeitskritik an Dominanz-Männlichkeit und den Regulationsvorschriften der Kontroll-Männlichkeit.

Einen deutlichen Beleg für die Bedeutung von Sex fürs Männlichsein liefert die Gruppenauswertung zum »Sich-Männlich-Fühlen« im quantitativen Teil der Studie. In keiner Untersuchungsdimension war die Differenz zwischen zwei Gruppen so ausgeprägt wie hier. Am höchsten ist der Unterschied bei der Frage des Sich-Männlich-Fühlens »beim Sex mit einer Partnerin oder mit einem Partner«, sie beträgt hier 36 % zwischen denjenigen Jungs, für die Sex unwichtig im Vergleich zu denjenigen, für die Sex wichtig ist fürs Männliche. Am geringsten ist diese Differenz bei den handwerklichen Aktivitäten (nur 9 %), ansonsten liegen die Unterschiede immer über 20 %: beim Beschützen von Mädchen und Frauen, bei der Masturbation, beim Sport und beim Sich-Nie-Männlich-Fühlen.

Diejenigen Jungs, für die Sex eine Bedeutung fürs Männlichsein hat, stimmen nur mit 12 % der Aussage zu: »ich fühle mich nie männlich«. Die anderen, für die Sex unwichtig fürs Männliche ist, empfinden sich zu 35 % nie als männlich. Fast alle (96 %) Probanden der Gruppe »Sex wichtig« sagen, dass sie sich selbst männlich fühlen, wenn sie Sex mit einer Partnerin oder einem Partner haben. Bei der »Sex unwichtig«-Gruppe sind das nicht einmal zwei Drittel (60 %).

Abbildung 5: Sich-männlich-Fühlen • Gruppenvergleich »Sex unwichtig«/»wichtig fürs eigene Männlichsein« (in %)

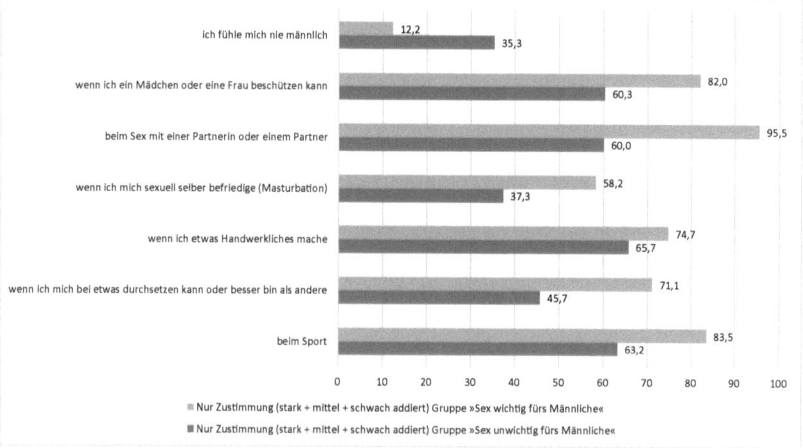

Wenn Jungs denken, Sex sei wichtig für ihr Männlichsein, dann korreliert das auffällig mit dem Zu-früh-Kommen, bzw. mit ihrer Durchhaltefähigkeit. Der Aussage »ich bin zu früh gekommen« als sexueller »Unfall« stimmen drei Viertel (76 %) derjenigen

Jungs zu, die sagen, Sex sei fürs Männlichsein wichtig, aber nur etwas mehr als die Hälfte (54 %) der Jungs mit er anderen Auffassung (auf die Erektion wirkt sich diese Einstellung dagegen nicht aus). Die Kausalität ist dabei natürlich nicht erwiesen, also bleibt offen: Führt die Einstellung zu Stress und geringerem Durchhaltevermögen? Oder wirkt sich die Erfahrung, zu früh zu kommen, auf die Einstellung aus, dass Sex fürs Männlichsein wichtig sei?

Und hat das (zu) viele Nutzen von Pornos einen Effekt in Bezug auf Situationen, in denen sich Jungs männlich fühlen? Interessanterweise ja! Die Gruppe der »zu viel« Porno-Nutzer fühlt sich zum Teil erheblich stärker männlich bei »außersexuellen« Aktivitäten: beim Handwerken (Differenz fast 19 %), sich Durchsetzen (Differenz 11 %), Sport (Differenz 10 %) oder beim Beschützen von Mädchen und Frauen (Differenz 9 %). Dagegen sind bei der Gruppe der »nicht zu viel« Pornos Nutzer sexuelle Aktivitäten stärker mit einem Sich-Männlich-Fühlen verknüpft; beim Masturbieren (Differenz rund 9 %) und bei der Selbstbefriedigung (Differenz ca. 5 %).

Abbildung 6: Sich-männlich-Fühlen • Gruppenvergleich »zu viel Pornos«/»nicht zu viel Pornos« (in %)

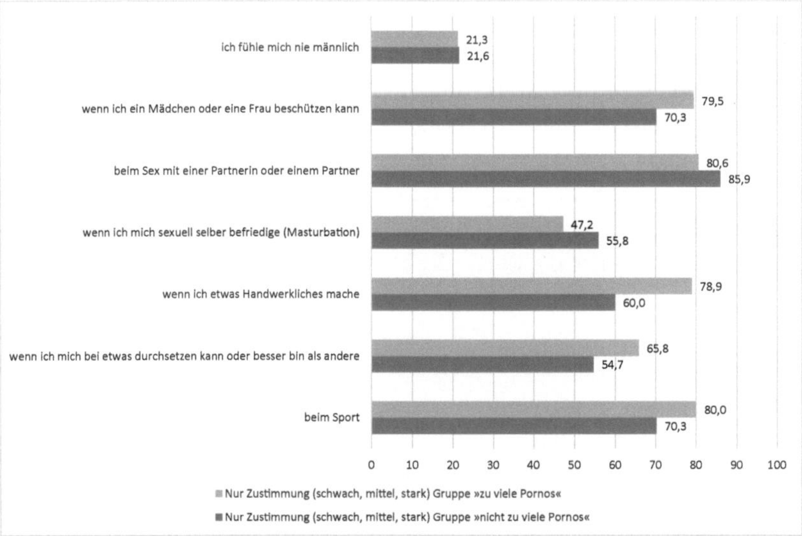

Die Jungfrau – Sexmangel als Entmännlichung

Um das Männliche zu belegen, kann Sexualität hilfreich sein, ein Nachweis für Männlichkeit. Umgekehrt können das Versagen in sexuellen Leistungserwartungen oder gar das »Ausklinken« aus der Sexualität bedrohlich fürs Geschlecht werden. Im Hintergrund lauert ein Phantasma: dass das Männliche reduziert würde oder verschwinden könnte, wenn man »es nicht bringt«. Objektiv betrachtet hat ein asexueller Mann zwar keinen Sex, aber er ist zweifellos ein Mann (so wie einer, der kein Interesse am Autoreparieren oder am Biertrinken hat, dennoch ein Mann bleibt). Sobald aber das Kriterium benannt ist oder Erwartungen im Raum stehen, wird das infrage gestellt. Männlichkeitsvorstellungen können erheblichen Rechtfertigungsdruck erzeugen und Angst auslösen, denn sexuelles Desinteresse wird zu einer verletzbaren Stelle (zu einer beschämenden Blöße), Sexinteressen werden beim Mann einfach erwartet; wenn andere Jungs davon ausgehen und zu Sebastian sagen: »Aber du hast doch sicher irgendwelche Erfahrungen damit, und damit verweisen sie halt auf Selbstbefriedigung und solche Sachen«, dann würden wahrscheinlich alle Variationen akzeptiert, Masturbation, Sex mit Frauen, Männern, Transpersonen; nicht akzeptabel ist es, asexuell zu sein, und das wirkt dann bedrohlich: »Und ich so: nee – das kann ich mir schon, also in meiner Situation sehr angsteinflößend vorstellen«.

Dass Sex einen »Männlichkeitsmarker« darstellt, wird auch dadurch gut erkennbar, dass Jungs ohne sexuelle Erfahrung mit einer anderen Person als »Jungfrau« bezeichnet werden. Der Begriff ist eine Positionszuweisung. Er markiert eine gleich doppelte Negation des Männlichen: nicht erwachsen, also »jung« und kein Mann, im Gegenteil, »Frau«. Die Verwendung des Wortes ist wohl auch dem Umstand geschuldet, dass es keinen explizit »männlichen« Begriff für diesen Status gibt; umgekehrt ist dieser Mangel eben die Form, um eine latente Abwertung zu transportieren (ohne weiteres wäre es ja möglich, für Männer, die bislang keinen Sexualverkehr hatten, den Begriff »Jungmann« zu verwenden). Sex macht die Jungen zu Männern, deshalb ist es in der Jugendphase wichtig, den Statusstempel »Jungfrau« zu verlieren, wegen der anderen Jungs, aber auch vor sich. Jonas erinnert sich an die Phase zwischen 16 und 18 Jahren: »Man wollte halt keine ›Jungfrau‹ mehr sein«. Heute würde er dagegen »nicht sagen, dass Männlichkeit irgendwas mit Sex zu tun hat«. Moritz rechnet nach, »zwei von sechs (Jungs) im Freundeskreis sind noch Jungfrau«. Fast wie ein Bekenntnis klingt Sebastian, wenn er sagt: »Ich bin Jungfrau und habe insgesamt nicht nur mit Sexualpraktik sondern auch mit Selbstbefriedigung quasi keine Erfahrung«. Er antizipiert die Reaktion einer potenziellen Partnerin oder eines Partners: »das lässt halt den Partner halt auch irgendwie so aufzucken oder schlucken. Egal, wie cool man damit ist: dieser Moment, dann so von: ach so, ah, okay – du bist Jungfrau!«

Die Verwendung des Begriffs ist eher beiläufig und unreflektiert (wie Fahrrad oder Geldschein) und transportiert dadurch die Botschaft verdeckt, sie steht für nicht initiiert: »Wenn die Person keine Jungfrau ist, wird sie ja schon wissen, dass der Sex im Porno kein echter Sex ist, also in den meisten Fällen«, behauptet Tim. Seiner Ansicht nach fördert sexuelle Erfahrung die Fähigkeit zur Erkenntnis; eine »Jungfrau« kann Pornos nicht durchschauen. Dagegen setzt Alexander mit dem typischen Betonungsnachdruck: »Man ist genauso männlich, wenn man jetzt irgendwie mit 25 noch 'ne Jungfrau ist, wie wenn man seine Jungfräulichkeit mit 14 verliert«. Der Druck hinter dem Begriff wird dadurch deutlich, dass bzw. wie manche Jungs versuchen, den Status zu verändern: »Wenn man jetzt so krampfhaft das versucht hat, seine Jungfräulichkeit zu verlieren«, sagt Tim, »dann bringt es das meiner Meinung nach auch nicht wirklich«. Den passenden Ratschlag dazu liefert er gleich mit: »Und wenn er noch Jungfrau ist, (dass er) auf jeden Fall nicht mit der erstbesten Person schlafen soll«.

Die Gesellschaft und die Jungscliquen als ihr Sprachrohr setzen den Standard und machen ab einem bestimmten Alter Druck: Dominik kennt »Leute bei mir im Freundeskreis, die bis (...) zwanzig oder so noch Jungfrau waren«, und beschreibt die Reaktion darauf: »andere sind dann schon so: ›Waas? Was ist denn da los? Was geht da bei dir nicht richtig?‹« Er sieht das Thema »von der Gesellschaft her« problematisch, »weil erwartet wird, dass da was (Sexuelles) läuft«. Auch die jungen Frauen verwenden den Begriff selbstverständlich, auch sie stellen bisweilen den Zusammenhang zwischen dem Status »Jungfrau« und der Wirkung auf diese Jungs im Gefüge der anderen fest: Antonia hatte in ihrer »Klasse ein paar, die auch lange Jungfrau waren. Und ich hatte auch immer das Gefühl, die waren dann so ein bisschen eingeschüchterter auch, irgendwie, gegenüber den anderen«. Umgekehrt stellt sie es als stabilisierend fest, dass dieser Status überwunden wird, sie denkt »dass Jungs, die vielleicht viel Sex haben, sich eher männlicher fühlen als Jungs, die vielleicht sogar noch im Alter von 20 oder 21 Jungfrau sind«.

Der Begriff »Jungfrau« entwertet das Männliche, für Jungs ohne sexuelle Erfahrung deutlich spürbar, wie Emilia es wahrnimmt: »Also ich meine, das beste Beispiel ist, dass Leute die mit über 30 noch keinen Sex hatten, dass von denen gesagt wird: ja, Jungfrau, aber in einem sehr abwertenden Sinne«. In einer hegemonialen Mechanik führt die fehlende sexuelle Erfahrung mit einer anderen Person in schwieriges Terrain: ins Unmännliche und deshalb in die Nähe zur Weiblichkeit. Die symbolische Verweiblichung der »präkoitalen« Männlichkeit drückt sich in der Betitelung mit dem Schmähbegriff »Jungfrau« aus. Umgekehrt und ebenfalls problematisch, wird – zumindest in einer bestimmten Form – das Weibliche genau an dieser Stelle idealisiert: Keuschheit, sich für den einen aufbewahren, Jungfrau Maria, Nonnen, der Begriff »unschuldig« für fehlende sexuelle Erfahrung mit einer anderen Person usw.

Im Übrigen spielt die Jungfräulichkeit der Mädchen in den Gesprächen mit den Jungs überhaupt keine Rolle, er taucht nicht auf, ist bis auf eine Ausnahme kein Thema; auf die Frage: »hattest du schon mal was mit einer Person, die erfahrener war als du?« antwortet Moritz (mit nach seiner Einschätzung »viel« Erfahrung): »nee, ich hatte bisher immer nur mit Jungfrauen was«. Diese Bemerkung lässt aber nicht darauf schließen, dass die Jungfräulichkeit für Moritz ansonsten irgendeine Bedeutung hätte.

Der Außenblick der Frauen auf Männlichkeit und Sex

Die jungen Frauen sind bei dieser Frage des Zusammenhangs von Sex und Männlichsein nicht gespalten oder unsicher wie die Jungs. Sie stimmen darin überein und sind sich gewiss, dass Sex eine Bedeutung hat fürs Männlichsein, für die Männlichkeit und das Sich-Männlich-Fühlen der Jungs. So nehmen sie es wahr, Jessica bringt es auf den Punkt: »Es gibt einfach das Bild von einem Mann in der Gesellschaft, also, der Mann will Sex und die Frau, die erlaubt es halt oder die täuscht Kopfweh vor«. Das klingt zwar humoristisch, aber die Botschaft, die hier wahrgenommen wird, kommt auch bei Jungs an. Viele der jungen Frauen erkennen, dass »die Gesellschaft« als fantasierte Allgemeinheit oder »man« Sex stärker ans Männliche koppelt, und dass damit Sex als Indiz für Männlichkeit steht. Dieser Bedeutung entsprechend ist partnerschaftlicher Sex für Jungs eine geeignete Form, um ihr Männlichsein, ihre Männlichkeit nach- oder beweisen zu können. In der Regel wird diese Frage auf die Perspektive der gesellschaftlichen Erwartungen, vor allem der anderen Jungs bezogen. Dass auch Frauen – als relevanter Teil der Gesellschaft – Männlichkeits-Erwartungen an Männer haben und transportieren, bezieht nur eine der jungen Frauen, Anna, mit ein, wenn sie erklärt, »dass viele Frauen da schon Wert drauflegen, besonders männlicher Sex, der Mann beweist sich, übernimmt das Ruder, (die) Frau muss nach seinen Wünschen gehen (…). Also, ich mag's schon auch, wenn der Mann sich beweisen kann«.

Die hohe Bedeutung von Sex fürs Männlichsein setzt Jungs in der Wahrnehmung ihrer Partnerinnen unter Druck. Jana nimmt wahr, dass die Jungs »sich so selbst den Druck gemacht haben, dass sie's machen müssen jetzt, weil's erwartet (wird)«. Ebenso denkt Lina, »dass es bestimmt eine Erwartung gibt« und macht das an einer Situation fest, als ihr Freund »mal irgendwie früher gekommen ist oder so«; Frauen sind offenbar zumindest in der Projektion der Jungs Teil der Erwartung an sie, denn erst als ihr Freund gemerkt hat, dass sie ihn deshalb nicht bewertet (wohl in seinem Männlichsein), »seitdem ist er da auch locker und macht sich da keine Gedanken mehr drüber«.

Die von den Frauen identifizierten Erwartungen lassen sich auf drei Stufen festlegen, die Jungs vor sich und vor anderen »beweisen« müssen:

- Überhaupt Sex zu haben bzw. gehabt zu haben; Michelle ist davon überzeugt, »dass es auf jeden Fall als männlich gilt, wenn man Sex hat«; und wenn nicht, erhält der Junge ein Etikett der Entmännlichung, er ist Jungfrau (s. o.)
- Sex haben zu können mit ausreichender Erektion und Dauer: »Wenn du quasi als Mann das nicht kannst, dann bist du gleich weniger männlich«, sagt Hannah.

- Und schließlich (aber eher selten) die Quantität der sexuellen Erfahrung; Michelle nimmt es zum Beispiel so wahr, dass es »als männlich gilt, wenn man viel Sex hat«.

Ist die erste Hürde genommen, hat der erste Sex stattgefunden, können stets die anderen beiden Faktoren drohen, Jungs zu depotenzieren, ihren männlichen Status zu hinterfragen. Das kennt Lara und stellt fest: »Also wenn's mal nicht funktioniert oder so, dann merkt man gleich, dass sie (Jungs) sich da angegriffen fühlen in ihrer Männlichkeit«. Der Auftrag, den Frauen hier als Echo dessen widergeben, was sie bei Jungs erleben, muss massiv sein. Hannah stellt fest, dass »das einfach im Weltbild oder in der Ansicht von den Jungs mit drinnen ist«, und konstatiert dies, als wäre es eine Selbstverständlichkeit. Den enormen sozialen Druck können viele Frauen wahrnehmen, Luisa zum Beispiel: »Ich glaube persönlich, dass Männer einen viel stärkeren gesellschaftlichen Druck haben, vor allem im Geschlechtsakt, zu funktionieren«. Und deshalb, sagt Anna, spielt Sex eine so Rolle für Jungs, denn »beim Sex kann der Mann seine Männlichkeit beweisen«.

Einige der Frauen beschreiben neben der Sex-Tatsache an sich und der Sex-Häufigkeit auch den »männlichen Stil« des Sex, den Männlichkeitserwartungen intensivieren. Dabei geht es offenbar um Dominanz und Härte als ein Pfad zur Männlichkeit. Antonia vermutet, »dass vielleicht Dominantsein was Männliches beim Sex sein, bedeuten könnte (…) Für viele, denke ich, dass Dominanz was Männliches ist beim Sex«. Lara sieht das ähnlich, »Blümchensex ist nicht so cool bei Jungs (lacht)«, die Kehrseite ist aber weniger lustig, weil die Härte überhandnehmen kann, und »manche stehen auch tatsächlich drauf, wenn sie dann Frauen würgen können oder so«. Vorbilder dafür findet Antonia in Filmen und Serien, die »Bilder von männlichem dominanten Sex« vermitteln: »der Mann gibt den Ton an beim Sex. Nimmt sich die Frau. Mann kommt zu seinem Höhepunkt, die Frau wird ein bisschen beiseitegelassen, auch im Film. Es geht nur darum: Es ist auch männlich, wenn man sich nicht um die Frau schert«.

Gesellschaftliche Erwartungen formulieren sich über Mediendarstellungen, Redewendungen oder verbalisierte Stereotypen. Als verstärkender Faktor kommt hinzu, dass es sich beim Männlichkeitssex nicht nur um eine Sache zwischen gesellschaftlichen Erwartungen und dem Mann bzw. seiner Partnerin oder seinem Partner handelt. Andere Jungs und Männer, so nehmen es die jungen Frauen wahr, sind dabei besonders bedeutend: Sie sind das Sprachrohr und die Kontrolle der sonst abstrakten Gesellschaft gleichermaßen; deshalb geht es für Jungs darum, im sozialen Milieu der anderen jungen Männer ihre Anerkennung des männlichen Status' zu bekommen. Sexuelle Erfahrungen vorweisen zu können, erlaubt es, mit »den Männern« mitreden zu können, Zugehörigkeit zu bestätigen und sich damit als Teil der männlichen Welt zu markieren. Lea verortet diese Dynamik vor allem in der Pubertät, »wenn das anfängt mit Sexualität und mit Frauengeschichten und so, dass das für viele schon ›cool‹ ist, wenn sie da schon mal Sex hatten oder auch mitreden können«. Ist das nicht der Fall, wird das Männliche depotenziert, wie es Leonie wahrnimmt: »Und wenn du halt dann als Junge so da bist und noch keine Erfahrungen in dem Bereich hast, dass das halt dann schon heißt, dass du nicht ganz so männlich bist«.

Aus dem Druck und der starken Bedeutung heraus, so hat Jessica es erlebt, neigen Jungs bezogen auf die Sex-Quantität »in der Freundesgruppe« dazu, zu übertreiben, weil es vielen Männern unangenehm ist »und sie dann eher eine höhere Zahl sagen als das, wie es halt eigentlich ist«. Auch das Bedürfnis nach Sex wird hier möglicherweise übertrieben – es ist eine Gruppendynamik unter den Jungs, »man pusht sich so ein bisschen unter Freunden«, nimmt Luisa wahr, was dann die Männlichkeitserwartungen der Gesellschaft höher treibt.

Unter den Jungs geht es um eine Selbstpräsentation als Mann, um das Darstellen. Ein Junge mit Erfahrung, sagt Leonie, ist im Vorteil: »dann redet der halt anders und kann sich auch anders darstellen wie jemand, der halt noch keine Freundin hatte oder noch keine Erfahrung«. Michelle spitzt es noch zu, dass möglicherweise nicht Sex haben an sich für Jungs das Entscheidende ist, sondern darüber anderen zu erzählen: »Vielleicht auch gerade so in Bezug auf Sexualität vielleicht, wenn man so irgendwie sein erstes Mal hatte oder wenn man so irgendwie Mädels aufgerissen hat. Und vielleicht gar nicht dann, sondern eher, wenn man's dann Leuten erzählt«. Auch Annika denkt, dass unter Jungs der eigentliche Stellenwert des Sex weniger wichtig ist, »sondern dass man einfach darüber erzählt«. Luisa schätzt es so ein, »dass es eben bei Freunden sehr gut ankommt« wenn Jungs mit vielen Frauen im Bett waren oder wenn ein Mann »ein Verhältnis mit einer Frau eingeht, die zum Beispiel sehr attraktiv ist oder eben auch vielleicht etwas bekannter«; sie glaubt deshalb, dass es bei vielen Männern eher um die Quantität als um die Qualität geht. Die Konkurrenz unter Jungs spielt dabei ebenfalls eine Rolle; nach Marie geben Jungs gern an, »so vor ihren Kumpels, ja ich bin cool ehm – ich kann das, ihr könnt das nicht. Ich denk das ist irgendwie so wo sie sich wirklich in ihrer Männlichkeit äh bestärkt fühlen«.

Neben der Wirkung nach außen stellen die jungen Frauen auch Männlichkeits-Effekte fest, die das Innere der Jungs betreffen, stützend oder destabilisierend. »Männer suchen dadurch Bestätigung für sich selber (…), Bestätigung zu bekommen oder dass sie diese Ansprüche an sich selbst erfüllt haben«, glaubt Julia. »Wenn man halt ein Sexualleben hat«, sagt Michelle, »dass man sich dann schon irgendwie männlicher fühlt«. Laura denkt in dem Zusammenhang, dass Jungs die Bestätigungswünsche durch Sex aktiv umsetzen, »dass viele Männer auch mit dem Sex irgendwie Bestätigung suchen. Eben dieses von einer Frau gewollt werden und diese Intimität, die da beim Sex einfach zustande kommt«. Auch Emilia hebt die Bestätigung durch Sex hervor: »Ich denke es (Sex) ist sehr wichtig, (…) weil es ist ja im, eine Bestätigung für sich selbst, also für Jungs«.

Umgekehrt verunsichert es Jungs gegenüber anderen, keinen Sex zu haben, stellt Antonia fest: »ich hatte auch in meiner Klasse ein paar, die auch lange Jungfrau waren. Und ich hatte auch immer das Gefühl, die waren dann so ein bisschen eingeschüchterter auch, irgendwie, gegenüber den anderen«. Wenn sie nicht der gesellschaftlichen Erwartung genügen, denkt Jessica, kann das den Selbstwert bei den Männern tangieren: »Oft gibt es da so ein Vorurteil, dass Männer halt viel Sex haben und viel Sex haben wollen. Und dass es oft vielleicht auch gar nicht so ist, und dass vielleicht auch Männer da Komplexe haben könnten«. Die Sexmenge hängt nach Antonia proportional mit der Feldstärke des Sich-Männlich-Fühlens zusammen: »Dass Jungs, die vielleicht viel Sex haben, sich eher männlicher fühlen als Jungs, die vielleicht sogar noch im Alter von 20 oder 21 Jungfrau sind«. Psychisch ist hier eine relativ einfache Männlichkeits-Mechanik am Werk, die Marie beschreibt: »Es bestärkt sie (Jungs) (...) wenn's halt gut läuft, bestärkt es sie auf jeden Fall in ihrer Männlichkeit und ich denk eher halt, wenn's schlecht läuft, dann ist es halt eher so (...), dass die Männlichkeit jetzt nicht unbedingt bestärkt wird«.

Männlichkeitsbilder – Orientierung mit Schattenseiten (Pia Ewert und Lilia Steinmetz)

Die Ansichten darüber, ob Männlichkeitsbilder für ihre Sexualität gut oder schlecht sind, gehen bei den Jungs auseinander: Einige sehen sie als veraltet oder gar als schädlich an, andere stellen auch positive Aspekte und nützliche Funktionen fest. So können sie hilfreich sein, etwa wenn beide Partner dieselbe Vorstellung von Männlichkeit haben und »beide damit zufrieden sind«. Aber auch persönlich können Männlichkeitsbilder den jungen Männern helfen. Wenn sie in ihrer Vorstellung von Männlichkeit aufgehen und sich mit dieser Identifikation wohlfühlen, »dann ist es auch was Schönes«, da sie sich »einfach gut und männlich füh(len)«. Das Streben nach der Erfüllung eines subjektiven Männlichkeitsbildes kann zudem einen motivierenden Effekt haben und dazu anspornen, das Beste aus sich herauszuholen, etwa im Sport oder in der Beziehung, wenn der junge Mann eine andere Person, insbesondere seine Partnerin, emotional auffangen und ihr Rückhalt geben kann.

Im Zentrum der positiven Bewertung von Männlichkeitsbildern steht die Orientierungsfunktion; Jannik sagt: »Also ich glaube, das hat mir irgendwie schon Halt gegeben, dass es den Begriff Mann gab, zu dem ich mich zugehörig gefühlt habe«. Auch wer sich davon distanziert, sagt Philipp, bekommt Orientierung: »Ob man's möchte oder nicht: man hat ja dann schon mal einen Anhaltspunkt«. Ein Leitbild davon zu haben, wie man sich verhalten soll und auch will, bietet Halt und kann dabei helfen, eine stabile Identität zu entwickeln. Dass positive Charakterzüge, die als typisch maskulin gelten, wie emotionale Stärke etwa, von jungen Männern unterbewusst zur Stärkung der eigenen Identität genutzt werden, wird (auch als »Positive-Masculinity Paradigm«) bezeichnet und ist ein bekanntes Phänomen. Dieses geht von einer positiven Wirkung von Männlichkeitsbildern aus, da sie das Wohlbefinden junger Männer selbst sowie dem Dritter bestärken können (vgl. Döring 2017, S. 41)

Solche positiven Aspekte von Männlichkeitsbildern entdecken auch die jungen Frauen. Die Orientierungsfunktion sehen auch sie, und immerhin gibt es ja auch »gute Stereotype« an denen sich junge Männer orientieren und einen Maßstab für die eigene Persönlichkeitsentwicklung bekommen können, etwa der »Gentleman«. Männliches Verhalten, etwa Frauen zu beschützen, stärke das Selbstbewusstsein. Es könne Kraft geben, wenn man einer anderen Person, insbesondere der Partnerin, Sicherheit bieten kann. Jessica formuliert das so: »gerade der Mann so als Beschützer und, ich weiß nicht, mir geht es zum Beispiel so, dass dieser Wert Sicherheit, dass ich mich sicher fühle, das bedeutet mir halt ziemlich viel in einer Beziehung«. Dieser Aspekt wird von mehreren Frauen aufgegriffen, von den Jungs dagegen nicht erwähnt.

Einige Jungs betonen zwar Vorteile von Männlichkeitsbildern, ein ebenso großer Teil der Befragten äußert sich aber kritisch. Hier fallen Schlagworte wie »toxic masculinity« und »gender roles«, die Schattenseiten der Männlichkeit. Stärke zeigen müssen, kann auch zur Belastung werden, wie Leon am Weinen verdeutlicht: »wenn man von klein auf erzogen wird, dass man nicht weinen darf, dass man keine Gefühle zeigen soll, dass man möglichst äh keine Tränen zeigen soll, das find ich kritisch und schwierig«. Und auch Max stellt fest: »Mit Trauer und Wut steht man als Mann alleine da«. Die jungen Frauen bestätigen das, bestimmte Emotionen zu zeigen scheint infolge der Vorgaben für manche Jungs schwierig oder zumindest untypisch zu sein. Frauen nehmen ebenso wahr wie Jungs, dass dies nicht gut für die Psyche sein kann. Katharina merkt, »dass ich richtig wenige Jungs kenne, die gut Schwächen oder Emotionen zeigen können«. In dem Zusammenhang fällt ihr auch auf, »dass ich Kumpels habe, die vor mir Gefühle ganz anders zugeben können, als sie es vor Kumpels machen können«. Andere Jungs kontrollieren die Männlichkeit, du wirst als Junge verurteilt, »wenn du nicht stark oder mutig oder so was bist«.

Wenn Männlichkeitsbilder selbstkritisch hinterfragt werden, geschieht dies auffälliger Weise retrospektiv, also auf die Teenager-Jahre der Jungs bezogen. Die große Mehrheit der Jungs vertritt eine differenzierte Meinung dazu, etwa dass man einen Mittelweg finden müsse. Sie nehmen Probleme wahr, erkennen aber zugleich auch die Nützlichkeit von Männlichkeitsbildern in ihrer Orientierungsfunktion an. Klassische Männlichkeitsbilder wie die Rolle des Versorgers, derjenige, der Respekt einflößt und für seine Familie und Freunde einsteht, werden immer noch als erstrebenswert dargestellt. Aber »es ist eben auch okay, mal nicht so zu sein«, denn »du kannst auch mal heulen, wenn du willst, du darfst auch mal der Schwache sein«. Traditionelle Männlichkeitsbilder können so beim Erwachsenwerden eine Rolle spielen.

Auch die Frauen erkennen problematische Auswirkungen von Männlichkeitsbildern. Bei ihnen überwiegt die Wahrnehmung der negativen Aspekte. Nach ihren Erfahrungen führen Männlichkeitsbilder beim Sex zu falschen Erwartungen und unrealistischen Ansprüchen. Jungs erwarten von sich Dinge, »die sie gar nicht erfüllen können«. Als weitere Folge wird Konkurrenzdenken genannt, welches in das Themenfeld Schönheitsdruck übergeht. Insbesondere durch Social Media genährt, vergleichen Jungs sich mit der Selbstpräsentation anderer und eifern einem körperlichen Schönheitsideal nach. Frauen nehmen dies als ein »sich verbiegen« wahr und sehen die Gefahr der Unzufriedenheit mit dem eigenen Körper oder von Selbstzweifeln. Einige

Frauen entdecken, dass es schlicht nicht möglich ist, Männlichkeitsbildern gerecht zu werden; deshalb können junge Männer nur als Verlierer hervorgehen, wenn sie sich damit vergleichen. Michelle bringt es auf den Punkt: »Niemand kann dem so richtig gut gerecht werden und kein Junge ist so hart oder so eine Sexmaschine oder sonst irgendwas«.

Voll normal – Männlichkeits-Normalitäten der Jungs

Männlichkeitsbilder können auf Jungen, männliche Jugendliche oder Männer als Maßstäbe einen Normalitätsdruck ausüben, der nicht zuletzt Körperlichkeit und Sexualität bestimmt (siehe Kapitel Sexstress auf S. 192). Gleichzeitig kann Normalität als positive Orientierung und als normativer Standard für die jungen Männer dienen, sie beinhaltet für Jungs orientierungsstiftende und entlastende Funktionen. Sich im Rahmen einer – bestätigten oder fiktiven – männlichen Normalität zu befinden, ist für viele Jungs wichtig. Dementsprechend taucht in den Interviews der Begriff »normal« oder auch die Abgrenzung »unnormal« häufig auf.

Der Horizont des Gewöhnlichen ist dabei insgesamt weit umrissen, ein Spiegel der Optionen im Rahmen der Verhandlungsmoral (Schmidt 2004, S. 11). Normal ist zum Beispiel das Erwartete, dass der Mann den ersten Schritt macht, oder dass Sex im Tun entwickelt wird und sich einspielen muss, dass man es am Anfang nicht so blickt, ist normal; es gibt normale Freundinnen, das heißt, sie sind keine Sex- oder Beziehungspartnerinnen; normal ist, sich erst zu treffen und später Sex zu haben, aber auch umgekehrt, gleich Sex zu haben und nicht zu warten; keine sexuellen Erfahrungen zu haben »ist ganz normal, jeder fängt mal klein an«, sagt Jan. Sex zu haben überhaupt oder ab einem bestimmten Alter ist normal, auch wie der Sex nach der eigenen Einschätzung abläuft, und beim Sex, meint David, »ist nichts irgendwie abnormal, alles kann schön sein«; für Finn sollte Sex »im Normalfall« ein Liebesbeweis sein, »also wenn man eine Person wirklich liebt, dass man dann mit dieser Sex hat«. Sofern man keine außergewöhnlichen Vorstellungen oder Fetische hat, ist der Sex sowieso normal.

Was Finn als »das Normale« aus seinem Umfeld mitbekommen hat, ist Sex »ja immer, ja, das – ja ganz leicht« (er weiß das aber besser: es ist Arbeit). Nicht erfüllte Leistungserwartungen beim Sex können gegebenenfalls »ganz normal« besprochen werden, und das heißt, ohne dass sich jemand darüber lustig macht. Aber auch, dass es einem nicht gefällt, für seine sexuelle Performance kritisiert zu werden, ist auch normal. Hetero zu sein gehört normalerweise auch dazu, formuliert Lennard, das heißt, es gibt bei ihm Ausnahmen: »When I get drunk there are times where I become overly affected by my male friends, but normally hetero«.

Bei anderen Paaren kann schon mal festgestellt werden, wie Sex zur Routine verkommt, so sieht Lukas das, »dass man halt irgendwie Sex hat, weil, ja, um die Zeit haben wir normalerweise Sex«. Oder dass die Liebste keine Lust auf Sex hat, »ist irgendwie das Normale, dass die Frau sagt ›nee, jetzt nicht‹«, hat Nico bemerkt. Wenn die Frau beim Partnersex keinen Orgasmus erlebt ist das nicht unbedingt normal, aber fast schon, drückt Luca aus: »Es ist komisch, wenn der Mann nicht kommt, aber wenn die Frau nicht kommt, ist es jetzt vielleicht nicht unbedingt normal, aber nicht ungewöhnlich«.

Dass Männer Pornos nutzen ist »ja schon eher Normalität als bei einer Frau; und dass man sich dann vielleicht als Frau noch beschissener fühlt, als als Mann quasi, weil's als normaler angesehener wird« fasst Jonas zusammen. Auch Louis geht mit hoher Sicherheit davon aus, dass »ziemlich jeder« Pornos nutzt: »Ich denke halt, dass so ziemlich jeder Junge Porno, oder Mann, Pornos konsumiert«. Auch ganz normal für junge Männer ist es, Pornos zu schauen und dabei zu masturbieren. Wenn der Sex mit der Partnerin wie meistens abläuft, ist das normaler Sex. Sobald sexuelle Erfahrungen vorhanden sind, ist das »was vollkommen Normales«, sagt Lukas, womit man nicht angeben muss.

Offen in Beziehungen über Sexuelles zu reden ist für Linus sehr normal; unter Jungs über Sex offen zu reden bzw. reden zu können, »relativ normal, sachlich«, sagt Daniel, ist erlaubt, oder wenn einen gerade etwas Diesbezügliches beschäftigt, »gerade wenn man verliebt ist oder sowas, und das ist was völlig Normales« für Marc; mit ihnen die Normalität abzuprüfen – »wie lange dauert es denn normalerweise so bei Euch« – kann nach Niklas dabei ein Inhalt sein. Für andere ist es, Stichwort Lockerroom-Talk, normaler, abwertend über Frauen zu reden, denkt zumindest Louis. Normal sind auch ONS. Bei Freundin-Plus-Beziehungen keinen Sex zu haben ist auch möglich, sondern sich ganz normal mit der Person zu treffen.

Neben solchen erkennbar häufigen Einzelbeispielen fürs Normale gab es in den Interviews auch gewisse Häufungen. Hier bekommt Normalität eine andere Funktion: Als Form der Abgrenzung, als Betonen oder Beschwören einer Normalität und für die deprimierende Feststellung, sich außerhalb der Normalität zu befinden. Abgrenzungen dienen dazu, den Korridor der Normalität auszuloten, festzulegen oder sich zu vergewissern. In der Clique zusammen Pornos zu schauen, das ist nicht normal, zumindest, wenn das regelmäßig stattfindet. Auch eine früher übliche Konvention kann heute nicht mehr im Rahmen liegen: »Früher war das ganz normal, dass man Komplimente gemacht hat und jetzt, meinen viele, geht das nicht mehr«, denkt Nico. Die präsentierte Porno-Männlichkeit liegt außerhalb jeglichen Durchschnitts, stellt Finn fest: »Viele Pornodarsteller sind ja nicht so das normale Männliche, sondern das sehr viel überzogene Männliche«. Steve Holmes, der Pornodarsteller, findet dagegen den Umgang mit Gewalt in den Medien im Vergleich zu sexuellen Inhalten fragwürdig: »Ich finde ja, unsere Gesellschaft ist ziemlich krank, dass sie Sexualität und selbst Nacktheit so tabuisiert (…) Im Vorabendprogramm sieht man schon Mord und Totschlag und Schießereien und all das (…), aber was eigentlich ganz normal ist, was jeder tut, das darf man nicht zeigen«.

Tolerante Haltung – breite Normalität

In der Sprache der Jungs drückt sich insgesamt eine hohe Toleranz aus; das meiste im Sexualverhalten, ob allein oder mit anderen, bleibt im breiten Rahmen des Normalen. Die sexuelle Toleranz drückt sich darin aus, dass Besonderheiten oder Ausnahmefälle als »Fetisch« bezeichnet werden. In den Jungs-Interviews fällt der Begriff 31 mal, am häufigsten von Alexander, der ihn siebenmal verwendet. »Krank« sind mal die eigenen Nutzungsfrequenzen oder eklige Pornoinhalte, »pervers« wird nur zweimal abgrenzend in Kombination mit »nicht« und bezogen auf eine vorsexuell-kindliche Sichtweise verwendet (Eltern machen nicht so etwas Perverses, um Kinder zu zeugen). Pornoinhalte oder sexuelle Praktiken jedenfalls sind nicht »pervers«.

Über den Begriff normal oder durch das Thematisieren von Normalität kann über Grenzen des Normalen kommuniziert werden. »Nur, weil in Pornos etwas passiert, heißt es nicht, dass es normal und gut ist«, betont Lukas, zeigt damit aber, dass die Lage offen ist. Pornos sind etwas Spezielles und deshalb nicht mit Partnersex vergleichbar, es kann problematisch werden, meint Fabian, »dass du da Dinge versuchst, die einfach im normalen Leben relativ schwierig sind in der Umsetzung (lacht)«. Dennoch können Pornos in die Wirklichkeit münden: »Weil Erotik und Fetischelemente ja ganz stark auch (in Pornos) vertreten sind, kann das schon absichtlich in normalen Sex und Sexualkontakt mit einfließen«, stellt Tobias fest. Durch Pornos können ehemals extreme oder deviante sexuelle Praktiken zur Normalität werden: »Der Exfreund meiner kleinen Schwester fand es völlig normal, Ihr ins Gesicht zu kommen«, empört sich Max. Wenn häufig Pornos genutzt werden, wird dieses Verhalten gewöhnlich, sagt Marc: »Weil man das so oft macht und es relativ normal ist eigentlich, dass man solche Seiten sieht«.

Durch die Pornonutzung kann man dann »versaut« werden, was sich laut Cem dadurch äußern kann, dass »du nur noch durch Pornos kommst und normaler Sex erregt nicht mehr«, oder »dass du selber nicht mehr durch eine normale Person erregt wirst«. Solche Abstumpfungseffekte wirken, sieht auch Louis, und »so eine ganz normal nackte Frau zieht dich dann quasi dann nicht an«. Bei ihm ist es zwar »nicht so ausgeartet, aber – ich habe dann schon gemerkt, dass (…) ich mir manchmal Sachen angeschaut hab, wo ich mir gedacht habe: okay, normalerweise würde ich das jetzt nicht so attraktiv finden«. Gewöhnung kann dazu führen, dass »man irgendwie auch genug (hat) von normalem Sex« und sich deshalb Fetische entwickeln, berichtet Alexander. Leon bezeichnet seine Porno-Auswahl als »normal«, das heißt, er hat keine außergewöhnlichen Vorstellungen oder Fetische, hinterfragt das aber auch leicht: »Ja genau. Normale Pornos. Aber ich weiß nicht, also was ist schon normal?« Sich in seiner Normalität bestätigt fühlt sich Moritz durch die Menge der Pornoauswahl: »Man fühlt sich normal, wenn man weiß, dass viele Leute auch solche Fantasien haben«.

Im Betonen der Normalität lässt sich bisweilen ein verdecktes Bedürfnis nach »Absolution« ausmachen. Jungs bestätigen sich damit, dass sie mit ihrem Verhalten »normal« sind, dass ihr Verhalten deshalb moralisch vertretbar ist; es gibt keine Fehler, kein Grund für Scham oder Schuldgefühle, sie machen nichts falsch. Dies fällt beim Thema der Porno-Frequenz auf, also der Häufigkeit beim Porno-Nutzen: »Normal würd ich sagen ja, so jeden zweiten Tag, jeden dritten Tag«, rechnet Justus. Bei Nico gilt: »normal ist zwei bis viermal die Woche«. Und bei Fabian: »für mich persönlich, vier, fünfmal die Woche normal«. Der Normalitätsrahmen wird manchmal differenziert, in jüngerem Alter gelten andere Frequenzen. Marc blickt zurück: »(Das habe) ich auch häufig gemacht in manchen Wochen, wo in meiner Pubertät meine Hormone mal wieder hochgefahren wurden. Also, ich schätze mal, das ist normal«. Felix findet seine Nutzungsfrequenz hoch, aber dennoch oder gerade deshalb normal: »Es ist irgendwie normal, aber trotzdem finde ich es viel«. Lukas legt die obere und die untere Grenze fest, um den Korridor zu markieren: »Alles was oberhalb von so ein, zwei Mal am Tag ist, ist dann glaube ich schon relativ viel (…) wenig ist vielleicht, wenn's weniger als einmal pro Woche ist. Aber so alles dazwischen ist glaube ich so dieses Regelmäßige, dieses Normale, der Durchschnitt«.

Normalität vermittelt den Wunsch nach Zugehörigkeit der Jungs, sie wollen nichts Besonderes sein und anderen keinen Grund liefern, um ausgeschlossen werden. Einige Belege bestärken die Aussage, dass Porno-Nutzen normal ist. Das kann beschreibend formuliert werden, etwa bezogen auf die Häufigkeit, »Aber sonst im Normalfall, es kommt halt drauf an, alle zwei Tage oder jeden Tag so einmal«, rechnet Linus, auch im Rückblick, wie sich Tobias erinnert: »Aber dass es schon so war, dass es normal war, halt jeden Tag irgendwie einen Porno zu schauen«. Normal wird dann für »üblicherweise« verwendet, um den eigenen alltäglichen Umgang mit einer Sache zu beschreiben; Tobias sagt, »ich such ja auch normal nicht nach den Pornos« und meint damit: im Allgemeinen, aber manchmal vielleicht schon. Einige lassen bezogen aufs Pornonutzen ihre Wertung mit einfließen, dass ihre Praxis gängig sei, auffällig oft geschieht das in Bezug auf den Rat an die Eltern: »Es ist ganz normal, dass man irgendwann anfängt, Pornos zu gucken. Oder zumindest mal schaut, was gibt's da so, wie funktioniert das«, stellt David fest. Dass Jungs Pornos nutzen, »ist vollkommen normal, das ist einfach ein Fakt«, sagt Lukas. Eltern sollten das Jungs mitteilen, »also ich glaube, erstmal sagen, dass es irgendwie auch normal ist«, denkt Jannik. Und Luca schränkt das nur leicht ein, wenn er sagt: »Bis zu einem gewissen Maß ist es, glaube ich auch normal, dass man sich dafür interessiert«.

Der Begriff »normal« kann aber auch der verstärkten Betonung dienen, fast schon als Beschwörungsformel verwendet werden. Der Nachdruck in der Betonung fällt besonders bei den Ratschlägen an andere Jungs auf und kommt öfter bei den Sex-Standards und den Sex-Stressoren vor, wo es zur Entwertung führt, wenn sexuelle Leistungserwartungen nicht erfüllt werden. Jan betont, dass »es eigentlich normal (ist), wenn's natürlich ist, weil es halt eben passieren kann, wenn man zum Beispiel zu früh kommt«. »Wenn irgendwas nicht funktioniert, es ist normal«, sagt auch Jannik. Und David sagt: »es kann mal sein, dass du keinen hochbekommst, es kann mal sein, dass es eine Minute dauert oder so – dass du schnell, viel zu schnell bist und so weiter, also das sind ganz normale menschliche Sachen«. Und David ergänzt tröstend: »Nicht enttäuscht sein, wenn das erste Mal einfach nicht gut war, weil es ist einfach ganz normal, wenn man keine Erfahrungen hat«.

In vielem der Normalitäten sind sich die Jungs sicher. Allerdings gibt es gerade im Sexuellen eine breitere Unsicherheitszone der Normalität, weil es über das übliche sexuelle Verhalten in speziellen Bereichen keine Informationen gibt. Deshalb stellt Louis fest: »Ich weiß halt nicht, inwiefern das normal ist …«, wenn er über ein Detail seiner Sexualität erzählt. »Bin ich normal?« ist eine latent schwelende Frage, viele Jungs vergewissern sich ihrer Normalität. So fragt sich Lukas, »okay, ja, ist das jetzt normal?« um es sich selbst zu bestätigen: »im reflektierten Sinn ist es natürlich völlig normal!«

Aber was, wenn man tatsächlich aus der empirischen Normalität, weit aus dem bekannten Durchschnitt fällt? Auch Sebastian, bislang ohne Sexerfahrung, fragt sich: »Ist das noch normal, was bei mir abgeht, also, oder ist das schon so sehr untypisch, dass ich mir Gedanken darüber machen sollte?« Dass er nicht mehr dazu gehört, wird im Alltag spürbar: »Dann merke ich natürlich, wenn andere Leute so ganz normal und gängig quasi im Alltagsgespräch darüber sprechen«. Und als Antwort, wenn er sich dazu bekennt, erfährt er »normalerweise (…) so dieses Entgeisterte«. Als Mann wenig Sex, wenig Spaß dran oder keine Lust drauf zu haben, ist gemessen am männlichen Standard überraschend, also unnormal; es »gehört vielleicht auch zur Männlichkeit dazu«, meint Luca, »dass es irgendwie unnormal ist, wenn man nicht so viel Sex hat oder wenig Sex hat oder vielleicht auch nicht hundert Prozent so viel Spaß hat daran«. Bei diesen beiden Jungs ist klar, dass sie nicht mehr im Rahmen der Normalität liegen und dass sie deshalb ihre Zugehörigkeit durch andere Mittel herstellen müssen.

Gerade solche »unnormalen« Jungs übernehmen eigentlich eine wichtige soziale Funktion, weil sie durch ihre Existenz beweisen, dass es möglich und zu überleben ist, aus der Normalität zu fallen. Durch den starken Druck, sich im Korridor der Normalität aufzuhalten, kommt dies bedauerlicherweise nur selten an die Oberfläche männlicher Wirklichkeiten.

Pornos nutzen, um Unnormales auszuleben (Sophia Hamdorf)

Bestimmte sexuelle Fantasien und Fetische sind schwer in die Realität integrierbar und sollten besser nicht im wirklichen Leben stattfinden: so sehen es zumindest einige wenige der jungen Männer in den Interviews. In diesem Zusammenhang hat Porno-Konsum für sie den Vorteil, zumindest in der Phantasie tabuisierte sexueller Vorstellungen oder Fetische möglich zu machen, die sonst sozial sanktioniert würden, oder wie es Moritz erlebt: »Ich habe auch das Gefühl, dass man dann, durch diese Riesenauswahl an Pornos, kann man halt sein Fetisch, seine Fantasien besser ausleben, weil man ist halt anonym durchs Internet so, es juckt keinen, was du schaust wirklich, solange es keine Kinderpornografie ist«.

Nur ein Befragter, Philipp, spricht dabei auch das Ausleben solcher Fantasien an: »Wenn ich da äh mehr Stimulation haben möchte, zieh ich mir halt irgendwas rein was ich was ich sonst nicht unbedingt hab. Oder was ich vielleicht gerne hätte, aber mir, mir des vielleicht unangenehm wäre, des irgendwie jetzt anzusprechen. Oder des oder mir des auch zu viel Act oder Stress oder sonst was oder ich des vielleicht gar nicht mit anderen Werten von mir vereinbaren könnte (...) Die Sachen die ich mir dann in den Pornos anschaue, würde ich mich vielleicht in echt gar nicht trauen anzusprechen oder denken so: Boah das will ich nicht vorschlagen – was, wenn die nein sagt? Weißt du, oder komm ich dann irgendwie komisch rüber oder so. Auch wenn es besser, also auch, wenn es eigentlich ok ist so«.

Chefsache – wer hat beim Sex die Hosen an?

Führung, Bestimmenwollen oder Kompetenzanspruch sind »Hierarchiemarker« und insofern Nachweise der Dominanz-Männlichkeit. Wir haben diese Ansprüche in einer Untersuchungsdimension von Aktivität, Führung, Dominieren oder Erfahrungsvorsprung beim Sex abgefragt. Die Fragen in diesem Bereich waren in den Interviews sowohl bei Männern, wie bei Frauen ergiebig. Aus der Menge des Materials und dem Interesse Interviewten an diesen Themen können wir schließen, dass hier besondere Aufmerksamkeit liegt und Vergewisserungen gewünscht sind. Offenbar wandeln sich in diesem Gebiet derzeit Geschlechter oder sie haben sich merklich verändert, weshalb sie hier aktuell verhandelt werden (müssen).

Differenzierte Jobverteilung im Bett

Jenseits von starren Vorstellungen variieren bei den Jungs die Haltungen und Erfahrungen zum Thema Führen oder Bestimmen in sexuellen Situationen. Leon zum Beispiel meint, dass er auf jeden Fall deutlich macht, was er möchte, aber er fragt auch die Partnerin, was sie will; nach seiner Wahrnehmung ist er der Aktivere, er »kommuniziert klar« und schafft so zumindest die Möglichkeit, dass alle, also auch ihre Wünsche umgesetzt werden. Er kennt aber auch die andere Situation – dass eine Partnerin dominanter war und die Richtung vorgab – und bewertet auch diese Erfahrung als positiv. Auch Dominik mag es, wenn die Frau »mal den Ton angibt«, für ihn kommt es immer darauf an, wie es der Frau gefällt; und wenn die Frau seine Dominanz nicht mag, dann zeigt er sie weniger. Grundsätzlich findet er es gut, wenn es bei diesem Thema Abwechslung gibt. Diesen Typ finden wir häufiger, so »ein bisschen« sagen, wo es langgehen soll, es aber auch begrüßen, wenn diese Rolle vom Gegenüber übernommen wird. Jannik zum Beispiel findet »es auch spannend, wenn es mal andersrum ist«.

Der Akzent auf die Dominanzerwartung wird von Jungs auf gesellschaftliche Aufträge zurückgeführt. Solche Facetten der Männlichkeit tauchen bisweilen und in unterschiedlichen Schattierungen auf, meistens folgt darauf die persönliche Positionierung bzw. Distanzierung, die persönlich gelebte Form des Mannseins setzen Jungs gegen wahrgenommene Rollenerwartungen. Dominik sagt das so: »Man muss (nach Männlichkeitsbildern) immer der Dominant sein (…) aber das hat sich schon stark geändert«. Dieses Muster – Rollenerwartung und aktive Distanzierung – formuliert einer der Jungs im Umkehrschluss auch in Bezug auf Mädchen, wenn diese sich aktiv im überholten Rollenmodell bewegen. Linus stößt sich daran: »Ja bei manchem Mädchen ist das so, ja das stört mich auch, diese alte (Sichtweise) einfach«. Ein deutlich traditioneller Typ ist im Chor der egalitären und variierenden Stimmen als Ausnahme erkennbar; er verortet sich selbstverständlich und einseitig auf der dominanteren Seite. Marc sagt, »ich bin halt auch gern eher der Dominantere«.

Manche Jungs begründen es, warum Vorgaben auch für sie »als Männer« schwierig oder belastend sind. Sie empfinden es als Arbeit, der Normierung zu genügen, als Muss oder als Last, sie müssen ihren »Mut zusammennehmen«, wenn sie in Beziehung und zum Sex kommen wollen, sagt z. B. Felix, Aktivität ist dann nicht (nur) Norm, sondern gewissermaßen eine Notwendigkeit, um Sex erleben zu können. Das dem Herkömmlich-Männlichen entgegengesetzte Muster – also die Frau ist aktiv, fordert auf, führt beim Sex – hat dabei offenbar keine Demontage des Sich-männlich-Fühlens bei den Jungs zur Folge; es kann im Gegenteil im Erleben dem männlichen Ego schmeicheln. Fürs Sich-Männlich-Fühlen sind aktive, führende Mädchen oder Frauen nicht hinderlich, sondern das Erleben des »Gewolltwerdens« kann geschlechtlich bestätigend, bisweilen fast schon euphorisierend wirken. Cem korreliert das mit dem positiven männlichen

Erleben: »Da kommen wir wieder aufs Männliche zurück (...). Aber, wenn wir es allgemein jetzt wieder sehen, wenn ein Mädchen eben so rangeht, dann fühlst du dich manchmal schon auch toll«.

Dass dies bei den Jungs positiv ankommt erleben junge Frauen genauso, wenn sie selbst die aktive oder führende Rolle eingenommen haben; Zora beschreibt: »Ich mein, er hat's auch genossen, wenn ich mal quasi den Ton angegeben habe oder so ein bisschen dominanter war und gezeigt habe, was ich jetzt möchte«. Diese Übernahme der aktiven Rolle führt zudem noch zu einem weiteren Effekt der Sicherheit, dass nämlich die Jungs dadurch klar vermittelt bekommen und es wissen, dass die Frau ihr Ja gibt, dass sie das will, was gerade geschieht: »Die einen finden das sicherlich gut, weil die Frau die Initiative ergreift«, sagt Hannah, »da fühlen die sich auch begehrt. Und wissen auf jeden Fall, dass die Frau das jetzt möchte, was passiert«.

(Noch) wirksame Männlichkeitsnormen

Bei aller Positionierung gegen traditionelle Normen und bei aller Distanzierung davon wirken dennoch Dominanz-Männlichkeitsnormierungen bei den Jungs, wenn auch vielleicht ungewollt oder unbewusst. In der Menge und Vielfalt der Antworten lassen sich auch Tendenzen herauslesen, die noch auf überholte Geschlechterverhältnisse hindeuten; passend formuliert hat diesen Trend Hannah: »Manchmal bin es ich, manchmal ist mein Partner. Tendenziell ist es eher der Partner«. Louis bestätigt mit dem Begriff »halt« eine gewisse Selbstverständlichkeit, er sagt: »in so einer heterosexuellen Beziehung ist man halt auch in der dominanten Rolle«. Auch in den Beschreibungen ihrer praktischen Sexualität kommt bei den Jungs häufiger der Fall vor, dass sie die führendere Rolle übernehmen und sich die Wirklichkeit dann im herkömmlichen Bild, also »so 'rum« zeigt:

> *»Es wird in der Gesellschaft eher so angesehen, dass der Mann eher der dominante und die Frau eher der submissive Part ist. So kommt das halt rüber. Aber bei mir selber würde ich jetzt nicht so sagen, das muss so sein – aber, äh: es ist trotzdem eher so, eher häufiger der Fall, dass es so 'rum als andersrum ist« (Tim).*

Und auch bei den Frauen finden sich Beispiele aus der sexuellen Praxis, bei denen die Führung eher beim Mann landet. Annika bestätigt das, dass es viele Jungs sind, die zeigen wollen, wo es beim Sex langgeht, Laura meint, dass das den Männern eben gefällt, außerdem hat das ihrer Ansicht nach »wieder was mit Männlichkeit zu tun – dominieren einfach«. In einem anderen Beispiel geschieht das Führen bei Männern selbstverständlich, mit einem gewissen »Automatismus«. Luisa macht das am Beispiel der Stellungen beim Sex fest. Da »ist es oftmals so, dass der Mann automatisch durch diese Stellung, ich sag mal, die Macht oder

Kontrolle übernimmt (...). Also man denkt gar nicht drüber nach, aber es ist irgendwie automatisch so, dass der Mann der dominante Teil ist«.

Wenn Jungs dominant oder aktiv sein wollen, hängt es – so vermuten zumindest manche junge Frauen und Männer, die darüber reden – mit Unsicherheit zusammen, die vor allem zu Beginn die Situation prägt. An stereotype Vorstellungen und Erwartungen können Jungs sich festhalten, Muster und gewisse »Schubladen« helfen, Unsicherheit zu überwinden, die mit Anfangssituationen, aber auch mit Scham und Tabuisierung im Zusammenhang mit Sexualität verbunden sind. Marc denkt, »dass man mit einer Schublade jedes Mal reingeht, wenn man das erste Mal Sex mit jemandem hat«. Erst wenn Sicherheit und Vertrauen wachsen, lässt der Druck nach, solchen Mustern zu folgen und beim Sex dominieren zu wollen, wie es beispielsweise Emilia erfahren hat: »Vor allem wenn sie (Jungs) Vertrauen zu der Person gefasst haben, wenn das die Partnerin ist, dann macht das irgendwann nicht mehr so viel aus, ob der Junge dann an dem Tag der dominantere Part ist. Oder eben nicht. Am Anfang glaube ich, wollen sie schon eher dominant sein«.

Traditionelle Muster beim Sex bieten Orientierung in der Unsicherheit.

Als weiteren Grund für die Beständigkeit alter Normierungen benennen einige der jungen Frauen gesellschaftliche Zuschreibungen, die dazu beitragen, dass sich traditionelle Männlichkeitsbilder halten. Hier wird auch der Zusammenhang mit Porno-Botschaften oder -Wirkungen hergestellt. Zora glaubt zum Beispiel schon, dass es Jungs beeinflusst, wenn sie viel Pornos schauen, weil dort die Männer »halt immer diese dominante Rolle haben, meistens. Dass man sich da auch einfach unter Druck gesetzt fühlt als Junge und diese Leistung erbringen muss«.

Im Rahmen männlicher Normierungen in der Sexualität wird häufig ein hohes – bzw. ein im Vergleich zu Mädchen und Frauen deutlich höheres – Aktivitätslevel genannt: Männlichkeit meint, dass Jungs und Männer sexuell »rangehen«, interessiert sind, mehr an Sex denken, sexuell aktiv sind usw. Solche Stereotypisierungen werden mittlerweile selbstverständlich nicht mehr direkt und in Reinform, sondern eher subtiler, zwischen den Zeilen oder ironisch zitiert, kommen aber dennoch an. Beim Fragen nach solchen Männlichkeitsmustern begegnen uns Persistenz und Wandel: ein Teil der Jungs bestätigt es einfach, dass solche Normierungen bestehen, ein anderer bestreitet das oder distanziert sich persönlich davon.

Dass Männer besonders aktiv sein müssen, findet Florian nicht. Auch Jakob antwortet auf die Frage, ob der Mann sexuell betont aktiv sein soll, klar verneinend: »Nee, würde ich aus eigener Erfahrung, aus, aus meiner Sozialisation so, würde ich nicht sagen«. Justus fühlt sich von Vorstellungen zu männlichem Sex gar nicht beeinflusst, er hat dazu einfach keine Vorstellungen. Jannik hält ebenfalls »nicht so viel davon« (von solchen Vorstellungen), sagt aber auch, dass er es »in seiner Jugend« »schon auch gesellschaftlich so wahrgenommen (habe), dass häufig ist, es so gewirkt hat, als wären Frauen der passive Part beim Sex und Männer der aktive«. Und Louis spielt auf dieselbe Entwicklung an; in der (früheren) Jugendphase wird der Druck stärker wahrgenommen. Dass es von der Umgebung negativ bewertet wird, weder Freundin noch Sex zu haben, benennt zwei Faktoren, die generelle Heteronormativität und die spezifische Norm der sexuellen Aktivität für Männer, Louis stellt fest: »Also, wenn man quasi keine Freundin hat oder halt keinen Sex hat, dann ist es eher so ein bisschen verpönt«. Jonas fühlt sich von Männlichkeitsbildern beeinflusst, er nimmt es »zumindest so wahr, dass der Mann der aktivere Part ist«, aber auch, dass es einen deutlichen Unterschied zu »früher« gibt in Bezug auf »dieses Aktivsein und auf diese Forderung nach Sex« – früher ging es darum, »den Mann glücklich zu machen und heutzutage ist eher auf Gegenseitigkeit basiert«.

Eine ganze Reihe von Jungen beschreibt die traditionelle Rollenverteilung im Bett aus der eigenen Erfahrung heraus als Normalität, die positiv bestätigt wird. Tim erlebt es so, dass es vom sexuellen Gegenüber »schon eher als etwas Positives aufgefasst« wird, wenn Männer beim Sex aktiver sind; dazu äußern sich einige der Jungs mit ihrer selbstverständlichen Beschreibung. Marc denkt, er müsse »auf jeden Fall mehr arbeiten (…) dass ich zum Sex komme«. Moritz hat die Erfahrung mit verschiedenen Frauen gemacht, dass er eher den »aggressiveren Part« übernimmt. Und Lukas macht es »dann schon relativ deutlich«, dass er Lust hat und möchte, »dass wir's machen«.

Dass sexuelle Normierungen wirksam sind, wird von Jan im ersten Antwortreflex bestritten: »Pff nee, glaub ich nicht!« Dann differenziert und relativiert er seine Wahrnehmung aber und wird präziser: Es komme nämlich »auf den Kreis von Menschen an, also auf den gesellschaftlichen Aspekt«; dafür bringt er ein Beispiel, das direkt zu den Bros der Jungskulturen führt. Unter bestimmten Bedingungen werden Jungs dazu animiert, Männlichkeitsnormierungen wiederzugeben, sie »rauszuhauen«, insbesondere unter gleichaltrigen Jungs. Dadurch werden sie, auch wenn sie sich persönlich von der Normierung distanzieren, doch wieder zum Vermittler und Überträger. Der Druck kommt von den anderen Jungs, bestätigt Jan: »Also wenn da natürlich äh viele Leute drum stehen, die die ganze Zeit so auf Performance aus sind und keine Ahnung, die selber so die ganze Zeit posen oder so, dann hat das auch so einen gewissen Effekt auf den Mann selbst«.

Ein paar wenige Male wurden für die Beharrungskraft überholter Muster noch Begründungen angeführt, die eher aus der populären Geschlechtermystik stammen. So wurde Biologisches als Grund für die stärkere Führung oder Aktivität der Männer genannt, Lina meint zum Beispiel, dass der Mann einfach »körperlich eher dafür gemacht« sei, den aktiveren Part zu übernehmen. Hannah geht – auch weil sie das von anderen Paaren so mitbekommen hat – einfach davon aus, »dass es eher der Mann macht«, wobei interessant ist, dass sie als für sie entlastenden Grund dafür die »allgemeine Forschung« anführt, die angeblich nachgewiesen habe, dass Männer häufiger an Sex denken als Frauen, weshalb Männer eben häufiger die Initiative ergreifen. Linus zitiert eine Botschaft (von der er sich aber klar distanziert): »du bist 'n Mann, du musst halt deinen – Samen verteilen, was weiß ich, ja klar, also das gehört ja dazu, also starke Männer, hier viele Frauen und so, das ist ja das Bild«. Zweimal wird von Frauen darauf hingewiesen, dass die meisten Stellungen beim Sex die Dominanz der Männer bedingen oder fördern, wie Hannah, die feststellt: »Aber das ist ja auch durch die meisten Stellungen bedingt so, dass der Mann die Führung übernimmt«. Solche kuriosen pseudo-wissenschaftlich legitimierten Begründungen und sozialen Botschaften, tauchen zwar bisweilen auf, scheinen aber insgesamt eher im Aussterben begriffen zu sein.

Sehr häufig distanzieren sich Jungs aber aktiv und bestimmt von gesellschaftlichen Bildern, weil sie es persönlich einfach nicht so sehen oder weil es andere Leitlinien gibt, die (ihnen) viel wichtiger sind. Dominik betont die Individualität, dass es »jeder für sich selbst entscheiden« solle, Fabian die Gegenseitigkeit: »letztendlich muss es den, den – einem gegenseitig immer passen, das ist das Wichtigste. Was dann die Gesellschaft sagt oder auch nicht ist eigentlich aus meiner Sicht relativ Wurst«.

Ein interessanter Hinweis für eine – neben gesellschaftlichen Normierungen – Begründung, sich dominant zu verhalten, nennt Louis; ihm geht es bei seinem Dominanzwunsch nicht darum, die Partnerin oder seine soziale Position »oben« zu kontrollieren, sondern sich selbst – als Strategie, um seinen Sexstress zu bewältigen. Seine Befürchtung ist, dass wenn seine Partnerin dominiert, er seinen eigenen Höhepunkt nicht so gut kontrollieren kann, eine problematische Folge, würde er die Führung abgeben: »Aber wenn man halt selber diese Kontrolle nicht hat, dann ist es dann eher so, okay, jetzt muss ich mich am Riemen reißen oder so, man muss sich – don't get too excited, und so weiter quasi (...), das gute an der dominanten Rolle ist quasi: du kannst auch quasi den Sex so lenken, dass du es (den eigenen Orgasmus) noch unter Kontrolle hast«.

Die Führung abgeben

Für viele Jungs und in vielen Situationen scheint es wirklich kein Problem zu sein, die Führung beim Sex abzugeben bzw. sie gar nicht erst zu übernehmen; die jungen Männer kleben keinesfalls krampfhaft an einer dominierenden Rolle. Justus zum Beispiel wartet eher ab und übernimmt Führung nur dann, wenn (nach seinem Eindruck) von seinem Gegenüber nichts kommt; Moritz »lässt sich eher treiben«, andere nehmen es auch nicht so wahr, dass sie unbedingt führen müssten. Für Luca bedeutet, nicht zu dominieren nicht, seine Wünsche außen vor zu lassen, was aber unabhängig vom Führen der sexuellen Situation ist: »Also klar, man sagt dann auch mal, was man jetzt schön fände, aber es ist jetzt nicht so, dass ich da immer der dominante Part bin«. Im Gegenteil erleben es Jungs durchgängig als positiv, wenn sie die führende Rolle abgeben können bzw. wenn die Partnerin oder der Partner sie übernehmen; zu diesem Vorgang gehören allerdings zwei dazu: einer der abgibt und eine, die übernimmt; Jungs fühlen sich dann in dieser Situation wohl, weil dabei das sexuelle »Gemeint-« oder »Gewollt-Sein« spürbar wird. Wenn seine Partnerin die führende Rolle übernimmt, ist das für Louis »auch eine andere Erfahrung quasi, weil – das ist dann eine andere Art von Attraktivität, die man dann spürt von der anderen Person«.

Nach dem traditionellen Dominanzmodell müsste der Mann derjenige sein, der kompetenter, überlegener ist, weil er über mehr Erfahrung verfügt. Wie ist es aber im umgekehrten Fall? Auch hier lässt sich sagen, dass das für Jungs wenig Bedeutung hat. Generell bieten sich dabei ja drei Möglichkeiten: Jungs haben einen Erfahrungsvorsprung, ihr:e Partner:in hat mehr oder beide verfügen über gleichviel Erfahrung. Den meisten Jungs geht es nicht um ein Prinzip, vielleicht mehr um die Erlebnisvielfalt. Ist der eigene Erfahrungshintergrund bisher einseitig, wäre es für manche Jungs interessant, die gegensätzliche Konstellation zu erleben: Jan fände es auch »cool, mal mit einer was anzufangen, die nicht so viel Erfahrung hat«, weil es bisher immer umgekehrt war; »es wäre vielleicht auch mal 'ne gute Abwechslung irgendwie«, aber er relativiert das gleich, es wäre vielleicht nett aber »auch nicht so wichtig«.

Manche Jungs haben es ohne Probleme erlebt, dass die Partnerin mehr Erfahrung hatte. Für Tim war die Situation allerdings »im ersten Moment unangenehm, aber auch weil ich überhaupt nicht wusste, was ich so machen soll«. Aber dann »so im Endeffekt bin ich aber froh drüber. Also es hat mir ja geholfen (…). Teils hat sie mir Tipps gegeben und andererseits hat sie mir eventuelle Schwächen aufgezeigt«. Leon hat die Erfahrung noch nicht, denkt aber positiv darüber: »Wär bestimmt interessant (lacht)«. Nicht von allen Jungs ist die Partnerin mit Erfahrungsvorsprung wünschenswert, das ist aber die Ausnahme: »Ich glaube es wäre mir entweder egal oder eher weniger, also wenn, dann eher weniger«, sagt Jakob, aus moralischen Gründen.

Viele der befragten Jungs haben auch Erfahrungen mit Frauen gemacht, die aktiver oder führender waren. Fabian bemerkt eher nüchtern, dass es das schon gibt, dass die Partnerin beim Sex oder auch beim Anbahnen aktiver ist. Justus freut sich, dass er das einmal erlebt hat, aus seiner Sicht war das »'ne entspannte Abwechslung«, die ihm gefallen hat. Ist die Frau beim Auffordern aktiver, kommt Nico in den passiveren Modus, zumindest »wenn man dann sowieso auch irgendwie ein Stück weit bereit ist (…) oder auch irgendwie mindestens so ein bisschen auch Laune hat« – die Erfahrung ist erfreulich: »dann macht es einen schon in dem Moment auch glücklich, würde ich sagen« (Nico). Und bei Felix ist es eher generell anders, er würde »sagen, dass meistens doch die Frau da sehr, also eher ausschlaggebender war«. Und es gibt Jungs, die davon überzeugt sind, dass in Wirklichkeit die Frauen aktiver sind oder sein sollen; die Distanzfigur – Männlichkeit als Ideal, dagegen meine »persönliche« Ansicht – wird hier von Daniel formuliert: »Das glaube ich gar nicht (dass der Mann besonders sexuell aktiv sein soll), vielleicht wird das so signalisiert, aber ich find das so eher im Gegenteil (…). Das ist halt die persönliche Ansicht von mir«. Umgekehrt gibt es junge Frauen, die Führung oder Aktivität an Männer abgeben, das nehmen Jungs durchaus auch so wahr, Nico zum Beispiel: »Also, recht selten, dass es den Frauen dann egal ist oder dass sie nicht so Wert (darauf, dass sie aktiv sind) legen, sondern dieses – ja, begehrt werden ist dann, glaube ich, schon auch wichtig«. Und auch manche junge Frauen geben zu, dass sie die führende, aktive Rolle gern dem Mann »überlassen«. Laura beispielsweise ist »auch voll« dafür, dass der Mann den ersten Schritt macht. Die Formulierung »als Frau« deutet im folgenden Zitat darauf hin, dass es sich hier um korrespondierende Weiblichkeitskonzepte handelt, die sich Frauen in dieser Position wohler fühlen lassen, wie Luisa, die ausführt: »Also ich würde es persönlich lieber dem Mann überlassen, ja (lacht) (…) Aber ich glaube, ich fänd's schön, wenn ich das Gefühl habe, der Mann hat total Lust auf mich, und man sich als Frau begehrt fühlt«.

Aber auch hier gibt es Schilderungen, die auf neue Weiblichkeitsnormen hinweisen, die das Übernehmen der Führung selbstverständlich ermöglichen (und damit das Abgeben bei den Männern erleichtern). Lara fordert es in einer festen Beziehung »auf jeden Fall« ein, auch mal aktiver zu sein, wenn sie das will. Und während einer Single-Durststrecke geht sie schon bei der Anbahnung aktiv vor, »dann kennt man seine Pappenheimer, wo man weiß, da kommt man an Sex, wenn man das braucht«. Frauen beschreiben etwas häufiger die Konstellation, dass der Mann aktiver ist oder führt. Antonia hat es immer so erlebt, dass der Mann führt. Auch für Anna ist es üblich, dass der Junge auf sie zukommt. Manche Frauen kritisieren diese Verteilung zwar, aber wenn das formuliert wird, dann eher dezent. Michelle stellt fest, dass manche Jungs »schon noch dieses veraltete Bild haben, dass sie quasi so die Führung übernehmen müssen«. Oder Lara glaubt, »in der Regel versuchen Männer schon auch, die Kontrolle zu behalten. Und – ja, der Frau zu zeigen wo's lang geht«. Wenn dieses Muster noch stabil ist, können dafür – neben den gesellschaftlichen Normierungen – in der sexuellen Praxis vermutlich beide Seiten verantwortlich gemacht werden: Männer versuchen zu führen, die Kontrolle zu übernehmen oder eine Richtung vorzugeben; viele Frauen akzeptieren das mehr oder weniger, andere arrangieren sich oder genießen die Vorteile der eher passiven Seite. Marie sagt von sich, sie sei »eigentlich nie die Person, muss ich ehrlich sagen, die irgendwie anfängt«. Antonia hatte »noch nie das Gefühl, dass ich das (den Sex) so einleiten musste«. Jana sieht, »da hat man als Frau schon wirklich das Privileg, dass man sich so ein bisschen zurücklegen kann (…). der Mann macht eigentlich normalerweise den ersten Kuss, der schreibt die Frau an oder geht auf die Frau zu«. Und Julia wertet solches Verhalten: »Wir

Frauen sind schon ein bisschen bequem, würde ich sagen. Wir haben es schon auch gerne, wenn der Mann uns erobert quasi«.

Dass Auffordern oder Führen beim Sex »manchmal« auch von Frauen ausgeht, begründet Julia damit, dass Frauen genauso sexuell interessiert sind wie Männer. Der relativierende Begriff (manchmal) lässt vermuten, dass hier – korrespondierend zu Normierungen auf der Männerseite – auch traditionelle Weiblichkeitsbilder nachhallen, weshalb die sexuelle Führung von Frauen, auch wenn sie generell möglich scheint, insgesamt doch eher zögerlich übernommen wird: »es geht manchmal auch von den Frauen aus. Wir wollen ja genauso Sex wie die Männer und darum war ich da auch schon aktiver, sage ich mal, als der Mann, und habe es auf Sex hinausgelenkt«.

Die Führung beim Sex abzugeben ist für viele Jungs ohne Probleme möglich, wie sie glaubhaft versichern. Dennoch können aktive, führende Frauen manche junge Männer auch verunsichern oder überfordern, wenn zum Beispiel die Anbahnung der Sexualität nicht nach den erwarteten Abläufen und Regelbildern verläuft. Dies scheint besonders dann der Fall zu sein, wenn es sich um Anfangssituationen handelt oder die Jungs noch keine oder nur wenige Erfahrung gemacht haben.

Jungs erzählen in den Interviews nicht davon, aber ein paar der Frauen kommen darauf zu sprechen; im zahlenmäßigen Verhältnis zu viel mehr anderen Frauen, die trotz Aktivität und Führung nicht von solchen Reaktionen bei Jungs berichten, scheint es sich eher um Ausnahmen zu handeln: Manche Jungs – vielleicht eher unsichere – kommen dann aus dem Geschlechterkonzept. Im Beispiel von Jana versucht ihr Freund offenbar, nachdem sie die Führung übernommen hat, durch abschätzige Kommentare, das Geschlechterverhältnis wieder in eine für ihn erträgliche Form zu bringen: »Ich hab (Name, Janas Freund) als erstes geküsst (…). Aber es war dann immer so: ›Ja, du hast mich als erster geküsst so, du bist jetzt mal so voll ran gegangen‹ oder so (…). So ein, zwei Mal hatte er das so als unnötigen Kommentar so gesagt (…). Aber die ein, zwei Male dachte ich mir schon so: ›Warum muss er jetzt diesen Kommentar bringen?‹ Und es war jetzt auch nicht vor anderen Leuten, (…) nur zwischen uns so im Gespräch. Aber ich glaube, er musste das so sagen, um sich selbst so zu bestätigen«.

Die sexuell aktive Traumfrau

Im Gegensatz zum traditionellen Stereotyp ist die sexuell auffordernde, aktive Frau so etwas wie ein Wunschtopos vieler Jungs. Dass aktive oder auch fordernde Frauen beim Sex wünschenswert sind wird bei den Jungs deutlich, die dies bereits erlebt haben. Zudem finden sich in den Interviews Passagen, in denen Jungs betonen, dass sie es begrüßen würden oder sich wünschen, dass die Frau aktiv wird. Dies wird durchaus nicht nur von zurückhaltenden Typen von Jungs formuliert, sondern eher allgemein. Jungs begrüßen es also, wenn Frauen aktiv sind oder die Führung übernehmen – Frauen kennen diesen Wunsch, aber erleben sie es ebenso positiv, wenn der Fall eintritt?

Dass Männer es sich wünschen, dass die Partnerin auf sie zukommt, glaubt auch Julia. Sie denkt, dass es sich bei der aktiven Frau um einen »Männertraum« handelt. Zora denkt ebenfalls, dass die meisten Jungs es »schon schön (finden), wenn die Frau auch mal ein bisschen die Initiative ergreift«. Laura erlebt es so, dass Männer positiv überrascht fühlen, »wenn man da einfach mal den Anfang macht (…). Ich glaube Männer finden's erfrischend«. Umgekehrt nehmen Jungs es auch wahr, dass Führung oder Aktivität auch beim Gegenüber eine Typfrage ist. Fabian zum Beispiel sagt, dass es auf die Person ankomme, und »wenn es einem liegt, kann man da ruhig mal ein bisschen offensiver, auch als Frau, rangehen«. Aber auch wenn es nicht zu jeder Frau passt, in dem formulierten Wunsch spiegelt sich eine Schattenseite der traditionellen Rollenverteilung im Sexuellen. Die jungen Männer spüren hier vielleicht negative Auswirkungen patriarchaler Strukturen, die Frauen auf die passive Position verwiesen haben.

Jetzt wächst in egalitäreren Beziehungen mehr der Wunsch, dass auch die Frau aktiv sein sollte. Max ist kein Verfechter davon, dass der Mann die Anbahnung organisiert, im Gegenteil, er freut sich immer, wenn die Frau den ersten Schritt macht. Für Jonas ist es ein Hindernis, jemanden anzusprechen, er bezeichnet sich eher als zurückhaltender und befürwortet es, wenn das Gegenüber aktiv wird. Justus begrüßt es ebenfalls, wenn Frauen aktiv sind und den ersten Schritt machen, er denkt sogar »das wird jeder so sagen« und lacht – gerade weil es die andere Erwartung noch gibt, dass dies der Job der Männer ist. Und auch Moritz fand »es schon auch cool, wenn das Mädchen einfach mal meine Hand genommen hat. Da fühlt man sich schon gewertschätzt halt«.

Dass Jungs von der aktiven Frau träumen oder die Erfahrung mit ihr genießen, nehmen auch die jungen Frauen selbst so wahr. Lara glaubt, »dass Männer erleichtert sind, wenn eine Frau auch mal die Initiative ergreift und das sogar attraktiv finden (…). Ich glaube, dass es in der Regel eher anziehend ist«. Darin liegt gewisser Widerspruch zum – von anderen Frauen beschriebenen – generellen Führungsanspruch von Männern. Für den Mann sind aktive Frauen positiv, Annika denkt auch, dass der Mann sich das wünscht und ergänzt, dass es immer auf den Mann ankomme, aber »im Durchschnitt freut es den Mann«. Keine Frau berichtet dabei von Zurückweisung und Entwertung, der »Macho«, der zur Darstellung des Risikos für die Frau bemüht wird, scheint eher ein Phantom zu sein, erklärt Lara: »Außer natürlich man kommt an so einen richtigen Macho, wo sich dann in seinem Ego und in seiner Männlichkeit angegriffen fühlt, wenn eine Frau den ersten Schritt macht«.

Weil Geschlechter im Sexuellen ausgehandelt werden, braucht es aufseiten der Frauen möglicherweise eine ähnliche Bewegung wie bei Männern, dass trotz noch wirksamer gesellschaftlicher Aufträge eine individuelle Neupositionierung vorgenommen und eine andere Praxis gelebt wird – durchaus kein nur einfaches Unterfangen. Jana findet zwar, »das kann man ganz einfach ändern, indem man's halt mal anders macht«, stellt aber auch fest, dass »das so in einem drin ist, weil man das so irgendwie mitbekommt mit der Gesellschaft«. »Wir Frauen sind schon ein bisschen bequem«, erklärt Julia, was Veränderung verhindert, und »wir haben es schon auch gerne, wenn der Mann uns erobert quasi. Aber manchmal wollen die Männer eben auch erobert werden«.

Ein balanciertes Wechselmodell – mal so mal so

Am häufigsten lassen sich in diesem großen Antwortfeld Belege finden, die für ein ausgewogenes »Wechselmodell« für Aktivität und Führung beim Sex sprechen, bzw. auch für ein »führungslose« Dynamik, wo sich in der Beziehung und im Tun etwas in wechselseitiger Resonanz ergibt, ohne dass dabei die eine oder andere Person aktiv führt. Es scheint aufgrund der Tendenz in diese Richtung so, als gäbe es hier eine weitgehend ausgehandelte Norm im Bereich des geschlechtlichen Wandels, eine neue Vereinbarung für ein ausgeglichenes Modell. Das wird von Jungs so beschrieben, aber auch von jungen Frauen. Stellvertretend sagt Marie: »Ich würd' mal behaupten das ist so – einfach gleich. Ich würd' jetzt nicht sagen, dass jetzt irgendjemand, sagen wir mal die Hosen an hat oder so. Das wär' jetzt, also ist mir persönlich jetzt noch nie passiert«. Nach Davids Wahrnehmung ist die Verteilung unterschiedlich und »auch relativ partnerabhängig«; am liebsten ist ihm, wenn es »relativ ausgeglichen« zugeht und »von beiden Seiten so ein bisschen Eigeninitiative kommt«. Auch für Tim ist es vom Gegenüber abhängig, wer gerade dran ist mit Führen beim Sex »ergibt sich von selbst«.

Luca erlebte es nicht so, dass die Initiative immer von ihm ausgegangen wäre, »eher andersherum«, und er formuliert den »Idealfall« so, dass es sich »einigermaßen verteilt«. Auch Justus sieht es entspannt, es ist »kein Stress für ihn«, er übernimmt auch die Führung, aber er wartet »eigentlich schon eher gern ab« – nur wenn »da nichts kommt, dann übernehm' ich auch«. Lukas beschreibt mit seiner Freundin eher eine Entwicklung, bei der er anfangs »halt schon ein bisschen mehr die Initiative übernommen« hatte, mittlerweile wird es ausgeglichener, was sich darin zeigt, dass seine Partnerin »schon gerne mal die Initiative« ergreift. Bei sich selbst erlebt Louis unterschiedliche Phasen; wenn er gestresst ist, hat er weniger Interesse, auch wenn sie sich lang nicht gesehen haben, kommt ein stärkeres Interesse von ihr – aber meistens ist es so, dass das Interesse von ihm kommt.

Sowohl in der Anbahnung als auch beim Sex selbst ist meistens die Rollenverteilung nicht eindeutig. Immer wieder wird auf die Dimension »Erfahrung« angesprochen. Manche Jungs mit weniger Erfahrung lassen sich gerne führen oder brauchen das, Alexander sagt zum Beispiel: »ja, vor allem am Anfang war das vor allem so, dass ich mich da hab eher mehr leiten lassen«. Auch Zora kommt es »drauf an, wie erfahren der Partner ist«. Und Antonia erzählt von einer Erfahrung in einer neuen Situation: »Vielleicht muss man denjenigen auch einfach mal ein bisschen an die Hand nehmen, weil er sich nicht sicher ist, wie weit er gehen kann«.

Welche Einflüsse noch wirksam sind, dafür werden von Jungs einige Faktoren benannt, etwa die Person des Gegenübers, die Lust, die Laune, die Stimmung, Klärungsmomente vor oder beim Sex, das Alter oder die Erfahrung des sexuellen Gegenübers. Ähnlich formulieren es die jungen Frauen, mal typabhängig, mal als gemeinsame Entwicklung hin zum Ausgewogenen, mal aus anderen Gründen veränderlich, mit dem Ziel der Ausgeglichenheit; das Ideal der Ausgeglichenheit beim sexuellen Führen und Folgen der Geschlechter wird sogar prozentual benannt und fundiert begründet: Annika sagt, »bei mir ist es so fifty fifty. Und ich finde das aber auch so gut«. Und Jana fragt, »warum kann (man) nicht einfach das so 50/50 machen? Dass man so sagt so, hey, heute so, morgen entscheidest du (…). Aber dass halt beide entscheiden. So ist es halt so ein fünfzig-fünfzig Ding«. Manche der jungen Männer distanzieren sich auch von dem Muster, ob »der Mann« oder »die Frau« beim Anbahnen oder beim Sex aktiver sind, ihnen ist das einfach »egal«; Leon bewertet die Erfahrung zwar als gut, sie ist aber »kein Muss«. Keiner der Jungs lehnt aktive Frauen ab oder bewertet solches Verhalten schlecht. Und viele finden es geradewegs gut, wenn Frauen aktiver unterwegs sind und begründen es auch zum Teil, für Linus ist das »auf jeden Fall 'ne Entlastung«, Daniel findet es »cool, ich finde, es reicht halt schon, wenn man halt merkt, dass auch Interesse von der anderen Person da besteht«. Es gibt jeweils in unterschiedlichen Schattierungen alle Variationen: der Mann führt, beide führen gleich viel, die Frau führt; sofern dieser Fall stärker akzentuiert wird, ist es für Jungs auch kein Problem, vom »Abgeschlepptwerden« berichten Jungs positiv gestimmt, wie Felix, der erzählt: »wenn es dann mal vorgekommen ist, wurde ich dann irgendwie angesprochen und dann mehr oder weniger halb abgeschleppt«.

Sex im Kollektiv

Dass der Mann beim Sex und in der Beziehung bestimmend sein muss, die Richtung vorgibt, dass nur er zum Sex auffordert: Solche gesellschaftlichen Aufträge werden Jungs heute schon auch noch vermittelt, stehen in der sexuellen Praxis aber weitgehend zur Disposition. Vieles davon wirkt abgeschwächt; du sollst, so die Botschaft, als Mann den dominanten Part übernehmen, aber quasi im Nebensatz wird dabei zusätzlich geboten oder zumindest erlaubt: so wichtig ist das dann auch nicht, es kann auch ganz anders sein. Von solchen Männlichkeits- und Sexualnormen distanzieren sich viele Jungs auffällig klar; und auch die jungen Frauen sehen es anders, sie formulieren allenfalls gelegentliche Zustimmung zum Traditionellen, wo sie davon profitieren. Im Tenor sagen sie, dass alte Muster unzeitgemäß sind. So stellt zum Beispiel Lara fest, dass »es ja mittlerweile nicht mehr so ist, dass so oldschool traditionell der Mann den ersten Schritt machen muss«. Im Geschlechtervergleich scheint der männliche Normenkontext trotz des Wandels beständiger, denn der korrespondierende »Gegenauftrag« an Mädchen und Frauen wird in den Interviews an keiner Stelle formuliert oder zitiert (Frauen übernehmen die submissive Rolle, sollen sich unterwerfen, eine Frau soll das tun, was der Mann von ihr verlangt usw.), diese Position scheint geächtet und höchstens in die Pornowelt oder sexuelle Rollenspiele verdrängt; sie ist nicht einmal mehr als Zitat, abgrenzende Bezugnahme oder Scherz erlaubt.

Überraschend klar und einhellig – ohne wesentliche Unterschiede zwischen den Haltungen der jungen Frauen und Männer – zeigt sich hier ein egalitäres Bild; alle sind sich weitgehend einig, die Haltung weist ins Offene. Beim Thema der aktiven Anbahnung von Sex, bei einer führenden oder dominanteren Positionierung im Bett überlagern die Typfrage und die Situation das Geschlecht, es zählt die Differenzierung: Zurückhaltende oder schüchterne Jungs müssen nicht aktiv oder dominant sein, Frauen dürfen durchaus die ersten Schritte tun und Sex einleiten. Es geht allenfalls noch am Rand darum, wer »die Hosen anhat«; das neue Ideal liegt eher im Bereich der Formel »mal so, mal so – es kommt drauf an«, verläuft also mehr dynamisch, je nach Stimmung, Tagesform, Typ oder Situation wechselnd.

Eine kleine empirische Einschränkung gibt es bei dieser fast schon idyllischen Beschreibung aber doch. Sie formuliert offenbar stärker eine tolerante Einstellung, während die berichteten *Erfahrungen* in der Tendenz schon (noch) auf eine traditionell geprägte Wirklichkeit verweisen: bei aller Offenheit wird häufiger beschrieben, dass die führende oder bestimmende Funktion von den Jungs übernommen wird, dass Jungs beim Anbahnen im Durchschnitt der Fälle doch agiler sind oder dass dies von manchen jungen Frauen auch so erwartet wird. Auch wenn Jungs von aktiv-führenden Frauen »vielleicht auch positiv überrascht« sind, wie Laura es formuliert, verweist das auf andere Erfahrungen, die Jungs im durchschnittlichen Sexualalltag machen. Und dass sich viele Jungs durchaus mehr Aktivität von potenziellen Partnerinnen wünschen, deutet ebenfalls in die Richtung, dass diese Sache in der Realität noch nicht ausgewogen stattfindet.

Ein Ausdruck für den fortgeschrittenen Wandel ist dagegen, dass keiner der Jungs es offen oder subtil abwertet, wenn Frauen aktiv sind und zum Sex einladen, im Gegenteil, das ist akzeptiert und erwünscht. Nur eine Frau, Jana, wiederholt den (mehr fiktiven) Vorwurf, die aktive oder führende Position im Anbahnen könne negativ bewertet werden und auf den Ruf der Frau zurückfallen: »dass man auf einmal voll die Sex-Geile ist oder die, die jetzt übel rangeht so, sag ich mal. Oder es wird halt so belächelt«. Es gibt aber auch Bandbreiten bzw. Ausnahmen: Vom schüchternen jungen Mann, der sich passiv verhält bis zu einem anderen, der dominant ist oder so sein will, der das bei der Partnerinnenwahl mitbestimmt und auch entsprechende Pornos bevorzugt – er ist eine Ausnahme, dabei aber in einer schwachen Ausprägung: er formuliert nicht extrem, vielleicht vertritt er eher eine stark ausgeprägte Vorliebe, jedenfalls weit weg von Gewaltverhältnissen.

Also: Wer hat nun beim Sex die Hosen an? In den meisten Fällen wahrscheinlich niemand, Sex ist eine Veranstaltung im Kollektiv, ohne Chef, darum geht es nicht (mehr), bzw. es wird, um im Bild zu bleiben, die Hose beim Sex oder mit wachsender Erfahrung gewechselt. Männlichkeit ist nicht die herrschende Normvorgabe, sie gilt allenfalls noch in Spuren als Orientierung. Für die Zukunft einer positiv erlebten, gelingenden Sexualität der Männer und mit ihnen ist dies eine gute Voraussetzung.

Verbalisierte Männlichkeiten – Sex-Kommunikationen

Als ein erstes Ergebnis der Jungs-und-Sex-Studie überraschte uns die hohe Redebereitschaft, das starke Interesse der Jungs, mit uns über sexuelle Themen und Fragen zu sprechen und der ergiebige Verlauf der Gespräche mit ihnen. Bei vielen schien es, als hätten sie nur darauf gewartet, ihre oft nicht einfachen Erfahrungen loszuwerden und zu besprechen; umgekehrt gab es nur sehr wenige Absagen (aber darin schon eine Vorauswahl: Jungs, die gar nicht gern über Sex reden, haben wir mit der quantitativen Studie nicht erreicht). Insgesamt ist das Redebedürfnis der Jungs groß, sie reden gerne, auch mit fremden Menschen über Sex, Männlichkeit und Pornographie: Das Thema ist interessant und liegt in der Luft.

> Auch die Netflix-Serie »Sex Education« kann als Beleg für das aktuelle Redebedürfnis junger Menschen über Sex gesehen werden; darin bietet der Hauptdarsteller Sex-Beratung für Jugendliche an seiner Schule an, der Bedarf ist enorm.

Als eine der ersten Frage haben wir Jungs eingeladen zu erzählen, wie sie »unter Jungs«, also eher im Gruppenkontext, über Sexuelles reden (»Wie ist es bei dir mit anderen Jungs: Redest du mit ›den Jungs‹ über Sexuelles?«). Etwa ein Drittel der Jungs betont, dass sie offen über Sex sprechen (können), einige Jungs vermuteten offenbar als Intention hinter der Frage die Suche nach Hemmungen oder Prüderie; deshalb antworten sie in einer Art Reflex: über Sexuelles kann ein Mann offen reden, wie Daniel, der denkt: »Relativ offen würde ich behaupten (…) relativ normal, sachlich«. Auch Linus sagt, über Sex reden sei kein Problem, sie reden über alles, ohne Scham und Beschränkungen. Jungs betonten es, dass es keine Einschränkungen gäbe, die dazu passende moderne Norm lautet: Man muss über alles und in jeder Situation reden können, da gibt es keine Scham, Hemmungen sind nicht vorgesehen.

Generativ ist diese Haltung das Absetzen von einer traditionellen Gesellschaft, wie Marc erklärt: »Das Thema (Sex) ist so, es ist ja schon peinlich und sowas und noch nicht so in der Gesellschaft angekommen, dass es normal ist, dass man über Sexualität und Sex und was man hinter verschlossenen Türen dann da eigentlich im Bett macht oder für Fetische hat oder weiß Gott was. Dass man darüber offen redet. Ich muss sagen, in (Wohnort) jetzt hier hatte ich schon viele Gespräche auch mit Jungs«. Diese Wahrnehmung der Gesellschaft ist nicht nur projektiv, auch in der Forschung wird, wo es seriös bleiben soll, lieber nicht über Sex und Porno gesprochen; der »Medienpädagogische Forschungsverbund Südwest«[20] fragt auch in der aktuellen JIM-Studie (Medienpädagogischer Forschungsverbund Südwest 2021, S. 14) nach wichtigen Formen der Medienbeschäftigung Jugendlicher, wie »E-Books lesen« (8 % der Jungen täglich oder mehrmals pro Woche), »Podcasts hören« (13 %), aber nicht nach »Pornos anschauen«. Zumindest unter den Jungs, so wird betont, ist Sex aber kein Tabu, dennoch wird nicht »einfach so« darüber geredet: es braucht explizite Anlässe dafür. Auch die Interviews mit jungen Männern und Frauen zeigen, dass ohne Weiteres auch über Intimes oder Peinliches in der Sexualität geredet werden kann.

Wie Jungs untereinander über Sex reden

Grob aufgeteilt berichten Jungs über zweierlei Gesprächskulturen untereinander: Über die eher peer-orientierten, gruppen- und männlichkeitsdynamischen Gespräche einerseits, und über persönlichere Gespräche unter Jungs auf der anderen Seite. Diese sind authentischer und offen, nehmen in den Interviews aber weniger Raum ein; hier werden eher positive und aktuelle Erfahrungen kurz angerissen, weil sie nicht schwierig sind, wird nicht weiter darauf eingegangen. Wie persönlich Gespräche unter Jungs werden, hängt von der Zahl der beteiligten Jungs und vom sozialen Setting ab; größere und formale Gruppen (Schulklasse, Sport, Training, Verein) neigen zu unpersönlicher, männlichkeitsreproduzierender Sprache, kleinere und informelle Gruppen zu persönlicher, authentischer oder intimer Sprache, wie es Nico beschreibt: »In einer größeren Gruppe würde ich sagen: bisschen lockerer und nicht so intim. Aber wenn man jetzt wirklich auch mal ernsthaft darüber spricht, dann schon auch«. Etwa die Hälfte der Jungs gibt an, dass die protzige sexuelle Selbstdarstellung in der Jungsclique für sie keine Bedeutung hatte, wie etwa Luca, der sich erinnert: »Wir waren jetzt nie so ein krasser Prahl-Freundeskreis, wo irgendjemand gesagt hat: ›eeh, ich hab' die und die flach gelegt‹, das war jetzt nie so ein Thema«. Aber auch die Tabuisierung

20 Der Medienpädagogische Forschungsverbund Südwest (mpfs) erhebt seit 1998 unabhängige Basisdaten zum Medienumgang von Kindern und Jugendlichen in Deutschland (www.mpfs.de).

des Sexuellen gibt es noch unter Jungs. Jakob redet nie mit Freunden über Sex, »eigentlich gar nicht, nur mit weiblichen Freunden mal« und begründet das mit seiner Biografie: »Das Stillschweigen über das Thema, durch die Sozialisation bedingt, dass es geheim gehalten werden muss und man darüber nicht spricht«.

Dort, wo die männliche Gruppendynamik zuschlägt, erzählen die Jungs mehr (aber nicht ausschließlich) retrospektiv. In diesen Gesprächssituationen unter Jungs, den klassischen »Lockerroom-Talks«, wird Männlichkeitsgehabe in den Peers unreflektiert und selbstverständlich reproduziert. Ein Mittel dafür ist das Prahlen und Aufschneiden, »Jeder übertreibt halt ein bisschen«, sagt Moritz dazu. Gemeinsam wird Dominanzmännlichkeit zelebriert, lautstark, angeberisch oder auch vulgär. Diese Kultur unter den Jungs spielt sich ein, der Ton kann sich festsetzen, Marc bezieht das auf bestimmte Gruppen: »Wenn man so Freundeskreise hat, da ist es eher so ein bisschen herabwertend, auch vielleicht ein bisschen abgestumpft, so«. Immer wieder charakterisieren Jungs diese Form der Gespräche als derb und vulgär, manchmal mit machohaftem Gehabe unterlegt.

Viele der Jungs bewerten die abwertenden oder vulgären Gespräche unter Jungs sehr kritisch, die anderen reden in einem Stil, wie Luca es missfällt: »eh, die müsste mal wieder richtig durchgebumst werden«, oder auch mitleidig wie Daniel: »Ich hab' einen Bekannten, der immer sehr gerne sehr viel darüber erzählt, welche er jetzt wieder (…) ›ja die hab' ich wieder weggeflankt‹ oder so. Und das finde ich dann, das belächle ich so ein bisschen«. Bei Niklas lagen diese oft sexistischen Gespräche unter Jungs über Sex in einer Zeit, als die Clique über keine oder nur wenig Erfahrungen verfügten – was seiner Ansicht nach durch die »Hypersexualisierung« kompensiert wurde. In seiner Reflexion darüber waren am sexistischen oder vulgären Gerede aber die anderen verantwortlich. Jakob empört sich über den Stil und die Wortwahl: »Diese Wörter halt, weiß ich jetzt nicht, also so ›wegbumsen‹, das finde ich irgendwie so, zum einen eklig und zum anderen, also nein, das ist doch nicht der Sinn und Zweck von Sex, dass es da gewaltbereit zu geht«.

Gleichaltrige Jungs befeuern sich gegenseitig dazu, Männlichkeitsnormierungen wiederzugeben, sie »rauszuhauen«. Jungsgruppen sind Sprachrohre und Verstärker der Dominanz-Männlichkeit, das wirkt sich aus und kann den entsprechenden Druck erzeugen, wie es Jan von sich kennt: »Also wenn da natürlich, äh, viele Leute drum stehen, die die ganze Zeit so auf Performance aus sind und keine Ahnung, die selber so die ganze Zeit posen oder so, dann hat das auch so einen gewissen Effekt auf den Mann selbst (…) also ich glaub schon, dass da äh gewisse, gewisse auch ein gewisser Druck äh auf äh Männern ähm lastet«.

Daneben grenzen sich aber sehr viele der Jungs – die in Richtung »Genderist« oder »Modernist« tendieren – von dieser Gesprächskultur ab. Sie erscheint ihnen nicht angemessen oder lediglich als Bewältigung von Unsicherheiten und mangelnder Erfahrung. Genauer betrachtet findet heute keiner der Jungs mehr diese Gesprächsform in Ordnung, einige haben diese Peers irgendwann verlassen, anderen waren sie immer schon zuwider. Die Bezüge und die Dynamik der Gruppe setzen die Standards, ihre Zugehörigkeit erkaufen sich Jungs damit, dass sie sich in die Reproduktion der Dominanz-Männlichkeit einklinken, obwohl sie – zumindest in der Distanz – eine andere Haltung vertreten. Lukas erwähnt, er habe wegen der Zugehörigkeit zur Gruppe und wegen des Status' in Gesprächen über Sex geprahlt bzw. gelogen, um in eine Freundesgruppe aufgenommen zu werden: »Ich hatte nicht viele Freunde und ich wollte dann halt auch irgendwie die Leute beeindrucken mit den Sachen, die ich über Sex weiß und mit vielleicht Erfahrungen, die ich schon mal gehabt hätte oder so«. Jeder denkt, dass er das Prahlerische, Vulgäre nicht mag, dass er anders ist, aber erst auf Nachfrage erteilt er sich die Erlaubnis, darüber nachzudenken, sich abzusetzen und das Eigene zu vertreten. Eine häufige Strategie ist, solche Gruppen irgendwann zu verlassen oder keinen Kontakt zu »solchen« Jungmännern aufzunehmen – was das kommunikative Verhalten in diesen Gruppen aber indirekt legitimiert.

Ein Grund dafür, sich nicht offen in Opposition zu setzen, liegt darin, dass das Reden unter Jungs gefährlich werden kann, weil Entwertung und Ausgrenzung drohen. Wenn etwa in Jungsgruppen über Körpersexuelles geredet wird, ist deshalb Vorsicht angebracht. Die Bedrohung lauert, auch wenn die Erfahrung noch nicht gemacht wurde, diese Stimmung unter Jungs schildert Tobias: »Also damals (in der Jugendphase mit anderen Jungs) war ja dann eher der Gedanke: ›oh, dafür könnte mich jemand fertig machen‹ so quasi. Ich wurde nie gemobbt oder irgendwas, aber es war immer so ein bisschen – man hat sich daran irgendwie orientiert, weil man Angst hatte, ansonsten halt irgendwo angreifbar zu sein«. Man sollte besser »nichts Falsches«, das heißt: nichts Defizitäres oder Problematisches über sich erzählen, sexuelle Schwächen scheinen besonders gefährlich zu sein, latent droht die körperliche »Entmännlichung«, der Vorwurf, ein »Schlappschwanz« zu sein. Andere Jungs können entscheiden, ob das Prädikat »männlich« noch verliehen wird und unter solchen Jungs Schwächen einzugestehen wäre fahrlässig, wie Tom erzählt:

> *»Und mit den Jungs (redet man) ja eh nicht (über Erektionsstörungen), weil – keiner will ja zugeben, was da los ist, das ist – also ich habe dann auch schon das Gefühl, würde man sowas mit den Jungs bereden (…), dass sie dann so ein richtig negatives Bild von dir haben, dass du einfach ein Schlappschwanz bist, so. Du bist dann nicht mehr männlich«.*

Über konkrete Erlebnisse mit der oder dem aktuellen Partner:in zu reden, ist in der Clique eher nicht angesagt, das bleibt im intimen Bereich der Beziehung. Sicher redet Florian mit anderen Jungs über Sex, aber »jetzt nicht unbedingt über meine Freundin. Aber so im Allgemeinen, ja. So – der hat mit der geschlafen«.

Die größere Gruppe bedeutet, »nicht so intim« über Sex zu reden, erzählt Nico, bei Schwierigkeiten geht das allerdings auch, allerdings muss der Kreis der Jungs mit Bedacht gewählt sein; er redet mit Jungs über die Freundin, wenn »was Besonderes, wenn einen was besonders beschäftigt oder so, mit der Freundin zum Beispiel. Also, es kommt drauf an, mit wie vielen man spricht und vielleicht auch ein bisschen in welchem Rahmen man darüber spricht«.

Rückblickend findet Louis es nicht mehr gut, als Jugendlicher zu Intimes mit den anderen Jungs besprochen zu haben: »Ich kann mich erinnern, in meiner Jugendzeit, also da haben die meisten von ihren Erlebnissen und so weiter erzählt, also oft sehr konkret und so weiter, was natürlich fragwürdig ist, warum man das jetzt weitererzählt. (...) Weil es schon sehr intime Details waren und ich glaube, dass – in den allermeisten Fällen habe ich schon starke Zweifel, dass die andere Person damit einverstanden war, dass diese Details weitererzählt werden«. Der Codex scheint klar, Intimes gehört nicht in der Clique besprochen, Finn beschreibt das so: »Also – wir reden nicht so direkt immer, oh, ich habe jetzt an dem oder dem Tag Sex gehabt oder sonst was, sondern eher über die Partnerinnen oder – pff – oder blöd gesagt, die Aussicht, also, wer jetzt in wen verliebt ist oder mit wem mal oder was mal – aber direkt über Sex auch, ja, aber eher weniger wie andere Themen«. Dabei gibt es dann keinen Geschlechtsunterschied, sagt Florian: »Ich rede halt genauso mit Freundinnen wie mit Freunden über Sex«.

Die zwei Richtungen in der Bewertung des Redens unter Jungs über Sex bilden sich auch im quantitativen Teil der Studie ab. Hier bewerten es Jungs im Rückblick oft ebenfalls negativ, aber tendenziell positiver, wie sie mit anderen Jungs über Sex geredet haben. Im Fragebogen haben wir jeweils Polaritäten vorgegeben (sehr unangenehm – sehr angenehm, sehr prahlerisch – ganz authentisch, sehr abwertend – sehr wertschätzend). Für die Auswertung haben wir die positiven (Zustimmung dazu schwach, mittel, stark) und die negativen (Zustimmung dazu schwach, mittel, stark) Antworten gruppiert und gegenübergestellt. Zwei Drittel der Jungs erinnern solche Gespräche als angenehm, 60 % als wertschätzend und 55 % als authentisch. Das Prahlerische im Jungs-Setting wird dabei als am ehesten als schwierig gesehen. Unklar bleibt, ob Jungs die Lockerroom-Talks nur im Interview negativer bewerten oder ob es einfach weniger dieser Gesprächssituationen sind, die Jungs erlebt haben. Wenn Jungs über Sexuelles reden, dann kann es durchaus unangenehm, prahlerisch und abwertend zugehen – das muss aber nicht so sein. Für weitere Studien wäre es interessant zu untersuchen, welche Bedingungen dazu führen, dass sich Gespräche in die eine oder andere Richtung entwickeln bzw. wie Jungs erfolgreich intervenieren können, um negativ verlaufende Gespräche unter Jungs zu drehen.

Abbildung 7: Reden unter Jungs über Sexuelles (in %)

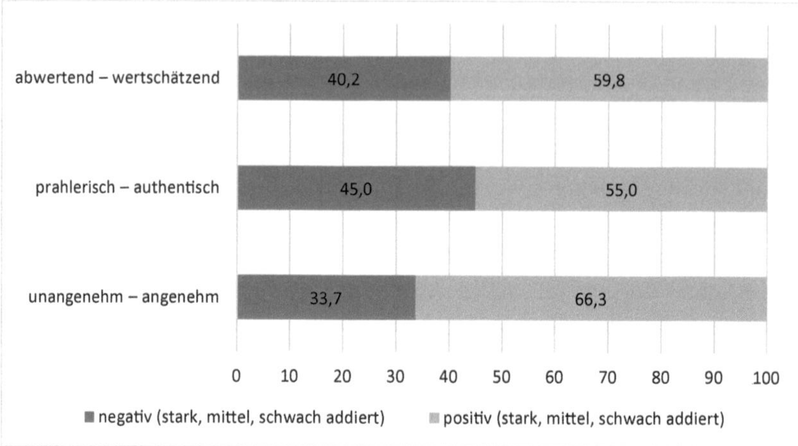

Beziehungs-Sex-Talks

Über Sex reden zu können wurde neben der generellen Fähigkeit dazu noch in einer weiteren Hinsicht als etwas sehr Bedeutsames präsentiert: In Beziehungen ist das Reden über Sexuelles elementar, bei einigen der Jungs schien es, fast wichtiger als der Sex selbst sei es, in Beziehungen darüber zu reden, was Lukas vorschlägt: »Und allgemein immer mit Kommunikation, einfach drüber reden, was gefällt einem, was gefällt einem nicht, was fühlt sich gut an«. Für Alexander gehört Kommunikation als ein Element als Qualitätsmerkmal dazu: »Es ist guter Sex, wenn beide eben Spaß dran haben, wenn beide sich respektiert und verstanden fühlen und man kommuniziert«. Auch Jan verknüpft offenes Kommunizieren damit, »besseren Sex zu haben«. Umgekehrt führt fehlende Kommunikation ins Abseits, Jonas betont: »Ich denke das A und O ist da einfach Kommunikation, vor allem wenn es was Langfristigeres ist. Wenn man eben nicht kommuniziert und das so ein bisschen totschweigt, ist es vermutlich langfristig nichts so Cooles«.

Für Lukas ist Reden bedeutsam, um sich das »Okay« oder die Erlaubnis für Sex zu holen: »Das Wichtigste ist sowieso, dass man mit seinem Partner kommuniziert und dass man einfach, anfangs vor allem vorsichtig, und immer wieder fragen, okay, ist das gerade gut so, ist das okay«. Kommunikation gilt jedenfalls als eine unbedingt notwendige sexuelle Kompetenz. Dies wird von den Jungs sowohl in der Reflexion ihrer Erfahrungen so wiedergegeben, wie auch in ihren Ratschlägen an jüngere, wie Moritz in aller Kürze appelliert: »Kommunikation! Rede mit ihr!« Und etwas ausführlicher Leon: »Rede, rede ganz viel, also red' mit deiner Partnerin, so, was ihr gefällt, was dir Spaß macht. Und was für dich gar nicht geht, das ist wichtig äh. Und sie auch fragen, was für sie gar nicht geht«.

Sexuelle Kommunikation mit der bzw. dem Partner:in erleben Jungs als ein Fundament gelingender Sexualität, wie Niklas bestätigt: »Also ich glaube, ein Großteil hat wirklich damit zu tun, (…), wenn man das entsprechend mit dem Partner, der Partnerin gut besprechen kann«. Gut über Sexuelles zu kommunizieren hilft, sich kennen zu lernen und Wünsche zu äußern, und kann aber selbst erotisierend wirken. Max findet, »es ist eine attraktive Sache, offen über Vorlieben zu reden«.

Reden über Sex trägt dazu bei, Probleme zu lösen, wie Jannik erzählt: »Und dann hab' ich das meiner Freundin gesagt und dann haben wir darüber geredet und haben irgendwie einen Weg gefunden, wie sich das für uns alle gut anfühlt«. Auch von misslungener Kommunikation wird berichtet, Dominik zum Beispiel konnte es nicht ansprechen, wenn er was Neues ausprobieren wollte, und war »dann irgendwann unzufrieden«. Zum Kommunizieren gehören zwei, darauf kommen Jungs zu sprechen, die beide die klaren Ansagen mögen; Tobias schätzt den kommunikativen Vorsprung eines erfahrenen Gegenübers: »Und gerade das macht eine erfahrene Person halt extrem gut weg, indem sie einfach klar kommuniziert und auch keine Angst davor hat, klar zu kommunizieren. Und dadurch einem sehr viel dieser Unsicherheit nehmen kann«. Und Jonas war über eine deutliche Rückmeldung überrascht: »Hab ich tatsächlich auch schon krasse Sachen erlebt tatsächlich, wo ich nicht so gedacht hätte, dass das, ja, (von einer Partnerin) so kommuniziert wird (lacht)«.

Ein Mann – kein Wort: Wo Kommunikation schwächelt

Allgemein erscheint in der Kommunikation der Jungs kein Bild der Ödnis. Grundsätzlich können Jungs über Sexuelles reden, dafür gibt es in dieser Studie zahlreiche Belege. Sie unterscheiden sich dabei, gewiss, aber die Fähigkeit an sich ist vorhanden. Zudem erkennen und betonen sie die Bedeutung der Kommunikation für ihre Sexualität. Selbstkritische Sichtweisen kommen dabei aber nur selten zur Sprache. Interessanterweise ist das Reden bei den Tipps an Jüngere der Star bei den Jungs (ähnlich bei den jungen Frauen). Dass Jungs die Bedeutung der sexuellen Kommunikation so nachdrücklich betonen, erscheint schon fast wieder verdächtig.

Der Verdacht erhärtet sich, wenn über das Anbahnen von Sexualität reflektiert wird: Denn hier sind die Jungs handlungsorientiert, sie »machen« einiges (vor allem Körperkontakt), die Kommunikation taucht aber nur ganz selten auf. Wenn es in Richtung Sex gehen soll, scheint es nicht angebracht, die eigenen Wünsche und Bedürfnisse auch zu artikulieren. Präsexuelle Kommunikation ist deshalb schwach vertreten, dagegen wird die postsexuelle Kommunikation von den Jungs häufig angesprochen, vor allem als Mittel zur Problembearbeitung und -lösung.

Gleichaltrigengespräche gelten als Übungsfeld für sexuelle Kommunikation: »Mädchen erzählen sich gegenseitig mehr über ihre Beziehungen zu Jungen, sprechen auch eher über ihre sexuellen Erfahrungen als diese« (Dannenbeck/Stich 2002, S. 199). Unter Jungs taugen die Gleichaltrigengespräche zumindest im größeren Rahmen weniger, um sexuelle Kommunikation zu üben, auch weil dort mehr auf Pornoniveau geredet wird, was sich nicht auf die Partnersexualität übertragen lässt. Wenn unter Jungs derb, laut, vulgär und prahlerisch über Sexuelles kommuniziert wird, dann üben sie, Reden als Statusmarkierung zu verwenden, aber nicht um kommunikative Kompetenzen zu erwerben, die in einer sexuellen Beziehung verwendet werden können. Entwicklungsbedarf ist darüber hinaus bei der Zivilcourage in Situationen unter Jungs festzustellen, die das ungebremste Wiederholen traditioneller Männlichkeitsklischees unterbrechen könnte. Vielleicht wäre es dafür gut, wenn Jungs mehr bei sich erforschen, wo Kommunikation eben nicht einfach ist oder wo sie verstummen?

Sprachlos werden Jungs, wo es im Bereich der problematischen Erfahrungen in Richtung Gewalt geht, nicht um eindeutige und explizite Formen (sexueller Missbrauch, Vergewaltigung) sondern ums Drängen und Druck machen oder um Grauzonen im Vorfeld von Gewalt, bei aktiv ausgeübter oder passiv erlittener sexueller Grenzverletzung (von der Louis berichtet, das Erlebnis aber nur als »verstörend«, nicht als Gewaltvorfall benennt). Von Druck und Grenzverletzungen berichten einige junge Frauen, die Jungs aber nicht. Dass gewaltnahes Verhalten definitiv vorkommt, bestätigen die quantitativen Daten: über ein Viertel der Jungs gab hier an, beim Sex »zu dominant« gewesen zu sein; über ein Fünftel hat ihrem Gegenüber beim Sex »absichtlich weh getan«. Und über ein Drittel der Jungs hatte Sex, obwohl sie das nicht wollten. Wenigstens ansatzweise hätte dies auch in den Interviews zur Sprache kommen müssen (etwa bei der Frage nach »groben Fehlern«). Das Schweigen der Jungs verweist auf eine Schwachstelle im Männlichen, wo es um sexuelle Gewaltrisiken und -vorfälle geht.

Schließlich wird an keiner Stelle die kommunikative Funktion des Sex selbst erwähnt, das Verständnis der Kommunikation beschränkt sich aufs Reden. Sex ist aber Körperkommunikation, ob mit sich selbst oder mit einer anderen Person. Dass Jungs diese Dimension nicht sehen, ist aber vermutlich nicht ihnen vorzuwerfen, sondern eher der sexuellen Bildung, die darüber nicht reflektiert und Jungs die entsprechenden Kompetenzen nicht vermittelt: zu Sex als nonverbale Form der Kommunikation.

4. Jungs-Sexualitäten und ihre zwei Sphären

Jungs können generell gut über Sexuelles reden, sowohl über ihre Erfahrungen in Beziehungen als auch mit Pornos. Aber können sie auch beides zugleich im Blick halten? Eher nicht. Schon in den Gesprächen, vor allem aber bei der Auswertung des Materials zeigte sich, dass die Porno- und die Beziehungssexualität von Jungs wie entfernt voneinander kommuniziert oder beschrieben werden. Von der einen auf die andere Seite Bezug zu nehmen ist für Jungs nicht leicht: Vom Beziehungssex auf Pornos und umgekehrt vom Pornosex auf Beziehungen zu schauen, gelingt ihnen oft nur abstrakt. Diese Gebiete sind wenig aufeinander bezogen, die Sexualität der Jungs zeigt sich auseinanderdividiert, in zwei Teile gespalten. Jungs können über Pornos reflektieren und im Interview darüber reden, aber es ist schwierig, Verbindungen zwischen sich in ihrem Online-Pornoversum und ihrer Offline-Partnersexualität herzustellen. Das gilt besonders für heterosexuelle Jungs (zumindest bei einem der homosexuellen Jungs wirken diese beiden Sphären stärker überlappend), weshalb wir uns im Folgenden weitgehend auf die heterosexuelle Variante der Sexualitäten konzentrieren.

Dieses Phänomen ist nicht neu, es ist bekannt, dass Männer (und die Gesellschaft) Sexualität in eine romantische und idealisierte Beziehungssexualität und in eine unmoralische Seite trennen, in der ihre »Triebsexualität« mit sexuellen Fantasien, Fremdgehen, Prostitution, Porno vorkommt; diese Seite bildete eine Nische, eine von alltäglichen Kontexten abgelöste Blase. Jetzt scheint es, als lebten Jungs oft zwei voneinander getrennte Sexualitäten; das regelmäßige und häufige Nutzen der Internetpornografie lässt diese zu einem eigenständigen Bereich der Sexualität werden (Dannecker 2017, S. 83). In den sexuellen Welten der Jungs gibt es also zwei Stränge, die wenig bis gar nicht verbunden sind, ihr Sex findet wie in unterschiedlichen Sphären statt: eine mehr abgekapselte Welt und eine offene, legitimere; eine Solo-Sexualität mit (viel) Pornos und (wenig) sich selbst; und eine Partner-Sexualität mit anderen Personen. Die zwei Sphären, die Porno- und die Partnersphäre hängen teilweise auch an dünnen Fäden zusammen und beeinflussen sich »irgendwie« auch wechselseitig, sind aber nicht verbunden.

Beide sexuellen Lebenswelten gibt es in den meisten Jungen, sie bleiben voneinander getrennt, als aufgespaltener Sex. Mit dieser Systematik übernehmen Jungs eine doppelbödige Sexualmoral der Gesellschaft, in der zum Beispiel in öffentlichen Medien der Umgang mit Sexuellem strengstens geregelt ist und wo Pornografie geächtet wird, während es im kommerziellen Internet sehr viel an

Sexuellem gibt, nicht nur Pornografie, auch sexuelle Chats, Kontaktbörsen (z. B. Tinder), Prostitution und nur sehr wenige Grenzen (z. B. Kinderpornografie), bei denen ein Wille zur Durchsetzung von Regeln erkennbar ist. Dementsprechend leben Jungs ihre beiden Sexualitäten wie in getrennten Welten mit unterschiedlichen Vorzeichen.

- Pornosex erleben sie allein und isoliert im Kontakt mit dem Medium; er ist lustorientiert, geil, aber schwer zu kontrollieren; hier geht es um Körpersex, das Dranghafte und Unkultivierte, Unzivilisierte und Unkontrollierte. Diese Seite mobilisiert Probleme mit der körperbezogenen Impulskontrolle, es ist die unbeschränkte, unanständige Seite der Jungssexualität.
- Partnersex ist demgegenüber eine anständige, legitime, gemeinsame Form mit einem sexuellen Gegenüber; die dafür grundlegende, mehr oder weniger starke Bindung verlangt ein hohes Maß an Selbstkontrolle; deshalb ist Partnersexualität auch Kontroll-Sexualität, sie verlangt ständige Impulskontrolle und produziert Leistungsdruck, wird deshalb auf ihrer Schattenseite auch als mühsam oder anstrengend erlebt: Über die Hälfte (knapp 55 %) der Jungs in unserer quantitativen Studie hat ihren letzten aktuellen Sex als »anstrengend« bewertet.

Die Aufspaltung der männlichen Sexualität geschieht nicht nur durch Jungs, sie wird auch von den jungen Frauen bestätigt: Die Pornosex-Seite wird Männern zugeschoben (z. B. als »Jungssache«, vgl. auch Schmidt/Matthiesen 2011) und ihnen partiell zugestanden, sie ist vor allem als Ersatz in Ordnung; ihr Pornosex wird toleriert, besser bewertet wird aber der Partnersex der Jungs.[21]

Entwicklungsbezogen steht bei den allermeisten Jungen die Solo- und damit die Porno- vor der Partnersexualität. Eigentlich sind Pornos unter 18 ja verboten – juristisch, also theoretisch. In der Praxis im wirklichen Leben ist das anders, in einem Alter von 13 Jahren haben die meisten Jungs bereits einen Porno gesehen und nutzen das Medium, heute bevorzugt auf Smartphones mit Internetzugang. Noch nie war es so leicht, an pornografisches Material zu kommen und das zu nutzen. Kein Wunder, dass Pornos im Jungsleben stabil verankert sind und ihre Bedeutung darin zugenommen hat.

Ab dem Beginn der Erfahrungen mit einem sexuellen Gegenüber liegen die beiden Sphären parallel; die meisten Jungen hören während einer Beziehung nicht auf, Pornos zu nutzen und zu masturbieren; umgekehrt hat keiner der Jungs davon berichtet, wegen Pornos auf echten Sex zu verzichten. Für Jungs

21 Umgekehrt stellt sich die Sexualität der Frauen durch die geringe Bedeutung der Pornos homogener dar, mehr »aus einem Guss«. Es wäre zu untersuchen, ob es nicht auch bei ihnen einen anderen, nicht vermittelten, getrennten oder abgedrängten Teil ihrer Sexualität gibt.

scheint es schwer, beides als ihre Sexualität in einer Gleichzeitigkeit akzeptieren und bewältigen zu können. So werden wir mal in diese, mal in jene Sphäre eintauchen, um in einem Nebeneinander mit wenigen Bezügen ein facettenreiches Gesamtbild der Jungs-Sexualitäten zu erhalten. Wir beginnen in diesem Kapitel mit der Pornosphäre, dem Pornoversum der Jungs, um uns dann in einem zweiten Schritt der Sphäre des Sex mit anderen Personen im fünften Kapitel zuzuwenden.

Jungs als Porno-Nutzer (Sophia Hamdorf)

Fast alle befragten Jungs schauen zum Zeitpunkt des Interviews regelmäßig Pornos. Wie viel Pornos sie nutzen, wie sie die Häufigkeit ihrer eigenen Pornonutzung bewerten und welchen Maßstab sie hierfür haben, ist jedoch unterschiedlich und gibt einen Einblick in internalisierte und äußere Vorstellungen und Normen rund um das Pornonutzungsverhalten. Die meisten schauen mehrmals die Woche Pornos, einige auch täglich. Nur ein Befragter berichtet davon, aktuell mehrmals täglich Pornos zu nutzen. Einige Jungs berichten, dass die Häufigkeit ihres Pornokonsums oft schwankt und je nach Phase zwischen täglich und monatlich rangieren kann. Der Peak des eigenen Pornokonsums (Schmidt/Matthiesen 2011) wurde von den meisten Befragten jedoch schon überschritten und liegt meistens in der früheren Pubertät. Dafür gibt es zahlreiche Belege, Tom meint zum Beispiel: »Also, während der Pubertät hat sich das natürlich schon, wurde das auch manchmal ein bisschen exzessiv, würde ich sagen. Aber ahm – ich weiß gar nicht, also«.

Neben dem Alter ist der Beziehungsstatus ausschlaggebend für die Frequenz der Pornonutzung, also ob Jungs sich in einer Beziehung befinden oder Single sind: In Beziehungen schauen sie seltener Pornos. Einerseits besteht für sie in Beziehungen mit regelmäßigem Sex weniger Bedarf, andererseits ist Pornokonsum in Beziehungen auch sozial weniger akzeptiert und verliert vor der Partnerin an Legitimation. So ist Cem gerade in einer Phase, »wo ich gar keine Pornos schaue, weil ich eine Beziehung habe, wo ich es auch gar nicht brauche und wo ich es auch nicht richtig finde«.

Viel Pornos schauen, das heißt bei den Befragten entweder täglich oder mehrmals täglich. Der Beschreibung, was »viel« ist bleibt meist unbewertet. Nur wenige Jungs sprechen hier von »zu viel« oder »zu häufig«. Kurz und knapp erläutert Finn: »Klar: viel ist es, wenn es an manchen Tagen öfters ist«. Eher vereinzelt wird eine hohe Pornonutzung problematisiert und zum Beispiel als »verrückt« oder »ungesund« eingestuft: »High porn use for me would be like watching it like at least three times a day. That's insane«, meint beispielsweise Lennard. Ein durchschnittlicher Konsum ist für die jungen Männer, wenn mehrmals wöchentlich Pornos genutzt werden, in dieser Kategorie ordnen sich die meisten der Jungs selbst ein: Für Nico: ist »zwei- bis viermal die Woche« normal, »mehrmals die Woche, auf jeden Fall« meint Justus. Umgekehrt ist für die meisten der jungen Männer ein geringer Pornokonsum, nur alle paar Wochen einen Porno zu schauen: »Wenig wäre jetzt, wenn es in zwei Wochen einmal wäre«, rechnet Finn vor, »wenn's weniger als einmal pro Woche ist« fällt das für Lukas in die Kategorie wenig.

Auch wenn die meisten Jungs ihre eigene Pornonutzung im für sie »normalen« und akzeptablen Durchschnitt verorten, urteilen einige dennoch: Weniger Pornos schauen ist besser! Selbst ein durchschnittlicher Pornokonsum ist bei den Jungs oft mit einem schlechten Gewissen verbunden. Manche versuchen deshalb aktiv, ihre Pornonutzung zu reduzieren oder haben sich das schon einmal vorgenommen. Das zeigt sich beispielsweise in selbst verordneten Porno-Abstinenz-Phasen oder »Entgiftungen«, nach denen der Pornokonsum meist auf einem niedrigeren Niveau fortgesetzt wird. Das kommt bei Moritz häufiger vor: »Einmal im Monat habe ich auch so einen Tag, da denke ich, ich muss unbedingt aufhören mit Pornoschauen (…) Dann sage ich mir schon, jetzt mal zwei Wochen entgiften«. Auch Nebenwirkungen werden dabei reflektiert, so erzählt Linus: »Naja, gerade will ich jetzt seit 'ner Woche drauf verzichten (…) wenn ich dann, ja grad wegen Corona, wenn ich dann echt nur Monate zu Hause bin und dann alle paar Tage masturbiere, ja das muss ich schauen, dass wenn ich dann wieder ein Mädchen treff', dann ist es auch wieder seltsam. Irgendwie, ich glaub das beeinflusst auch meine Wahrnehmung, deshalb tu ich grad seit 'ner Woche drauf verzichten«.

Bei der Beschreibung der eigenen Pornonutzungshäufigkeit ist für die Befragten der soziale Vergleich ausschlaggebend für die Einordnung und Bewertung des Pornokonsums. Die Häufigkeit der Nutzung wird oft in Relation zu den Peers angegeben und erhält erst in der Übereinstimmung oder Abgrenzung zu anderen eine Bedeutung: »Ich bin im Durchschnitt/normal« oder »Ich schaue weniger als andere«. Einen durchschnittlichen oder »normalen« Konsum zu haben entlastet zwar, muss aber in der Wahrnehmung der Befragten auch hinterfragt und bestenfalls reduziert werden. Hier wird deutlich, dass Pornos von vielen jungen Männern eher kritisch betrachtet werden und ein Bedürfnis besteht, die Häufigkeit der eigenen Pornonutzung durch den Vergleich mit Gleichaltrigen zu legitimieren. Überdurchschnittlicher Pornokonsum wird an dieser Stelle des Interviews eher selten problematisiert, wird allerdings von den Befragten später oft im Zusammenhang mit Suchttendenzen angesprochen und als Indikator für ein exzessives und negatives Nutzungsverhalten verwendet.

In der quantitativen Studie haben wir ebenfalls nach der Häufigkeit der Pornonutzung gefragt. Am meisten (46,4 %) nutzen Jungs »mehrmals wöchentlich« Pornos, mehr als sieben von zehn (71,4 %) nutzen Pornos mehrmals in der Woche bis maximal einmal täglich; fast zwei Drittel (63,7 %) zwischen einmal bis maximal sechsmal in der Woche, immerhin noch fast 8 % mehrmals täglich.

Abbildung 8: Porno-Nutzfrequenz (nach Vorgaben, in %)

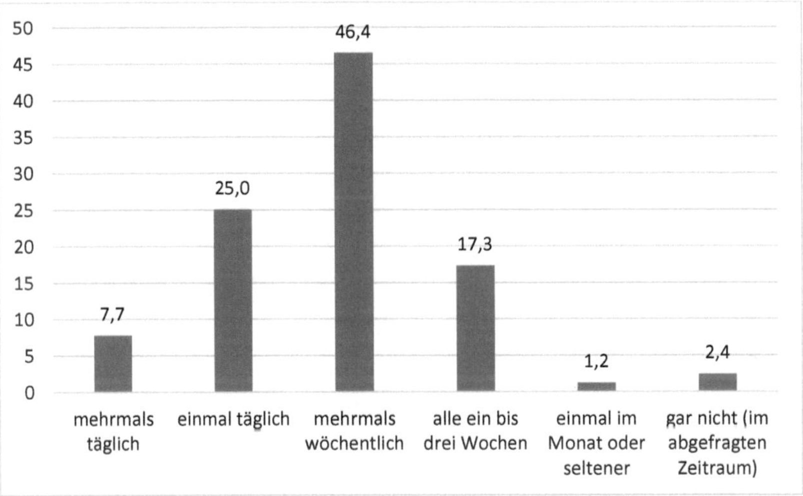

Und wann denken Jungs, dass ihr Pornonutzen zu viel wird? Knapp die Hälfte der Jungs meint, bis zu einmal am Tag Pornos zu nutzen ist in Ordnung, erst darüber schätzen sie es kritisch ein. Nur eine Minderheit, jeder zwanzigste der Jungs (5,4 %) denkt dagegen, dass jedes Pornonutzen zu viel sei. Bei dieser Frage gab es eine auffällig große Zahl von »weiß nicht/keine Angabe«-Antworten (beinahe ein Viertel); deshalb wurde diese Antwortkategorie in die Darstellung mit einbezogen (ohne die Antworten bei »weiß nicht/keine Angabe« sind es nicht ganz zwei Drittel der Jungs, denen »mehr als einmal täglich« zu viel ist).

Abbildung 9: Grenzbewertung der eigenen Nutzungsfrequenz: Wann ist es zu viel bei der Pornonutzung? (in %)

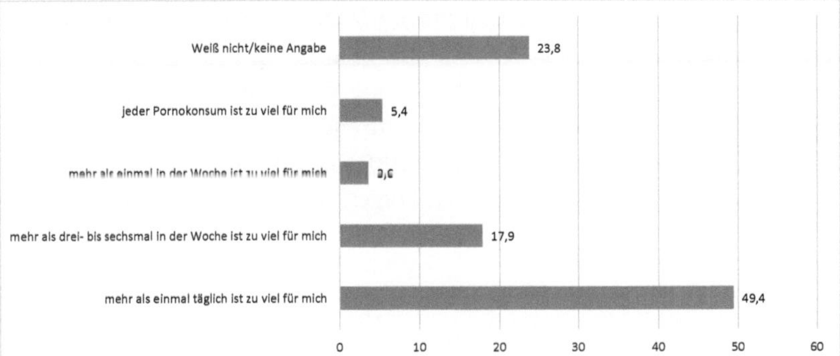

Die Gründe, warum der eigene Pornokonsum als »zu viel« bewertet wird, können variieren: zu wenig Zeit für anderes, zu wenig Schlaf, negative Einflüsse oder körperliche Erschöpfung – theoretisch könnte es also sein, dass die Angabe subjektiv ist, dass die gleiche Nutzungsdauer beim einen zum »zu viel« führt, beim anderen aber nicht. Vergleichen wir die Gruppen der Jungs, die nach der Selbsteinschätzung »zu viel« Pornos nutzen mit denen, für die das nicht gilt, wird aber deutlich, dass es offenbar nicht die Kriterien zur Einschätzung sind, die zu Unterschieden zwischen den Gruppen führen. Denn diejenigen Jungs, die ihren eigenen Konsum so einschätzen, dass es »zu viel« ist, nutzen tatsächlich mehr bzw. häufiger Pornos als die anderen, bei denen es nicht der Fall ist: »Zu-Viel-Werter« sind also auch tatsächliche »Mehr-Nutzer«.

Abbildung 10: Pornonutzung • Gruppenvergleich »zu viel Pornos«/»nicht zu viel Pornos« (in %)

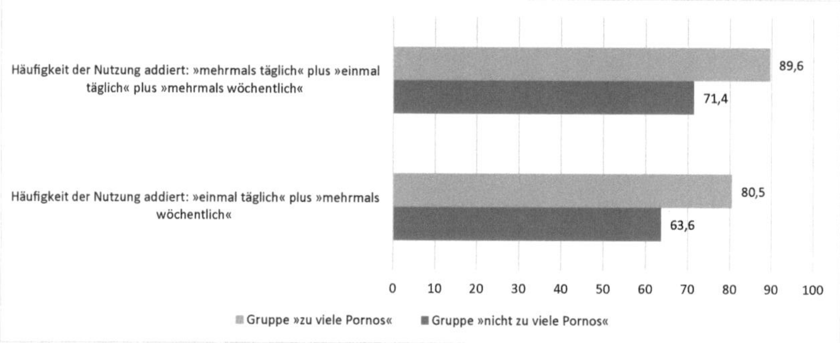

Ein Unterschied zeigt sich auch bei der Frage, welche Häufigkeit als »zu viel für mich« gewertet wird: In der Gruppe »nicht zu viele Pornos« sagen 68,6 %, dass mehr als einmal täglich Pornos zu nutzen zu viel für sie sei; in der Gruppe »zu viele Pornos« sagen dies nur 60,9 % (Differenz 7,7 %) – es leuchtet ein: wenn die Schwelle höher liegt, bewegen sie sich öfter in den roten Bereich des Zu-Viel.

Im Pornoversum der Jungs

Fast alle männlichen Teenager und jungen Männer pornieren[22] und befriedigen sich dabei selbst. Statistisch ist dies die häufigste gelebte Form männlicher Sexualität. Bezogen auf die Masturbation gilt dies schon seit langem (Winter 1993), neu ist das selbstverständliche, hochfrequente und zeitintensive Nutzen von Internet-Pornos (vgl. Quandt et al. 2018). Das ruft zahlreiche Pornokritiker auf den Plan, die alarmistisch vor den Folgen warnen. Deren Argumentation

22 Neologismus, Verb für: Pornos nutzen, Pornos konsumieren, Pornos schauen usw.

ist allerdings selten fachlich fundiert, sondern moralisch inspiriert.[23] Von einer uniformen negativen Wirkung von Pornos kann nicht ausgegangen werden (vgl. ebd., S. 102), kausale Zusammenhänge sind nicht belegt (für einen Überblick zu Pornowirkungen siehe Hill 2011). Pornos können zum Beispiel als Identitätsarbeit verstanden werden und positive Wirkungen zeigen, sie können sexuelle Scripts erweitern und Fantasien anregen (ebd.). Von der Nutzung, aber auch von der geschlechtlichen Zuschreibung her gehören Pornos ins männliche Revier (auch wenn vor allem jüngere Frauen in der Statistik etwas aufholen), männliche Jugendliche nutzen Pornos mehr und intensiver[24] als weibliche (Quandt et al. 2018, S. 106). Deshalb zielt die öffentliche Pornokritik meist verallgemeinernd auf die männliche Sexualität.

Pornosex korrespondiert mit Männlichkeiten und kann sich dementsprechend auch aufs Verhalten auswirken: »Junge Männer gehen wie junge Frauen davon aus, dass das Interesse an Pornografie ›Jungssache‹ ist. In keinem Bereich des Sexualverhaltens ist der Unterschied zwischen den Geschlechtern so drastisch wie bei der Inanspruchnahme pornografischer Stücke« (Schmidt/Matthiesen 2011, S. 354). Die Darstellung der expliziten Sexualität anderer wurde zu einem wesentlichen Mittel zum Zweck bei der Masturbation. Fast alle Jungs haben, lange bevor sie selbst Sex mit einer Partnerin oder einem Partner haben, sehr oft anderen dabei zugesehen. Wenn wir (niedrig gerechnet) bei jüngeren Jungs vermuten, dass sie in der Zeit vor stabilen Partnerschaften im Durchschnitt täglich einmal Pornos nutzen und dabei fünfzehn Pornoclips anschauen, dann ergibt das über 5.000 Pornoclips, die sich Jungs ansehen – pro Jahr! Das wird sie mit prägen und auf ihre Sexualität abfärben, auch wenn sich ihre Pornonutzung später reduziert.

Ihr Pornoversum ist eine utopische Welt, wo sich Sexualitäten und Männlichkeiten der Jungs treffen. Pornos zu nutzen ist deshalb eine Form des »doing masculinity«. Wie Jungs Pornos nutzen hängt vom Angebot und den Möglichkeiten ab (beides sozialisiert Jungs sexuell), aber auch vom aktiven Nutzungsverhalten der Jungs: Sie wählen bezogen auf ihre Bedürfnisse und ihrer Lebensbewältigung aus, nicht nur bezogen auf Nischen, sondern auch auf die Art und Weise, wann und wie sie Pornos nutzen oder wie sie sich zu ihrem Nutzen in Haltung und Bewertung stellen. Im Pornonutzen, im Reden und Reflektieren der Jungs darüber, lassen sich dementsprechend die Themen entdecken, die sie »als Männer« und dazu als Männer in der Lebensphase »Jungs« beschäftigen: Das ist ihr Statusübergang ins sexuelle Erwachsenenleben, ungeklärte Themen im Zusammenhang mit

23 Die populären Anti-Porno-Argumente sind fachlich meist nicht haltbar und wissenschaftlich nicht belegt: Pornos werden zum Beispiel meistens nicht unter Zwang oder ohne Einwilligung der weiblichen Darstellenden hergestellt; Pornonutzer brauchen nicht immer eine härtere Dosis durch extremere Pornos; sie werden auch nicht reihenweise süchtig usw.

24 So liegt die durchschnittlichen Verweildauer pro Nutzungsepisode bei Mädchen im Durchschnitt bei einer Minute, bei den Jungen bei elf Minuten (Quandt et al. 2018, S. 106).

Kontrollvorschriften und bedrohliche Seiten des Weiblichen. Dass Jungs aktiv sind und wählen muss aber nicht bedeuten, dass sie sich dabei auch wirklich wohl oder sich im Pornosex männlich fühlen: Pornonutzen ist Bewältigungsverhalten, dahinter stecken Probleme und Themen ihrer Lebensbewältigung.

Pornografie ist einerseits ein inszenierter Ausdruck von Sexualität, sie wirkt andererseits aber auch auf Sexualität ein: Das Nutzen von Pornos macht Sexualität. Das kann und muss auch kritisch gesehen werden, dabei darf aber nicht unterschlagen werden, dass viele andere Einflüsse ebenfalls auf die Sexualität von Jungs auswirken: dass Eltern nicht oder nur sehr wenig über Sexuelles kommunizieren (können), dass in Schule und Jugendhilfe (Winter 2013) sexuelle Bildung stiefmütterlich behandelt wird, dass Jungs bezogen auf Männlichkeit gerne mit doppelten Botschaften konfrontiert werden, dass sexuell interessierten jungen Menschen keine qualitativ hochwertigen und ethisch unbedenklichen Pornos ebenfalls kostenfrei angeboten werden usw. Innovationen sind von diesem Medium nicht zu erwarten, weder sexueller noch geschlechtlicher Art. Bei aller Vielfalt der Kategorien und Szenerien ist die Pornografie ein konservatives Genre, die Massenware Pornografie ist »eine Orgie männlicher Gemeinplätze. Dummdreist und bar jeder subversiven Kraft kopulieren in ihr vor allem Klischees« (Sigusch 2016, S. 217), Stereotype, die überall im öffentlichen Raum auftauchen und durch ihren Reduktionismus das Sinnliche einengen und reglementieren – und dadurch nebenbei zu schlechtem Sex führen können.

Keine Frage, dass Jungen und Männer viel häufiger als gleichaltrige Mädchen oder Frauen pornieren. Dass Pornos traditionelle Muster von Männlichkeit transportieren, ist erwiesen, sie im Hinblick darauf zu analysieren ist einfach. Nur: Anzunehmen, dass Jungs ausschließlich oder überwiegend aus diesem Grund Pornos nutzen, dass sie in ihnen nur etwas traditionell Männliches suchen, wäre vorschnell geurteilt. Die Behauptung, Jungs würden Pornos nutzen, *weil* sie sich mit Dominanz, Ausbeutung oder der Erniedrigung von Frauen identifizieren ist eine Unterstellung, die Motive sind vielschichtiger, was sich im Verlauf der Auswertung immer deutlicher herauskristallisiert.

In Pornos treffen zwei Diskursfelder und ungelöste Problemgebiete aufeinander: Der prüde Umgang mit dem Sexuellen und die Sicht auf Männlichkeiten. Ohne die verschämte Tabuisierung der Sexualität und ohne die Privilegien, die Männern zugestanden werden, aber auch ohne die Einschränkungen, die sie durch Männlichkeiten erfahren, sähen Pornos anders aus oder es gäbe sie auch nicht so massenhaft. Durch die uneingeschränkten Möglichkeiten der Pornonutzung kommen solche abgedrängten Aspekte der Sexualität zwar leichter an die Oberfläche, bleiben aber weiter unter dem Deckel von Verbot, Moral und Tabuisierungen gehalten. Deshalb begegnet einer Gesellschaft in und mit Pornos ein Panoptikum aller Seiten der Sexualität, die sie versteckt, unterdrückt oder entwertet, Nischen, die offenbar sexuell erregend sind, obwohl oder weil sie ansonsten verboten oder tabuisiert sind. Je nach Bedürfnislage oder Stimmung der

Jungs rauschen sie durch das ganze Pornoversum oder werden in diesen Nischen fündig. Der Experte Steve Holmes erklärt dazu:

> *»Da gibt es so viele Spielarten, gerade in diesen Nischen, und was Porno halt gern abdeckt, sind Nischen, das ist ja immer ein Nischenprodukt. Die einen wollen nur dicke Frauen sehen, die anderen wollen nur dünne sehen, die anderen wollen nur dies und jenes. Und viele Pornos sind besonders erfolgreich, wenn sie halt gezielt eine Nische bedienen«.*

Im Porno-Internet gibt es alles das an Sexuellem, was nicht offiziell besprochen wird (deshalb ist romantischer Kuschelsex dort wenig gefragt). So gesehen wird in den Pornowelten das sexuelle Unterbewusste von Gesellschaften gespeichert und abrufbar gehalten. In unzähligen Abteilungen und Nischen ist abgelegt, was es eben auch gibt und was vor allem Jungen und Männer sexuell anregt: Vorlieben und Interessen, alle möglichen Spielarten des Sexuellen, besonders jene, die als sozial unmöglich, abartig, tabuisiert, verboten oder zumindest ziemlich unanständig gelten. Vielleicht ist darin für Jungs auch der besondere Reiz enthalten, den »ethische« Pornos weniger bieten können, weil sie eben sauber und vernünftig sind. Umgekehrt liegt im Erkennen dessen, dass sie gerade auch auf diese verbotenen, noch stärker verdeckten Varianten anspringen, auch ein Erschrecken der Jungs.

Pornopop – die schöne neue Pornowelt

Die Generation der jetzt 18- bis 25-Jährigen bewegt sich mit hoher Selbstverständlichkeit in digitalen Welten. Elektronische Medien sind für sie eine gewohnte Erfahrungswelt, für Sexuelles gilt das wie für jeden anderen Raum, in dem sich junge Erwachsene bewegen. Pornos sind darin eine Form explizit sexualisierter Angebote für Männer, das von Jungs reichlich genutzt wird. Als männliche Alltagspraxis gehört Porno zum Jungs-Lebensstil. Das Internet hat es Männern ermöglicht, in kurzer Zeit mehr sexuelle Darstellungen zu sehen zu bekommen, als noch vor wenigen Jahrzehnten in einem ganzen Leben. Dafür ist – neben den Inhalten – auch das Medium selbst mit verantwortlich, das männlichen Bedürfnissen, Größenfantasien und Autonomie-Idealen gleichermaßen entgegenkommt. Es zeichnet sich durch Anonymität aus, durch fast grenzenlose Auswahlmöglichkeiten mit einer Masse an Angeboten, durch ein hohes Tempo in der Geschwindigkeit des direkten Zugriffs; die Nutzung ist nicht an Zeiten oder Orte gebunden, der Zugriff kann jederzeit und (fast) überall geschehen, und es ist sexuell eindeutig, ungeschminkt, isoliert und gerade nicht eingebunden (wie z. B. bei einem Film mit auch erotisch-sexuellen Inhalten).

Pornos sind für Jungs normale digitale Räume, sie sind »porn natives«. In manchen kulturellen Segmenten wird Porno zum Alltag, zu einem populärkulturellen Massenphänomen; Internetpornografie wird so regelmäßig genutzt, dass sie zu einem habitualisierten sexuellen Verhalten geworden ist (Dannecker 2017, S. 83). Ältere Erwachsene warnen lautstark vor dem Nutzen der Internet-Pornos und den Folgen, sind aber in gewisser Weise ahnungslos, weil sie selbst ohne Internetpornographie aufgewachsen sind (sie sind »porn immigrants«). Wo Pornos Alltag sind, wird ein Defizit in Bildung und Kultur deutlich, die sich betont asexuell geben und nach Höherem streben. Die Mainstream-Kultur verdrängt – tiefenpsychologisch gesprochen – das Es, hier regieren Geist, Normen und Vernunft. Pornosex dagegen schiebt das Über-Ich beiseite, den Kontext oder die komplizierten Beziehungswelten im wirklichen Leben, und feiert lustvolle Körper mit ihren Begierden. Beidem fehlt etwas, deshalb stehen Porno- und Hoch-Kultur über weite Strecken unvereinbar nebeneinander. Wo Pornos schick (Steffen 2014) und zur Popkultur werden, kollidieren diese Welten und verbinden sich gleichzeitig. Diese Kräfte müssen Jungs aushalten.

Pornografie ist an jedem Ort einfach zugänglich und es ist deshalb leicht möglich, darüber zu reden; sie wird massenhaft genutzt, der Pornokonsum ist weitgehend regelfrei (bzw. es gelten kommerzielle Regeln). Pornos zu nutzen wurde populär, es kann von einem Trend zum Pornopop gesprochen werden. Wo sie in diesen Mengen genutzt werden, prägen sie die sexuelle Kultur mit, ein meist unbewusster Vorgang. Es sind weniger die Stellungen, exotische Praktiken oder Konstellationen, die Pornos bei Jungs verstärken, sondern das unspektakuläre Bekannte, Themen wie Penisorientierung, Erektionsfähigkeit, Standhaftigkeit, Leistungsdruck. Pornos zeigen in ihrer massenhaften Vielfalt doch eine beschränkte Einfalt an Körperbildern, Sexualität und Praktiken, die sich permanent bestärken. Deshalb fehlen Jungs alternative Vorstellungen und Zugänge, wie sich Männer beim Sex verhalten könnten, wie »anders« an die Sache Sex herangegangen werden könnte, ein »anderes« Verständnis von Männlichkeit und Sexualität. Für einen »anderen« Sex würde deshalb auch eine alternative, in diesem Sinne »männerfreundliche« Pornografie benötigt, die im Pornopop nur selten auftaucht. Viele der Jungs suchen durchaus auch neue Formen der Sexualität, ihnen würde helfen, auch in Pornos die offene Frage beantwortet zu bekommen: Kann guter und vollständiger Sex sich vom Penis, der Erektion, der Ausdauer lösen und über Hände, Haut, Mund, durch Berührung, Streicheln, Küssen, Lecken oder Saugen zustande kommen? Diese Frage blendet auch der Pornopop aus.

Von ihrem schmuddeligen Image wurde Pornografie entlastet, seit sie im Internet verbreitet wird und nicht mehr nur in abgeschirmten Hinterzimmern der Videotheken oder in Sexshops erhältlich ist. Die Enttabuisierung des Pornografischen ist in und unter jungen Männern vollzogen. Die Tatsache, Pornos zu konsumieren ist zu einer Selbstverständlichkeit geworden, es ist weder peinlich, dazu zu stehen noch über den Nutzen an sich zu sprechen, zumindest unter Gleichaltrigen. Denn Eltern gegenüber gelten andere Werte; die meisten Jungs empfehlen Eltern (anders als viele der jungen Frauen), Jungs nicht mit dem Pornothema zu belästigen. Sie markieren damit ihre Intimitätsgrenzen, aber sie vermitteln auch, dass pornieren doch nicht ganz so selbstverständlich und alltäglich ist, wie zum Beispiel Musikhören oder Gamen. Autoritäten als Vertretung des Über-Ichs sollten sich deshalb besser raushalten.

Die generelle Ambivalenz der Jungs ihrer Pornonutzung gegenüber ähnelt ihrer Bewertung der Sexgespräche unter Jungs: einerseits wird es problematisiert, andererseits fühlt es sich aber doch auch gut an – das gilt fürs Pornonutzen, wie für Gespräche unter Jungs, um mit ihnen Sexuelles zu ventilieren. Trotz der Porno-Popularität bleiben Widersprüche erhalten. Porno ist gleichzeitig normal und anstößig: es ist Sex und deshalb intim und privat; es ist traditionell männlich und damit in der Kritik, »toxische Männlichkeit« pur; es ist Porno, also unanständiger Sex und zudem Frauen entwertend; es ist unvernünftig und widerspricht darin der Kontroll-Männlichkeit.

Dem guten, wahren und schönen Partnersex in stabilen Beziehungen wird deshalb der Pornosex als das »dreckige schwarze Schaf« entgegengesetzt.

Denn innerhalb des Pornoversums verläuft eine rote Linie (vgl. Schmidt/Matthiesen 2011, S. 354 f.), zum Beispiel dort, wo Pornos »kranke« Inhalte darstellen. Davon grenzt sich Justus ab, er stellt klar: »Aber jetzt nicht irgendwie, dass ich irgendwelche äh, keine Ahnung, krankes-, also was heißt krankes-, aber jetzt irgendwelche Sachen anschau' (…), also mit krankem Zeug mein' ich wirklich so was, wie sich, also keine Ahnung, anscheißen oder was weiß ich was. Also wirklich krankes Zeug«. Die Linie wahrzunehmen und nicht zu überschreiten, ist Teil der Erfahrung, der Pornokompetenz der Jungs, denn Grenzüberschreitung führt zum Lustverlust; Moritz erzählt, dass bei seiner Pornonutzung am Anfang teilweise »ganz weirde Sachen« dabei waren, und dann »hatte man auch schnell keine Lust mehr zu masturbieren«, er musste sich ablenken, um »diese Gedanken wegzubekommen«.

Steve Holmes zu Porno-Bewertungen und fehlender Differenzierung

»Das finde ich so schade, dass das oft in eine Ecke gestellt wird, dass man immer gleich Porno und Gewalt, Porno und Unterdrückung, Porno und Ausnutzen (assoziiert). Das Problem ist ja nicht Porno oder Sexualität, das ist die Gewalt oder das ist das Ausnützen, und das gibt es an vielen, vielen Stellen in unserer Gesellschaft. Wenn ich sehe, irgendwelche Arbeiter und Arbeiterinnen in irgendwelchen Sweatshops, die unsere T-Shirts nähen für 20 Cent pro Stunde, die werden ja noch viel schlimmer ausgenutzt. Also, das Problem ist ja das Ausnützen einer Notlage, und nicht die Pornografie«.

»Pornogegner sagen ja, Frauen werden unterdrückt und Frauen werden geschlagen und so weiter, ich (meine) – ja, aber nicht gegen ihren Willen. Zumindest sollte es nicht so sein. Also wenn ich zum Beispiel am Set merke, dass ein Mädel so einen Job nur angenommen hat, weil sie das Geld braucht, dann, dann sage ich der auch, weißt du was, ich muss dich ja nicht wirklich schlagen, also ich schlag schon, aber nicht so, dass es weh tut, und du schreist halt laut, und fertig ist die Kiste«.

Porno-Kritik der Jungs als Gendermotiv

Den pornobegeisterten jungen Mann, der Internet-Pornovideos durchweg gut findet, nichts zu kritisieren hat und hingerissen von allen Formen der audiovisuellen Pornografie ist, den gibt es nicht. Jungs nutzen Pornos wirklich viel, aber mit Abstand sehen sie Pornos und auch sich selbst im Nutzungsprozess sehr kritisch. Eine pure, unreflektierte Pornozustimmung lässt sich kaum finden. Jakob hat sich in einem Buch über Männlichkeit pornokritisch informiert; er antwortet auf die Frage, was der Nutzen von Pornos oder die positive Wirkung für ihn ausmachen, erst mit einer langen Pause und sagt dann: »Ich würde sagen, dass es keine gibt. Ich habe jetzt die ganze Zeit dieses Buch im Kopf, deshalb antworte ich die ganze Zeit nur, was er (der Autor) geschrieben hat«. Nur: Irgendeinen Nutzen müssen Pornos auch für ihn haben, Jungs werden ja nicht gezwungen, sie gegen ihren Willen anzuschauen (im Übrigen können die gängigen Anti-Porno-Argumente ja gut widerlegt werden: die meisten Pornos werden nicht unter Zwang hergestellt, die meisten Pornonutzer greifen nicht auf immer extremeres Material zurück und werden auch nicht reihenweise süchtig usw.; vgl. Döring 2020).

Wenn es weniger erlaubt oder möglich ist, gute Gründe für Pornos zu finden, kann diese Einstellung selbst funktional sein. Die pornokritische Litanei, die Jungs gern herunterbeten – Pornos sind schlecht für die Frauen, sie vermitteln ein ganz falsches Frauenbild, die Produktionsbedingungen für die Frauen sind ja ganz schlimm und so weiter – sind nur vordergründig fürsorglich. Jungs positionieren sich »co-feministisch« (Theunert 2013), um selbst davon zu profitieren. Ein Teil ihrer kritischen Haltung dient Jungs dazu, sich in Bezug zu Mädchen und Frauen zu setzen und dabei nebenher ein traditionelles Männlichkeitsmuster zu bedienen. Denn bei aller – teils sicher berechtigten – Kritik an Pornos beliefern die pornokritischen Narrative auch Genderstereotype. Der Umgang mit Porno und die Haltung der Jungs dazu konstruiert auch in dieser Hinsicht Geschlecht. So werden die Darstellerinnen in Pornoproduktionen von Jungs durchweg als Opfer stilisiert, die zu Pornos gezwungen oder gegen ihren Willen gefilmt werden. Damit setzen sich Jungs in eine Helferposition und in ein gutes Licht, die erwünschte Botschaft: Sie sind ja eigentlich gute, Frauen helfende und unterstützende Männer. Die Pornokritik der Jungs ist schein-empathisch und beschützend, damit bedienen sie Dominanz-Männlichkeit, nach der schutzbedürftige Frauen der Hilfe aus der männlichen Retter-Rolle bedürfen. Jungs markieren dabei ihren männlichen Status und besänftigen gleichzeitig ihr schlechtes Gewissen, für das es gute Gründe gibt. Denn eines ist sicher: ohne Nutzer würde es keine Pornos geben, Jungs sind Nutzer und damit mitverantwortlich.

Gleichzeitig sprechen Jungs Frauen ein Interesse an Sex und Durchsetzungsfähigkeit bezogen auf eigene Interessen ab. Jedes Model, jede Schmink- oder Shopping-Influenzerin hat das Recht, ihren grausamen Job als frei gewählt und beglückend zu erleben, warum nicht die Pornodarstellerin? Jungs ziehen nicht in Erwägung, dass Pornodarstellerinnen Spaß an Sex und an ihrer Arbeit haben oder dass sie gar Erfüllung beim Drehen von Pornos finden könnten. Porno-Darsteller und -Produzent Steve Holmes sieht das verständlicherweise anders. Er erlebt Frauen aktiv, sie melden sich – sicher auch, aber eben nicht nur aus finanziellem Interesse – bei den entsprechenden Firmen und ihren Produzenten. Ist das erlaubt, ist auch dieser Grund vorstellbar: Weil diese (nicht alle!) Frauen gerne Pornos drehen möchten und tatsächlich ihren Spaß am Sex dabei haben?

Nutzungsmotive und positive Porno-Wirkungen (Sophia Hamdorf)

Während Porno-Risiken deutlich häufiger auch ohne eine Impulsgabe der Interviewenden geäußert werden, sprechen Jungs nur dann über positive Seiten des Porno-Nutzens, wenn explizit danach gefragt wird. Es fällt vielen Befragten offenbar schwer, Vorteile und nützliche Aspekte des Porno-Konsums zu finden und zu benennen. Wenn positive Aspekte geäußert werden, werden diese im nächsten Schritt oft schnell wieder relativiert: Es sei »nur manchmal so«. Viele Jungs können abseits der funktionalen Zweckdienlichkeit von Pornos für die sexuelle Stimulation und dem Mood Management spontan gar keine Vorteile der Pornonutzung finden oder sie müssen erstmal danach suchen. Möglich, dass bei diesem Antwortverhalten die erwartete soziale Erwünschtheit eine Rolle spielt. Vielleicht fällt es den jungen Männern auch schwer, positive Wirkungen des Porno-Konsums zu äußern, weil im Zuge des kritischen Porno-Diskurses erwartet wird, dass sie Pornos negativ sehen?

Porno-Konsum ist gekoppelt an Selbstbefriedigung und wird von denen Befragten fast ausschließlich im Solo-Setting zur sexuellen Stimulation verwendet. Die direkte Verknüpfung von Pornos und Solosex wird zwar von den Befragten selten explizit gemacht, aber von ihnen genannte Porno-Funktionen begrenzen sich überwiegend auf den Kontext der Masturbation und sind außerhalb dieser eher selten relevant. Der Zweck von Pornos zur Selbstbefriedigung liegt für die jungen Männer im wahrsten Sinne des Wortes auf der Hand. Porno-Konsum zur Masturbation wird dabei nicht auf besondere Weise zelebriert, sondern wird funktional verstanden, Pornos sollen lediglich das Bedürfnis nach sexueller Befriedigung stillen: »Also es ist schon eher Mittel zum Zweck«, stellt dazu Tobias fest, und Nico meint zum Thema: »Das hat den Sinn, schnell, sich schnell, also mich schnell zu befriedigen«. Häufig stellen Jungs die hohe Effizienz von Pornos für die einfache, schnelle Bedürfnisbefriedigung heraus. Aus dieser Argumentation findet gleichzeitig eine Rechtfertigung dafür statt, seltener oder gar nicht mit Hilfe eigener Phantasien und Vorstellungen zu masturbieren; dies wird als mühsamer und anstrengender erlebt. Vielleicht sind Pornos für die jungen Männer wie Fast-Food: Selbst gekocht ist besser, aber aufwändiger. Die Entscheidung für Pornos zur Masturbation ist für die Befragten im Interview somit auch eine rational begründbare, obwohl sie im Moment des Porno-Konsums wenig hinterfragt wird. David meint: »Es (Masturbieren) könnte man auch mit seiner eigenen Phantasie machen, aber es geht dann doch einfach schneller, ins Internet zu gehen«. Ökonomisch begründet auch Daniel sein Nutzungsverhalten: »Ja einfach, dass man erregt ist und das ist halt einfacher, als sich irgendwas vorstellen zu müssen«.

Einzelne junge Männer thematisieren die Funktion des Porno-Konsums für die Selbstbefriedigung auf einer eher körperlichen, dranghaften Ebene, »es« wirkt und »manchmal überkommt es einen auch«, erlebt Fabian. Die Entscheidung für Pornos basiert dann auf einer biologisch-hormonellen, triebhaft-körperlichen Motivation, wie es Marc recht drastisch ausdrückt: »Ja, mein Sexualtrieb setzt halt ab und zu mal ein (lacht). Und denkt man sich halt, ist genauso wie beim Kacken, dann denkt man sich abends halt mal, ja, heute wäre mal in Ordnung«. Für einige der Jungs ist die Nutzung von Pornos abhängig von der Verfügbarkeit bzw. dem Fehlen von realen sexuellen Kontakten. Pornos fungieren dann als Ersatz oder Ausweichmöglichkeit, Pornonutzung ist eine »Notlösung«. Lukas schildert das distanziert von sich: »Ich glaub der Nutzen ist viel auch, dass es Leuten ein Ventil gibt, die tatsächlich keine praktische Anwendung jetzt haben. Also die keinen Partner haben«.

Neben dem Motiv der sexuellen Stimulation, ist der Pornokonsum für einige junge Männer auch eine Form des »Mood Managements« (Weber/Daschmann 2010), wenn Pornos beispielsweise zum Stressabbau, zum Heben der Stimmung oder zur Ablenkung geschaut werden. Die Selbstbefriedigung mit Pornos findet dann für die Befragten in einem positiven Kontext statt. Mehrfach nennen die Jungs Funktionen im Zusammenhang mit Stress (Stressabbau, Stresslöser) aber auch die Begriffe Ausgleich, Ablenkung, Entspannung, Abschalten, Glücksgefühle. Für David ist das Wichtigste der »Stressabbau, also für mich ist es so ein Ding, irgendwie, keine Ahnung, nach einem stressigen Tag den Kopf freikriegen oder so«. »Dass man eben entspannt oder glücklicher danach sein kann für kurze Zeit«, stellt Tom fest.

Pornos zu nutzen bedeutet für einige junge Männer auch Spaß und Unterhaltung, eine gute Zeit haben. Die Selbstbefriedigung mit Pornos macht gute Laune, zumindest für den Moment, wie für Lukas: »Manchmal macht's einfach Spaß, das anzuschauen«. Dabei reduzieren Jungs den Nutzen von Pornos nicht nur auf die reine Funktionalität für ihre sexuelle Bedürfnisbefriedigung, sondern heben auch den Spaßfaktor der Aktivität hervor. Indem sie ihre Pornonutzung auch als Moment des Genusses anerkennen, erhält der Pornokonsum für sie eine eigene Form der Legitimation. Viele andere junge Männer tun sich dagegen schwer damit, ihren Pornokonsum »nur« mit dem Argument des Vergnügens zu legitimieren, sie berufen sich auf die Funktionalität von Pornos zur sexuellen Stimulation – oder einfach als nüchterne Füllung für Langeweile: »Größtenteils ist es auch Langeweile einfach«, stellt Moritz fest.

Sich von Pornos etwas »abschauen« kann für einige Befragten auch einen Nutzungsgrund darstellen. Pornos können ein Bildungsmedium sein, worauf Jungs in den Interviews auch ausführlich eingehen: als Inspiration für den eigenen Sex, als Wissensquelle für sexuell Unerfahrene und als Validierung individueller sexueller Vorlieben. Dabei ist die am häufigsten genannte positive Wirkung von Pornos, Ideen für den partnerschaftlichen Sex zu bekommen. Die jungen Männer lassen sich von den Sexpraktiken in Pornos inspirieren und erweitern und diversifizieren dadurch ihren sexuellen Horizont oder ihr »sexuelles Kapital« (Rihl 2015). Die neuen Eindrücke können für den Sex mit Partner:innen in Beziehungen nützlich sein. Pornos bieten für die Befragten ein großes Spektrum an Arten des Sexhabens: Wenn etwas im Porno interessant und spannend aussieht, wird das Gesehene in das eigene Sexleben integriert, Lukas verfährt so: »Es kann natürlich manchmal auch so ein bisschen als Inspiration sein, weil manchmal machen die auch so Sachen in Pornos, die will man dann selber auch mal ausprobieren. Das ist also Inspiration, um so das eigene Sexleben ein bisschen aufzufrischen«. Oder für Fabian: »Ich glaube einfach, wenn du Pornos guckst, dann siehst du Dinge und merkst dir vielleicht auch Dinge, die du nachher im täglichen Leben mit deiner Freundin auch so umsetzen kannst (…) wie so eine Gedankenstütze«.

Pornos sind für einige Befragte vor allem dann hilfreich, wenn keine eigenen sexuellen Erfahrungen vorhanden sind, sie dienen der Information und Aufklärung, vermitteln Wissen darüber, wie Sexualität aussieht bzw. aussehen kann und schaffen eine Grundlage für das Verständnis von Sex, dem Funktionieren des Körpers und der Bandbreite an Sex-Praktiken und -Techniken. Dabei bieten sie Orientierung: Sie geben sexuelle Scripts vor, an die man sich als sexuell Unerfahrener halten kann und geben Sicherheit, vor allem für die ersten Male. Für ein paar Befragte konnten Pornos auch die Befangenheit (»Verklemmtheit«) in der Auseinandersetzung mit dem eigenen Körper und auch dem der Partnerin auflösen. Auch Louis erinnert sich an die Hilfestellung, die er durch Pornos bekommen hat: »Allein durch das, was man gesehen hat, hat man schon sehr viel gelernt quasi über weibliche Sexualität. Also natürlich das jetzt – kann man jetzt nicht einfach so sagen, dass man durch Pornos über weibliche Sexualität lernt, in vielen Fällen ist das jetzt nicht wirklich richtig. Aber so einen groben, groben Überblick und so, ich glaube, das hat schon geholfen, quasi«.

Zwei Befragte thematisieren Leistungserwartungen in einem für sie positiven Zusammenhang mit Pornos. Für einen der jungen Männer bietet Selbstbefriedigung mit Pornos die Möglichkeit, die eigene Leistung beim Sex zu steigern, indem trainiert werden kann, nicht zu schnell zum Orgasmus zu kommen. Leistungserwartungen, die womöglich auch durch Pornos (re-)produziert werden, können auch mithilfe von Pornos angegangen werden, sagt Paul: »Also man kann seine Leistung trainieren oder halt einfach trainieren, nicht so schnell zu kommen«. Und Philipp drückt aus, während des Pornokonsums Leistungsgedanken und -druck besser ausblenden zu können als beim Sex mit Frauen.

In der quantitativen Studie haben wir einige der Nutzungsmotive der Jungs gezielt abgefragt. Nicht überraschend war das Ergebnis, dass der Hauptnutzen in der sexuellen Erregung liegt, rund 82 % der Jungs gaben dies an (Mehrfachnennungen waren bei dieser Frage möglich). Der zweithäufigste Grund ist die Effizienz von Pornos, sie funktionieren offenbar besser als die eigene Fantasie, fast zwei Drittel der Jungs gaben dieses Motiv an. An dritter Stelle folgt die Langeweile, vier von zehn Jungs nutzen aus diesem Grund Pornos. Pornos als Sexersatz nutzt ein Viertel der Jungs, ein knappes Viertel verwendet Pornos zur Inspiration der eigenen sexuellen Praxis. Regelrecht als Lehrfilm, um zu lernen, wie eine Partnerin befriedigt werden kann, verwendet dagegen nur eine Minderheit, knappe 7 % Pornos. Die Hoffnung, durch Pornos weniger unsicher zu werden, hat ebenfalls nur eine kleine Minderheit von rund 4 % der Jungs in der quantitativen Untersuchung.

Abbildung 11: Nutzen und Funktion von Pornos für Jungs (Wahlen in %, Mehrfachnennungen möglich)

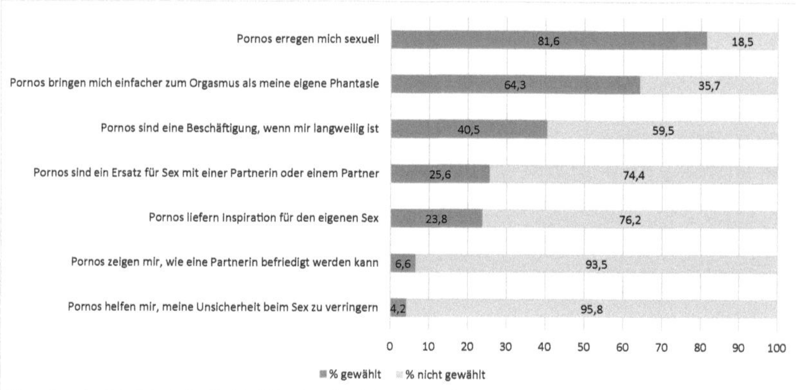

Auch hier zeigen sich Unterschiede in den Gruppen der Jungs: Erfahrene versprechen sich von Pornos deutlich häufiger (34 %) Inspiration für den eigenen Sex (bei den Unerfahrenen sind es nur 15 %). Dagegen nutzt fast die Hälfte (48,5 %) der Jungs mit weniger Erfahrung Pornos als Beschäftigung, wenn ihnen langweilig ist, bei den Erfahrenen sind das 38 %. Und jeder zehnte der unerfahrenen Jungs bekommt von Pornos gezeigt, wie eine Partnerin befriedigt werden kann, das glauben nicht einmal 3 % der erfahrenen Jungs.

Im Gruppenvergleich macht der Umgang mit der Langeweile einen Unterschied zwischen den »Vielnutzern« und den »Wenignutzern« von Pornos. Wer Pornos als Zeitfüller nutzt, ist gefährdet, die Langeweile macht den Unterschied: Wer bei Langeweile Pornos nutzt, schätzt sich als einer ein, der zu viel Pornos schaut; der Aussage »Pornos sind eine Beschäftigung, wenn mir langweilig ist« stimmen 54 % der Vielnutzer, aber nur 33 % der Wenignutzer zu; diese Differenz ist erheblich. Die »zu viel Nutzer« denken außerdem etwas häufiger (66 %), dass sie Pornos einfach zum Orgasmus bringen als die eigene Phantasie (Wenignutzer: 59 %). Die »nicht zu viel« nutzenden Jungs verwenden Pornos etwas mehr (28 %) als Inspiration für den eigenen Sex als die Gruppe der Vielnutzer (21 %).

Die Pornofunktionen bei den Jungs

Jungs bringen in den Gesprächen zum Ausdruck, dass klassische Männlichkeitsmotive nicht den Ausschlag fürs Pornonutzen geben. Wenn es ihnen dabei zum Beispiel um Kontrollverluste geht, wenn etwas Irrationales wirkt oder der Wunsch, sich gehen zu lassen, lässt sich das fast schon als Antithese zu Männlichkeitsbildern lesen. Eher nutzen Jungs Pornos für diese Funktionen, *obwohl* diese oft auch Dominanz-Männlichkeit transportieren. Es ist nicht belegt, dass Genres und Nischen, die das nicht tun, weniger erregend oder effizient für Jungs sind (es genügt also nicht, das Porno-Angebot undifferenziert zu skandalisieren; dafür müsste die tatsächliche Nutzung von Porno-Nischen und einzelnen Clips durch Jungs analysiert werden). Dennoch kann das Pornieren als ein Effekt (unter anderen) auch einen versteckten Zugang zu Männlichkeitsgefühlen ermöglichen (vgl. den Abschnitt »Geheimgang zum Männlichen«, S. 145).

Die in Pornos präsentierten Formen männlicher Sexualität werden für Jungs auch deshalb bedeutend, weil sie alternativlos sind. Angesichts der Tabuisierung von Nacktheit und Sexualität gibt es keine legitime Konkurrenz, die mit dem Prädikat »wertvoll« versehen und Jungs angeboten werden könnte. Pornos sind für Jungs auch deshalb faszinierend, weil sie Sexualität offen und grenzenlos präsentieren, aber auch, weil sie körperliche Männlichkeiten ungeschminkt zelebrieren. Pornos sind keine Lehrfilme zur männlichen Sexualität, aber sie bieten Jungs im Nebeneffekt einen Ersatz dafür, dass es keine gibt; davon sind besonders jüngere Männer betroffen, weil sich ihre persönliche Geschlechtlichkeit und ihre Sexualität in dieser Zeit ausformulieren und allmählich verfestigen.

Jungs finden in dieser komplexen Lage in Pornos etwas, sie können mit ihnen etwas anfangen und erreichen. Pornos dienen zunächst der Entspannung, dem Stressabbau; sie helfen Jungs dabei, Überlastung aufzulösen, bieten Ablenkung, sorgen für eine bessere Stimmung; manchmal werden Pornos von Jungs regelrecht genossen oder sie füllen einfach Zeitlöcher in Phasen der Langeweile. Pornos können, wie wir später sehen werden, aber auch zur Entlastung beitragen; das Leben als Mann ist nicht einfach, im Sex gibt es Anforderungen und Stress; Pornos helfen Jungs, sich von den Anforderungen und Erwartungen an sie »als Männer« beim Offline-Sex mit einem Partner oder einer Partnerin zu lösen, Pornos triggern nicht die Stressoren Erektion, Durchhalten und der Verantwortung für einen Orgasmus beim Gegenüber. Schließlich dienen Pornos auch der Überschreitung von Grenzen der sexuellen Wirklichkeit; anders als dort finden sich in Pornos unendlich viele verfügbare Sex-Partner:innen; die Grenzen der Selbstkontrolle, des Anstands, der Moral und der Rationalität werden überschritten und Sehnsüchte nach rauschhaften sexuellen Erfahrungen erfüllt – Entgrenzung ist dementsprechend eine dritte Pornofunktion für Jungs.

Zusammengefasst sind es also drei Funktionen, die Pornos den Jungs erfüllen: Entspannung, Entlastung, Entgrenzung

Porno-Initiation – das erste »erste Mal«

Die Jugendphase und das Erwachsenwerden sind durch eine Reihe von Statusübergängen gekennzeichnet. Für das Mannwerden hat die Sexualität einen hohen Stellenwert, sie ist ein Eingangstor in die sexuelle Erwachsenenwelt (Stein-Hilbers 2000, S. 71). Traditionell waren für diesen Übergang sexuelle, Liebes- und Beziehungserfahrungen bevorzugt mit anderen Personen bedeutsam, zumindest solange die Solosexualität so heftig moralisch geächtet war. Dementsprechend ist »das erste Mal« im Reden über Sexuelles ein emotionales, fast schon mythisch aufgeladenes Ereignis, jedenfalls eine definierte Statuspassage (Helfferich 2005). Die Kommunikation unter Jugendlichen besetzt diese Angelegenheit noch einmal mehr, was bei anderen Ereignissen nicht, vor allem nicht so kollektiv geschieht (die erste Fahrt nach der Führerscheinprüfung; die erste selbst bezahlte Pizza). Mit der einfachen Porno-Zugänglichkeit und der tolerierten Selbstbefriedigung hat sich ein weiterer Statusübergang hinzugesellt: der Übertritt zum Pornonutzer, eine Initiation durch und mit anderen Personen oder durch sich selbst.

Sexuelle Initiation ist heute für Jungs nicht mehr (oder nicht nur) der erste Kuss oder das erste Mal, sondern der erste Pornokontakt. Damit wird die Eingangsschwelle zur genitalen Sexualität überschritten und in der Folge mit der intensiven Nutzung von Pornografie wird sie weiter geprägt. Verliebtheit, Schmusen, Knutschen, Fummeln, Petting und dann der erste Penetrations-/Circlusionssex werden dabei natürlich nicht unwichtig, aber relativiert. Anders als in Vorpornozeiten wird die Selbstbefriedigung dadurch teil-enttabuisiert, sie wird beim Gedanken an Pornos mitgedacht, aber selbst nicht angesprochen. Vorher war die erste Selbstbefriedigung keine Initiation. Porno öffnet als öffentliches Medium diese Möglichkeit.

Initiationen begleiten Statusübergänge und tragen dazu bei, sie zu bewältigen. Formale Initiationen sind etwa Prüfungen (Schulabschlüsse, Gesellenprüfung) oder religiöse Bräuche (Konfirmation, Firmung, Bar Mitzwa). Im Lebensverlauf nicht weniger bedeutsam können informelle Initiationen werden (Aufnahmeritual in eine Clique, Mutprobe, erster Sex). Bei der Initiation geht es um den Verlauf des Übergangs: Unerfahrene werden dabei zu Erfahrenen, Nicht-Mitglieder zu Mitgliedern, Nicht-Wissende zu Eingeweihten, ein »Neuling« wird in eine Gemeinschaft aufgenommen usw. Damit sind Initiationen generelle Prozesse in Gruppen und Gesellschaften; sie beziehen sich aber besonders auf den Übergang von Jugendlichen in den Kreis der Erwachsenen. Während »Statusübergang« den Weg beschreibt, zielt Initiation auf Formen der Unterstützung, der Bewältigung oder der Aufnahme.

Etymologisch stammt Begriff vom lateinischen *initium* ab, er bedeutet Eintritt, Einführung oder auch Einweihung. In traditionellen Gesellschaften sind Statusübergänge durch Initiationsrituale geführt und begleitet, sie finden in einem bestimmten Zeitraum oder in einem definierten Lebensalter in kompakter Form statt. In modernen Gesellschaften gibt es Statuswechsel selbstverständlich auch, sie werden nur aufgespalten (z. B. 16. Geburtstag: Alkohol-Status; 18. Geburtstag: Wahlrecht, Führerschein) und lassen sich in kommerziellen Ritualisierungen wiederfinden (freier Eintritt im Club am 18. Geburtstag). Wie Pubertät und Jugendphase selbst, besteht der Statusübergang aus vielen kleinen, heute nicht mehr rituell gefassten (und fassbaren) Schritten der Verwandlung, mit denen ein alter Zustand verlassen und – nach einer Phase des Übergangs – ein neuer erreicht wird (Brunotte 1999). Traditionell regeln Rituale die damit verbundenen Risiken. Nach dem Strukturschema von »rites de passage« (Van Gennep 2005/1909) beinhaltet die Initiation drei Phasen: Trennung, Umwandlung, Angliederung; alle drei Schritte sind im Statusübergang enthalten und werden potenziell als Krise erlebt.

Anekdotische Erinnerungen

In den Interviews haben wir – ursprünglich gedacht als Einstiegsfrage ins Pornothema – nach ersten Erfahrungen mit Pornos gefragt. Von der Präzision der Erinnerungen und der Emotionalität beim Erzählen waren wir überrascht. Die Menge der Antworten und die meistens positive Stimmung verweisen auf die Bedeutung dieser Erfahrung. Sehr viele der befragten Jungs können sich noch gut an ihre erste Erfahrung mit Pornos erinnern, überwiegend als positives, manchmal als neutrales und selten als negatives Ereignis. Die erste Porno-Erfahrung ist für viele Jungs ein Meilenstein, ein Beleg für einen Entwicklungsschritt, auch Verunsicherungen im Übergang selbst werden geschildert. In ihrer Bedeutung ist der erste Porno tatsächlich ein Initiationsschritt in einen höheren Status im Männlichen. Auch die Konstellationen erinnern an bisweilen die Narrative im Zusammenhang mit dem »ersten Mal«: Die Initiation durch eine ältere, erfahrene Person oder das gemeinsame Entdecken (Helfferich 2005); hinzu kommt das Erkunden alleine, gleichsam die Selbstinitiation (beim »ersten Partnersex« durchs Angewiesensein auf eine zweite Person unmöglich).

Die Frage nach der ersten Pornoerfahrung erwies sich als guter Stimulator fürs Nachdenken und Erzählen. Manche Jungs hatten episodenhafte Erinnerungen an den Prozess, wie »man langsam reinkommt«, so erinnert sich Paul: »Irgendwie haben dann Leute so Links rumgeschickt oder gesagt: ›Ja, schau dir das und das mal an!‹ Oder sind vorbeigekommen und man dachte halt, man macht irgendwas Normales mit denen, und auf einmal geben die da irgendwie PornHub ein, und (man) kommt auf diese Seite. Und kommt dann irgendwie so da rein«. Finn vermutet, dass bei ihm der Statusübergang ein »schleichender«

Vorgang war, »ein fließender Übergang zwischen Sachen, die einen interess- – so ansprechen, bis über Softpornosachen, wo es dann irgendwann dann wirklich zum richtigen Porno ging«.

Die meisten der Jungs können sich genau an »ihre« Pornoinitiation erinnern. Manche sind dabei (wie das Team beim Auswerten) überrascht, dass und wie genau sie diese Situation noch im Kopf haben. Meistens waren die Geschichten positiv besetzt, die Jungs sagen das direkt oder unterstreichen ihre gute Laune bei dem Thema durch ihr Lachen. Bei Louis fand das Ereignis auf dem Bolzplatz im Dorf statt, es »war ganz lustig«. Tobias war noch in der Grundschule, auf dem Pausenhoff wurde in der Gruppe auf dem Nokia-Handy eines Geschwisters »nur kurz« ein Porno gezeigt – die Erinnerung blieb. Handys, Schulen und Pausen kommen in den Beschreibungen öfter vor, auch bei Nico »hat ein Klassenkamerad halt in der Pause auf seinem Handy dann eben es – das war das erste Mal«. Auch Moritz erinnert sich noch an seine »aller-allererste Erfahrung«, weil er als Zehnjähriger seinen zwei Jahre älteren Bruder dabei erwischt hat, »wie er sich einen Porno angeschaut hat«. Das hat er sich dann im Cache gesucht und angeschaut, er fand es aber komisch. Aber ein bis zwei Jahre später hat er sich dann doch überlegt, wie so eine Seite aussah und dann gezielt danach gesucht. Sehr häufig gehört die erste Pornoerfahrung zum beschmunzelten Anekdotenschatz der Jungs, sie freuen sich und lachen oft beim Erzählen:

> *»Ja (lacht). Da war ich bei einem Kollegen. Weiß ich nicht, wie alt war ich da – 15 oder 16. Da haben wir zusammen den ersten Porno geschaut. Gute Zeiten! (lacht)« (Jonas).*

> *»Früher hat man (lacht), aus meiner Clique hat man immer Musik gehört, wenn man so zusammen gehockt ist, und der (Name) hat immer Pornos laufen lassen« (Fabian).*

> *»Oh ja, das weiß ich noch. Ich war neun (…). Da war ich auf jeden Fall noch in der Grundschule, in der dritten Klasse bestimmt« (Alexander).*

Auch der Pornopraktiker Steve Holmes erinnert sich noch genau an seine Porno-Initiation. Er war elf, hat im Schlafzimmer der Eltern nach Schokolade gesucht und hinter der Unterwäsche seines Vaters dann Pornohefte gefunden: »Ich war begeistert, ich war – schockiert würde ich jetzt nicht sagen, aber vielleicht ist das Wort gar nicht so falsch, also aber im positiven Sinne schockiert, so nach dem Motto: dass es sowas gibt, hätte ich mir nie gedacht!«

Dass sich Jungs gar nicht erinnern, ist eher die Ausnahme, Florian zum Beispiel weiß es nicht mehr oder aber er mag sich in der Interviewsituation lieber nicht mehr erinnern. Vielleicht war die erste Pornoerfahrung für einzelne Jungs auch nicht so wichtig, dass sie im Gedächtnis abgelegt werden musste. Während sich die meisten Jungs ziemlich genau an Situationen und Personen erinnern, bleibt das Alter damals oft vage, es gibt nur grobe Referenzdatierungen (z. B. »noch in der Grundschule«). Einige wissen es einfach nicht mehr, andere legen es in Zeiträume von zwei, drei Jahren; manche Jungs erschießen es sich aus der Situation, die sie erinnern. Zusammengefasst ergeben sich bei denen, die das Alter nennen können oder grob erinnern, drei etwa gleich starke Gruppen: Jungs, die ihre Porno-Initiation mit 10 oder 11 Jahren, mit 12 oder 13 Jahren und mit 14 oder 15 Jahren erlebt haben. Mit neun Jahren (zwei Jungs) fängt es langsam an und mit 16 Jahren (einer) hört das Alter dieser Ersterfahrung auf, weil die meisten Jungs bis dahin schon definierten Pornokontakt hatten.

Diese Verteilung bildet sich in der quantitativen Studie ähnlich ab: Zwischen 12 und 14 Jahren findet bei fast zwei Dritteln der Jungs ihr erster Kontakt mit Pornos statt, der Gipfel liegt bei 13 Jahren, über ein Viertel kommt in diesem Alter erstmals mit Pornos in Berührung. Kumulativ betrachtet haben mit 13 Jahren etwa zwei Drittel der Jungs (65,7 %) bereits mindestens einmal einen Porno angeschaut, im Alter von 14 Jahren sind es schon deutlich mehr als vier Fünftel (84,7 %).

Abbildung 12: Alter beim ersten Porno (in %)

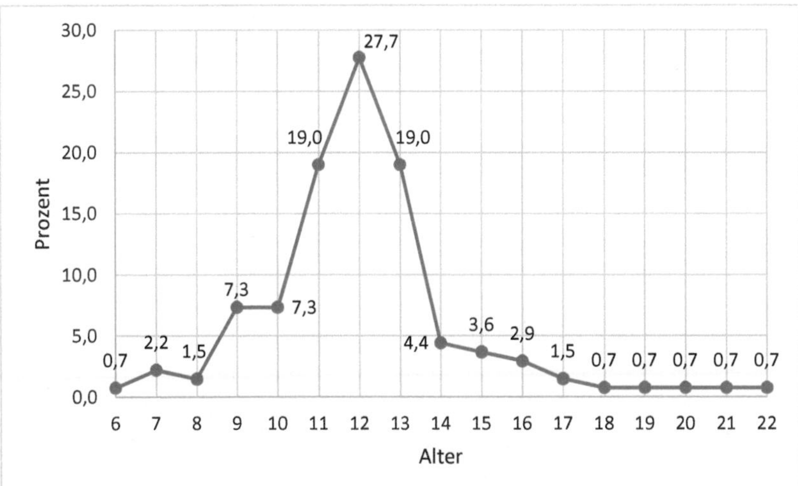

Wenn sie auch zum Teil vielleicht erstmal überrascht oder peinlich berührt waren: die Mehrzahl der Jungs bewertet die Erfahrung ihrer Porno-Initiation im Rückblick als positiv. Häufig schildern sie, wie sie »darüber gelacht« haben oder dass sie das »witzig« fanden, vermutlich auch deshalb, weil die Intimität der sexuellen Erregung ein Widerspruch zur sozialen Situation mit Gleichaltrigen darstellt. Stellvertretend sagt Jonas: »es war eher witzig, also es war jetzt nicht unangenehm oder so«.

Aber nicht für alle Jungs war die erste Pornoerfahrung ein angenehmes oder von der Bewertung her eindeutiges Erlebnis. Manchmal »springt« die Bewertung, wodurch eine Ambivalenz deutlich wird, etwa zwischen »voll fasziniert« und »noch eklig« oder »lustigen« und »gar nicht lustigen« Facetten des Erlebnisses. Leon erzählt zum Beispiel: »Wir waren alle voll fasziniert. Oder ich fand's noch eklig, weil ich war da relativ jung (lacht)«. Einige der Jungs waren verstört, sie empfanden vor allem das Verhalten der Gleichaltrigen als problematisch, wie Sebastian: »Dann so hauptsächlich Sachen, die man damals lustig fand, so, also, die andere lustig fanden – ich fand die nie besonders lustig (…). Ich war eher verwirrt, die Leute fanden das natürlich lustig«. Auch für Cem war es so: »Das war auch keine schöne (Erfahrung), muss ich sagen. Das war einfach so ein Zwang, so ein Gruppenzwang. Ich habe keinen Spaß daran gehabt, ich fand es komisch, dass man da irgendwelchen Leuten zuschaut (…). Ich muss sagen, in dem Alter konnte ich es gar nicht so richtig verstehen«. Lediglich ein Interviewpartner, der damit eine Ausnahme repräsentiert, berichtet von einer eindeutig negativen Erfahrung der Porno-Initiation, bei der ihn ein erwachsener Mann ungewollt mit einem Pornovideo konfrontiert hat, eindeutig ein Fall einer sexuellen Grenzverletzung, Louis berichtet: »Und da hat er mir auf seinem Handy so ein Video gezeigt, was ich halt so ein bisschen verstörend fand, also, ich konnte das in dem Alter noch nicht einordnen, was das überhaupt sein soll, es war auf jeden Fall verstörend«.

Auch in der quantitativen Studie haben wir nach der Bewertung der Porno-Initiation gefragt: »Wie war das Erlebnis für Dich, wie hast du deinen ersten Pornokontakt in Erinnerung?« Dabei haben wir wieder ein Kontinuum in sechs Schritten vorgegeben, von sehr negativ bis sehr positiv. Die Ergebnisse stimmen mit den Trends im qualitativen Teil überein; vier Fünftel der Jungs, also die große Mehrzahl, bewerten ihre Porno-Initiation als etwas Positives, ein knappes Fünftel liegt im negativen Bereich, nur 3 % werten dieses Ereignis als »sehr negativ«. Die Gruppe der Jungs, die Sex als wichtig fürs eigene Männlichsein sehen, bewerten ihr erstes Porno-Erlebnis noch positiver (84 %, gegenüber 73 % der Jungs, die Sex fürs Männlichsein als nicht so wichtig betrachten).

Abbildung 13: Bewertung des ersten Pornokontakts • positive und negative Bewertungen (in %)

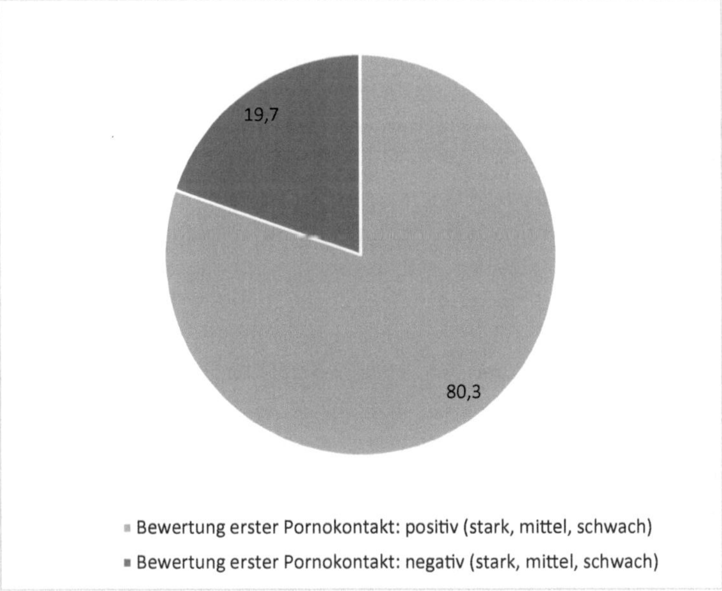

Soziale Situation der Porno-Initiation

Der Statusübergang selbst, also das Vorher, Während und Nachher, wird in den Berichten der Jungs nicht reflektiert (und im Interview auch nicht nachgefragt). Der Vorgang ist mehr spürbar oder wird an der einen oder anderen Stelle durch eine Formulierung deutlich, zum Beispiel, wenn bei Fabian die erste Porno-Erfahrung »die Tore aufgemacht« hat; auch der Wunsch, dazuzugehören und wissen zu wollen, wovon die anderen da reden wird benannt, zum Beispiel von David. Dagegen wusste Marc, dass Pornografie »was Verbotenes« oder »so ein Tabu-Thema war« und dass seine Eltern es »nicht gestatten würden, das anzuschauen«. Am deutlichsten wird der Statusübergang jedoch daran, wie Jungs im – noch nicht allzu großen – Abstand über ihren Eingang in die Pornoerfahrung sprechen. Der fast schon standardisierte Ablauf der Porno-Initiation folgt dem Muster von Trennung, Umwandlung und Angliederung:

- Bei den Jungen entwickelt sich altersentsprechend ein gewisses Grundinteresse, das die Trennung vom kindlichen Blick auf Sexuelles und der Wahrnehmung von Sexualität einleitet.
- In der Phase der Umwandlung kommen sie in Kontakt mit pornografischen Medien, dies geschieht meistens durch eine andere Person oder durch mehrere, meist Gleichaltrige; durch sie werden Jungen bzw. männliche Jugendliche inspiriert, informiert oder eingeführt; oder aber sie suchen selbst danach oder stoßen »zufällig« allein auf Pornos.
- Nun suchen die Jugendlichen allein und aktiv weiter, um die Pornos für die Selbstbefriedigung zu nutzen; die Angliederung an die Gruppe der Wissenden ist abgeschlossen, der neue Status erreicht, Pornonutzung wird alltäglich.

Vom sozialen Setting her erzählen Jungs am häufigsten von der Porno-Initiation mit mehreren, meistens gleichaltrigen oder etwas älteren anderen Jungs (auch bei Schmidt/Matthiesen 2011, S. 367), etwas weniger von Erfahrungen mit einer, ebenfalls meist gleichaltrigen oder einer etwas älteren weiteren Person; am wenigsten findet die allererste Pornoerfahrung selbstständig und allein statt. Pornos sind allerdings »Jungssachen« (vgl. ebd., S. 354); keiner der Befragten berichtet von einer ersten Porno-Erfahrung gemeinsam mit einem Mädchen oder einer Frau (was bei der späteren Nutzung durchaus vorkommt und, wenn auch eher selten, von Jungs berichtet wird).

In traditionellen Stammes-, wie auch in individualisierten Gesellschaften können Gleichaltrige bei Initiationen Funktionen übernehmen, als einzelne Personen oder als Gruppe. Neben der Bedeutung für die gelingende Bewältigung der Initiation können sie aber auch sozialen Druck ausüben, indem sie anspornen, Normen vermitteln und vertreten oder Unerfahrene abwerten. Gerade von Gleichaltrigengruppen gehen bezogen auf Status-Passagen oft starke Normierungen aus. Jungs sind dem nicht unbedingt ausgeliefert, sie lernen dabei einerseits die Normen, andererseits sich abzugrenzen, um ihr Eigenes zu entwickeln. Gleichzeitig können Normierungen sie auch unter Druck setzen oder ausgrenzen. Beide Momente, sowohl Entlastung als auch Druckausübung durch die Gleichaltrigengruppe werden von den Jungs in Bezug auf die Porno-Initiation berichtet. Die Peers stellen dabei einen Möglichkeitsraum dar, in dem es die richtigen Kontakte gibt, die eine Entwicklung initiieren: Niklas erzählt von diesem Netz, in dem »irgendjemand einen größeren Bruder« hat, der »irgendwie sich mehr auskennt, als der Rest«, dadurch werden nützliche Informationen zugänglich, »dann kommt man irgendwie auf diese Seiten, also kann anfangs vielleicht noch gar nicht so viel damit anfangen (…), sondern das kommt dann mit der Zeit«. Als Leon mal mit Freunden zusammen war, war auch der große Bruder eines Freundes dabei, »und der hat uns dann irgendwas gezeigt«. Als er noch jünger war, bekam Sebastian erstmals unter Gleichaltrigen Porno-Ausschnitte zu sehen, die »man« damals lustig fand, »hey, guck mal hier, Pornos« – und stellt dann fest, dass die anderen das gut fanden, er selbst aber nicht. »Wir waren mehrere«, erinnert sich Fabian, er betont, dass sie dabei nicht masturbiert hätten, sie sich die Pornos »einfach angeguckt und uns darüber belustigt« hätten. Einen richtigen Gruppenzwang hat Cem ausgemacht, er hatte keinen Spaß bei dieser Aktion und fand es »komisch, dass man da irgendwelchen Leuten zuschaut«.

Die Gruppenform der Porno-Initiation findet im Alltag und nebenbei statt, beim Zusammensein oder gemeinsamen Rumhängen; wie in der Clique bei Fabian, wo »man« immer Musik hörte, wenn die Clique zusammen war, und bei dieser Gelegenheit hat einer der Jungs »immer Pornos laufen lassen«. Die stützende Funktion der Gleichaltrigen hat Cem erfahren, die Gleichaltrigen klären ihn auf, sie erläutern Porno-Effekte und den Umgang damit: »Und wir haben dann diesen Porno angeschaut und ich habe dann eben die Wirkung eines Pornos gespürt äh, dass ich eben erregt wurde und dann wurde mir erklärt von meinen Freunden, die eben schon Erfahrung hatten, so wie ich es bemerkt hatte, dass man erst dann, wenn man eben erregt ist durch den Porno, dann auf Toilette gehen müsste und sich da dann befriedigen müsste«.

Manche Jungs berichten von einem Übergang aus der Familie (mit ihren Prinzipien und Normen) heraus, die in diesem Initiationsschritt verlassen wurde, in die Gleichaltrigenkultur:

> *»Was auch eine lustige Geschichte ist, und zwar – ähm – wir waren halt auf dem Bolzplatz mit Freunden, da haben wir halt gekickt, äh, und dann so in der Pause, als wir was getrunken haben, dann hieß es halt von dem einen Kollegen: ›Hey (Name), so, machst du es dir eigentlich selbst?‹ oder so. Und dann habe ich gesagt: ›Warum soll ich das machen, ich bin doch nicht pervers (lacht)‹. Also, das – da, da merkt man schon die sehr moralische Erziehung, die ich da genossen habe. Äh und dann hatte er quasi diese Idee, mir in den Kopf gesetzt und dann hat man halt so ein bisschen gesucht im Internet, und dann war man halt auch sehr schnell fündig« (Louis).*

Die zweitgrößte Gruppe der Jungs hat die ersten Pornoerfahrungen mit einer Einzelperson gemacht, einem Freund, Klassenkameraden oder mit dem Bruder. Jonas erinnert sich offenbar gern an diese Lebensphase, er lacht dabei und erzählt: »Da war ich bei einem Kollegen, weiß ich nicht, wie alt war ich da (war), 15 oder 16. Da haben wir zusammen den ersten Porno geschaut. Gute Zeiten (lacht)«. Marc hatte einen um vier Jahre älteren Kumpel, der eine VHS-Kassette gefunden hatte, auf der Hülle waren nackte Frauen abgebildet. Sie haben sich »dieses Video angeschaut und es war eigentlich nicht so der Sexualtrieb, der uns dazu getrieben hat, oder mich zumindest«. Im Zweiersetting liegt bei sexuellen Themen auch Homosexualität in der Luft. Wohl deshalb betonen einige der Erzähler, dass es in der Situation nicht praktisch sexuell wurde. Felix zum Beispiel erzählt: »Also wir haben uns jetzt irgendwie auch nicht angefasst oder so« und fand das »voll die komische, ja, interessante erste Erfahrung«. Das Ungewohnte oder Peinliche an der Situation wird oft weggelacht oder mit dem Lachen auf Distanz gebracht; Daniel erinnert sich, dass ihm ein älterer Kumpel »das dann irgendwie gezeigt« hat, sie haben sich den »Porno angeschaut und waren dann so: ›hehehe, voll geil‹«. Auch hier gibt es die Nebenbei-Erfahrungen, wenn Nico einfach von einem Klassenkameraden in der Pause auf seinem Handy »dann eben es (einen Porno-Ausschnitt)« gezeigt hat. Und praktisch sind offenbar auch größere Brüder, Moritz hat seinen »halt erwischt, wie er sich einen Porno angeschaut hat«.

Seltener finden sich bei den interviewten Jungs Erinnerungen an eine selbstständige Einführung in die Welt der Pornos, gewissermaßen eine Selbst-Initiation, die sich aus sexueller Neugier oder ohne (erinnerten) Anstoß von außen ergibt. Justus hat zwar keine genaue Erinnerung mehr, aber er vermutet, dass er den ersten Pornokontakt bei sich im Zimmer am PC hatte; Jakob ist sich sicher, dass er »das selber angemacht (hat), das ist von niemandem angeschickt gekommen«. Als erste Pornoerfahrung fällt Tom sein Vorgehen ein, »einfach so in Google eingeben, irgendwas mit Sex oder Porno – oder (…) irgendwas mit nude oder so, das zog mich an«. Auch dabei muss es nicht eine Schlüsselsituation geben, die erinnert wird. Bei Luca war das »kein konkretes Erlebnis, sondern – man hat halt irgendwann mal festgestellt (…), dass man relativ einfach an Pornos rankommt und auch nichts Schlimmes passiert, wenn man diese Seiten im Internet aufruft«. Medienerfahrungen wurden öfter als Initialzündung und Anstoß geschildert, um danach selbstorganisiert weiter zu suchen. Linus erzählt von Kinox und illegalen Filmen, wo dann pornografische Werbung eingespielt wurde; die mediale Porno-Initiation für Florian »war in Filmen vermutlich. Oder so was wie Bravo, wo dann Nacktbilder dabei waren«.

Abbildung 14: Soziales Setting: erster Porno (vorgegebene Kategorien, Angaben in %)

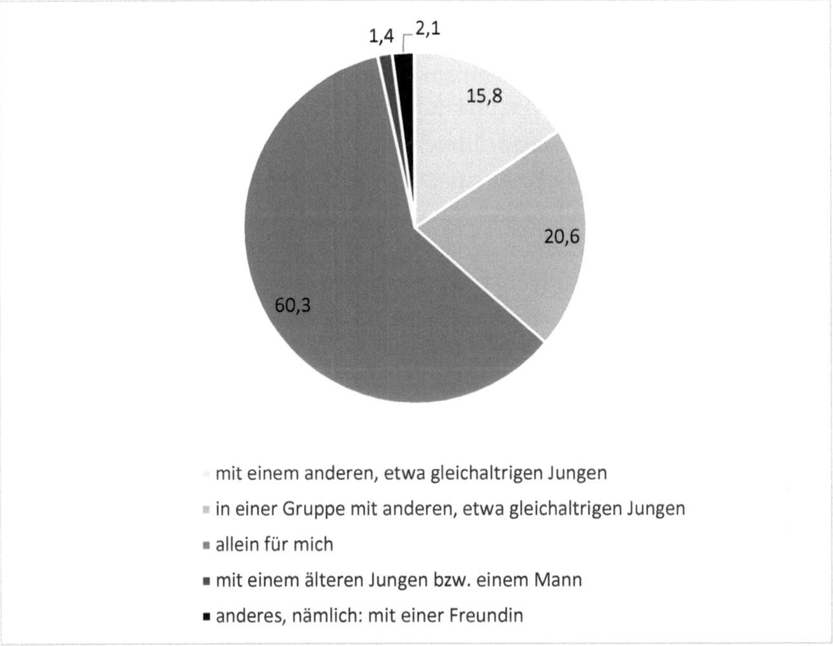

Häufig gab es bei den Interviewpartnern einen tatsächlichen Erstkontakt mit erotischem oder pornografischen Material mit einer anderen Person – Gleichaltrige, Bruder oder sogar einmal das Ertappen der Mutter – oder mit der Clique. Nach dieser »Initialzündung« haben die Jungs dann selbst gezielt weitergesucht, auch um im intimen Raum Pornos für die Selbstbefriedigung zu nutzen. Dass sein Freund ihm »die Idee quasi in den Kopf gesetzt hat«, erinnert sich Louis, »und dann hat man halt so ein bisschen gesucht im Internet, und dann war man halt auch sehr schnell fündig«. Moritz war einfach neugierig und hat sich gefragt, was es ist, was der ältere Bruder da eben angesehen hat; danach ist er an den PC und hat im Verlauf nachgeschaut. Und Lennard kam ins Zimmer, als seine Mutter im Internet war, dabei hat er sexuelle Werbung auf dem Bildschirm gesehen: »This was the first time I saw a pair of tits that was not in a book and belong to a real human being«. Danach hat viel Zeit damit verbracht, dieses Video zu finden, stolz und lachend erzählt er, dass er das am Ende auch geschafft hat.

Anders als in den Interviews war die Gewichtung der sozialen Situationen der Porno-Initiation in der quantitativen Studie. Hier war die selbstinitiierte Pornonutzung am häufigsten; der Grund dafür ist unklar, möglicherweise haben Jungs die Frage online als »Pornonutzung mit Masturbation« interpretiert.

Porno als Statusübergang

Ob gezielt gewollt oder nicht, ob als angenehme Erfahrung oder eher verstörend: Die Porno-Initiation hat sich zu einem Status-Übergang entwickelt, ein Schritt ins sexuelle Mannwerden. Wenn sie (noch) nicht stattgefunden hat, wenn Jungs die Porno-Initiation nicht schon »hinter sich« haben, sind sie ab einem gewissen Alter potenziell Abwertungen ausgesetzt, weil sie nicht zu den Erfahrenen, Initiierten gehören und deshalb nicht kompetent mitreden können. Damit ähnelt die Bedeutung der Porno-Initiation der des »ersten Mals« mit einer weiteren Person, liegt aber zeitlich deutlich früher. Der erste Pornokontakt findet heute oft vor dem ersten Kuss und meistens lange vor dem ersten Sexualverkehr statt. Damit wird auf der sexuellen Entwicklungslinie die Porno-Initiation zum ersten »ersten Mal«, der erste Sexualverkehr mit einer anderen Person zum zweiten »ersten Mal«.

Dass Porno-Initiation bei Jungen bzw. männlichen Jugendlichen ein Statusübergang werden konnte und einen eigenen Stellenwert erhalten hat, ist maßgeblich darauf zurückzuführen, dass Pornos im Internet einfach und in unbegrenzter Menge zu bekommen und auf mobilen Endgeräten verfügbar sind. Die soziale Eingangsschwelle zur genitalen Sexualität wird mit der Pornonutzung und der Selbstbefriedigung überschritten; in der Folge wird die Masturbationspraxis der Jungs mit der Nutzung von Pornografie weiter geprägt. Erotisch-sexuelle Erfahrungen wie Küsse, Fummeln, Petting oder der erste Penetrations- bzw. Circlusionssex bleiben erstrebenswert, werden aber relativiert.

Weil das Pornieren ab einem gewissen Alter viel häufiger ist, als dies nicht zu tun und pornoabstinent zu bleiben, und weil Jungs relativ selbstverständlich dazu stehen (Matthiesen 2013a, S. 159) – auch ein Zeichen für die allgemeine soziale Erlaubnis dieser Sexualpraxis –, bekam der Porno-Solosex einen eigenen Status, als legitime zweite Option männlicher Sexualität. Ab dem Moment der Pornoinitiation beginnen Jungs, sich in dieser neuen Medienwelt die nötigen Grundkompetenzen zu erwerben – allerdings ohne dabei auf Unterstützung oder Orientierung hoffen zu können.

Porno-Risiken (Sophia Hamdorf)

Nahezu alle Befragten lassen ein (auch) kritisches Bewusstsein gegenüber Pornos und dem eigenen Porno-Konsum erkennen. Häufig wird Porno-Kritik bereits vor der Impulsgabe durch die interviewende Person geäußert. Viele junge Männer haben sich schon kritisch mit dem Thema auseinandergesetzt und sehen Risiken im Porno-Konsum. Einige reflektieren ihre eigene Porno-Nutzung, beziehen den kritischen Blick aber häufiger auf andere und weisen – beispielsweise in der Third-Person-Perspektive – beim Rat an Jüngere auf die Nachteile und Gefahren des Porno-Konsums hin. Die Befragten befinden sich oft in einem kritisch-ambivalenten Verhältnis zu ihrer eigenen Porno-Nutzung. Ihnen ist bewusst, dass ihnen Pornos nicht guttun, sie nutzen sie aber trotzdem: So steht ihr Porno-Konsum steht oft im Widerspruch zu wahrgenommenen Risiken und Nachteilen.

Eine der am häufigsten genannten Gefahren der Porno-Nutzung ist für die Befragten die Abhängigkeit von Pornos, sie verwenden häufig den Begriff »Porno-Sucht«. Pornografische Inhalte haben für sie ein ernstzunehmendes Suchtpotenzial und so könne es rasch passieren, dass aus häufiger Nutzung Abhängigkeit entsteht. Man müsse den eigenen Konsum im Blick haben und kontrollieren können, um zu verhindern, dass es zur Sucht kommt. Für die Nutzerperspektive wirken diese Schilderungen wie eine heimliche Bedrohung durch die Pornos, wenn auch nur ein bisschen, wie bei Moritz: »Man merkt auch ein bisschen, dass man süchtig ist und süchtig sein ist nie gut«. Die Suchtgefahr, welche von Pornos ausgeht, wird von einigen Befragten als körperlicher Drang beschrieben, auch auf hormoneller Ebene. Sie erleben das Pornoschauen als Kick zum Erleben von Glücksgefühlen. Der Ausschuss von Glückshormonen wird für sie ein Treiber, der suchtartig werden kann. Die Befragten sprechen dabei über Pornos wie über eine Droge, denn man kann sogar »rückfällig« werden. Das hat auch Max erlebt: »Ich mache das an mir fest, da ich das bestimmt über ein Jahr lang jeden Tag gemacht hab. Es war zu viel und man gewöhnt sich ganz einfach daran, jeden Tag diesen Dopamin Ausschuss zu haben«.

Die Porno-Sucht als zentrale Porno-Gefahr wird von den Jungs vielleicht auch deshalb besonders häufig und in Form eines spürbaren, körperlichen Erlebnisses thematisiert, weil einige selbst bei sich Suchttendenzen beobachten konnten, insbesondere im Rückblick, so auch Louis: »Vor allem in der Jugendzeit fiel es mir schon schwer, da quasi loszulassen, also das nicht zu machen, auch wenn ich mir vorgenommen habe, das eine gewisse Zeit lang nicht zu machen. Da hat man – wurde man halt da immer rückfällig. Und das war so eher die schlechte Erfahrung, das war auch so das erste Mal, dass man so gemerkt hat, dass man so suchtanfällig ist – also dass, oder dass Pornos süchtig machen können quasi«.

Egal ob wenig oder viel sexuelle Erfahrung, für die Befragten besteht der Konsens, dass Pornos nicht die Realität abbilden, sondern ein falsches, unwirkliches, gar surreales sowie idealisierendes und übertriebenes Bild von Sexualität vermitteln. Der klare Verweis auf die Realitätsferne von Pornos unabhängig von eigenen sexuellen Erfahrungen und damit der Möglichkeit eines »Realitäts-Checks« zeigt, dass das Wissen über die Unwirklichkeit von Pornos vor allem auf dem gesellschaftlichen Porno-Diskurs und weniger auf eigenen Erfahrungen beruht. Dass möglicherweise gerade das Unrealistische den Reiz von Pornos ausmacht, wird nicht reflektiert, stattdessen wird das Unrealistische häufig kritisiert, wie von Justus, der sagt: »Also bei 'nem Porno, da werden (...) dass da halt irgendwie so ja komplett die falsche Realität vermittelt wird!«

Insbesondere bei häufigem Porno-Konsum sehen Jungs die Gefahr des Realitätsverlustes, wie es Florian berichtet: »Da verschwimmen irgendwo so die Grenzen zwischen Realität und Traum. Also wenn man zu viele Pornos guckt, dann hat man natürlich auch andere Vorstellungen davon, wie ist die Wirklichkeit«. Das Risiko des falschen

Bildes besteht schon vor der Erfahrung mit Partnersex; Tim fasst zusammen: »Der Großteil der Jungen in meinem Alter (hat) schon Kontakt dazu (...), bevor er seine ersten sexuellen Erfahrungen gemacht hat. Das heißt, du kriegst ja ein völlig falsches Bild, so gesehen, vermittelt«.

Was Pornos als unrealistisch enttarnt, ist die professionelle und industrielle Inszenierung von Sex mit Schauspieler:innen und nicht mit »echten« Menschen. Selten wird von den Befragten explizit gemacht, was genau in Pornos »unrealistisch« oder »falsch« dargestellt wird. Es lässt sich jedoch eine Tendenz heraushören, dass für die Befragten realer Sex mehr in einem partnerorientierten Setting stattfindet, in welchem Romantik eine wichtige Rolle spielt, ebenso wie Empathie und das Ausdrücken zärtlicher Emotionen. Beim Porno fehlt so etwas, nämlich »Berührung und alles«, wie es Florian skizziert, und was übrig bleibt, sieht Justus so: »Das hat ja meistens wirklich nichts mit (lacht) mit der Realität zu tun, das ist ja nur reines, reines Rumgeficke«.

Pornogier, Pornorausch, Pornomacht

Jungs nutzen Pornos, um Bedürfnisse zu befriedigen. Davon liegen einige auf der Hand (wörtlich und sinngemäß), viele andere wirken aber unreflektiert und unterbewusst; Pornonutzen beruhigt innere Spannungen, stellt eine Verbindung zum eigenen Körper her, befriedigt Neugier, Lüste und beantwortet oder besänftigt zumindest eine unangenehme Frage: Bin ich genug männlich? Deshalb üben Pornos auf Jungs eine starke Anziehung aus. Nicht nur zwischen Porno- und Partnersex, auch innerhalb ihres Pornoversums befinden sich Jungs in einem schwer zu vermittelnden Zwiespalt und verfolgen zwei Strebungen die nicht zusammenpassen: zwischen ihrem Anspruch zur Pornovernunft und ihrer Pornogier, was auch ein Konflikt zwischen Kontroll- und Dominanz-Männlichkeit darstellt.

Pornos sind »Bauchsex«, bei dem Vernunft und Nachdenken stören, Dialoge, Reflexionen oder theoretische Ausführungen sind weniger gefragt. Von der vernünftigen Seite her müssten Jungs, das wissen sie, auf Pornos verzichten, aber Reiz und Macht der Pornos sind stark. Um mit dieser Porno-Ambiguität umzugehen, schalten Jungs die Urteilskraft aus, so lange ihre Pornogier herrscht. Louis ist dieser Mechanismus aufgefallen: »Ich habe dann schon gemerkt, also auch in den schmalen Entwicklungen quasi, dass ich mir manchmal Sachen angeschaut hab, wo ich mir gedacht habe: okay, normalerweise würde ich das jetzt nicht so attraktiv finden«. Im übrigen Alltag pflegen Jungs die Pornovernunft und versuchen, ihre Pornogier zu verdrängen, sie zu kontrollieren oder zu leugnen.

Geheimgang zum Männlichen

Was Jungs nicht reflektieren, was aber (deshalb) den Kontrollverlust beschleunigt und einen Teil der starken Attraktivität von Pornos ausmacht, ist ihre Funktion für das Männlichsein der Jungs. Schon das Pornonutzen selbst definiert Jungs männlich, alleine durch die genderbezogene Zuordnung als »Jungssache«. Mit der Porno-Initiation überschreiten Jungs die Schwelle, Pornos in diesem Sinn zu nutzen. Im Reden über Pornoerlebnisse und -inhalte oder die »Post-Nut-Clarity« (vgl. Anmerkung 6 auf S. 31; siehe Kapitel »Erwachen schlechter Gefühle« auf S. 160) werden männliche Erfahrungen geteilt und geschlechtliche Zugehörigkeit entsteht. Zusätzlich wird die Pornowelt aber über ihre Inhalte zu einem Reservat für Dominanz-Männlichkeit: Wo diese auch mit ihrer sexuellen Dominanz in der Kritik steht, bietet das Pornoversum einen sanktionsfreien Raum, in dem sexuelle Größenfantasien (z. B. die Verfügbarkeit vieler Frauen), sexuelle Wünsche und Möglichkeiten ungehemmt und schamlos, ohne Schuldvorwürfe und Grenzen sein dürfen (vgl. Dannecker 2017, S. 89 ff.).

Das Pornoversum ist ein männlich definierter Raum, zum Beispiel durch die Ausrichtung auf männliche Sehgewohnheiten und -interessen oder durch die entwertende und vulgäre Sprache, nicht nur im Porno selbst, auch bei den Titeltexten zu den Clips. Pornos übersteigern kommunikative Muster, die sich auch in Jungsgruppen finden; beides wird zu einem Rückzugsort für öffentlich diskreditierten Seiten der Dominanz-Männlichkeit. Hinzu kommt, dass es Pornos indirekt erlauben, dem männlichen sexuellen Körper zu begegnen und sich mit ihm zu befassen, ein legitimen Zugang zu einem Bereich, der traditionell als homosexuell abgewertet ist. Durch ihr Pornonutzen öffnet sich für Jungs eine Hintertür, die zu einem Geheimgang zu medialen Räumen des Männlichen führt, wie auch zu einem Teil ihrer Sexualität, der über die Kontrollmännlichkeit negativ belegt und deshalb für Jungs irritierend ist, zu Bedürfnissen, die nicht legitim erscheinen.

> *Pornos bieten Jungs zeitweilig Zugänge zu verdeckten, im bewussten Alltag verbotenen Aspekten des Männlichen und ihres Männlichseins: zu Bedürfnissen, Sehnsüchten oder emotionalen Zuständen.*

Beim Pornonutzen werden – im deutlichen Kontrast zum Partnersex (s. u.) – Nachdenken und Leistungsdruck ausgeschaltet, Erwartungen, die an Jungs »als Männer« gestellt werden. Diesen Vorteil der Pornos beschreibt Philipp eindrucklich, beim Partnersex muss er sich »nämlich auf einmal Gedanken machen: Bin ich männlich genug? Kann ich gerade Leistung bringen? Und der andere Scheiß. Wenn ich einen Porno schaue ist es sehr bequem. Dann zieh ich mir des einfach rein. Es gibt keinen, der mich jetzt dafür judgen kann, außer ich danach so (…). Also, ist mir gerade so aufgefallen, Pornos die das Problem beseitigen, das ich sonst vielleicht beim realen Sex hab'«. Beim Pornonutzen geht es Jungs nicht (oder nur bei einem kleinen Teil) um Dominanzwünsche, sondern eher um die Erlaubnis von etwas Verbotenem, um eine unkontrollierte, leistungs- und belastungsfreie Sexualität. Im Solosex mit Pornos entlasten sich Jungs von Kontrollen, Kultivierung oder männlichen Leistungserwartungen. Eine verdeckte Sehnsucht ist es, mit Pornos zu einer unbelasteten, »puren« Sexualität zu gelangen. Jungs geht es auf einen Begriff gebracht ums Ficken. Steve Holmes sieht darin einen Kern der Attraktivität von Pornos: »Da kommen einfach Leute die, ficken. Das ist, was viele sich wünschen, was aber außerhalb ihrer Realität ist«.

Auch wenn Jungs Pornorisiken und -kritik aufsagen: Immer wenn sie über ihr Pornoverhalten sprechen und reflektieren, reden sie über einen Teil ihrer eigenen Sexualität, also über sich selbst. Es gibt etwas in ihnen, was beim Pornonutzen kurz leben darf, dann aber wieder fest verpackt und beiseite gestellt werden muss. Erst dadurch kann es aber eine so starke und für Jungs oft nicht erklärbare Macht entwickeln. Solche nicht bewussten, bisher kaum reflektierbaren Momente sind es, die es Jungs erschweren, ihre Lust auf Pornos zu verstehen und damit auf eine gute, das heißt nicht verdrängende oder abspaltende Weise umzugehen. Natürlich nicht alle, aber viele Jungs sind an dieser Stelle mit sich unzufrieden und unklar. Sie nutzen Pornos, wollen aber »eigentlich« nicht so viel oder auch bessere Pornos verwenden als sie es tun und stecken in diesem Dilemma fest.

Nach unseren quantitativen Zahlen will über die Hälfte der Jungs »eigentlich nicht so viel Pornos nutzen« (starke, mittlere und schwache Zustimmung zusammengefasst), wie sie es aktuell tut, davon 17 % mit der stärksten Zustimmung »stimmt genau« und 22 % mit der zweitstärksten Zustimmung. Scham über ihr Pornonutzen empfindet nur etwas mehr als ein Fünftel der Jungs, aber ein schlechtes Gewissen hat ein knappes Drittel.

Abbildung 15: Haltung zur eigenen Pornonutzung • positive und negative Wertungen (in %)

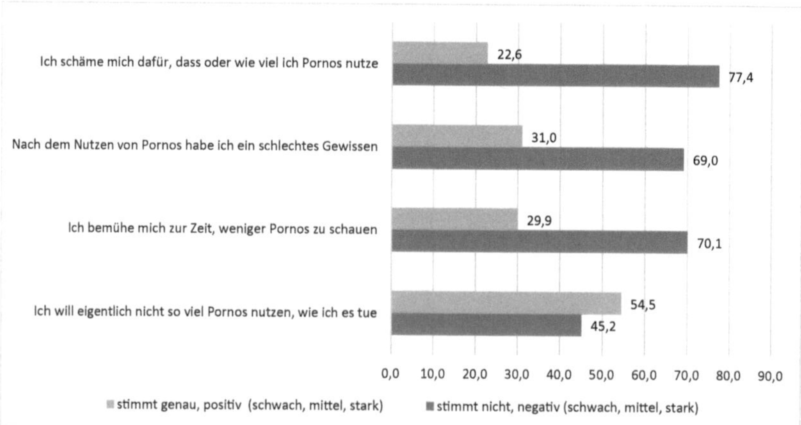

Vor allem bei Jungs, die nach ihrer Einschätzung zu viel Pornos nutzen, sind Problemeinsicht und Leidensdruck deutlich zu erkennen. Die Viel-Pornonutzer wirken emotional gebeutelt: Sie haben dreimal mehr ein schlechtes Gewissen als die Wenignutzer, sie schämen sich doppelt so oft; fast viermal häufiger sagen sie, dass sie eigentlich nicht so viel Pornos nutzen wollen, und zweieinhalb mal so viele versuchen derzeit, weniger Pornos zu schauen.

Abbildung 16: Haltung zur eigenen Pornonutzung • Gruppenvergleich »Vielnutzer«/»Wenignutzer« • Zustimmung addiert: schwach, mittel, stark (in %)

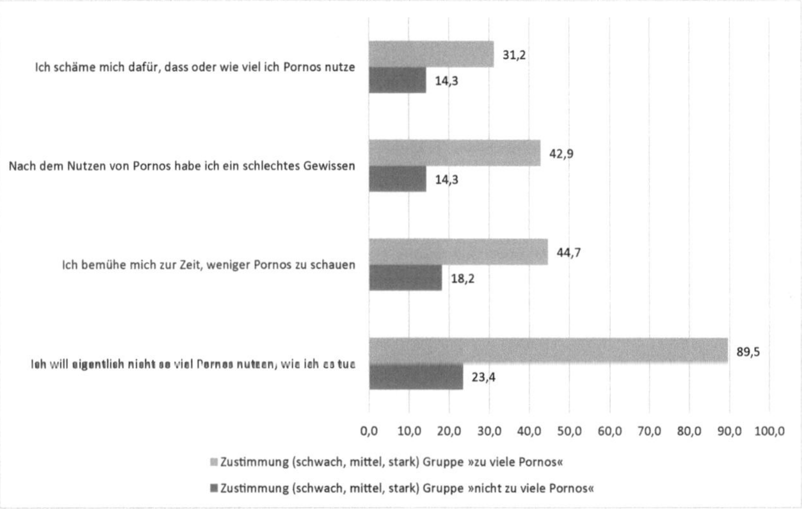

Pornokontrollverluste

Viele der Jungs in den Interviews werten ihren eigenen Pornokonsum als zu hoch, sie würden ihn gerne reduzieren, weil sie nach ihrer eigenen Einschätzung Pornos zu häufig nutzen. Das ist keine neue Erkenntnis, auch in der Studie zur Studierendensexualität beurteilen viele der jungen Männer die Nutzungshäufigkeit oft kritisch, über ein Drittel (38 %) finden sie zu hoch (bei den pornonutzenden Frauen sind es nur 17 %). Die »Problematisierung des Pornokonsumverhaltens (ist) bei Männern weit verbreitet: Die Hälfte aller Studenten haben sich schon einmal vorgenommen, den eigenen Konsum einzuschränken; ein Drittel hatte schon einmal das Gefühl, den Konsum ›schwer kontrollieren‹ zu können« (Böhm/Matthiesen 2017, S. 85). Kontrollverlust beim Pornonutzen ist für Jungs ein bekanntes Problem, das in den qualitativen Interviews oft benannt wird und auch in unseren quantitativ erhobenen Daten abgebildet wird, mit sogar noch höheren Zahlen: Über zwei Drittel der Jungs hat es sich schon einmal vorgenommen, den Pornokonsum einzuschränken und 30 % der befragten Jungs bemühen sich aktuell, weniger Pornos zu nutzen. Mehr als vier von zehn Jungs sagen, sie hatten schon einmal das Gefühl, ihr Pornonutzen schwer kontrollieren zu können (der Unterschied im Vergleich zu den Daten der Untersuchung zur Studierendensexualität kommt vermutlich daher, dass wir jüngere und auch viele nicht studierende Probanden befragt haben).

Abbildung 17: Eigene Pornokontrolle (in %)

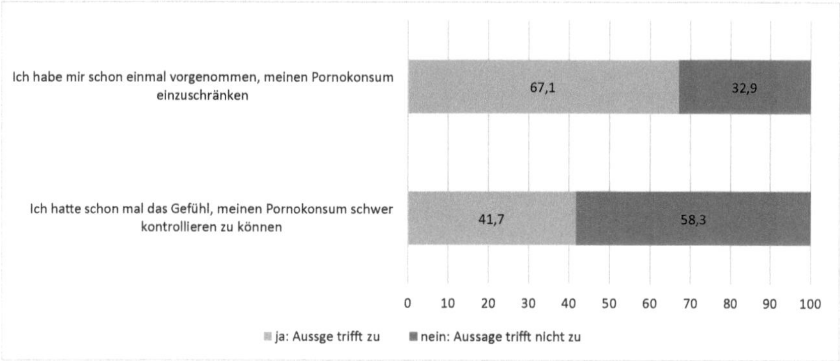

Erwartungsgemäß sind Jungs, die nach ihrer Selbsteinschätzung zu viel Pornos nutzen, viel stärker mit dem Pornokontrollverlust beschäftigt. Von ihnen haben es sich fast 90 % (88,2 %) schon einmal vorgenommen, das Nutzen von Pornos einzuschränken (gegenüber rund der Hälfte der Wenignutzer), und fast zwei Drittel von ihnen (63,2 %) hatten schon mal das Gefühl, den Pornokonsum schwer kontrollieren zu können (bei den Wenignutzern nur ein Viertel).

Abbildung 18: Eigene Pornokontrolle • Gruppenvergleich »zu viel«/»nicht zu viel« Pornos nutzen (in %)

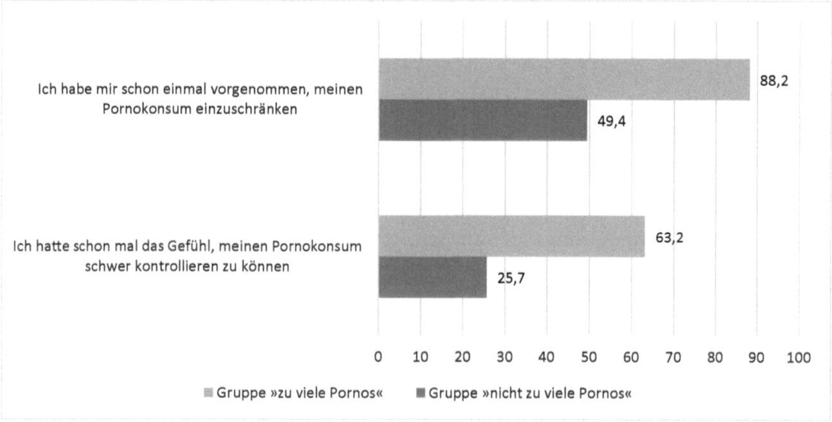

Pornokontrollverluste sind für Jungs eindeutig ein Problem. Beim Nachdenken über ihre Schwierigkeiten bei der Regulation des Nutzens zeigt sich Jungs etwas Unangenehmes und Rätselhaftes. Im Porno-Medium scheint eine schwer zu regulierende Macht zu wirken, die anscheinend auf eine Kontroll-Schwäche in der Person trifft. Alexander ist einer der Jungs, der an der Reduktion scheitert, er versucht momentan, »weniger zu konsumieren. Aber ich krieg's nicht hin, aber ich versuch's«. Strategisch gesehen ist das nicht einfach. Wo Kontrolle ein Teil des Problems ist, wird es schwierig, das Problem genau damit zu lösen. Wenn im Männlichen, wie in der Sexualität, Kontrolle geboten ist, dann liegt im entgrenzenden Kontrollverlust eine der Ursachen für die starke, »magische« Pornowirkungen auf Jungs, und zwar gleich dreifach aufgeladen: Sie geben damit die Körperkontrolle, die Kontrolle ihrer Sexualität und die Kontrolle ihrer Männlichkeit auf. Im Pornonutzen wirkt aus dem Untergrund eine mächtige Gleichzeitigkeit; es bedient Männlichkeit als aktives »doing masculinity«, öffnet beschränkte Zugänge zum Körper, zu Sex und zu durch Kontrolle verdeckten Aspekten von Männlichkeiten.

Viele Jungs erschrecken über die Macht der Pornos über sie. Die Gespräche über die Risiken drehen sich öfter um eine fast magische Wirkung, die Jungs unheimlich vorkommt. Dabei zeigt sich eine körperlich-männliche Analogie: Pornos sind unkontrollierbar wie der Penis, der ja ebenfalls vor allem in der Jugend ein machtvolles »Eigenleben« führt. Ihren Penis erleben Jungs als die »unkontrollierbare« Körperseite des Männlichen (vgl. Flaake 2020), mal erigiert er, wenn es nicht passt, mal sollte er steif werden oder bleiben und tut das nicht. Ebenso unkontrollierbar wirken Pornos; sie sprechen Jungs an, schaffen ihnen Befriedigung, obwohl Jungs im bewussten, nicht pornierenden Zustand weit davon Abstand nehmen, sich schämen dafür, von so etwas Schlechtem und Verwerflichem erreicht zu werden.

Wäre nur die bewusste Motivation am Werk – also zum Beispiel die Funktion der schnellen sexuellen Stimulation –, könnte die Macht der Pornos nicht so groß werden, dass Jungs sie schwer kontrollieren können oder befürchten, ihr ausgeliefert zu sein. Das vermitteln sie an unterschiedlichen Stellen im Interview öfter. Gleich beim Stichwort »junge Männer und Pornos« fällt Niklas zum Beispiel als erstes »Reizüberflutung« ein, eine aktive Flutwelle, die ihn zu überschwemmen droht, pornografische Inhalte, die ihm aggressiv ins Gesicht springen: »Gerade dieses Überangebot an pornografischen Inhalten, das ist so eine Sache, also, dass man wirklich – es springt einem förmlich ins Gesicht, also alle möglichen Dinge, wenn man sich die einschlägigen Seiten öffnet«. Wenn Pornos so agieren und Macht ausüben, können sie nicht mehr als passiv und tot verstanden werden; sie sind handelnde Akteure, auch wenn ihnen üblicherweise keine Handlungsintentionen unterstellt werden. Jungs machen nicht nur etwas mit Pornos, Pornos machen auch was mit ihnen: Sie üben Macht aus, überschwemmen sie, lassen Gewohnheiten entstehen, stehen bereit, wenn Langeweile droht, lösen

Männlichkeitsprobleme und verursachen gleichzeitig welche. Das geschieht in der Interaktion mit ihnen, Jungs und Pornos sind verflochten (gemäß der Akteur-Netzwerk-Theorie, vgl. Latour 2014), Pornos werden von Jungs abgerufen und genutzt (vorher sind es einfach gespeicherte Daten), und entstehen dabei als Akteure.

Pornoängste der Jungs

Pornos wirken, sie »machen« etwas mit Jungs – aber was genau, da sind sich Jungs oft unsicher, weil Langzeitwirkungen nicht sofort und direkt erkennbar sind. Das Pornoschauen, denkt Louis, »prägt einen schon unterbewusst«; Tobias würde »als ersten Instinkt« sagen, »dass Pornos keine Auswirkung haben, aber wirklich wissen tu ich es nicht«. Die Menge, der Dauereinsatz ist es, was Jannik vermuten lässt, dass Pornos einen Einfluss haben, mit jedem Porno wird »irgendwie meine Sexualität geformt, auch ohne, dass ich das vielleicht will unbedingt. Also ich glaube, das Problem ist vielleicht eigentlich, dass, ja, dass ich nicht mehr in so einem bewussten Zustand bin beim Pornoschauen und aber trotzdem mit meinem Gehirn, glaube ich, auf lange Sicht was passiert«.

Es sind insgesamt weniger einzelne, konkret reflektierbare Wirkungen, welche die jungen Männer beschäftigen und ihnen Sorgen machen. Diese Seite des Pornonutzens wird schon auch benannt, oft aber eher wie etwas Gelerntes wiedergegeben. Was Jungs emotional stärker beschäftigt, ist das Pornonutzen überhaupt: dass sie es tun, wie sie es tun, wie wenig sie sich dabei bewusst steuern und bremsen, kurz: die Pornomacht, der sie unterliegen. Jungs folgen zwar ihrer Pornogier, die Ungewissheit, ob und wie Pornos wirken, macht sie dabei unsicher. Sie ahnen, aber wissen nicht, ob oder wie Pornos sie beeinflussen. Es sind Versagensängste, die sich (auch) darin zeigen, letztendlich eine Angst vor Verlust der (Kontroll-)Männlichkeit, die sich durch Selbstbeherrschung ausweist und nicht mehr nach dem pornoförderlichen Prinzip »je mehr Frauen, desto männlich« funktioniert (vgl. Gilmore 1991, S. 81).

Im Pornonutzen spiegeln sich seelische Zustände der Jungs; mithilfe von sexuellen Fantasien in Form von Pornos versuchen sie, auch das zu bewältigen, gerade wenn es ihre Ängste sind (Blaß 2017, S. 126). Die starke Lust auf Pornos weckt Ängste davor, dem nicht mehr Herr zu werden, Jungs folgern, es drohe die Pornosucht. Jungs nehmen beängstigende Phänomene wahr, sie verlieren Grenzen und ihr Zeitgefühl, sie schauen sich Dinge an, die »eigentlich« weder ihren ästhetischen Grundsätzen noch ihrer moralischen Einstellung entsprechen; Gewöhnungseffekte führen bei manchen Jungs zur Tendenz ins Extremere bei den Pornos und zu einem »Abstumpfen« beim Partnersex. Im nicht erregten Zustand (z. B. in Interviews) denken sie anders über ihr sexuelles Verhalten nach. Gleichzeitig ist diese Erregung ja auch nichts, was sie passiv einfach überfällt,

Jungs erregen sich vielmehr selbst und aktiv, indem Sie an Sexuelles denken oder einen Porno nutzen.

Eine andere, öfter geäußerte Kritik an Pornos ist, sie bildeten nicht die Wirklichkeit ab; die Angst dabei ist, dass sich dies als Realitätsverzerrung oder gar -verlust auswirken könne. Sicher, Pornos sind wie alle anderen Mediendarstellungen nicht die Realität – aber warum ist das ein Argument, das Ängste auslöst? Niemand würde das bei Star-Wars und Tatort-Krimis befürchten. Medien dürften, wird dieser Argumentation gefolgt, prinzipiell nur noch Dokumentationen zeigen. Pornos sind Show und bilden insofern nicht die Realität ab, auch nicht im Amateurbereich. Dies betont auch Steve Holmes: »Natürlich ist es was anderes, wenn du produzierst, es ist ja – ich sag mal: Eine Szene, die Spaß macht für den Darsteller, für mich als Darsteller, ist eine Szene wo ich relativ unterbrechungsfrei Sex haben kann und die Kamera das nur beobachtet. Man muss natürlich im Hinterkopf immer haben, dass es eine Show ist«. Die Schwierigkeit der Jungs dabei liegt gerade in der Aufspaltung ihrer Sexualität, die daran offensichtlich wird: Jungs erkennen, dass es in Pornos um etwas anderes als um die idealisierte Partnersexualität geht, wo Gefühle, Zärtlichkeit und Romantik dazu gehören. Diese Kritik ist scheinheilig, Jungs bemängeln etwas an Pornos, was sie gerade darin suchen und was sie nicht mit der Partnersexualität zusammenbringen können; gerade das macht einen Teil der Magie des Pornoversums und damit der Ängste vor dem Sog aus, was Jungs aber nicht bedenken: dieser Teil ist als Facette des Sexuellen tabuisiert und steht gleichermaßen als Ausdruck von Dominanz-Männlichkeit in der Kritik.

Ängste und Sorgen bezüglich Pornografie sind (auch) Ängste und Sorgen über die sexuellen Fantasien, die Jungs umtreiben und ansprechen, die sie über Pornos nutzen und die ihnen rational betrachtet gefährlich erscheinen. Allerdings haben viele Menschen unmoralische, im wirklichen Leben sozial unerwünschte oder auch ungesunde Fantasien, nicht nur bezogen auf Sexualität, sondern vor allem auch auf Gewalt (dem Kollegen eine reinhauen), Suizid (jetzt springen, einfach Schluss machen), auf Liebesbeziehungen (die Familie verlassen, neu anfangen) oder Substanzen (sich einmal voll die Kante geben). Tatsächlich gibt es solche Fälle auch real, aber die Sorge, solche Vorstellungen könnten realisiert werden oder kurzerhand ins Verhalten »überschwappen«, ist in den meisten Fällen unbegründet. Deshalb spricht niemand von Nachrichtensucht, auch wenn täglich die Tageschau genutzt wird. Das ist im Pornokontext anders; wenn über zwei Drittel der Jungs sich schon einmal vorgenommen haben, die Pornonutzung einzuschränken, dann steckt oft die Angst dahinter, dass »es« zu viel werden, dass sich ein Suchtverhalten entwickeln könnte.

Der schnelle Sprung zur Abhängigkeit

Eine der am häufigsten genannten Gefahren der Porno-Nutzung ist für Jungs die Abhängigkeit. Pornografische Inhalte haben für sie ein unhinterfragtes Suchtpotenzial, rasch könne es passieren, dass aus häufiger Nutzung Abhängigkeit entsteht. Um das zu verhindern, müsse man deshalb den eigenen Konsum im Blick haben und kontrollieren können, sagen Jungs. Wie alles, was angenehme Zustände und Gefühle auslöst – Schokolade, Computerspiele, Alkohol – können auch Masturbation oder Pornonutzung phasenweise das Risiko enthalten, es zu übertreiben, die Grenzen nicht immer rechtzeitig zu ziehen. Wirklich abhängig von Pornos, also tatsächlich pornosüchtig, war keiner der Jungs, die wir befragt hatten, aber sehr viele bezeichnen die Pornosucht als große Gefahr.

Zwischen einem seltenen, wohl kontrollierten, vernunftgesteuerten, ethisch begründeten Nutzen von Pornos (das wäre die legitime und »gesunde« Form) und der Diagnose »Pornosucht« liegt aber eigentlich ein weites Feld. Dieser Zwischenbereich scheint Jungs unbekannt zu sein, zugespitzt formuliert, als gäbe es nur digital die Zustände »vollkontrolliert« oder »Sucht«. Jungs haben keine Vorstellung vom Dazwischen: Das Pornonutzen könnte eine ritualisierte, schlechte Angewohnheit geworden sein; es könnte sinnvoll und erstrebenswert sein, öfter in ein rauschhaftes Masturbieren abzutauchen; häufiges Nutzen könnte auf eine Störung der körperbezogenen Impulsregulation hinweisen, wobei das Problem die schwache Impulsregulation, und nicht die zu starke Pornomacht darstellt; das Kernproblem könnte hohe Belastung und Dauerstress sein, und wenig alternative Ideen, damit umzugehen; oder ist es einfach eine Mischung aus Bedürfnissen, Erfahrungen, Prägung und Gewöhnung? Solche naheliegenden Möglichkeiten zwischen Vollkontrolle und Sucht werden von Jungs nicht erwogen und erörtert.

Dass Jungs schnell und häufig zum Begriff »Sucht« greifen, ist interessant, dafür muss es gute Gründe geben. Pornonutzen ist zwar normalisiert, aber eine doch auch widersprüchliche Angelegenheit. Eine generell positive Einstellung dazu zu vertreten liegt im Rahmen des Erlaubten, aber diese argumentativ zu unterfüttern, dazu zu stehen, indem der legitime Nutzen für einen selbst benannt wird, das fällt Jungs schwer. Über dem Pornothema liegt mindestens ein Teil-Denkverbot: die kritische Seite wird schnell und spontan geäußert, den guten Gründen fürs Pornonutzen nachzugehen scheint dagegen verpönt. So kommt auch das Pornoerleben als Rauscherfahrung im Denken der Jungs nicht vor, das Bedürfnis nach Wiederholung eines intensiven, beglückenden Erlebnisses scheint verdächtig, es darf nicht sein. Luca sagt zwar »grundsätzlich finde ich, es ist nicht schlimm Pornos zu schauen«, macht dann eine Pause und beginnt mit einem betonten Aber, die Risiken aufzuzählen. Das Suchtnahe verbindet er mit der aktiven Befriedigung und der »Glücksbeschaffung«, als wäre beides schon eine Gefahr: »ich glaube, dass es zum einen, irgendwo auch einen gewissen Suchteffekt hat, dass es einen einfach befriedigt und irgendwo Glücksbeschaffung ist«. Auch Paul sieht schon das Bedürfnis als Gefahr, dass »man halt immer öfter dieses Gefühl braucht«, und dass sich deshalb »auf Dauer 'ne Sucht entwickelt«.

Vor jeder Sucht kommt ja der Rausch; warum sollte ein Ursprung ihrer Gier nicht – in einer hoch rationalen individualisierten Welt – einfach auch in einer Sehnsucht nach Entgrenzung, Unvernunft, also nach dem Rausch liegen? Jungs berichten zwar von maßlosen Erlebnissen und dem »Erwachen danach«, ohne jedoch den Zustand davor lustvoll zu bewerten, ihn gar als angenehmen Rausch zu benennen. Beim Pornonutzen treffen sich Sehnsüchte der Jungs nach Kontrollverlust mit der Angst genau davor. Dass es Jungs beim Pornonutzen auch um etwas Rauschartiges geht, lassen ihre Interpretationen auf der Hormonebene vermuten. Früher hat Max »bestimmt über ein Jahr lang jeden Tag« Pornos genutzt, und »man gewöhnt sich ganz einfach daran, jeden Tag diesen Dopamin Ausschuss zu haben«. Für Lennard ist es der Rausch der Endorphine, der droht, ihn abhängig zu machen: »So it's the same rush of endorphines and same rush of stuff technically makes you addicted to it«.

Weil es sozial aber nicht gestattet ist, den wahren Nutzen der Pornos hervorzuheben, ihn zu würdigen und hoch zu halten – und deshalb den Pornorausch als Glück zu feiern –, springt im Interview das Bewusstsein sofort in den öffentlich breit ausgetretenen Risikodiskurs. Das rauschhafte Erleben wird mit Sucht (also: siech, krank) assoziiert, der Pornorausch als erstrebenswerter Zustand bleibt verboten. Stattdessen sollte man sich »Gedanken machen, ob es gesund ist, was man anschaut oder ob es vielleicht zu ›krank‹ ist«, wie Florian anderen Jungs rät, oder auf die bewusste Vernunft und Kontrolle setzen, was Tobias vorschlägt: »Wenn du dir dessen bewusst bist und (…) deinen Konsum im Griff hast, also dir bewusst bist, dass auch ein gewisses Suchtpotenzial da ist«. Eine Lösung des Problems vorab ist der kontrollierte Konsum. Pornos sind ein grenzenloses Sprudeln, ein Strömen, eine »Quelle, die nie austrocknet« bringt es Louis in ein Bild, dem muss mit Kontrolle begegnet werden: »Viel hat es halt mit Selbstkontrolle zu tun. Also, es ist halt so (…) eine Quelle, die halt nie austrocknet, (…) du kannst es ständig quasi, diese Dopamine ausschütten. Und dass man trotzdem da die Selbstkontrolle behalten sollte«.

Ein Fluchtpunkt aus diesen Ambivalenzen ist die Anerkennung und Beschwörung der Macht der Pornos, verknüpft mit der vernunftreduzierenden Wirkung der Sexualität. Beides entlässt Jungs aus ihrer Verantwortung. Die Erfahrung der »Post-Nut-Clarity« legitimiert das »hirnlose« und unanständige Pornieren. Wer seine Ohnmacht den Pornos und ihren Reizen gegenüber betont und sich auf einer klagenden Tonspur als ausgeliefert beschreibt, wer die Wirkung der Sexualität so erlebt, dass sich dabei die Vernunft abschaltet, der kann es sich erlauben, Pornos zu nutzen, ohne dafür gerade stehen oder Verantwortung übernehmen zu müssen: Das bin gar nicht ich, das ist die Pornomacht, die über mein Handeln bestimmt. So sind es tatsächlich die Pornos, die hier intentional und aktiv handeln. Nicht Jungs entscheiden sich aktiv, Pornos zu nutzen, sie werden vielmehr von den Pornos genutzt, Pornos passieren ihnen. Einige Jungs neigen dazu, sich als passive, willenlose Opfer zu stilisieren, angereichert mit einer moralischen Bewertung, sie schreiben den Pornos Intention, Willens und die aktive Rolle zu, welche die Jungs »versauen«, wie es Cem zusammenfasst: Porno »versaut deine Gedanken so krass und es verstaut deinen Blickwinkel, deine Erwartung an Sex«. Justus erzählt von seinem Kontrollverlust, er steigert rhetorisch seine Hilflosigkeit, indem er im Dialekt spricht oder zitiert: Er, der (kleine) Bub gerät, »wenn es ganz hart läuft« in gefährliche (komische = seltsame) Pornokategorien – und ist verloren: »Ich mach meine ersten sexuellen Erfahrungen mit Pornos und hab' eigentlich noch gar kein Plan, wie's in Wirklichkeit abläuft, dann gerat' ich da vielleicht auch in, in ein paar komischen Kategorien rein (…). Und dann isch halt, und dann isch der Bua verlora,[25] genau (lacht), wenn's ganz hart läuft«.

In ihrer persönlichen Entwicklung sind Jungs von der Wucht überrascht, durch ihre rationale Argumentation sind sie mit den weniger bewussten Strömungen und Strebungen in sich nicht vertraut und deshalb von der Pornomacht bedroht; die Aneignung der Pornomöglichkeiten und grundlegende Pornokompetenzen (vgl. Döring 2011) der Jungs haben sich noch nicht stabilisiert. Gleichzeitig wirkt auch die gesellschaftlich neue Situation; Pornopop und Massenpornografie sind als Phänomene kulturell noch nicht gefasst und gesichert, dieser Umgang mit Porno gehört noch nicht zum Erfahrungsschatz der gesellschaftlich bewältigten Risiken, ähnliche Sorgen tauchen mit neuen Medien immer auf (und verschwinden dann wieder: Wer warnt heute noch vor »Schundromanen«, Comics oder dem Fernsehen, die Angstmedien voriger Generationen?). Selbstverständlich haben Pornos auch Auswirkungen auf die reale Welt, aber warum muss das eigentlich negativ sein? Was muss hier problematisiert werden und warum? Nüchtern betrachtet ist es ein Kreislauf. Jungs suchen virtuelle Formen der Sexualität nicht ohne Grund auf, sondern aus ihrer Wirklichkeit heraus. Die hier erlebte Sexualität kann auf die reale Welt ausstrahlen, dort Wirkung zeigen, was sich als Erleben wieder auf sexuelle Fantasien oder Wünsche auswirkt, die Jungs auch im Virtuellen suchen usw. (Dannecker 2017, S. 91). Dass Pornos negativ dramatisiert werden ist Teil eines sexualfeindlichen Präventionsnarratives, das Jugendliche durch Angstmachen vom Sex abhalten, ihnen ihre sexuellen Lüste und Interessen verderben soll. Deshalb werden ihnen bedrohliche Risiken vorgehalten, die heute auf Pornos projiziert werden. Durch diese Angst werden Pornos riskant. Im Pornoversum wohnt etwas, was den netten, harmlosen Sex hinterfragt, eine sexuelle Kraft, die nicht ins romantisierte Beziehungsideal passt. Aus der Angst entsteht erst die Vorstellung, es könnte etwas Unbeherrschbares, Gefährliches (aber deshalb auch nicht Benennbares) aus dem Pornoversum in die romantisierte Beziehungswelt platzen.

25 Übersetzt: »Und dann ist eben, und dann ist der Junge verloren«.

Pornografie ist weiblich

Neben den bewussten, auch rational erschließbaren Gründen für die magische Macht und das Bedrohliche der Pornos lassen sich bei den Jungs auch unterschwellige und unbewusste Befürchtungen vermuten. Sie hängen weniger mit ihren konkreten Einzelerfahrungen mit Pornos, sondern mehr mit Abstraktionen und Zuschreibungen auf Weiblichkeiten zusammen, die weniger offen zugänglich sind. Männlichkeit konstruiert sich immer auch relational, im Kontrast oder in der Abgrenzung zu Weiblichkeit; dies gilt auch für die Sexualität. Die machtvolle Wirkung von Pornos wird verständlicher, wenn wir das kulturelle Imago der beängstigenden Weiblichkeiten mit in die Deutung einbeziehen, die in Figuren verdichtet und chiffriert werden und die damit kommunizierbar werden.

Beide Sexualitäten der heterosexuell orientierten Jungs, ihre Porno- und ihre Beziehungssexualität beziehen sich auf Frauen, Weiblichkeit und Aspekte weiblicher Körperlichkeit (für schwule Pornos und Beziehungen gelten diesbezüglich natürlich andere Vorzeichen, aber vermutlich ähnliche Dynamiken). Pornografie wird fürs männliche Auge hergestellt, von den Objekten her ist sie prall gefüllt mit Weiblichem: Hetero-Pornos bestehen aus Bildern von weiblichen Körperteilen oder ganzen weiblichen Körpern, von Frauen und auch von Weiblichkeit. So gesehen ist Pornografie weiblich. In der großen Menge und als Medium insgesamt sind sie diesbezüglich auch symbolisch aufgeladen. Jungs interagieren nicht nur bezogen auf einzelne Porno-Schnipsel in den Clips oder Filmen, sondern mit dem gesamten Porno-Medium. Sie projizieren in einem aktiven Teil, sie sehen das in die Pornodarstellungen hinein, was sie sehen wollen und was sie brauchen. Umgekehrt kommunizieren Pornos aber auch mit ihnen, ohne dass Jungs das bewusst wahrnehmen. Ein Teil der Ängste und Sorgen der Jungs im Zusammenhang mit Pornos kann auch aus diesem Aspekt der Pornomacht rühren.

Die klassische Zuordnung und Aufspaltung von Weiblichkeiten beschränkt sich meist auf eine moralisch oder wertend inspirierte Polarität, in die kulturellen Figuren »Heilige« und »Hure«: die asexuelle und deshalb ehrwürdige Frau, die Jungfrau auf der einen, die sexuell erreichbare, potente Frau auf der anderen Seite. Wurzeln der sexuellen Trennung bzw. der Weiblichkeit in »Heilige« und »Hure« sind in der Struktur westlicher bzw. christlicher Gesellschaften verankert; Enthaltsamkeit und Keuschheit der Frauen sollte Männern garantieren, dass Kinder auch tatsächlich von ihnen stammen: eine materialistisch-egoistische Haltung, die es sicherstellt, dass Besitz in der Familie bleibt. »Heilige« und »Hure« sind Abstraktionen, Bilder des Weiblichen und moralisch begründete Polarisierungen. Von beiden geht ein moralischer Effekt aus (gut/schlecht), beide stehen Männern zu Diensten (zu ihnen auf- oder herabschauen). Die »Heilige« ist für Männer völlig ungefährlich, die »Hure« nur insofern, als von ihrer moralischen Last etwas am Mann »hängen bleiben« könnte (der Mann wird »unrein«; er macht sich schuldig; öffentliche moralische Verurteilung des Mannes aufgrund seines Kontakts zu einer »Hure«).

Dass Jungs ihre Pornosexualität mit libidinösen und wollüstigen »Huren« in Verbindung bringen, ist naheliegend. Ihre Beziehungssexualität dagegen idealisieren Jungs und ordnen sie in der Tendenz der Kategorie »heilige Frauen« zu. Das wird in den Interviews erkennbar: Beziehungssexualität wird von Jungs idealisiert, Frauen sind besser, stärker und unantastbar, sie wirkt sakrosankt: ihre Kritik an Jungs (an ihm selbst) ist stets berechtigt; keiner der Jungs beschwert sich darüber, dass Frauen ihren eigenen Sex nicht hinkriegen, dass sie lahm im Bett sind oder es nicht schaffen, mal ein bisschen schneller zum Orgasmus zu kommen (immerhin wäre es theoretisch ja schon möglich, dass nicht die Jungs zu schnell, sondern die Frauen zu langsam oder auf den falschen Wegen zum Orgasmus kommen, dass so wie dysfunktionale Männlichkeitsbilder ja auch Weiblichkeitsbilder mit im Bett liegen, die gutem Sex nicht förderlich sind). Pornosex dagegen ist mit Hurenhaftem assoziiert. Bereits der Ursprung des Begriffs »Pornografie« ist assoziiert mit Frauen, mit Huren (zusammengesetzt aus dem altgriechischen *pórnē* für »Hure, Dirne« und *gráphein* für »schreiben, malen, zeichnen«). In ihrer Interaktion über und mit Pornos erhält diese Bedeutung wieder Gewicht. Leicht zu erkennen ist, dass es sich bei den Pornofiguren um unehrenhafte, entwertete – und gerade deshalb sexuell attraktive – Weiblichkeit handelt: Die Frauen in Pornos sind in diesem Bildsinn allesamt »Huren« oder werden dazu gemacht, auch gegen ihren Willen. Pornieren ähnelt an manchen Stellen dem Verhalten von Freiern in der Prostitution, die dort die Befreiung von Ängsten oder sexuelle Passivität suchen (vgl. Howe 2008).

Mit dieser moralischen Aufladung lassen sich Schuldgefühle und das schlechte Gewissen der Jungs, aber nicht ihre Befürchtungen vor der Pornowelt und die zugeschriebene Macht der Pornosphäre hinreichend erklären. Die Abstraktion von Weiblichkeiten ist nicht so nett, dass sie sich aufs moralische Abstellgleis und in die Passivität setzen ließe, die dann von Jungs nach Bedarf genutzt werden kann. Pornos und mit ihnen Weiblichkeiten werden aktiv, sie springen Jung an: mit ihren erregenden, wie mit ihren erschreckenden Seiten. Für die auch bedrohlichen Seiten der weiblichen Macht in der Pornosphäre wird deshalb eine Ergänzung und Erweiterung benötigt, die das Geheimnisvoll-Bedrohliche fassen lässt. Diese von Jungs als magisch erlebten Kräfte können zwei andere Abstraktionen verkörpern, ebenfalls archaisch weibliche Figuren: die Hexe und die verschlingende Mutter. Beide Figuren sind ambivalent, sie verfügen neben einer (hier weniger interessanten) positiven Seite und Kraft jeweils auch über bedrohliche oder gefährliche Aspekte.

- Die Frau als »Hexe« kann Männer be- und verzaubern, aber auch entmachten, sie kann sie sexuell depotenzieren. In historischen Darstellungen werden Hexen häufig zwar als alt, gebeugt oder rätselhaft, aber ebenfalls als nackt,

erotisierend oder sexuell auffordernd abgebildet (vgl. Schade 2009); die Macht der Hexen kann mit Wollust gepaart daherkommen und dementsprechend Männer bedrohen und ängstigen.
- Die Frau als Mutter wird (wie die »Heilige« bzw. als Facette von ihr) ebenfalls gerne idealisiert; weil die Mutter die Macht hat, Leben zu schenken, ist sie aber auch mit einer machtvollen Kehrseite vertreten: als (das Leben) verschlingende, grenzenlos gierige, tödliche Figur, die das Leben wieder wegnehmen kann (vgl. z. B. Pielow 1998).

Das Magische der Hexe und das potenziell Verschlingende der Mutter klingen unterschwellig in den Pornoängsten mancher Jungs an. Hexen verfügen über dunkle, geheime und undurchsichtige Mächte und Kräfte, über eine »Hexenmacht als Weibermacht« (Schade 2009) – ähnlich magisch-bedrohlich erleben manche Jungs die Macht der Pornografie über sie. Hinter ihrem Ausgeliefertsein an »die Pornografie« steht weibliche Macht. Wo Sexualität ein wesentliches Mittel ist, um Männlichkeit herzustellen, und die Frau dies gestattet, regiert die Abhängigkeit; wo Sexualität das Rationale einschränken und ausschalten kann, geschieht Verzauberung. Pornos können, so erzählen es einige Jungs, aber auch zu Erektionsproblemen, zu Impotenz führen: Die Hexenmacht der Pornos kann also bewirken, dass männliche sexuelle Potenz schwindet. Gleichermaßen lauern in der Pornowelt auch Krankheit, das Suchtrisiko und damit der Tod, ausgestrahlt durch die überwältigende Masse an weiblichen Körpern, die lawinengleich Jungs überrollen und hinwegraffen könnten. So kann sich die Macht der Mutter in ein böses, verschlingendes, einverleibendes Monster verwandeln.

Pornosuchtalarm

Weil es für Jungs zwischen hochkontrolliertem Vernunftkonsum und der Porno-Sucht keinen Zwischenraum gibt, ist es oft keine Frage, dass beim Pornonutzen stets im Hintergrund eine Suchtgefahr lauert. Das bestätigt zum Beispiel Luca: »Ja, ich glaube, dass es zum einen irgendwo auch einen gewissen Suchteffekt hat«. Auch für Tobias steht fest, »dass so ein gewisses Suchtpotenzial oder ein Potenzial für negative Einflüsse auch da ist, auf jeden Fall, ja (…) dass man das Gefühl hat, es zu brauchen«. Interessant: Schon das Gefühl, Pornos zu brauchen, rückt sie in den Einzugsbereich der gefährlichen Sucht. Viele Jungs erwähnen das Pornosuchtrisiko, in Bezug auf eigene, frühere oder aktuelle Erfahrungen, als Wissenskomponente oder als Ratschlag für andere Jungs in der Third-Person-Perspektive. Über die Hälfte der Jungs schlägt laut Pornosuchtalarm, was ihrer Nutzungsrealität und ihrer Pornos befürwortenden Haltung widerspricht.

Einige Jungs reflektieren ihre Pornogeschichte mit einer Tendenz zur Gewöhnung oder Abstumpfung und als Konsequenz die Steigerung, wie es auch Louis erlebt hat: »dass es sehr – jetzt nicht nur quantitativ ausarten kann, sondern auch, dass man abstumpfen kann, in gewisser Hinsicht, dass man an bestimmte Sachen quasi gewöhnt wird und das dann einen nicht mehr reizt (...). So eine ganz normal nackte Frau zieht dich dann quasi dann nicht an, also da musst du dann quasi so mehr sehen und so weiter«. Pornos bilden Ausschnitte aus der Wirklichkeit ab, in grelleren emotionalen Farben, bieten eine härtere, extremere Darstellung, sie wirken intensiver und bringen mehr Kick – durchschnittlicher Sex kann dadurch langweilig werden und den Sog zur Pornowelt verstärken. Das kann sich in die Partnerschaft auswirken, auch Daniel mutmaßt: »Wenn man sich da (Porno) in irgendwelche Richtungen zu krass fortbewegt, kann das halt dazu führen, dass der Sex mit der Partnerin nicht mehr genug ist«.

Im Narrativ der Pornosucht gibt es zahlreiche Varianten: Moritz registriert das Risiko bei sich wenig, aber es lauert: »Man merkt auch ein bisschen, dass man süchtig ist und süchtig sein ist nie gut«. Das Suchtrisiko steigt zwangsläufig (»natürlich«), sagt Lukas, »wenn man das zu viel konsumiert«, und dann kann es »natürlich zu einer Sucht führen, dass man dann irgendwann nicht mehr ohne auskommt«, und er empfiehlt deshalb dauerhafte Wachsamkeit, nämlich auf diese Gefahr »immer ein Auge drauf zu haben«. Auch Lukas meint, »man sollte aufpassen, dass man's nicht zu viel anschaut und dass man keine Sucht dazu entwickelt«, und gegebenenfalls sollte sich der Betroffene »Hilfe suchen und sollte vielleicht mit seinen Freunden reden und aufpassen, dass er nicht tatsächlich in eine Sucht abrutscht«. Jungs werfen in den Interviews mit Begriffen wie Sucht, Suchtpotenzial, Suchteffekte, suchtanfällig, abhängig oder rückfällig werden nur so um sich, als befänden wir uns in einer Studie mit Substanzabhängigen.

Die Regelmäßigkeit, die Routine ist es, was die Angst vor der Sucht begründet, wie bei Max, der »eine sehr lange Zeit« hatte, in der er »abhängig war von Pornografie. Wo es ein Tagesding war, wo das zu meiner Routine gehört hat«. Auch Tobias macht bei sich »eine gewisse Suchttendenz« daran fest, »dass es normal war, halt jeden Tag irgendwie einen Porno zu schauen«. Bei welchen anderen Tätigkeiten, die zu einer Befriedigung führen und täglich ausgeführt werden, liegt allein deshalb die Befürchtung einer Sucht nahe? Masturbation ist zwar mittlerweile moralisch auf breiter Linie erlaubt; durch das entwertete und sittlich fragwürdige Verwenden von Pornos dazu, kann sich durch die Hintertür wieder eine Verurteilung einschleichen. Es bleibt »was hängen« am Masturbieren, zumal vom nicht durch Pornos unterstützten Masturbieren nur sehr wenig die Rede ist, Standard ist Selbstbefriedigung mit Porno, und damit trifft das Unmoralische auf beides zu.

Auch wenn die reale Suchtgefahr nicht so groß ist, Dauer und Masse zeigen eher verdeckte Wirkungen. Jungs übernehmen nicht einfach die Standard-Scripts in Pornos, diese dienen nicht als Ablaufmuster und -vorlagen. Aber Pornostandardisierungen wirken dennoch, indem sie durch ständige Wiederholungen schon die Vorstellung von alternativen Abläufen verdrängen (z. B.: Mann kommt als erster, beide freuen sich, machen Pause mit Frühstück, Partnerin garniert sich mit Honig, er leckt, Neubeginn; Mann kommt zu früh, sein Partner ist enttäuscht und geht Duschen, Mann kommt hinzu, Orgasmus …; er verliert Erektion, befriedigt Frau mit Mund und Fingern, toller Orgasmus der Frau). Würde in jedem zweiten Porno die Situation gezeigt, dass der Mann flott kommt, wäre der Druck zum Durchhaltenmüssen ausgehebelt.

»Echte« Pornosucht

Die Kriterien für eine »echte«, also diagnostizierbare Pornosucht sind relativ hoch angesetzt. Nach dem, was wir von den befragten Jungs wissen, ist demnach keiner wirklich pornosüchtig, möglicherweise kann der eine oder andere allenfalls als latent »suchtgefährdet« bezeichnet werden.

Im Jahr 2019 nahm der ICD-11 die Diagnose »Zwanghafte sexuelle Verhaltensstörung« (6C72) als eigenständige Impulskontrollstörung auf, Porno-Sucht fällt in diese Kategorie. Darunter wird das anhaltende Unvermögen verstanden, intensive, sich wiederholende sexuelle Impulse zu kontrollieren. Um als Störung diagnostiziert zu werden muss das Sexualverhalten mindestens sechs Monate auftreten und von großem Leidensdruck und Beeinträchtigungen im Alltag begleitet sein. Bezogen auf eine »Pornosucht« muss zudem mindestens eines der folgenden Kriterien zutreffen (vgl. Bründl/Fuss 2021).

- Im Leben der Person hat das Pornonutzen einen zentralen Stellenwert bekommen; andere Interessen, Aktivitäten und Pflichten, die Selbstfürsorge oder die eigene Gesundheit werden deshalb vernachlässigt.
- Die Person hat schon zahlreiche erfolglose Versuche unternommen, das Pornonutzen zu kontrollieren oder deutlich zu reduzieren.
- Trotz nachteiliger Folgen – wie wiederholte Beziehungsbrüche, berufliche Konsequenzen, negative Auswirkungen auf die Gesundheit – führt die Person das Pornonutzen fort.
- Obwohl sie wenig oder gar keine Befriedigung daraus zieht, nutzt die Person weiterhin Pornos.

Die Diagnose kann nur bei Erwachsenen, nicht bei Jugendlichen gestellt werden. Ausgeschlossen sind Diagnosen aufgrund von moralischen oder religiösen Vorstellungen.

Viele Jungs sind Langeweile-Nutzer, Pornos anzuschauen ist eine habitualisierte Gewohnheit, und wie bei anderen gilt auch hier: Je eingespielter das Verhalten, je stärker die Gewohnheit und die dahinter stehenden verdeckten Bedürfnisse, desto schwieriger, damit umzugehen bzw. das Nutzen zu reduzieren; diejenigen, die denken, sie nutzen zu viele Pornos, sind diejenigen, welche das aus Langeweile tun. Ein kleiner Prozentsatz der Jungs ist vielleicht tatsächlich gefährdet, dass ihnen ihr Pornonutzen entgleitet. Nach den Schilderungen der Jungs handelt es sich dabei aber eher weniger um Pornosucht (nach den o. g. Kriterien), sondern mehr um eine zwangshandlungsähnliche Gewohnheit; die übermäßige Nutzung von Pornos hängt mehr mit der Selbstkontrolle zusammen, es handelt sich um eine körperbezogene Impulskontrollstörung (wie Nägelkauen oder Fingerknacksen), bei dem sich unterdrückte oder verdrängte männliche Wünsche, Bedürfnisse oder Sehnsüchte als Automatismus im Kopf festsetzen, der in bestimmten Situationen oder Stimmungen aktiviert wird.

Alle Bedürfnisse, die Jungs (auch) mit den Pornos befriedigen, sind auch ein Teil ihrer sexuellen Identität. Im Interview, wie ihren Partnerinnen und Partnern gegenüber, fällt es Jungs aber schwer, diese wahrzunehmen, sie anzuerkennen und zu vertreten. Dadurch verhindern sie, selbst mit diesen Bedürfnissen wirklich in Kontakt zu kommen.

Jungs tun sich schwer damit, zu akzeptieren, wer sie sexuell sind.

Schon gar nicht scheint die Pornosexualität in die Kommunikation mit Partnerinnen integriert. Jungs können ihnen gegenüber kaum sagen: Das sind die Sachen, die mich geil machen, darauf stehe ich. Deshalb verstecken sie sich damit, auch vor sich selbst. Das macht es unmöglich, dazu vor sich oder den Partnerinnen dazu zu stehen, vielleicht, weil sie die zu erwartenden abwertenden Reaktionen scheuen (aber im Nebeneffekt verhindern sie damit Kontakt, Nähe, Intimität). Jungs wollen ihre Pornowelt lieber für sich behalten, als privates und abgeschlossenes Revier und vielleicht auch als eine geschützte Zone des Männlichen, als ein sexuelles Männlichkeitsschutzgebiet, in dem sie ihre Bedürfnisse – die Ihnen selbst gleichwohl nur wenig bewusst sind – ungehindert befriedigen können, um danach mit einem gewissen Erschrecken wieder in der normalen Welt der Vernunft und der Selbstkontrolle aufzutauchen.

Erwachen schlechter Gefühle bei der Nutzung von Pornos (Sophia Hamdorf)

Negative Gefühle beim Pornokonsum kennen viele Jungs. Insbesondere Scham und Ekel sind Empfindungen, die sie während oder nach dem Pornokonsum erleben. Die wenigsten jungen Männer schämen sich dafür, dass sie Pornos schauen, Pornonutzung bei Männern ist normalisiert und wird in homosozialen Settings gegenseitig bestätigt. Nicht dass, sondern was genutzt wird führt also zu schlechten Gefühlen: Einige Jungs schämen sich dafür, bestimmte Porno-Inhalte zu nutzen oder zu stark auf Pornos angewiesen zu sein. Dennoch ist es unter den Befragten unterschiedlich, worauf sich diese Gefühle im Einzelfall beziehen.

Einige junge Männer berichten von einem sehr konkreten Gefühl, das sie beim – bzw. eigentlich erst nach dem Pornoschauen – erleben; dafür gibt es den populären Fachbegriff »Post-Nut-Clarity«: Das Erwachen danach. Zwar wird der Begriff nicht von allen Befragten explizit verwendet, viele beziehen sich aber auf eine Erfahrung im Rahmen dieses Begriffs. »Post-Nut-Clarity« beschreibt das Gefühl einer mentalen Klarheit und Reflektion nach dem Orgasmus. Während man im Moment der Erregung »nicht ganz klar im Kopf« ist und »triebgesteuert« Pornos auswählt, findet nach dem Höhepunkt ein »Erwachen« statt. Viele Jungs sind verwundert, enttäuscht oder sogar beschämt darüber, sich bestimmte, für sie eigentlich absurde oder fragwürdige, Pornoinhalte angeschaut zu haben. Sie erzählen davon, erst nach dem Orgasmus wieder in der Lage zu sein, rational zu denken und zu verstehen, welche Inhalte der Videos sie offenbar angesprochen haben. Scham fühlen die jungen Männer dann, wenn sie realisieren, dass sie im Modus der Erregung nicht autonom-rational handeln, sondern sich mehr oder weniger unkontrolliert »gehen lassen«; Marc beschreibt das ganz gut: »Es gibt ja immer dieses Erwachen danach. Also man schaut sich dann manchmal doch auch etwas härtere Pornos an oder irgendwelche Sachen, wo man sich dann danach denkt, hm, eigentlich ist das überhaupt nicht toll, was ich mir da gerade anschaue, so (lacht)«; (es war kein Untersuchungsinteresse und bleibt deshalb in den Interviews meistens unklar, für welche Pornoinhalte genau sich die Jungs schämen).

Obwohl die Befragten die »Post-Nut-Clarity« bei der Frage nach negativen Gefühlen thematisieren, wird diese in der Retrospektive häufig eher lustig oder unterhaltend dargestellt. Vielleicht fällt das Berichten über die »Post-Nut-Clarity« auch deshalb leicht, weil sie von einigen Befragten als geteilte Erfahrung vieler Jungs und Männer beschrieben wird: mit dem Gefühl ist man nicht allein, es geht vielen so. Das löst Verunsicherung und schafft Identifikation mit dem eigenen Geschlecht. Die »Post-Nut-Clarity« wird von den Befragten häufig als männer-typisch beschrieben, so auch von Moritz: »Das hab ich tatsächlich auch schon öfter mit meinen Kumpels beredet und jeder Junge hat dieses Gefühl, dass man so fertig ist und dann noch so aufs Handy oder so schaut und der Film läuft weiter und dann versteht man erst, wie komisch das gerade ist, was da so geht. Also von Orgien zu BDSM oder sowas. So richtig Hardcore von, dass die Frau den Typ gerade anpinkelt oder so«. Von der Scham danach erzählt Philipp: »Danach denkt man sich dann so was zur Hölle hab ich getan (...) Ja also ich denke ich glaube das ›After masturbation shaming‹ kennt jeder (lacht)«.

Für Dominik ist das Reflektieren über den eigenen Porno-Konsum unangenehm, er möchte sich möglichst nicht mit sich in der Rolle des Pornonutzers auseinandersetzen und fühlt sich geradezu entfremdet von sich: »Und ja, ich finde, ich habe da auch noch nie richtig drüber nachgedacht und ich finde auch man sollte da nicht drüber nachdenken, weil es ja eigentlich komplett realitätsfremd ist, was da passiert. Darum versuche ich eigentlich auch da nie drüber nachzudenken, weil dann, dann ist es auch eine andere Erfahrung, wenn man darüber nachdenkt, dass es eigentlich voll der Quatsch ist, was da gemacht wird«.

Ekel aufgrund abstoßender Porno-Inhalte wird von mehreren der Jungs angesprochen. Es kommt öfter vor, dass sie sich ekeln, wenn sie durch Porno-Seiten scrollen. Bis der passende Porno gefunden wird, stoßen sie unabsichtlich auf abstoßende, eklige oder

»weirde« Inhalte (ohne sie anzuklicken). Zum Beispiel berichtet Justus (wobei er mit dem Wort »teilweise« die Erfahrung auch einschränkt): »Mhh, ja Ekel schon, teilweise ja (…). Wenn man so sucht, und dann, dann sieht man ja immer so teilweise so paar Ausschnitte«. Die Konfrontation mit entsprechenden Pornos kann für manche junge Männer auch nachhaltig verstörend sein und sie entscheiden: »erst mal keine Pornos mehr«. Jüngere Jungs ekeln sich häufiger, wenn sie beim sich Zurechtfinden auf Porno-Seiten auf unangenehme Inhalte stoßen. Nico erinnert sich »in einem früheren Stadium sozusagen, da ist sowas häufiger passiert, und dann war das schon auch – und da war schon auch so ein Schamgefühl dabei«. Was genau auf die Befragten eklig oder abstoßend wirkt, ist sehr individuell und wird selten spezifiziert.

Für einige Befragte sind auch gewaltvolle, zu harte oder diskriminierende Pornos abstoßend und lösen schlechte Gefühle aus. Cem erlebt Ekel, wenn es in Pornos grob und gefühllos zugeht: »Zum Beispiel, dass der Mann es dann so gefühlslos macht, so die Haare packt und dann irgendwie sein Genital hin und her bewegt und richtig doll, weißt du, so als ob er mit ihr gerade schläft, aber im Mund, und es ist einfach richtig grob und schon alleine wie das aussieht, das finde ich einfach nur eklig«. Nur ein Befragter, Florian gibt an, davon abgestoßen zu sein, wenn der männliche Körper im Porno zu sehr im Vordergrund steht: »Und wenn man dann einen Mann sieht und dann den Pimmel vom Mann sieht, dann fühlt man sich schon manchmal so, uah, da wollte ich eigentlich nicht hingucken (lacht) (…) das wollte ich nicht sehen (lacht)«

Negative Gefühle beim Porno-Konsum, besonders in Form von Scham und Enttäuschung, erleben die Jungs auch dann, wenn für sie eine Diskrepanz besteht zwischen dem Anspruch an sich selbst, vernünftig und kontrolliert Pornos zu schauen und dem spürbaren Bedürfnis, viel und verschiedene Pornos zu nutzen. Den Erwartungen an die eigene Autonomie und Rationalität nicht gerecht zu werden, löst Schuld- und Enttäuschungsgefühle aus. Diese Diskrepanz zu überwinden, ist für die Befragten eine psychische Herausforderung und wird durch die gesellschaftliche Problematisierung des Porno-Konsums junger Männer weiter verstärkt.

Einige Jungs, die bei sich bereits Suchttendenzen vermutet oder erlebt haben, schämen sich oft dafür und sind enttäuscht von sich, wenn sie doch Pornos nutzen. Es ist unangenehm zu realisieren, der Pornomacht zu erliegen oder auf Pornos angewiesen zu sein, sich nicht kontrollieren zu können und trotz des Versuchs der Porno-Abstinenz »rückfällig« zu werden. Porno-Konsum ist dann nicht schön, sondern eine Notwendigkeit. Jannik schildert das so: »Ich glaube, dass ich irgendwann zwischendurch auch mal dachte, so, vielleicht habe ich eine Art Pornosucht. Und das war auf jeden Fall blöd, weil dann auch jedes Mal, wenn ich einen Porno geschaut hab, dachte ich so, oh no, jetzt hab ich's wieder getan. Ähm, genau, also da hab ich dann automatisch was Schlechtes damit verbunden und war auch so, dass ich, ja, jedes Mal danach dann einfach so enttäuscht von mir selbst war«.

Der brüderliche Porno-Rat

Was denken pornoerfahrene Jungs, was Jüngere oder weniger Erfahrene über den Gegenstand wissen sollten? Mit der Frage nach Ratschlägen für sie wollten wir bei Jungs den Third-Person-Effekt aktivieren, um quasi aus einer kompetent-fürsorglichen »großer Bruder« Perspektive zu sprechen. Dabei nutzen wir das Phänomen, dass Menschen tendenziell (und fälschlicherweise) vermuten, Massenmedien könnten ihnen wenig anhaben und würden andere – unspezifische Dritte – stärker negativ beeinflussen als sie selbst (Schenk 2007, S. 550). Mit der Frage laden wir Jungs zur Weitergabe ihrer erworbenen Pornoerfahrung ein, indem sie fiktiven anderen Jungs, indirekt aber zumindest zum Teil auch sich selbst Anleitungen geben für den bewussten, vernünftigen und gesunden Umgang mit Pornomedien und für den weiteren Erwerb von Pornokompetenz. Vordergründig bezogen auf andere appellieren sie unterschwellig an die eigene Vernunft oder reden sich in ihr eigenes Gewissen.

Einige Jungs – in der Tendenz sind das pornopositive Modernisten – raten dabei, einfach Erfahrungen zu machen, das Pornoerlebnis auszuprobieren: »Mach das, wo du das Bedürfnis zu hast«, rät Jonas oder »Zieh dir alles rein, was du Bock hast, schau dir jede Kategorie mal an«, sagt Philipp. Das Gegenstück zu dieser Ermunterung findet sich auch, in einer etwa gleich großen Gruppe: Fünf Jungs empfehlen, strikt gar keine Pornos zu nutzen. »Vergiss Pornos«, empfiehlt Moritz, Luca rät dazu, »nicht mit dem Pornoschauen anzufangen«, auch Jannik sieht zwar, dass es unrealistisch ist, empfiehlt aber dennoch »am besten gar keine Pornos (zu) schauen«. Drei weitere Jungs sehen keine Chance für die – vielleicht doch gar nicht schlechte – Idee, keine Pornos zu nutzen; Louis meint dazu: »Zu sagen, dass man es überhaupt nicht konsumieren soll, ist halt unrealistisch, so. Man macht es halt«. Und Felix denkt, »irgendwann wird man damit irgendwie sowieso in Kontakt kommen, das ist halt die Sache mit Pornos (...). Und – das wird sowieso passieren«. Hier setzen Jungs darauf, dass die Risikokompetenz mit der Erfahrung, mit dem Nutzen von Pornos wächst, was einige von ihnen auch im Rückblick auf die eigenen Erlebnisse so bestätigen können.

Sehr viele Hinweise beziehen sich auf die Häufigkeit der Pornonutzung. Hier werden von den Jungs die größten Risiken und Vergehen gegen eine Kontroll-Moral gesehen, entsprechend eindringlich sind die Apelle, die Pornofrequenz zu kontrollieren. Die Häufigkeit zu regulieren wäre für sie ein Weg, der Pornomacht zu entkommen. Nicht zu früh anzufangen, rät Daniel, wobei er nicht genauer darauf eingeht, wann der optimale Zeitpunkt dafür wäre. Und »nicht zu häufig« rät jeder dritte Befragte, Moritz weiß warum: »die Menge macht das Gift«. Pornos »nicht in Massen konsumieren« rät Justus, konkret schlägt er vor sich vorzunehmen, »nur einen Porno maximal am Tag zu schauen«, während Dominik etwas unspezifisch rät, es »einfach nicht (zu) übertreiben mit dem Pornoschauen«. Ein ungenaues »übertreibe es nicht« wird öfter als Tipp formuliert, oder einfach, wie

Felix es »im Nachhinein« sagen würde: »Guck nicht so viel Pornos«. Diese Frequenzbeschränkungen zielen auf eine erhöhte Selbstkontrolle, bezogen auf das potenzielle Suchtverhalten raten die Jungs zum »kontrollierter Konsum«. Weil Pornos »eine Quelle (sind), die halt nie austrocknet«, denkt auch Louis, dass »viel halt mit Selbstkontrolle zu tun« hat. Die Verführung kommt durch die »instant gratification, so, dass auf deinem Handy, Laptop, du kannst es ständig quasi, diese Dopamine ausschütten«, deshalb lautet die Herausforderung für Jungs, »dass man trotzdem da die Selbstkontrolle behalten sollte«. Auch Tobias empfiehlt, den »Konsum im Griff« zu halten und sich bewusst zu sein, »dass auch ein gewisses Suchtpotenzial da ist«. Wenn Pornos schon genutzt werden, dann raten mehrere der Jungs dazu, dies sinnvoll aufzuladen, um einen Gewinn für sich zu erzielen, Pornonutzen als Identitätsarbeit für die sexuelle Selbstfindung und die eigene Entwicklung. Max sagt dabei ganz einfach: »Nutz Pornos um herauszufinden, was du magst«. Auch Pornoschauen ist Erfahrung, meint Felix: »Man macht da halt irgendwie auch schon seine Erfahrungen, so, einfach sich quasi einfach so an das ganze Thema ranzukommen«. Finn ist davon überzeugt, dass man Pornos »immer irgendwie selber für sich finden« muss, »da muss jeder sich selber ein bisschen finden«. Umgekehrt verliert man sich leicht in der Pornowelt, deshalb rät Jannik dazu, die eigene Phantasie zu benutzen: »Ich würde auf jeden Fall raten, versuch mehr, deine eigene Fantasie zu erforschen und rauszufinden, was dir gefällt«.

Achtsam wichsen

Die eindringlichen Apelle zur Mengenkontrolle und Nutzungsregulation sind Antworten auf den Pornosuchtalarm und andere Befürchtungen im Hinblick auf die schlecht zu beherrschenden Pornomächte. Die meisten Ratschläge der Jungs liegen jedoch in einem Bereich, der sich in Kontrast zum Unreflektierten und Unvernünftigen der Pornowelt setzt. Hier entsteht der Eindruck, als wollten Jungs mit ihren Ratschlägen das Pornonutzen veredeln, indem sie Anleitungen zu einem achtsamen und vernünftigen Pornoschauen und Masturbieren geben: Bleibt das Bewusstsein wach und das Gehirn eingeschaltet, so lässt sich daraus schließen, können die Pornogefahren gebannt werden. Die anderen Jungs (also sie selbst) sollten dabei reflektieren, wach und aufmerksam sein, sich stets dessen bewusst sein, dass Pornos nicht die Realität darstellen.

Zur Vorsicht rät Fabian, denn »in jüngerem Alter musst du einfach vorsichtig sein«; auch Louis empfiehlt, »mit Vorsicht zu genießen«. »Nehmt es nicht zu ernst«, sagt Florian, »es ist cool, das mal zu sehen, aber so ist das echte Leben halt nicht«. Lukas rät dazu, dass man halt nicht die Illusion haben sollte, dass was in Pornos passiert, dass es tatsächlich immer realistisch ist«. Und Lennard fordert auf: »Remember, Porn is on the screen. If you want a relationship, go get a girlfriend«. Auch Tom empfiehlt, kritisch mit Pornos umzugehen und so weiter, sehr viel wird an die Vernunft appelliert, Philipp betont gegen den Leistungsdruck: Das, was in Pornos gezeigt wird, »wird nicht von dir erwartet!«

Damit ein achtsamer Pornokonsum gelingt, geben einige Jungs auch Tipps zur Qualitätskontrolle, bezogen auf die Seiten- und Inhaltsauswahl. Das sind »vernünftige Seiten«, sagt Moritz, die sicher sind. David empfiehlt, sich vorher zu informieren, dass es konsensueller Sex ist, die Darstellenden ordentlich bezahlt werden und ein Hygienekonzept dahinter steckt; ähnlich rät auch Jannik zu Pornoseiten, »wo man auch zum Beispiel weiß, dass alle Darsteller:innen irgendwie einverstanden, gut bezahlt, was auch immer waren«. Niklas würde »Seitenempfehlungen geben, wo er vielleicht auf nicht allzu problematische Inhalte stößt«. Nicht »irgendeinen Bullshit« schauen rät auch Felix, und das heißt in der Konsequenz: »Gib für Pornos Geld aus!« (ihm fällt aber gleich ein, wie aussichtslos dieser Ratschlag bei Jugendlichen sein wird, das qualitative Ergebnis: »Dann hat man halt so Mainstream-Pornoseiten«).

Selbstverständlich ist es nach der Jungs-Empfehlung beim achtsamen Pornonutzen wichtig, über sich und sein Nutzungsverhalten nachzudenken, über die Menge, aber auch sonst: Zur steten Reflexion des eigenen Verhaltens raten einige Jungs, Felix sagt, man solle »überlegen, was man guckt«, auch Florian meint, man solle sich diesbezüglich Gedanken machen, ob es »gesund« oder ob es vielleicht zu »krank« ist, was man da schaut. Dass man sich »echt widerliche Sachen« anschaut, muss nach Paul nicht sein, deshalb empfiehlt er: »denk' ganz genau darüber nach, was du dir da anschaust«. Und Louis rät, die Folgen im Blick zu behalten, denn »das Wichtige ist halt, dass man schon weiß, welche negativen Konsequenzen das haben kann«.

Porno-Kritik der Jungs (Sophia Hamdorf)

Ihr genderkritisches Porno-Bewusstsein demonstrieren einige Jungs durch ihre Kritik an Pornos, vor allem wegen der Darstellung von Sex durch den männlichen Blick. Pornos sind nach dieser Auffassung von Hetero-Männern für Hetero-Männer produziert, durch die heteronormative männliche Brille. Sie orientieren sich daran, was »die Männer« wollen. Dazu gehört für die Befragten zum einen die klimaktisch auf den männlichen Orgasmus ausgerichtete Darstellung von Sex und zum anderen die ständige Willigkeit von Frauen gekoppelt mit der Lust auf alles, was Männer gut finden. Dabei wurde vernachlässigt, wie weibliche Sexualität aussehen kann und was Frauen tatsächlich gefällt. Moritz weiß dazu: »In den meisten Fällen finden Frauen es auch nicht so toll, wie es im Porno dargestellt wird, und die Darstellerinnen spielen es nur, um das männliche Gehirn zu stimulieren. Aber die mögen das eigentlich gar nicht so wie es im Porno dargestellt wird«.

Auch die Reproduktion gesellschaftlicher Geschlechterstereotype in Pornos wird von einigen jungen Männern erkannt und hinterfragt. Das hierarchische Geschlechterverhältnis – Mann dominant, Frau submissiv – wird kritisiert: Tom stellt fest, dass Pornos »so dieses Männlichkeits- und Weiblichkeitsbild« begünstigen, »dass der Mann eher so der Dominante ist, (...) und dass die Frau hinhalten muss, oder sowas«. Und Jannik kommt dabei auf die Wirkung von Pornos zu sprechen: »Ich hab gelernt zum Beispiel in Pornos, dass so die Rolle von Frauen häufig irgendwie so fast unterdrückt waren (...). Ja und eben, ich schau mir auf jeden Fall auch Rollenbilder ab«.

Bei der Nutzung von industriell-produzierten Pornos spielt für ein paar Befragte auch ein ethischer Aspekt eine Rolle. Sie halten die Arbeitsbedingungen der Porno-Industrie für nicht unterstützenswert und weisen dabei vor allem auf die unfaire Bezahlung und Ausbeutung der Darsteller:innen hin. Die Auseinandersetzung mit diesem Thema und das Wissen über die »Abgründe« der Porno-Branche findet meistens über Medien statt. Eine gewisse Doppelmoral wird darin erkennbar, dass keiner der Befragten angibt, selbst (nur) fair-produzierte Pornos auf alternativen Seiten zu nutzen und dafür zu bezahlen. Dennoch kommt die Kritik moralisch daher, David sieht Pornos »kritisch auf jeden Fall. Ich finde, jeder der Pornos schaut sollte auch sich mal anschauen, wie das in der Industrie so abläuft«.

Bei fast allen Befragten besteht ein ausgeprägt kritisches Bewusstsein gegenüber Pornos. Risiken der Pornonutzung werden als relevant und ernstzunehmend wahrgenommen. Ihnen ist wichtig zu zeigen, dass sie die Porno-Kritik verinnerlicht haben und zumindest verbal »vernünftig« mit pornografischen Inhalten umgehen können. Die Befragten spüren, dass im öffentlichen und medialen Diskurs besonders der Konsum männlicher Jugendlicher bzw. junger Männer problematisiert wird (Lewandowski 2015). Dieser wahrgenommenen Erwartungshaltung begegnen Jungs mit einer aufgeklärten und reflektierten Einstellung. Die gesellschaftliche Sorge, dass Pornokonsum von Jugendlichen zur sexuellen Verwahrlosung, fehlender Selbstkontrolle und unreflektierter Übernahme der Pornoscripts führe, scheint sowohl mit Blick auf die vorliegende Studie, als auch entsprechend anderer empirischen Untersuchungen weitestgehend unbegründet (Rihl 2015; Lewandowski 2015; Franz et al. 2015; Quandt/Vogelgesang 2018; Korte et al. 2016). Die jungen Männer sind in der Lage, die in Pornos vorgelebte Sexualität von ihrer eigenen Sexualität zu trennen und reflektieren über genderkritische und ethische Aspekte des Konsums von Pornografie. Der Sorge vor suchtähnlichem oder exzessivem Rezipieren steht ein bei den Befragten ausgeprägtes Bewusstsein über eine »zu hohe« Porno-Nutzung gegenüber. Die jungen Männer entwickeln eigene Strategien, um ihren Pornokonsum zu regulieren, zum Beispiel mit Hilfe von selbstverordneten Porno-Abstinenz-Phasen, die Gewissheit bringen, dass keine Abhängigkeit besteht (Franz et al. 2015).

Trotz der kognitiven Reflexions- und Kontrollkompetenz der Befragten, besteht für sie oft ein innerer Konflikt und eine spürbare Diskrepanz zwischen der eigenen Pornonutzung und der Kritik bzw. den wahrgenommenen Risiken und Gefahren des Pornokonsums. Zwar wirkt sich die Porno-Kritik selten auf die tatsächliche persönliche Nutzungshäufigkeit aus, dennoch besteht oftmals der Wunsch danach, weniger Pornos zu nutzen. Jungs nehmen die Nachteile des Pornokonsums in Kauf, weil sie einfach Pornos sehen wollen, aber auch mangels passender Alternativen. Zudem entlastet und rechtfertigt das Bewusstsein über Porno-Kritik das eigene Nutzen, ebenso wie die regelmäßige Vergewisserung darüber, dass keine Sucht besteht. Dennoch erleben die Befragten weiterhin den Konflikt zwischen dem eigenen Anspruch eines unabhängigen, aufgeklärten und kritischen Verhältnisses zu Pornos und des für sie spürbaren Bedürfnisses der sexuellen Erregung durch das Porno-Nutzen. Erst die Auflösung dieses innerpsychischen Konflikts und der gesellschaftlichen Problematisierung von jungen männlichen Pornonutzern kann negative Gefühle rund um den eigenen Pornokonsum senken und einen offeneren Umgang mit dem Thema ermöglichen.

Wie Frauen Pornos nutzende Jungs betrachten

Dass Jungs Pornos schauen ist für die jungen Frauen, die für die Studie befragt wurden, meistens selbstverständlich. Sie gestehen es ihnen generell auch zu, manchmal mit Einschränkungen, etwa bezogen auf Menge, Zweck oder den Zeitpunkt. Laura zählt solche Konditionen auf, die das Pornonutzen ihrer Ansicht nach legitimieren: »Wenn man jetzt, ja, zwei, drei Mal die Woche vielleicht mal einen Porno schaut, um sich's entweder selber zu machen oder sich einfach ein bisschen, ja, wohlzufühlen oder vorm Sex oder mit seinem Partner zusammen, finde ich das vollkommen legitim«. Auch Lara gesteht Jungs zu, mit Pornos Spaß zu haben, schränkt das aber ein: »Man muss das auch reflektieren und ganz klar sehen, dass das echte Sexleben wahrscheinlich anders aussieht«. Frauen tolerieren es, wenn Jungs Pornos nutzen, sofern sich dies in einem moralisch erlaubten Rahmen abspielt. Hier verläuft eine Trennlinie innerhalb der Pornonutzung, ein Abgrenzungsmuster, das sich vereinzelt auch bei Jungs findet (vgl. Fallstudie »Cem« auf S. 41 f.).

Seltener (es war aber keine explizite Frage danach) taucht bei manchen der Frauen die Erwartung oder die moralische Vorstellung auf, dass während einer Beziehung überhaupt keine Pornos genutzt werden sollten: »Da (bezogen aufs Pornos nutzen) muss man ein bisschen differenzieren: ob die Person jetzt in einer Beziehung ist oder nicht«, sagt Julia. Einen moralischen Nachteil benennt Hannah, »weil man ja eigentlich mit dem Partner gemeinsam das erleben sollte und nicht alleine, wenn man so ein komisches Video guckt«. Außerhalb von Beziehungen sind Pornos als Ersatzbefriedigung explizit gestattet, implizit heißt das aber: innerhalb einer Beziehung nicht! Vermutlich gehen Jungs vor diesem Hintergrund mit ihrer Porno-Nutzung während einer Beziehung nicht offen um bzw. wissen, sie zu verheimlichen. So reflektiert Lara – bezogen auf die Nutzungsstatistiken – vielleicht etwas naiv: »Tatsächlich habe ich da (Porno-Wirkungen bei Jungs) jetzt selbst nicht so die Erfahrung; also ich glaube, dass kein Freund oder Ex von mir jemals Pornos geguckt hat. Oder ich hoffe zumindest, dass ich es mitgekriegt hätte, wenn sie es in der Beziehung gemacht hätten«.

Pornos zu nutzen kann zudem gegen Normen verstoßen, gegen etwas, was »man soll«, wie Laura erläutert: »Man soll ja beim Sex das machen, was einen selber glücklich macht und wo man sich selbst wohlfühlt und nicht, was man in Filmen gesehen hat nachspielen sozusagen. Man soll ja auch auf seinen Partner eingehen und fragen, was gefällt dir und woran hast du Spaß und nicht einfach nur denken, okay, weil die das jetzt in diesem Porno machen muss ich das jetzt auch machen, obwohl's mir gar nicht gefällt, vielleicht«.

Wirkungen von Pornos auf den Sex mit Partnerinnen sehen die jungen Frauen weitgehend entspannt. Vielleicht ist auch deshalb ihre Haltung dazu erstaunlich tolerant. Ob Pornos überhaupt eine Auswirkung auf den Sex haben, bezweifelt Hannah; sie setzt Pornoscripts eher in Verbindung mit dem, was Jungs selbst mögen; sie folgen demnach nicht einfach den Pornovorlagen, sondern setzen sie um, weil es zu ihnen passt: »Allerdings glaube ich, wenn sie (Jungs) es machen (sich an Pornoscripts halten), dass es denen auch gefällt und nicht, weil sie denken, das müssen wir jetzt machen. Genau, also ich glaube, jeder macht das, was er will«. Lina vergleich das Pornoschauen mit dem Nutzen von Streamingportalen: »Wenn wir (Frauen) Netflix gucken oder so hat das ja auch keinen Mehrwert oder so, und das ist auch Zeitverschwendung (…). Ich bin immer der Meinung: die Dosis macht das Gift. Also es (Porno) (…) könnte bestimmt auch mal als Freizeitunterhaltung konsumiert werden«. Julia hat »eigentlich« noch nichts davon bemerkt, ob oder wie sich Pornos auf den Sex mit ihr auswirken: »Ich habe mir da auch ehrlich gesagt noch nie Gedanken darüber gemacht«. Vielleicht ist ihr das ganze Metier ein wenig suspekt, denn sie stellt fest: »Wir Frauen ticken da auch nochmal anders. Pornos sind eh eher so eine Jungssache«. Pornonutzung dient damit eher als Geschlechterabgrenzung, eine Hilfe beim Konstruieren, für beide Seiten (vgl. Setty 2021). Der Unterschied in der Wirkung kann dann schon zu einem Problem werden, wie Michelle es erlebt: »Wenn's die Person neben dir halt mega anmacht und du bist eigentlich eher ein bisschen verstört, dann ist es vielleicht auch einfach nicht so förderlich«.

Bei denjenigen, die Wirkungen benennen, finden sich sowohl potenziell negative und positive Pornofolgen, häufiger und reichhaltiger auf der negativen Seite gewichtet. Keine der befragten Frauen berichtet aber von extremen oder starken – positiv oder negativ zu wertenden – Wirkungen. Oft gab es keine Erfahrung der Frauen, sie haben konkrete Auswirkungen von Pornos bei Jungs selbst nicht erlebt oder können sie nicht identifizieren, so wie Lara, die antwortet: »So direkten Einfluss auf den Sex, habe ich jetzt nichts mitbekommen«. Aber einige könnten es sich trotz fehlender Erfahrung vorstellen. Marie vermutet, dass Pornos Jungs beeinflussen, »aber inwiefern – (da) bin ich mir jetzt nicht hundert Prozent sicher«. Jessica denkt: »Also nein, ich habe das nicht erlebt, kann es mir aber vorstellen, also gerade das, je mehr Pornos man anschaut, desto mehr verinnerlicht man das«. Auch Antonia »würde jetzt nicht sagen, dass es (Pornonutzen) einen negativen Einfluss hat (...). Ob man jetzt von Pornos beeinflusst ist, weiß ich ja nicht – aber wahrscheinlich auch ein bisschen, oder viele Jungs sind, glaube ich, davon beeinflusst«. Dieser Einfluss kommt aber nicht nur von Pornos, stellt Jana fest, bei den Wirkungen »hat auch vieles Gesellschaftliches mit zu tun. Auf jeden Fall: Pornokonsum, (aber) auch andere Filme und so«.

Manche Frauen stellen Wirkungen fest, werten sie aber eher nüchtern oder neutral. Hannah kennt es schon, dass von Jungs Praktiken aus Pornos mangels eigener Erfahrung, also einfach zur Orientierung übernommen werden: »Das glaube ich schon, weil gerade am Anfang, wenn man noch nie Sex hatte und das deswegen nicht besser weiß, übernimmt man ja echt das, was man gesehen hat«. Eine gewisse Ausgewogenheit der Wirkung stellen einige der jungen Frauen fest. Sie antworten bei dieser Frage in einem Einerseits-Andererseits-Muster, so auch Hannah (wobei unklar bleibt, ob das »zum anderen« negativ bewertet ist): »Also ich denke, dass zum einen der Sex abwechslungsreicher wird, weil einfach mehr Ideen ins Spiel kommen. Zum anderen glaube ich, dass (es) vielleicht pornobedingt weniger romantisch zugeht, sondern eher härter zur Sache geht«. Auch Annika meint, dass die Wirkung »in beide Richtungen gehen« kann: »Entweder kann das Menschen (Männer, Jungs) beruhigen oder sicherer machen, aber auch unsicherer, und vielleicht auch eben, gerade dass man irgendwie so, unter so einer Art Leistungsdruck steht, weil man sich eben dadurch vergleicht und auch misst danach«. Und Hannah sieht die Sache ebenfalls ausgewogen ambivalent: »Auf der einen Seite, man kann über einen Porno natürlich neue Anregungen bekommen. Auf der anderen Seite ist es natürlich toxisch, wenn zu viel Porno geschaut wird in einer Beziehung«.

Negative Pornowirkungen auf Jungs und auf den Sex mit ihnen

Von den Jungs wird sehr oft das Risiko benannt, dass Pornos den Bezug zur sexuellen Wirklichkeit beeinträchtigen, dass durch das Pornonutzen ihre Realität verzerrt werden oder dass damit ein »Realitätsverlust« einhergehen könnte. Manche Frauen nehmen das wie Anna zwar beschwichtigend schon so wahr, dass »die meisten Jungs wissen, dass es nicht so läuft wie im Porno«. Gleichwohl wird auch von vielen Frauen im Realitätsverlust eines der stärksten Risiken des Pornonutzens der Jungs gesehen. »Also es gibt auch Pornos, die sind realistisch«, stellt Zora sachkundig fest, »aber der Großteil halt einfach nicht. Ich glaube man lässt sich dadurch meistens verwirren. Und das ist halt irgendwie nicht so schön«. Drastischer formuliert es Julia: »Weil sie (die Jungs) einfach ein komplett falsches Bild von Sexualität vermittelt bekommen«, auch Lea spricht von einem »komplett falschen Bild«, was sich direkt und im gleichen Wortlaut auswirken könnte, dass man nämlich »komplett falsch mit einer Frau umgeht«.

Sehr oft nennen die Frauen das »falsche Bild von Sex« als Risiko mit unterschiedlichen Folgen. Das Falsche lässt sich, wie Jessica feststellt, auch an Überhöhungen festmachen: »Dann hat man ein total überspitztes Bild und ein total realitätsfernes auch« (»Falsch« ist hier das am häufigsten verwendete Adjektiv). Falsche Bilder können zu Lustverlust führen, bestimmte Genres (Kinder, Gewalt) könnten falsche Normalität vermitteln und Hemmschwellen senken, Jungs könnten etwas kopieren, was in der Realität nicht so funktioniert, es könne falsche Erwartungen wecken, zu Obsessionen führen, in der Umsetzung des Falschen die Sexualpartnerinnen schocken oder ethische Grenzen verschwimmen lassen.

Falsche Vorstellungen der Wirklichkeit, die Pornos den Jungs vermitteln, können sich dann, so eine Vermutung, auch auf den Sex mit ihnen niederschlagen. Häufig wird dabei von den Frauen die Diskrepanz zwischen Porno und Realsex beschrieben, wie Anna analysiert: »Wenn sich einer (der Jungs) beeinflussen lässt, dann vermutlich eher ins Negative, weil in Pornos der Sex meistens anders dargestellt wird, wie er im wirklichen Leben abläuft«. Frauen denken meist, dass Pornos so wirken, wie Jana, die sagt: »Generell, glaube ich, sind Pornos schon sehr, beeinflussen schon sehr die Wahrnehmung, wie Sex sein kann oder soll oder was auch immer«. Auch Michelle glaubt, dass »das (Pornonutzen) verzerrt dann irgendwie dieses Realitätsbild«. Oder Pornos vermengen sich mit der Wirklichkeit, »dass halt die Realität«, sagt Marie, »so 'n bisschen damit (mit Pornos) äh vermischt wird«. Schlecht ist es, wenn sich Männer »zu stark an Pornos orientieren«, meint Laura. Luisa befürchtet sogar, dass Männer »vielleicht so ein bisschen verlernen, was Sex ist. Und dass sie vielleicht denken, dass sie das auch so machen müssen, weil sie das so sehen«. Manche Frauen stellen sich vor, dass Jungs dann genauso sein möchten wie Porno-Darsteller. Dieses Muster der negativen Beeinflussung durch Pornos wird vor allem bei unerfahrenen Jungs gesehen; sie könnten »sich vielleicht denken, okay, die Frauen wollen eben genauso den Sex haben, wie es halt in den Filmen dargestellt wird«, vermutet Anna. Dementsprechend rät Lara, Jungs »dürfen sich nicht von dem idealistischen Bild in Pornos hinreißen lassen und alles glauben, was da gespielt wird«.

Unrealistische Vorstellungen können direkte Auswirkung aufs Verhalten zeigen und zum Beispiel dafür sorgen, dass Jungs nicht ausreichend auf ihre Partnerin achten. Antonia denkt, dass Pornos »auf jeden Fall« Einfluss darauf haben, wie Jungs sich beim Sex verhalten: »Weil die ja eben daraus irgendwie lernen, ja, der Frau gefällt es ja eigentlich eh, weil die denken dann ja, Frauen sind leicht zu befriedigen (...). Und dann denken, ja, okay, ich kann da einfach mein Ding durchziehen, und der wird es eh gefallen wahrscheinlich oder so – oder eben: einfach dieses falsche Bild haben, dieses unrealistische Bild. Auch bisschen dieses uneinfühlsame Bild – und das (Pornos) hat auf jeden Fall einen Einfluss da drauf«. Es sind die Porno-Vorstellungen, die sich festsetzen können. »Ja, Hauptsache sie stöhnt laut oder so, ist vielleicht so das Ding«, sagt Jessica, und glaubt, »das hat auch ganz viel mit Pornokonsum und so was zu tun und von so einem verfälschten Bild, das man auch also über Sex erfährt«. Entlang der üblichen Pornoszenen führt Michelle das Problem aus:

> *»Ich glaube, wenn man halt nur Pornos geschaut hat und noch keine so Erfahrungen hat, dann denkt man sich vielleicht wirklich, dass es einfach viel länger geht, dass der Sex viel länger geht, dass es halt dieses typische rein-raus, rein-raus Ding ist, was man vielleicht dann auch gar nicht selber schön findet. Oder was für die Frau vor allem wahrscheinlich einfach nicht schön ist, weil man dann nach einer Minute schon wund ist, gefühlt. Und für den Typen wahrscheinlich auch nicht, dass das halt vielleicht dieses Bild ist. Oder irgendwelche abstrakten Kamasutra-Sachen oder was weiß ich, so Dinger, ja, keine Ahnung. Oder dieses, dass Frauen es toll finden, wenn man dann überall hinspritzt oder sonst irgendwie so ein bisschen abgefahren Sachen (...). Und ich glaube, das verzerrt dann irgendwie dieses Realitätsbild«.*

Häufig nehmen die jungen Frauen Leistungserwartungen oder -ansprüche wahr, die Jungs durch Pornos vermittelt bekommen. Auch Lina denkt, »dass das (Pornokonsum) den Leistungsdruck verstärkt«. Die dominante Rolle im Porno führt zu Druck bei den Jungs, sagt Zora: »Dass man sich da auch einfach unter Druck gesetzt fühlt als Junge und diese Leistung erbringen muss« oder, wie Jessica zusammenfasst: »dass man dann mehr Ansprüche an sich hat«. Julia stellt fest, dass sich Jungs mit Pornos vergleichen und Anforderungen übernehmen, auch projiziert auf Frauen, obwohl diese das so gar nicht erwarten würden: »Ich gehe stark davon aus, dass die Männer sich durch diese Pornographie (...) sich darüber schon sehr viele Gedanken machen und auch versuchen sich damit zu vergleichen (...). Und auch solche, die eigentlich keine Frau an irgendeinen Mann überhaupt den Anspruch hat«.

Annika sieht die negative Wirkung darin, dass Pornonutzen Jungs »auch unsicherer (machen kann), und vielleicht auch eben, gerade dass man irgendwie so, unter so einer Art Leistungsdruck steht, weil man sich eben dadurch vergleicht und auch misst danach«. Immer wieder tauchen dabei die Sex-Stressoren der Jungs auf, die durch Pornos verstärkt werden können, und die auch Jessica kennt: »Und dann hat man wahrscheinlich auch gerade so hohe Erwartungen. So, ja, ich muss jetzt 30 Minuten durchhalten (lacht) und keine Ahnung, ich darf bloß nicht zu früh kommen und sie muss auf jeden Fall kommen und dann muss sie noch ganz laut stöhnen«. Wieder scheinen den Frauen unerfahrene Jungs besonders gefährdet, wie Zora schildert: »Vor allem wenn man gerade noch keine Erfahrungen hat und sich so die ersten Pornos anguckt, dann so ein 45-minütiger Akt kommt, ist man schon so boah, okay, krass. Und dann hat man so den ersten Sex und man ist dann nach einer Minute irgendwie fertig«. Die problematische Wirkung wird auch auf die Erwartungen an Partnerinnen oder Partner übertragen, wie Marie vermutet: dass sie (Jungs) vielleicht halt ganz andere Erwartungen dann an ihre

Partnerin oder Partner haben, äh dass vielleicht die Partnerin oder Partner gar nicht erfüllen kann oder auch nicht erfüllen möchte«.

Schließlich gibt es – eher als ein Randthema im Vermutungsbereich ohne Erfahrungshintergrund – bei einigen Frauen den Verdacht, dass Pornos härter, extremer oder gewaltverherrlichend sein können, dass es einen Trend in dieser Richtung gibt und sich das negativ auf Jungs auswirken könnte, etwa indem Jungs liebevollen »Blümchensex« entwerten oder härtere sexuelle Praxis gegen den Willen ihrer Partner:innen durchsetzen wollen (das scheint jedoch eher Fantasie zu sein, diesbezügliche Erfahrungen werden nicht berichtet). Einige wenige Frauen vermuten, dass durch Pornos der Sex rau und hart wird. Emotionale, zärtliche oder liebevolle Aspekte würden dadurch eliminiert, sieht Emilia: »Aus dem pornographischen Bereich wird erwartet, dass der Mann extrem, extrem dominierend ist dabei und das ist glaube ich sehr, sehr toxisch, das ist sehr, sehr ungut. Weil dabei das Gefühlsmäßige komplett rausgeworfen wird und es also nur darum geht Leistung zu erbringen (…). Das kommt darauf an, welchen Porno man schaut, so BDSM und so, ist das auf jeden Fall ein Einfluss auch wie rough, wie heftig und hart es im Prinzip wird«. Luisa befürchtet, »dass da Männer auch immer mehr abgehärtet werden und dass sich viele, glaube ich, auch nicht mehr mit normalen Sex zufrieden geben können oder wollen«. Durch dargestellte Gewalt, befürchtet Hannah, »könnte vielleicht auch die Hemmschwelle, das dann tatsächlich so umzusetzen, sinken. Das ist auf jeden Fall ein Risiko«.

Nur zwei der Frauen sehen erstaunlicherweise das Risiko, dass das Pornonutzen überhandnimmt, was vermutlich auch daran liegt, dass Frauen die Nutzungsfrequenz der Jungs als viel zu gering einschätzen. Es könnte schon sein, dass es zu viel wird, meint Annika: »wenn es exzessiv wird« und Antonia sieht eine Bedrohung durch das Abhängigkeitsrisiko: »Ahm – ja, das kann ja auch sogar, glaube ich, zu so einer Sucht werden«.

Insgesamt gilt aber: Wenn (mögliche) negative Wirkung festgestellt oder vermutet werden heißt das nicht unbedingt, dass das in der sexuellen Praxis ein Problem werden oder bleiben muss. Wie Jungs selbst vertrauen auch Frauen auf deren Differenzierungs- oder Reflexionsfähigkeit. Michelle stellt fest: »Ich glaube, (…) dass viele (Jungs) schon checken oder irgendwie mitbekommen haben, dass es nicht wirklich so ist, dass es (Pornos) halt einfach eine überzogene Weise ist«. Oder Anna denkt: »Die meisten (Jungs) wissen den Unterschied, weil mehr zum Sex dazu gehört: Zärtlichkeit, Liebe«.

Positive Pornoeffekte aus Frauensicht

Sich einzugestehen, dass Pornos wirklich positiv wirken können, fällt den befragten Frauen (wie auch den Männern) oft nicht so leicht. Viele finden durchaus positive Effekte, benennen sie auch, um gleich darauf ein Problem oder eine

Grenze zu beschreiben, wie zum Beispiel Lara, die sagt: »Ja mit Sicherheit« wirken Pornos positiv auf Jungs, »ich glaube, dass da nicht nur Befriedigung bei denen eine Rolle spielt, sondern auch, dass die sich da irgendwie was abgucken wollen« – und direkt im nächsten Satz: »Oder was ich persönlich jetzt schon wieder nicht so ganz so toll finden würde, wenn die irgendwie, es gibt ja auch so Snuff Pornos und so, wenn die irgendwie eine spezielle Seite da ausleben würden«. Für Lina ist es einfacher festzustellen, dass Pornoschauen keine negative Wirkung hat, also Jungs nicht schadet, und das relativiert mit »vielleicht auch mal«: »Das ist jetzt schwierig, ob es eine positive Auswirkung hat – ich hätte eher gesagt, dass es vielleicht auch mal nicht schaden kann. Positiv ist vielleicht, dass man sich mit der eigenen Sexualität dann beschäftigt und vielleicht dann mehr ein Gespür dafür bekommt, was einem gefällt«. Vielleicht ist die Sicht auf positive Pornowirkungen auch moralisch für manche Frauen nicht so einfach; für eine gewisse Hemmung spricht auch, dass Frauen in unseren Interviews vom Umfang her mehr über Porno-Risiken und -Nachteile bei Jungs reden, als über den Porno-Nutzen, etwa im Verhältnis 1,4 zu 1.

Selbstverständlich sehen die jungen Frauen einen positiven Nutzen in der sexuellen Erregung, im Anturnen oder für die sexuelle Befriedigung. Dieses Kapitel wird dann meist recht kurz abgehandelt: »Um sich zu erregen«, sagt Laura. »Masturbation«, lacht Marie, »also, wenn ich jetzt halt irgendwie kein äh Sexualpartner hab (…), dass ich dann halt darauf zurückgreif um sozusagen mich zu befriedigen«. Jana weiß: »Männer machen's ja eher, (…) um sich, keine Ahnung, daran ein bisschen aufzugeilen«. Ansonsten wird dieser Porno-Nutzen von Frauen mit »zum Masturbieren« am häufigsten und erschöpfend beschrieben.

Wenn Frauen positive Wirkungen von Pornos für Jungs identifizieren, dann liegen diese am häufigsten im Gebiet der sexuellen Bildung, beim Kompetenzzuwachs. Die hauptsächliche Legitimation dieses Effektes bezieht sich auf Jungs ohne oder mit wenig Erfahrung. Vor allem diese Gruppe könne durch Pornos Sex-Literacy erwerben. Hannah denkt, es wäre sinnvoll, sich vor dem ersten Mal einen Porno anzuschauen, »einfach aus dem Lerneffekt heraus«, und »es ist sicherlich auch gut, in Pornos zu sehen, was es für verschiedene Möglichkeiten gibt, also was einem denn später selber gefällt. Auch vielleicht manchmal, um irgendwie Ideen zu kriegen oder ja, allgemein, was einem überhaupt gefallen könnte«.

Durch Pornos können Jungs wichtige Informationen sammeln, die Anatomie kennenlernen, »so, mal eine Idee davon bekommen, was dahintersteckt«, wie es Laura umreißt, Jungs bekommen Anregungen, könnten sich etwas abschauen. Zora denkt, »man kann sein Spektrum so voll erweitern, was so Stellungen und so weiter angeht; ich glaube es ist so ein bisschen Inspiration«. Auch Laura sagt von sich, dass sie bezogen aufs Pornonutzen der Jungs »ganz locker« sei, und entdeckt vor allem den Effekt der sexuellen Bildung: »Es gibt Leute, die schauen Pornos, um sich weiterzubilden. Also, um zu schauen, ja, wie sieht so ein Schwulen-Porno aus, wie haben Schwule Sex. Oder wie sieht es mit Transgendern aus, wie haben dickere Menschen Sex oder sowas. Kenn ich auch Leute, die sich Pornos anschauen, einfach nur um sich das anzugucken. Nicht um irgendwie erregt zu werden, sondern einfach, um dieses Sexuelle, über den Tellerrand ein bisschen rauszuschauen«.

Mit der sexuellen Bildung ist auch die Persönlichkeitsentwicklung, die Selbsterkenntnis und Selbsterfahrung intendiert. Pornos zu nutzen ist so gesehen »gut, weil es hilft herauszufinden, was einem gefällt«, stellt etwa Emilia fest. Pornos können helfen, eigene sexuelle Präferenzen kennen zu lernen, meint Annika, »dass man weiß, was man nicht mag oder dass man weiß, was man mag«, dass ein Junge »mehr ein Gespür dafür bekommt, was einem gefällt«, wie Lina sagt.

Weiter kann am Pornonutzen aus der Frauensicht positiv sein, dass unerfahrene Jungs – wenn auch nur virtuell – »vielleicht mal eine Erfahrung sammeln, wie es ungefähr funktioniert«, wie es Lea beschreibt, weil ihnen das die Angst nimmt. Pornonutzen wird als informativer Einstieg ins Sexuelle erlaubt, Laura führt das fast programmatisch aus: »wenn halt normale Menschen Sex haben, sowas meine ich jetzt. Und man schaut sich das an, einfach mal, um eine Idee davon zu bekommen, finde ich das vollkommen okay oder finde ich auch gut, wenn man sich so ein bisschen weiterbildet und mal schaut, okay, wie gehe ich mit der Frau um, wie muss ich sie anfassen, was mach ich dann mit der. Finde ich gut, ich mein, warum nicht ein Tutorial angucken, wie man mit einer Frau umgeht, wenn man noch keine Erfahrungen gemacht hat«.

Anregungen zu bekommen und sich was (Nützliches) abschauen zu können, das sehen einige der jungen Frauen als wichtigste positive Wirkung der Pornos, vielleicht mit der Hoffnung, dass Jungs etwas Nachhilfe bekommen und sich der Sex mit ihnen weniger einfallslos abspielt. Für Zora kann das ein positiver Nebeneffekt sein: »Ich mein, wenn man sich damit selbst befriedigt oder irgendwie damit noch ein paar Ideen holt, was man denn so machen könnte, finde ich es nicht schlecht«. Unterschiede in der Nutzung stellt Laura fest und entdeckt als positive Wirkung den Wunsch von Jungs, ihren Sex zu verbessern: »(Es) gibt Leute, die gucken sich das an, einfach um's anzugucken oder um sich zu erregen und es gibt aber bestimmt auch Leute, die sich das angucken, weil sie wissen (wollen), was sie besser machen können«. Positiv findet das Jessica, »da wäre dann eine Auswirkung, wenn man etwas ausprobiert, das man in einem Porno gesehen hat«. Luisa glaubt, »dass sich viele Männer vieles abschauen bei Pornos. Wo die dann schauen, okay, wie macht dieser Porno-Darsteller das (...). Und dass sie sich davon beeinflussen lassen und dann Lust bekommen, das im realen Leben auch zu tun«. Lara sieht Jungs beim Pornokonsum in einer Art Vorlagenkatalog blättern: »Ich kann mir schon auch vorstellen, dass die sich da interessante Praktiken raussuchen«.

Einige der jungen Frauen, sehen oder kennen den Vorteil, dass Pornos Jungs Sicherheit vermitteln können. Annika denkt, dass Pornos Jungs bzw. Männer »beruhigen oder sicherer machen« können. Marie beschreibt: »Dass wenn man halt wirklich unerfahren ist oder vielleicht auch Angst hat oder so (…) Vielleicht hilft, äh hilft es ihm dann so bisschen als Unterstützung und als Sicherheit«. Und Michelle denkt, »dass es vielleicht Männern Sicherheit gibt, wenn sie noch einfach keine sexuellen Erfahrungen haben und sich dann einen Porno angucken und dann denken, ja okay, so geht das« – um gleich darauf zu relativieren: »Was dann wahrscheinlich eine komplette Fehleinschätzung ist, weil's ja natürlich dann später überhaupt nicht so ist«. Eine Ausnahme ist der Hinweis von Luisa auf den entspannungs- und gesundheitsförderlichen Nutzen von Pornos für das Mood-Management der Jungs: »dass sie (Männer) sich einfach so ein Video anschauen, um sich selbst zu befriedigen, um sich da einfach mal so zu entspannen und abzuschalten und dass sie es wirklich in einem ganz gesunden Maß nutzen und für sie auch sagen, hey, ich nutze das für mich, einfach so als Entspannungsritual, sage ich mal. Ich glaube das ist auch so ein positiver Aspekt, ja«

Lina sieht positive Wirkungen darin, dass sie Erwartungen und Fantasien wecken, die man ausleben möchte, und »dass man versucht, das zu übertragen, was hängen geblieben ist, was einem gefällt«. Konkret sieht das bei ihr so aus: »Also, mein Freund hat auch manchmal Rollenspielideen, wo ich denke, vielleicht hat er das irgendwo (im Porno) aufgeschnappt oder so (…) Bei manchen Dingen kann ich es mir schon vorstellen, dass er es irgendwo da herhat«. Dem Sex scheint das aber nicht zu schaden.

Beim Vergleich von Risiken und Nutzen fällt ein Spannungsverhältnis auf: Frauen schätzen es durchaus, dass Jungs sich von Pornos Anregungen holen, um das Sexleben aufzuhübschen; aber mit dem Lernen durch Pornos geht gleichzeitig auch ein Risiko einher, dass Jungs etwas Falsches lernen und den anscheinend so wichtigen Bezug zur Wirklichkeit verlieren.

5. Jungs und ihr Sex mit anderen – die Partnersphäre der Jungssexualität

Die Partnersphäre der Sexualität gilt für Jungs als die erstrebenswerte Alternative zur Pornosexualität, schon deshalb, weil »Masturbation einfach nicht so viel Spaß (macht)«, wie Alexander bemerkt. Beim Partnersex berichtet keiner der Jungs von Risiken, zu häufiger Praxis oder Suchtgefahren: Die sexuelle Partnersphäre ist auch bezogen auf die Probleme ein ganz anderes und ein von Jungs oft idealisiertes Gebiet. Andererseits ist sie auch keine heile Welt. Partnersexualität differenziert sich in der Moderne aus und befreit sich dabei vom traditionellen Ballast an Moral und Normen. Allein die Vielfalt an legitimen Möglichkeiten stellt sexuelle Normen permanent infrage. Gleichzeitig schleichen sich wieder neue Moralvariationen und dazu noch Männlichkeitserwartungen ein.

Während sich in anderen Lebensbereichen Geschlechterverhältnisse angleichen oder irrelevant werden, wird Geschlecht beim Sex geradezu vorausgesetzt. Dies bringt Jungs und Männer unter den widersprüchlichen Zwang, sich männlich zu zeigen, ohne dabei (zu) männlich zu sein. Weil Männlichkeit als Orientierung demontiert wird und schwächelt, wächst der Druck, sich beim Sex auf die genital-männlichen Funktionen zu konzentrieren. In der Jungsphase kommt es dabei gerade nicht auf reproduktive Aspekte an, im Gegenteil, eine Zeugung gilt es zu verhindern. Die Funktionen des Penis' – Erektion und möglichst später Samenerguss – drängen sich deshalb beim Partnersex stärker in den Vordergrund. Sie können zu Stress führen, kombiniert mit modernen Ansprüchen ans gute männliche Verhalten der Jungs beim Partnersex, das durch den Orgasmus des sexuellen Gegenübers belegt werden kann. Partnersex wird von Jungs zwar bevorzugt und auch sehr aktiv angestrebt, dennoch liegen zwischen Spaßorientierung und -erleben auf der einen, Sexstress, drohenden Fehlern und Versagen auf der anderen Seite viele Stolperfallen, welche die Sphäre der Partnersexualität mehr oder weniger stark belasten können.

Abbildung 19: Sexuelle Erfahrung mit Partnersex (in %)

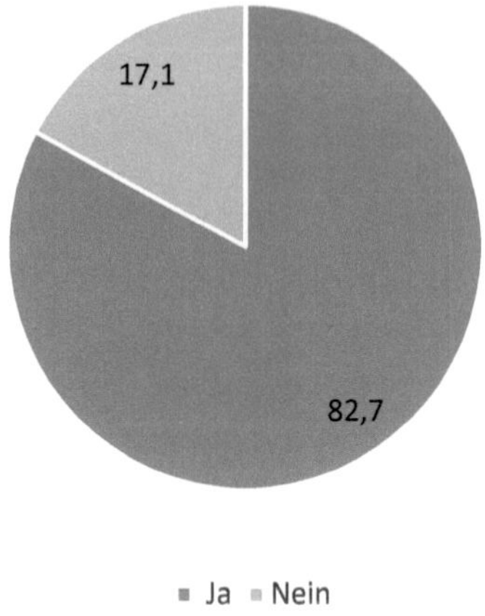

Wie bei den Interviews hatten auch in der quantitativen Befragung nicht alle Jungs sexuelle Erfahrungen mit anderen Personen. Rund 17 % gaben an, bisher keinen Sex mit einer Partnerin oder einem Partner gehabt zu haben, über vier Fünftel (83 %) konnten auf diese Erfahrung zurückgreifen. Nach den neuesten BZgA-Daten zur Jugendsexualität (BZgA 2021) haben von den 17-jährigen deutschen Jungen 64 % Erfahrung mit heterosexuellem Geschlechtsverkehr. Wenn in unserer Stichprobe mit 18- bis 25-jährigen Jungs insgesamt 17 % bislang keine sexuelle Erfahrung mit einer anderen Person hatten, dürfte das in etwa dem Durchschnitt entsprechen.

Und wie erlebten Jungs ihren letzten Partnersex? Offenbar überwiegend positiv. Die Aussagen hatten wir vorgegeben, Mehrfachantworten waren möglich. Harmonisch und leidenschaftlich erlebten jeweils über 90 % der Jungs den letzten Sex, zärtlich über 80 %, aber die Mehrheit auch anstrengend, 55 % stimmten dem zu.

Abbildung 20: »Sex-Qualität« beim letzten Partnersex • Zustimmung schwach, mittel, stark addiert (in %)

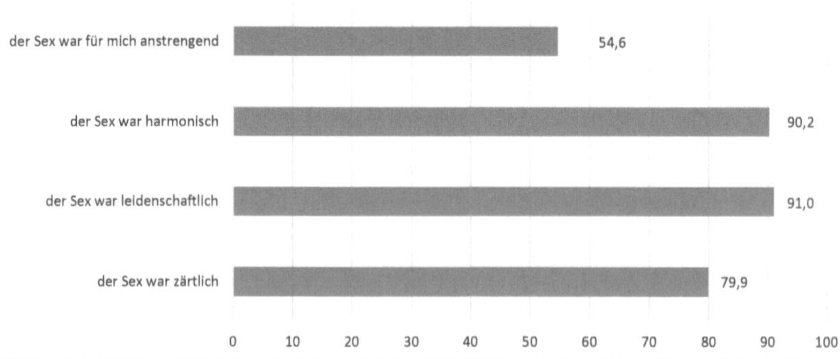

Sexspaßziele und -zwänge

Egal ob jung oder alt, wenn es um Sex geht, ist Spaß heute ein wichtiger Begriff: Eine Google-Suche mit den beiden Wörtern »Sex« und »Spaß« liefert 32 Millionen Treffer (im März 2022; ohne Anführungszeichen sind es sogar 64 Millionen). Ob *Mens Health* oder *Fit For Fun*, ob *Bunte* oder *Glamour* – Medien befassen sich gerne mit dem Spaß im Bett, dementsprechend ist er natürlich auch bei Jungs ein großes Thema und ein sexueller Leitbegriff. Im Interview-Leitfaden kam der Begriff »Spaß« nicht vor, es war also kein Stimulusbegriff, den die Befragten nur übernommen haben, sondern kam wesentlich von ihnen: In fast 80 % der Jungs-Interviews und in zwei Dritteln der Fraueninterviews wurde mindestens einmal der Begriff »Spaß« (bzw. »fun«) verwendet.

Die Bedeutungstiefe des Begriffs Spaß ist alltagssprachlich groß. Freude und Fröhlichkeit, Lachen und Vergnügen, Zufriedenheit und Wohlgefallen, Scherz und Belustigung, Streich und Genuss – hinter Spaß lässt sich viel erahnen und verstecken. In den Interviews mit den jungen Männern und Frauen steht Spaß im Zusammenhang mit der Sexualität als Chiffre für Befriedigung, Orgasmus, Freude und Gelingen. Für Jungs ist Spaß ein Kriterium für Lebendigkeit, Vielfalt und Zufriedenheit beim Sex, und auch für Erfolg in Form von erfüllten Erwartungen, insbesondere in Bezug auf den Orgasmus ihres sexuellen Gegenübers. Und für manche ist Spaß das kompakte Sinnbild für die optimale Qualität beim Sex. Für Justus zum Beispiel ist »Richtig guter Sex (…), wenn beide wirklich, äh, wirklich Spaß dabei haben und das auch zeigen«. Spaß ins Liebesleben zu bringen ist deshalb ein nahes liegendes Ziel. Dafür können Pornos als Inspiration dienen, meint Lukas, denn »dann sieht man das irgendwo (in Pornos) und denkt sich, uh, das ist ja eigentlich ganz lustig, das sieht aus, als könnte es Spaß machen«. Moritz hat die Erfahrung gemacht, dass Jungs durch das Reden mit anderen Tipps und Informationen darüber bekommen können, »was der beste Schritt ist, um Spaß reinzubringen«. Spaßorientierung meint aber nicht nur das eigene Erleben, sondern sich zu erlauben, sexuelle Phantasien umzusetzen, wobei der Spaß der Partnerin das entscheidende Kriterium ist: Ein sexuelles Erlebnis zu dritt – mit seiner Freundin und einer Freundin von ihr – ist ein Traum von Fabian, »wieso nicht?«, fragt er sich, fügt aber als entscheidenden Faktor hinzu: »Wenn die Freundin mit Spaß dran hat«.

Spaß beim Sex ist ein wichtiger Leitgedanke für die Jungs. Überhaupt Sex und dabei auch noch Spaß haben zu *müssen* kann in der Umkehrung aber als problematische Normierung erlebt werden, etwa dann, wenn es bei einem Mann nicht so der Fall ist, dass er ständig Sex und dabei Spaß hat. Das macht bei Luca Probleme, denn nach seiner Einschätzung »gehört (es) vielleicht auch zur Männlichkeit dazu, sozusagen, dass es irgendwie unnormal ist, wenn man nicht so viel Sex hat oder wenig Sex hat oder vielleicht auch nicht hundert Prozent so viel Spaß hat daran oder auch, dass – also mir gefällt das jetzt nicht unbedingt, aber manchmal muss (es das) schon fast«. Die Norm zum guten Sex kann den Erwartungsdruck erhöhen und zu einem gewissen Spaßzwang führen, vor allem dann, wenn der Sex einige Male nicht so gut verlaufen ist. Das hat Jannik so erlebt: »In meiner ersten Beziehung hatte ich so einen Druck, dass ich dachte, so okay, jetzt das erste Mal war nicht toll, das nächste Mal war auch nicht so toll, irgendwie, jetzt bald müssen wir Sex haben, der auch wirklich Spaß macht«.

Qualitätsmerkmal Spaß

Dass Sex Spaß macht, ist ein Leitkriterium für seine gute Qualität. Deshalb ist es interessant, wie Jungs beim Sex zum Spaß kommen. Er stellt sich zum Beispiel ein, wenn Stereotypen und Normierungen keine Rolle spielen und sich Jungs von Druck befreien und mehr zur Entspannung kommen, wie es David zusammenfasst: »Und wenn man sich dann eben über solche Rollenbilder oder irgendwelche Drucksituationen halt keine Gedanken machen muss, weil man sich halt denkt, okay, es kommt wie's kommt und ich schau einfach, dass beide Spaß haben, dann ist es auch einfach weniger Druck drin und dann kann ich mich auch mehr entspannen und es mehr genießen«. Spaß ist die Erläuterung oder Begründung für die kurze Bewertung »gut«, auf die Frage, wie sein Sex gerade ist, antwortet Jannik mit: »Gut, finde ich, macht Spaß (lacht)«. Auch das Reden über Sex kann mit dem Wort positiv gewertet werden; Louis braucht erstmal Überwindung, über Sexuelles zu reden, weil sie sich noch nicht so gut kennen, aber »es macht halt auch Spaß, also ich merke so bei mir, dass ich gerne über diese Themen rede«. Reden über sexuelle Erfahrungen ist für ihn zudem etwas Nützliches, weil es die Sexqualität steigern kann: »Wenn man jetzt nur über die sexuelle Erfahrung redet, was sie mitbringt, dann ist es positiv, weil, man hat dann halt auch mehr Spaß am Sex dadurch«. Und gut ist dann: »man hat Spaß im Moment«.

»Es« macht Spaß: Diese Formulierung verwenden viele Jungs, wenn sie auf die Qualität ihres sexuellen Erlebens angesprochen werden. Ein wenig standardisiert, eine in der Spaßgesellschaft und einer Zeit der Selbstdarstellung in sozialen Medien fast normierte Erwartung. Nachdem Lennard eine Episode geschildert hat (erst in ihrer Küche rumgemacht, dann in ihr Bett und direkt Sex) bilanziert er: »It was fun«. Florian erzählt etwas verhalten eigentlich über einen Superlativ: »Es macht schon Spaß, so ist es nicht. Und ich kann mir jetzt auch keine Person vorstellen mit der ich es lieber machen würde«. Dass die Qualität unterschiedlich ist, macht Jannik ebenfalls an diesem Kriterium fest: »Manchmal macht's auf jeden Fall Spaß und manchmal weniger. Aber, grundsätzlich, auf jeden Fall am Anfang würde ich sagen, so die ersten Male waren noch nicht soo gut und es wurde dann auf jeden Fall viel besser«. Sich gut zu kennen verbessert die Qualität beim Sex, davon ist Max überzeugt: »Sex ist immer besser (…), wenn man jemanden besser kennt, weiß was der Person gefällt, weiß wie man sich der Person gegenüber verhalten darf, weiß, dass man vor der Person sich selbst sein darf, ist es schöner und macht mehr Spaß«. Und Florian gibt als Gegenmittel zum Stress-Sex den Rat, den Sex nicht zu ernst, sondern entspannter zu nehmen: »Genießen, Spaß haben, dann kommt der Rest schon von alleine«.

Spaßbremsen

Auf Spaß kann im Guten wie im Schwierigen Bezug genommen werden. Bei den Jungs dient der Begriff häufig zur Negativabgrenzung, wenn »kein Spaß« erkennbar ist, kann das heißen, dass schlechte Erfahrungen, Gefühle oder Bewertungen im Raum stehen, oder Erlebnisse können »nicht so spaßig« gewesen sein (Justus). Nach dem Anschauen einer Doku kommt Linus zum Schluss, dass bei Pornoproduktionen die Beteiligten »da nicht wirklich Spaß dabei (haben), die meisten jedenfalls«. Auch Sex kann danebengehen und die Beteiligten verlieren Lust und Interesse, wie es Marc erfahren hat: »Irgendwie es ist nur ein aufeinander rumrutschen und dann lassen wir's halt lieber, als dass es irgendwie – es macht ja auch keinen Spaß. Es ist eigentlich dann eher so, wie wenn du ein Workout machst, wo du überhaupt keinen Bock darauf hast«. Eine ähnliche Situation erinnert Cem, als er in einer sexuellen Situation nicht abgebrochen hat, um seine Partnerin nicht zu kränken, obwohl »ich ja eigentlich keine Lust und keinen Spaß daran hatte, es nicht schön war in dem Sinne, aber man weitergemacht hat, um diese Person nicht zu verletzen«. Und Alexander bewertet Partnersex anders als Selbstbefriedigung, der Grund ist, dass »Masturbation einfach nicht so viel Spaß (macht)«.

Spaß kann auch das Gegenteil von hohen Ansprüchen oder Stress meinen. Fixe Vorstellungen, Ziele oder Planung können spaßreduzierend wirken, sagt Lukas: »Ich find das macht auch ein bisschen den Spaß kaputt, wenn man da irgendwie zu viel plant. Da sollte man einfach spontan sein und was gerade funktioniert, das macht man dann«. Vor allem aber, das betonen mehrere Jungs, kann Leistungsdruck die Freude am Sex stören, »viel Druck« wirkt wie eine Selbstsabotage, so die Erfahrung von Cem, denn »dann macht es keinen Spaß, weil du es dir selber versaut hast«. Der Spaß vergeht, wenn Leistungsgedanken ins Spiel kommen, meint Max, die sich leicht in den Vordergrund schieben können: »Man vergisst sehr schnell, dass die ganze Sache eigentlich Spaß machen soll, dass es kein Leistungsding ist, das man keinen Preis am Ende bekommt und wenn man am Ende 'n Klaps auf den Rücken bekommt und gesagt bekommt: Gut gemacht«.

Sich Stress zu machen ist überflüssig, meint Lukas, und hat nur zur Folge, dass beiden die Lust vergeht, denn »wenn man sich stresst, dann macht man's nicht für sich selber, sondern auch für den Partner vielleicht unangenehm. Und dann haben beide nicht so viel Spaß und das ist einfach unnötig«. Einige Male werden zwangsartige Handlungen oder -situationen als Gründe dafür angeführt, dass die positive Erfahrung verloren geht oder sich nicht einstellt. Wenn man sich selbst zu etwas nötigt, verhindert dies gelingenden Sex, deshalb empfiehlt Cem: »man muss sich zu nichts zwingen, auch speziell beim Sex, weil das versaut (es) dir und auch der Person, mit der du es hast, weil sie einfach merkt, dass du keinen Spaß daran hast, sondern einfach, dass du dich zwingst«.

Auch Pornos können durchaus zu Spaßverderbern werden, etwa wenn sie abbilden, dass es mehr um eine Leistungsschau, als um Lust geht. Florian stellt fest, dass für ihn bestimmte Hardcore-Pornos anstrengend und nicht wirklich »spannend« oder »spaßig« aussehen. Aber auch durch das Verwenden von Pornos kann es spaßfrei zugehen, zum Beispiel bei der eher übertriebenen Pornonutzung, die nicht aus einem Genussbedürfnis heraus, sondern lustlos oder mechanisch geschieht; Cem erzählt, dass er so manchmal »tageweise« Pornos angeschaut hat, in der Hochphase drei Mal am Tag – eine schlechte Erinnerung, denn es war »gar nicht so, dass ich sage, ich habe Spaß daran, es war so ein Drang«. Zwang von außen verhindert den Spaß ebenfalls. Gruppendruck durch Jungs auf der einen, das eigene Gefühl auf der anderen Seite, das war eine Erfahrung von Cem beim gemeinsamen Pornoschauen, seine Bewertung der Situation stand der Gruppe entgegen: »Das war einfach so ein Zwang, so ein Gruppenzwang. Ich habe keinen Spaß daran gehabt, ich fand es komisch, dass man da (in den Pornos) irgendwelchen Leuten zuschaut«.

Fokus – Gegenüber (sie, er) hat Spaß

Zufriedenheit und der Orgasmus der Sexualpartnerin oder des -partners ist eine männliche Zielmarke beim Sex. So formuliert Jannik, dass es ihm sehr wichtig ist, ja sogar »einer der wichtigsten Teile« seiner Sexualität, zu spüren, »dass es der anderen Person gerade viel Spaß bringt. Und dass es sich gut anfühlt. Dann macht es mir selbst auch Spaß. Also, so dieses für eine andere Person was tun ist irgendwie extrem wichtig«. Hat nur der junge Mann Spaß, sein sexuelles Gegenüber aber nicht, kann es das Erlebnis mindern oder vermiesen. Jungs halten es anscheinend leichter aus, im Vergleich mit dem Sexpartner oder der Sexpartnerin selbst weniger Spaß zu haben. Die Hauptsache ist die Partnerin, denkt Justus: »Also ich denk mal schon, dass auf jeden Fall die Partnerin auch (lacht) ihren Spaß haben sollte, weil sonst hat's ja keinen für beide Seiten. Oder für mich dann schon, aber für sie nicht und das – ja, ist kacke«. So richtet sich der Fokus nicht weniger Jungs beim Sex auf die Lust der Partnerin bzw. des Partners; der eigene Orgasmus rückt in der Wichtigkeit nach hinten, wie bei Cem: »Für mich ist es wichtig und das ist die Priorität aus meiner Sicht, dass die Frau ihren Spaß hat«. Auch für Moritz ist Sex »richtig, richtig gut«, wenn er merkt, »dass es ihr gerade Spaß macht«. Er sieht es als Job des Mannes, für den Spaß der Frau zu sorgen, wohl keine einfache Sache – als Grund dafür findet er anatomische Unterschiede: »Als Mann bist du dafür da, dass es ihr Spaß macht. Bei Männern ist es leicht, dass sie Spaß an Sex haben. Ihr Geschlechtsteil ist auch nicht so kompliziert«. Louis mag es, wenn die Freundin den Sex genießt, was bei ihm einfach funktioniert: »Ich finde es halt auch sehr attraktiv, wenn quasi meine Freundin sichtlich Spaß hat, das ist für mich gut«.

Stark mit Normen beim Sex ist Tim unterwegs; er weiß genau, was richtig und falsch ist, was »man« tut und was nicht, erlebt dies aber nicht (nur) als Orientierung, sondern als Druck: »Natürlich hat man da Leistungsdruck, man kann ja nicht einfach sagen, ich hatte Spaß (…) Man sollte sich nicht nur darauf fixieren, dass man selber Spaß hat«. Für manche Jungs ist der Spaß der Partnerin nicht wegen der Gerechtigkeit wichtig, sondern weil sich dabei Resonanz, eine dynamische Wechselwirkung einstellt. Justus stellt fest, dass Sex »quasi auf Gegenseitigkeit beruht und dass man halt merkt, dass der andere Spaß hat«. Dass beide Spaß haben ist für Leon auch ein Nachweis dafür, sexuell leistungsfähig zu sein. Er präzisiert auf Nachfrage, dass dabei seine Befriedigung von ihrer abhängt: »Wenn sie zufrieden ist, bin ich auch zufrieden«. Wenn es dagegen für die Partnerin nur »schon okay« ist, sie aber keinen Spaß hat, wirkt sich das direkt auf die Lust aus, wie bei Daniel: »Ich hatte 'ne Beziehung, da ist sie nie gekommen und das hat ihr auch sichtlich keinen Spaß gemacht, bzw. hat sie's immer so hingenommen und es war schon okay für sie, aber das ist dann doch nicht so die Reaktion, die man erhofft«. Und Luca erlebt das so, dass ihm direkt der Spaß vergeht, denn »wenn man merkt, dass sich die Frau dabei total unwohl fühlt, ähm dann macht das ja auch nicht so wahnsinnig viel Spaß«.

Ihr Spaß ist für sehr viele Jungs gleichermaßen Auftrag und Last (siehe Kapitel »Sexstress« auf S. 192), wie auch eine Erwartung und ein beglückendes Ziel beim Sex. In fast der Hälfte der Interviews mit Jungs gibt es Aussagen in der Richtung, wie es Fabian zusammenfasst, wenn er bezogen auf die Partnerin glaubt, »der Höhepunkt gehört dazu«. Diese gesetzte Tatsache wird kaum reflektiert oder infrage gestellt. »Ich hatte ganz lange den Gedanken, sie muss kommen. Das war lange Zeit Priorität eins«. Es steigert zwar das Vergnügen, wenn die Partnerin ihren Höhepunkt hat – aber der Zwang, dass es so sein *muss* und dass auch noch der Mann dafür verantwortlich ist, kann den eigenen Spaß der Jungs verderben und ihren Leistungsdruck erhöhen.

Sein Spaß

Der eigene Spaß der Jungs wird eher am Rande behandelt, gemessen an der Bedeutung ihres Spaßes scheint er unwichtig, mehr ein selbstverständliches, aber wenig bedeutsames Element beim gemeinsamen Sex. So findet Lukas, dass es ein »Ziel beim Sex« ist, »dass man am Ende zufrieden ist und eine gute Zeit hatte und Spaß hatte«. Auf die einfache Formel »Es soll dir Spaß machen« bringt auch Moritz den Sinn der Sache. Dass aber – angeblich typisch männlich – dabei das

Gegenüber unwichtig ist und ausschließlich der eigene Spaß zählt, das wird nur noch als gesellschaftliches Zitat angeführt. Cem erklärt dieses überholte Bild so: »die Frau äh ist dafür da, den Mann zu beglücken und es ist gar nicht so wichtig, dass die Frau daran Spaß hat«. Eine Ausnahme ist die klare Formulierung von Moritz, dass es ihm beim Sex zuerst um ihn selbst geht; um die Partnerin natürlich schon auch, aber was sie braucht, dass es ihr Spaß macht, soll sie selbst ins Spiel bringen: »Es geht um mich in der Situation, ich will, dass es mir Spaß macht. Klar, auch, dass es ihr Spaß macht, aber sie muss mir sagen, was sie will«.

Dagegen ist für Finn Sex mehr als Spaß, nämlich ein »Liebesbeweis«, während es »für andere einfach nur was (ist), um Spaß zu haben«. Genau darum geht es aber vielen Jungs, in den Ratschlägen ist es ein Schlüsselbegriff. Unterstützend für guten Sex kann es sein, genau drüber zu reden, um dann »einfach« Spaß zu haben: »Rede, rede ganz viel, also red' mit deiner Partnerin so, was ihr gefällt, was dir Spaß macht. Und was für dich gar nicht geht. Das ist wichtig – äh – und sie auch fragen, was für sie gar nicht geht. Und dann, ja, einfach Spaß haben so«. Wenn Jungs sich zu ihrem Spaßzweck beim Sex äußern, dann in der Regel integriert und kooperativ. Die ganze Zeit Spaß zu haben, dabei keine Störungen in Form von »seltsamen« Momenten zu erleben und nichts falsch gemacht zu haben, das wird für Lukas zum vollkommenen Ausdruck gelungener Sexualität: »Wenn man währenddessen die ganze Zeit Spaß hat, wenn's null irgendwie so Momente gibt, wo irgendwie was seltsam ist, weil man hat irgendwie was komisch falsch angefasst oder irgendwie macht, was irgendwie seltsam (ist)«.

Der Spaß der Jungs wird nicht in Abgrenzung zu dem der Frauen oder gar diesen entwertend entworfen. Allerdings setzen sich Jungs von bestimmten Einstellungen und überzogenen Vorstellungen zum Sex ab. Leon empfiehlt, nicht »irgendwas zu machen, was einem keinen Spaß macht«. Sex soll Spaß machen, deshalb werden Entlastung und Entspannung vom Erfolgs- und Leistungsdruck betont; Marc empfiehlt Jungs schon im Vorfeld, beim Anbahnen keinen Stress zu machen: »Hab doch einfach deinen Spaß und wenn du Glück hast, gehst du vielleicht am Ende mit jemand nach Hause«. »Einfach Spaß haben«, rät Linus jüngeren Jungs und die Abgrenzung dazu ist klar formuliert: »Sei halt einfach kein Arschloch und halt dich an Regeln und – halt einfach Spaß haben«. Das Spaßziel kann aber auch verbissen verfolgt werden, deshalb sind für Max Leichtigkeit und Fehlerfreundlichkeit Ausdruck für den erstrebten Spaß beim gemeinsamen Sex, dies in einer interessanten Balance zur Ernsthaftigkeit: »Dass man nicht jeden Handgriff, jede Bewegung, dass es okay ist, wenn man mal 'n Fehltritt machst, dass es okay ist, wenn du über was lachen kannst. Das ist wichtig beim Sex, miteinander lachen zu können, kichern zu können und kurz: Spaß haben zu können, dass man aber auch trotzdem eine Gewisse Ernsthaftigkeit aufzeigt«.

Der Spaß kippt ins Gegenteil, wird zum Pseudospaß, wenn er sich unkontrolliert zu früh einstellt. Dann hat der Mann zwar »seinen Spaß gehabt«, wenn das der ganze Sex war, klingt das aber weder lustig noch lustvoll oder befriedigend.

Ursache dafür ist der Sexstress, meint Cem: »Da wird ganz viel Druck ausgeübt und, meistens auf die männliche Person logischerweise, ähm, und dann ist es auch irgendwie peinlich für die Person dann, wenn sie in einer ganz kurzen Zeit, in einem ganz kurzen Zeitraum auf einmal, ja, seinen Spaß gehabt hat, ejakuliert, und der Sex dann vorbei ist«. Methodische Alternativen werden aber schon auch gesehen, zumindest von Daniel: »Ich glaube, dass auch Männer, die zum Beispiel nicht so lange können, sicher auch mit irgendwie anderen Methoden – weitermachen können, trotzdem noch Spaß haben können«. Ähnlich sieht es Niklas, er meint, dass es Zeit braucht, um sich sexuell zu entwickeln, »und auch ein bisschen trial and error, also dass man auch als Mann anders Spaß haben kann als jetzt rein durch penetrativen Sex«.

Nicht zuletzt ist Pornospaß ein eigenes Genre im Sexleben der Jungs; im Verhältnis zum Sex mit einem realen Gegenüber taucht der Begriff »Spaß« im Zusammenhang mit Pornos allerdings nur am Rand auf. Wenn Pornos nicht problematisiert werden – »ich habe keinen Spaß daran (am Pornoschauen) gehabt« (Cem) – dann ist das Spaßziel einer der gelegentlich genannten Gründe, um diese Medien zu nutzen: »Es gibt einfach Tage, da macht es einfach Spaß mal einen Porno anzuschauen«, stellt Moritz fest, ähnlich formuliert es Lukas und Florian meint: »Es (Pornos schauen) macht Spaß (…). Es entspannt. So was« (Florian). Entdecken sie Pornos, verknüpft dies Aspekte der Lust, »weil – naja, Spaß und Befriedigung«, fasst es Felix zusammen. »Ja also es macht Spaß sich das anzuschauen – logisch« sagt auch Linus. Pornos werden also auch mit Spaß genutzt, aber die Praxis der Selbstbefriedigung wird dabei gar nicht erwähnt.

So gesehen ist Masturbation meistens wohl kein Spaß im Jungs-Sinne; wäre das der Fall, müssten Jungs zumindest gelegentlich ebenfalls den Spaß am Masturbieren selbst ins Spiel bringen. Der Bezug auf den eigenen Spaß, auf die eigene Lusterfüllung wirkt an dieser Stelle jedenfalls nur schwach entwickelt. Jungs haben Bilder davon, was Spaß beim Sex bedeutet, aber wenig Erfahrungshintergrund und Verbundenheit mit ihrem eigenen Spaßhorizont, den sie weniger kennen; vielmehr spiegeln sie sich in der Lust der Frau. Dass Jungs den Spaß-Service fürs sexuelle Gegenüber liefern sollen, ist selbstverständlich, die Entwicklung und Vertiefung ihres eigenen Spaßes dagegen wirkt mehr wie ein unnötiges, allenfalls ein heimliches Ziel.

Spaß im Doppelpack

Der eigene Spaß kommt für die Jungs oft an hinterer Stelle. Einfacher, legitimer und deshalb besser ist es, wenn beide zum Zug kommen; wie für Linus, wenn du »nach den Bedürfnissen des anderen schaust und nicht nur nach deinen, es ist halt besser, wenn beide da Spaß dran haben«. Und wenn es »nicht so klappt« kann es »Probleme beim Spaß für beide« erzeugen, hat er erfahren. Spaß im Doppelpack ist für viele Jungs das Wesentliche: »Hauptsache beide haben Spaß und beide fühlen sich wohl und was dabei passiert eher sekundär«, sagt Jonas. Es ist ein Nachweis für guten Sex, »wenn beide eben Spaß dran haben«, sagt Alexander stellvertretend für viele andere. »Beide sollen gleich viel Spaß haben« gehört auch zu den wichtigsten Sex-Standards, die wir quantitativ erhoben haben; über vier Fünftel (83 %) der Jungs halten das für essenziell.

Nach Tim ist es schlecht, »wenn beide Leute keinen Spaß dran hatten«, aber nicht unbedingt, wenn der Sex ihm nicht gefallen hat: »Wenn ich keinen Spaß hatte, ist es natürlich nicht super, aber das ist natürlich trotzdem ein gutes Gefühl, wenn du merkst die andere Person hatte Spaß dran«. Für den, der keinen Spaß hat, fühlt es sich nicht gut an, Alexander hat das erlebt, er hat mitgemacht, »damit der andere Partner seinen Spaß hat. Und ich hatte halt dann immer so wenig Spaß, dachte mir größtenteils dazu, ja komm, sei fertig«. Luca ist sich sicher, dass dominant-männliches Verhalten nicht hilfreich ist, »weil ja auch sozusagen das ja darum geht, dass beide Spaß dabei haben«. Das wäre auch ein Kriterium fürs Monitoring beim Sex, die Alternative ist abzubrechen: »Also gucken, dass es beiden gefällt (…) und dass beide Spaß haben, und wenn nicht, dann kann man ja einfach aufhören«, empfiehlt Florian. Häufig das Kriterium erreicht zu haben kann dann auch als Standard oder Maßstab dienen, formuliert Lukas: »Beide hatten ihren Spaß, das ist, glaube ich, das, woran ich das definieren würde; und wenn man das eigentlich meistens oder immer erreicht, dann finde ich, hat man einen guten Standard erreicht (lacht)«.

Die meisten Jungs sind sich darin einig, dass es beim Sex um den Spaß der Beteiligten geht. Oberstes sexuelles Ziel ist, »dass beide wirklich, äh, wirklich dran Spaß haben und das auch zeigen«, sagt auch Justus. Doppelter Spaß steigert das Erlebnis der Jungs, »es macht halt viel mehr Spaß, wenn es halt, wenn dann beide Spaß dran haben oder Lust dran haben« formuliert Louis dieses Prinzip. Und richtig guter Sex ist für Fabian »natürlich, wenn beide Spaß haben, beide zu ihrem Höhepunkt kommen, ja und der auch ein Stück weit einfach intensiv ist, wenn man sich gut fühlt, sie sich gut fühlt, du dich gut fühlst«. Was den Spaß letztlich definiert, wird unterschiedlich wahrgenommen. »Es muss kein Orgasmus sein, aber es muss einfach nur Spaß (machen)«, sagt Daniel, und es kann natürlich unterschiedlich sein: »wenn's einem Spaß macht, ja ist ok, aber jedem das, jeder wie er will, total egal«, ergänzt Linus.

Dass Jungs sich leicht in der Konzentration aufs Gegenüber verlieren, scheint Jannik zu ahnen, wobei der doppelte Spaß verschwinden kann. Worum es geht, kann er anderen Jungs mit auf den Weg geben: »Es geht drum, dass es euch beiden gut geht und euch beiden Spaß macht. Also eigentlich nicht nur so auf die andere Person fokussiert sein, sondern schauen, dass ihr beide miteinander Spaß macht, und halt nicht für die andere Person Sex haben«. Solange beide Spaß haben, muss es dabei auch nicht unbedingt gerecht zugehen; für Niklas zählt, »wenn beide letztlich Spaß daran haben (...) es gibt auch Momente, in denen es vielleicht die eine Person mehr braucht, als die andere«.

Mit Spaßzwang zum Orgasmus(s)

Spaß ist auch bei den jungen Frauen ein wichtiges Thema, wenn auch nicht so bedeutsam, wie bei den Jungs und in ein anderes Bezugssystem gesetzt. Grundsätzlich verwenden die jungen Frauen den Begriff »Spaß« ebenfalls positiv besetzt, wie auch als Negativabgrenzung. Die stark auf die Lust des Gegenübers bezogene Denkfigur findet sich bei den Frauen aber nicht (sie würde lauten: »die Hauptsache ist, dass *er* seinen Spaß hat, dann geht es mir auch gut«). Manche stellen zwar fest, dass Männer denken, sie seien für die Lust der Partnerin verantwortlich, umgekehrt wird das aber nicht oder nur selten und abgeschwächt als wechselseitige Spaßverantwortung formuliert. Die jungen Frauen sind stärker damit beschäftigt, was bei den Jungs selbst oder in ihrem Verhalten den (eigenen) Spaß am Sex bremst oder verhindert.

Im sexuellen Erleben von sich und von ihren Partnern wirkt Spaß wie eine Orientierungskategorie. Für Lara ist er ein Indikator beim Qualitäts-Monitoring für die sexuelle Praxis und eine entsprechende Veränderungswilligkeit; sie macht die sexuelle Leistungsfähigkeit eines Mannes daran fest, dass »er weiß, was er macht und auch auf andere Bedürfnisse eingehen kann, also merkt: okay, so kommt man gerade nicht weiter oder so macht's gerade beiden keinen Spaß, und dann seine Praxis ändern kann«. Einseitigkeit gefällt dagegen Marie nicht, »wenn ich jetzt irgendwie – nur die andere Person befriedigen möchte, sag ich mal. Also das macht ja eigentlich für mich dann irgendwie auch nicht unbedingt Spaß, sondern man will ja eigentlich, dass wirklich beide dann an sich eigentlich befriedigt sind«. Diese wechselseitige Spaßabhängigkeit erlebt auch Antonia, wenn eine beteiligte Person nicht gern dabei ist, wirkt sich das auf die andere aus: »Bei uns ist es dann auch so, so: nur, wenn du das willst. Wenn du keinen Spaß daran hast, dann musst du das nicht machen, weil, dann macht es ja auch mir keinen Spaß«. Denken ist dem Spaß nicht zuträglich, deshalb rät Jessica »zum Thema Sex (...), am besten einfach den Kopf ausschalten und genießen und Spaß haben«. Für Lina liegt im Spaß eine Erlaubnis, Anregungen ihres Partners auszuleben. Ihr Freund »hat manchmal Rollenspielideen, wo ich denke, vielleicht hat er das irgendwo (im Porno) aufgeschnappt oder so«; anfangs war sie nicht so offen dafür, aber sie hat eine gute Beziehung, wo sie mit Spaß ihr inneres Kind ausleben kann.

Im Zusammenhang mit Pornos wird der Spaß als Abgrenzung und Richtschnur von mehreren Frauen artikuliert. Laura grenzt Partnersex ab vom Pornovorbild, normativ beschreibt sie, dass man »auch auf seinen Partner eingehen (soll) und fragen, was gefällt dir und woran hast du Spaß und nicht einfach nur denken, okay, weil die das jetzt in diesem Porno machen, muss ich das jetzt auch machen, obwohl's mir gar nicht gefällt vielleicht«. Pornoproduktionen selbst sind kein Spaß für Lea, der »Spaßfaktor bei der Frau« ist nach ihrer Deutung »bei Pornos so gut wie immer gespielt« und »die Frau kann gerade gar keinen Spaß haben«. Durch die unrealistischen Darstellungen in Pornos entsteht das Risiko, dass Männern falsche Informationen vermittelt werden, die dazu führen können, dass man dann »komplett falsch mit einer Frau umgeht«. Dass der Sohn Kontakt mit Pornos hat oder Spaß an Sexualität findet (offenbar als Widerspruch gedacht), sollte Eltern ihrer Ansicht nach nicht beunruhigen. Beim Pornonutzen darf, so Lara, der Genuss durchaus mit dabei sein, sofern darüber nachgedacht wird, dass die Realität anders gestaltet ist: »Wenn man Pornos guckt, ja, man soll Spaß dabei haben. aber man muss das auch reflektieren und ganz klar sehen, dass das echte Sexleben wahrscheinlich anders aussieht«.

Pornonutzen kann eher zu einer Art Ernstfall werden; der Pornoeinstieg ist nach Jessica noch durch etwas Unernstes gekennzeichnet, was sich dann aber ändert: »dass es schon mit 12 anfängt, dass man darüber redet und dann noch aus Spaß, und dann wird es immer ernster«. Als Witz oder Provokation unter Mädchen können Pornos ebenfalls kursieren: »Früher in den Klassen, hat man halt drüber geredet oder man hat dir mal aus Spaß irgendwas in der Klassengruppe zugeschickt oder halt so irgendwie«. Wenn eine Frau ihren Mitbewohner in der WG locker, also nur »zum Spaß« nach seinen Gewohnheiten beim Pornonutzen fragt, kann es schnell peinlich werden, wie es Michelle erlebte: »Ich hab gestern das halt meiner WG erzählt so zum Spaß, dass ich das Interview habe und dann haben wir halt so (Name Mitbewohner) gefragt, und was ist so sein Konsum und dann war er halt so voll – wollt's überhaupt gar nicht sagen, war so richtig unangenehm«.

Druck bei den Jungs, vor allem Leistungsdruck wirkt als Spaßbremse, dazu äußern sich viele der Frauen – es scheint eine kollektive Erfahrung darzustellen. Emilia stellt einen doppelten Anspruch fest, Sex muss schmerzfrei und ausschließlich lustvoll sein; besonders dann, »wenn der Partner oder beide noch keine Ahnung haben, dann ist glaube ich der Erwartungsdruck enorm hoch, dass nichts weh tut und es nur Spaß macht«. Im Gespräch mit Lea kreisen einige Passagen um die Frage, was bei Jungs den Spaß beim Sex ermöglicht und verhindert. Entscheidend ist das, was im Kopf sitzt oder stattfindet, vor allem Leistungsgedanken torpedieren die gute Erfahrung. Sie ist sich sicher, »dass die Jungs denken, dass sie beim Sex mehr Leistung bringen müssen (…) dass sie einfach mehr Leistung erbringen müssen und die Frau ihren Spaß hat und nichts oder wenig machen muss«. In diesem Gedanken sieht sie »ein total falsch vermitteltes Männlichkeitsbild (…), dass sie jetzt der Frau unglaublich viel Spaß bereiten müssen und das aber auch mit Schnelligkeit und mit ganz lange Durchhaltevermögen«. Zum Stress trägt der Gedanke bei Männern bei, »dass in deren Kopf, wenn sie nach fünf Minuten schon zum Orgasmus kommen, dass sie dann total versagt haben und die Frau jetzt überhaupt gar keinen Spaß dabei hatte« und dass es ein Ziel von Männern beim Sex ist, »dass die Frau auf jeden Fall ihren Spaß hat«.

Lea hat die Erfahrung gemacht, dass dieser Druck nachlässt, wenn die Sexualpartner sich kennen, aufeinander eingehen, »wenn man sich mit jemandem, oder mit der Frau wohlfühlt, (dann) hat man viel weniger Druck und es ist auch viel intimer. Man hat mehr Spaß. Man kann auf einander eingehen«. Vom Spaß-Druck spricht auch Julia, den »die Männer oder die Jungs immer im Hinterkopf haben, ›meine Frau muss zum Orgasmus kommen‹«. Diese Art von Sex entspricht nicht ihrer Sicht, »weil es soll an sich ja Spaß machen, es ist ja nicht unbedingt das Ziel, dass es zum Orgasmus führt«. Kein Spaß ist ein eindeutiges Merkmal für schlechten Sex, der durch »viel Druck« entsteht, sagt Lara und ergänzt: »wenn man merkt, dass es dem anderen gerade keinen Spaß macht, also dann ist es schlechter Sex«; sie erzählt, dass es ihr »dann auch irgendwann Spaß gemacht hat (...) einfach, wo auch der Druck dann abgefallen ist vom Gegenüber«. Umgekehrt ist für Lara guter Sex dann, »wenn beide Spaß hatten und beide sich gehen lassen konnten. Also wenn nicht einer unter Druck war irgendwie, irgendwas erreichen zu müssen oder so«.

Lehr- und Leerstellen beim Sexspaß

Männer, die in den 60er und 70er Jahren aufgewachsen sind – die Vätergeneration der jetzigen Jungs – mussten sich mit dem Vorwurf auseinandersetzen, dass »die« Männer beim Sex nur auf den eigenen Spaß aus sind und sich nicht genügend um den der Frauen bemühen (sondern ihr im Gegenzug noch dazu das Schwangerschaftsrisiko überlassen). In der Folge wurde der weibliche Spaß in Form des Orgasmus' der Partnerin zu einem wesentlichen Erfolgsmerkmal für gelingende sexuelle Erfahrung (beim schwulen Sex war diese Diskrepanz vermutlich nicht so problematisch aufgeladen). Diese Richtschnur wurde offenbar in einen kollektiven Normenkanon für männlichen Sex übernommen – allerdings nicht bewusst: Werden Jungs nach »männlichem Sex« gefragt, antworten sie ja nicht: »Wenn der Mann sich erfolgreich um den Orgasmus der Partnerin bemüht«, oder rauer: »wenn er es ihr besorgt«. Genau das wird aber erwartet, ein Ausdruck von Männlichkeit, die derzeit im untersuchten Milieu und Alter gang und gäbe ist, aber auch im Erfolgsfall nicht dazu führt, dass Jungs sich dabei männlich fühlen.

Bei den Jungs heute ist diese Norm stabil verankert. Daraus entstand eine neue Verengung, die mit dem Schlagwort »Orgasmus(s) unter Spaßzwang« beschrieben werden kann: Hat die Partnerin oder der Partner Spaß, freut sich der Mann; wenn nicht, nimmt es auch ihm den Spaß oder dieser wird zumindest deutlich reduziert. Sowohl das traditionelle Bild männlicher Sexualität wie auch umgekehrt das weibliche Stereotyp sind bei den jungen Frauen und Männern nicht mehr wieder zu erkennen: Die Frau als Servicekraft für das sexuelle Vergnügen des Mannes taucht in den Beschreibungen nicht auf. Weder von der Sexualmoral noch von Männlichkeitserwartungen her ist ein solches Bild sag- oder denkbar, bereits die Vorstellung scheint tabu.

Interessant, dass damit – zumindest unter den Jungs und im Bereich der Heterosexualität – ein normatives Gegenmodell praktisch unhinterfragt etabliert wurde: Der Mann als Servicekraft für den Spaß und damit vor allem für den Orgasmus seiner Partnerin. Diese Aufteilung ist verdächtig und riecht nach einer von Jungs selbst hergestellten falschen Bilanz, nach einer Ungerechtigkeit im Partnersex, die an anderer Stelle wieder auftauchen wird. Beziehungen streben nach gerechter Aufteilung der Chancen und Ressourcen, sexuelle Zufriedenheit entsteht auch durch Gerechtigkeit, ein ausgewogenes Geben und Nehmen (vgl. Döring 2017, S. 67). Möglicherweise ist der häufige vorzeitige Erguss nicht nur ein Kontrollproblem, sondern bei Jungs auch Ausdruck ihres verdeckten Ärgers darüber, selbst in ihrem Sex zu wenig vorzukommen? Oder gar eine unbewusste »Bestrafungsaktion« von Jungs, die unterschwellig mit der ungleichen Rollen- und Jobverteilung nicht einverstanden sind? Ansonsten könnte die Attraktivität von Pornos belegen, dass es eine Leerstelle gibt, die gefüllt sein möchte, dass da bei aller Vernunft, Moral und Bedürfniskontrolle bei den Jungs zumindest in den unterschwelligen Phantasien doch noch etwas Anderes wirksam ist: Denn in der Pornosphäre sind Frauen massenhaft ausschließlich für den Spaß der Jungs verfügbar, Jungs bekommen hier ihre Bedürfnisse befriedigt, stehen mit ihrer Lust im Mittelpunkt und müssen nichts leisten oder bringen.

Spaß wird im Rahmen von kontrolliertem Sex zum Anspruch und zum Gegenmodell männlicher Fehlerhaftigkeit: Sich kontrollieren und Leistung bringen, heißt, alles richtig und keine Fehler zu machen. Bei diesem Spaßdruck liegen Versagen, der eigene Mangel und die Unvollkommenheit immer mit im Bett: gibt es nicht genug Spaß für beide, hat der junge Mann etwas falsch gemacht. Hier lockt die Alternative der Pornosphäre, wo dieser Faktor wegfällt: Beim Pornonutzen können Jungs nichts falsch machen, es ist praktisch gar nicht möglich, einen Fehler zu begehen, indem sie etwas Erwartetes nicht erfüllen (nicht wenige Jungs sehen deshalb nur den einen Fehler, nämlich überhaupt oder viel zu viel Pornos zu nutzen).

Mühsamer Sex (Lilia Steinmetz und Pia Ewert)

Kann Sex mühsam und anstrengend werden? Oh ja: Die meisten Jungs kennen »mühsamen« Sex aus ihrer Erfahrung, was aus den Antworten auf die Leitfadenfrage deutlich wird: Hast du es schon einmal erlebt, dass Sex mühsam für dich war? Nur vereinzelt geben Jungs an, dass sie – vielleicht abgesehen von körperlicher Anstrengung – das Thema nicht kennen, körperliche Erschöpfung wird jedoch als etwas Positives wahrgenommen, nicht als Belastung, wie Louis es formuliert: »Natürlich ist es da eine körperliche Anstrengung, aber das ist dann eher so eine gute Anstrengung«.

Mühsam oder anstrengend sind Wertungsbegriffe, die Jungs mit ihrer Energie, ihrem Einsatz und Leistungsfähigkeit verbinden. So wird der Sex im Rückblick zum Beispiel als mühsam erlebt, wenn Jungs als Teenager Sex hatten, um sich in ihrer Peergroup beweisen zu können, unabhängig davon, »ob du Bock hast oder nicht«, wie Jonas erzählt. Aber auch aktuell gibt es Beispiele, Sex wird als unangenehm empfunden, wenn man nicht weiß, was der:dem Partner:in gefällt. Somit kann es in einer Konstellation mühsam sein, wo sich die beiden Partner nicht gut kennen, wie etwa bei einem ONS. Wenn einer nicht deutlich macht, was er will und die Kommunikation nicht stimmt, kann dies zu anstrengenden Situationen führen.

Mühsame Situationen treten auch in Beziehungen auf, unterschiedliches Lustempfinden im Alltag wurde von Jungs wiederholt angesprochen. Etwa, wenn der eine »einfach nur schlafen will oder kuscheln«, aber die andere Person gerne Sex haben möchte. Sicher, Jungs wissen, dass es wichtig ist, dass »man's einfach kommuniziert« und ein Nein in einer Paarbeziehung akzeptiert wird. Andererseits stellen einige in einer solchen Situation ihre eigenen Bedürfnisse aus Rücksicht auf die Partnerin zurück, so wie Tom berichtet: »Am Anfang kam's natürlich schon vor, wenn eben also einer von beiden in der Beziehung halt jetzt Lust auf Sex hatte und der andere vielleicht grade nicht mal so in der Stimmung war, dass man dann trotzdem gesagt hat, okay, man macht jetzt mit«.

Auch die jungen Frauen kennen diese Erfahrung. Ganz sicher ist sich Michelle nicht, warum Männer mitmachen, obwohl sie keine Lust haben; sie vermutet, dass es an der Erwartung liegen könnte, als Mann »allzeit bereit« sein zu müssen: »Vielleicht gerade so, weil man halt denkt, dass man (als Mann) immer Lust drauf haben muss. Dass ich mir vorstellen kann, dass Männer vielleicht weniger nein sagen als Frauen (…). Und dass sie dann vielleicht irgendwie halt auch denken, ja irgendwas ist kaputt mit mir, wenn sie halt keine Lust drauf haben«. Für manche Männer scheint es in Ordnung zu sein, wenn sie Sex haben, ohne es selbst in diesem Moment zu wollen. Sie geben an das aus Liebe zum Partner zu tun oder auch um den anderen nicht zu verletzen. Cem erzählt das nüchtern distanziert: »Und da hat es Augenblicke, wo du vielleicht nicht willst, aber dein Partner es möchte und du eben, weil du deinen Partner liebst und vielleicht auch nicht verletzen willst, keine Ahnung, eben auch ihm dieses Vergnügen bringen möchtest, machst du eben mit«.

Andere schildern solche Situationen hingegen als unschöne Erfahrungen, als mentale Belastung, »weil (sie) ja eigentlich keine Lust und keinen Spaß daran (hatten), es nicht schön war in dem Sinne« (Cem) oder als ein Hinhalten, um den Partner zufrieden zu stellen. Das war beispielsweise bei Alexander so: »Jetzt hältst du halt hin, so mäßig. Damit der andere Partner seinen Spaß hat. Und ich hatte halt dann immer so wenig Spaß, dachte mir größtenteils dazu, ja komm, sei fertig«. Passend hierzu beobachten manche Frauen, wie auch Lina: »Ich denke schon (dass Sex für Jungs anstrengend sein kann), aber ich denke, das wird dann nicht so gern gesagt oder eingestanden«.

Auch Gedanken, die dazu führen, dass man sich nicht mehr auf die Situation konzentrieren kann, werden als belastend wahrgenommen, was den Sex mühsam macht. Bei Tom ist es so, »dass halt auch manchmal einfach ganz andere Gedanken kommen, so über ganz andere Themen, (...) Probleme, (...) Sorgen«. Inwiefern so etwas als mühsam begriffen wird, hängt vom Umgang damit ab. In Paarbeziehungen »sind (das) alles Sachen, wo man darüber reden kann« und die Situation damit weniger unangenehm wird. Kommunikation scheint der Schlüssel zu sein, dennoch wird deutlich: Oft wird das Reden eher vermieden und lieber etwas getan, das man gerade nicht möchte, um den Partner zufrieden zu machen und somit Harmonie zu wahren.

Von jungen Männern nicht angesprochen, aber bei den Frauen immer wieder erwähnt ist der Aspekt des Druckmachens. Frauen gehen davon aus, dass Sex für Jungs dann mühsam wird, wenn sie im Bett gut dastehen und eine gute Performance bringen wollen, das Gefühl haben, lange durchhalten und die Frau zum Höhepunkt bringen zu müssen. Zora glaubt, dass sich manche Jungs »psychisch irgendwie mehr Druck (machen), als dass es eigentlich sein muss. Vor allem gerade, wenn die Frau eben nicht zum Höhepunkt kommt, ist es glaube ich anstrengend für sie, das zu verarbeiten«. Das Gefühl des Drucks oder das Erleben von Leistungsdruck werden von den jungen Männern zwar ebenfalls genannt und wahrgenommen, allerdings nicht dort, wo es um »mühsamen Sex« geht. Dies lässt die Vermutung zu, dass die Definition von »mühsam« von Jungs und jungen Frauen teilweise unterschiedlich aufgefasst wurde.

Sexstress – Jungs unter Leistungsdruck

Insgesamt sind 18- bis 25-jährige junge Männer mit ihrer Sexualität zufrieden, fast zwei Drittel (65,3 %) gaben das bei einer repräsentativen Studie zu Protokoll (Dekker et al. 2020); unter den Männern ist dies die zufriedenste Altersgruppe. Im Detail gibt es allerdings reichlich Klagen und Probleme. Insgesamt scheinen die Aneignung des Sexuellen und die Bewältigung der Sexualität weitgehend individualisiert und dem subjektiv Möglichen übereignet. Eine in den Jungs-Interviews immer wieder aufscheinende Betonung des Eigenen (»das muss jeder selbst wissen«) verbirgt neben der Toleranz auch die unbedingte Verantwortung für die eigenen Erfahrungen, die eigene Entwicklung, die eigene Sexualität; Schwierigkeiten und Krisen werden zuerst in Verbindung mit der eigenen Person gesetzt. Personen oder Institutionen, die früher für Probleme, Krisen und Scheitern verantwortlich gemacht werden konnten – also zum Beispiel die sexualrepressive Gesellschaft, die Kirchen, die »konservativen« Eltern und Schulen usw. – werden aus der Verantwortung befreit. Damit steigen die Anforderungen an die Leistungsfähigkeit des einzelnen, denn Schwierigkeiten und Fehler gelten unmittelbar als individuelles Versagen. Sex wird dadurch belastet, er gilt als Prüfstein für die eigenen Aneignungs- und Bewältigungskompetenzen und bei Problemen als Beleg für das individuelle männliche Versagen. Gleichzeitig wird Sex wichtig zur Bestätigung und Absicherung dafür, den Anforderungen gewachsen zu sein. Erst das Gelingen, dass »es funktioniert«, bringt, wenn auch brüchig, eine gewisse Sicherheit.

> Pornos sind sicher nicht ursächlich für Sexstress verantwortlich. Schon 1990 – also noch vor Internet und Pornopop – war Leistungsdruck bei Jungen (und vor allem bei denen aus Westdeutschland) eines der bevorzugten Sorgengebiete (neben HIV und Schüchternheit): »Die Jungen im Westen werden besonders von Leistungsdruck und Schüchternheit geplagt, im Osten dagegen ist es die Furcht vor Geschlechtskrankheiten und Aids« (Klusmann/Kurrat 1993, S. 116). »Der Leistungsaspekt in den meisten männlichen Scripts zeigt sich auch in der Einmütigkeit, mit der Männer die Frage, ob sie sich für die Befriedigung ihrer Sexualpartnerinnen verantwortlich fühlen, mit ›ja‹ beantworten« (Stahl 1993, S. 202 f.) Körperliche Leistungsfähigkeit ist traditionell – und lange vor dem Internet – ein wesentlicher Teil der »männlichen Geschlechtsrolle« (Pleck 1976), Männer werden schon lange zu sexuellen Leistungssportlern abgerichtet (Zilbergeld 1996, S. 21 ff.).

Stress durch Leistungserwartungen wurde in den Interviews von den Jungs oft beschrieben, das Themenfeld »Leistung und Leistungsdruck« war dafür bei der offen gestellten Frage ein anregender Stimulus. Denn viele Jungs kennen und erleben Formen von sexuellem Leistungsdruck; dass er existiert, ist dabei keine Frage, sondern selbstverständlich und schnell geklärt: »Ja, auf jeden Fall«, sei das so, sagt Jannik; auch Fabian setzt Leistung voraus: »Du musst schon eine gewisse Leistung aufbringen und abrufen können, finde ich«. Sexuelle Leistungserwartungen erleben Jungs nicht als motivierend, positiv herausfordernd oder anregend (also als Eustress), sondern sie formulieren sie als Belastung (Disstress). Sexstress lässt Sexualität zu einer bedingten Angelegenheit werden. Wenn der Leistungsdruck mit im Bett liegt, wird das Unbedingte – Spaß und purer Genuss, die einfache Präsenz in der Sexualität, das Abtauchen ins sexuelle Erleben – davon überlagert und leicht vergessen: »Man vergisst sehr schnell, dass die ganze Sache eigentlich Spaß machen sollt, dass es kein Leistungsding ist, dass man keinen Preis am Ende bekommt«, meint Max. Selbst ohne eigene sexuelle Erfahrung kennen Jungs das Leistungsthema bereits vom Hörensagen, wie es Finn formuliert, der bisher keinen Sex mit einer anderen Person hatte: »Aber so wie ich es mitgekriegt habe, ist: Sex ist Arbeit (…) Sex ist nicht nur daliegen und nichts tun«.

Weil es schon bei den Interviews mit Jungs als wirklich großes Thema erschien, haben wir die Frage in den quantitativen Teil der Studie aufgenommen: »Viele junge Männer kennen auch so etwas wie Leistungsdruck beim Sex mit einer Partnerin oder einem Partner. Was würdest du sagen, welche Aussagen treffen auf dich zu beim Sex?« Wieder waren Mehrfachauswahlen möglich, es gab sechs Wahlmöglichkeiten auf einer Skala von »stimmt überhaupt nicht« bis »stimmt genau«. Fassen wir die zustimmenden Angaben zusammen (schwach, mittel und stark) ergibt sich ein eindrückliches Bild von den Ursachen für Sexstress bei Jungs.

Abbildung 21: Leistungsdruck: Was muss man bringen? • nur Zustimmung (schwach, mittel, stark) (in %)

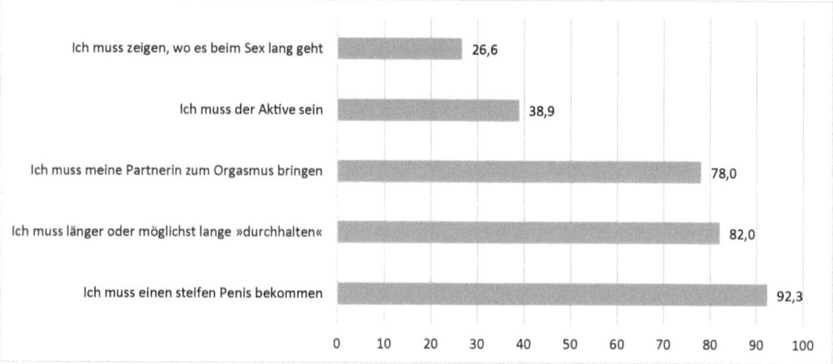

Ein gutes Viertel der Jungs meint, dass ein Führungsanspruch (26,6 %) und weniger als die Hälfte, dass Aktivitätszwänge (38,9 %) bei Jungs zu Leistungsdruck beim Sex führen. Die drei Hauptstressoren beim Sex sind deutlich stärker vertreten: Die Partnerin zum Orgasmus bringen (78 %), lange durchhalten (82 %) und an der Spitze: eine Erektion bekommen müssen (92,3 %).

Beim Vergleich derjenigen Jungs, die nach ihrer Selbsteinschätzung »zu viel« Pornos Nutzen mit denen, auf die das nicht zutrifft, gibt es größere Unterschiede beim Aktivitätsanspruch (43 % zu 32 %), beim Durchhalten (87 % zu 76 %) und beim Orgasmusservice (85 % zu 71 %). Wir können sagen: Vielpornonutzer machen sich mehr Leistungsdruck, haben aber keinen stärkeren Führungsanspruch beim Sex; sie machen (sich) mehr Sexstress, aber dominieren nicht mehr als andere Jungs.

Wenn Jungs denken, Sex sei wichtig fürs Männlichsein, stehen sie stärker unter Leistungsdruck; von ihnen denken über 80 %, sie müssten (und könnten) die Partnerin zum Orgasmus bringen; bei den Jungs, die daran nicht glauben, sind es etwas weniger (72 %).

Männlichkeit sitzt Jungs im Nacken und kann sich deshalb auf sie und ihre sexuelle Praxis auswirken. Im Rückblick beschreiben Jungs das Phänomen verschärft in ihrer früheren Jugendphase, als sie vor sich und anderen Jungs unter dem Druck standen, endlich Sex zu haben, um damit einen männlichen Statusbeleg vorweisen zu können. Ist diese Hürde genommen, hört der Männlichkeitsdruck aber keineswegs auf, sondern differenziert sich aus. Deshalb kennen und erleben Jungs beim Sex mit einer anderen Person Formen des Leistungsdrucks mehr oder weniger massiv. Sie berichten darüber im Zusammenhang mit alltäglichem Sex in der Gegenwart, und noch stärker im Rückblick auf ihre sexuelle Anfängerzeit in der Jugendphase.

In den Interviews reden Jungs nur sehr selten, als Zitate, über traditionelle Dominanzansprüche oder über »Klassiker« sexueller Konkurrenz, die sich über die Penislänge oder die Zahl der Sexualpartnerinnen definieren. Solche Ansichten scheinen mittlerweile weitgehend sozial so unerwünscht, dass sich vermutlich die Jungs, die sie vertreten, nicht mehr trauen, sie offensiv zu benennen. Dass sich Männlichkeit direkt aus Überlegenheit ableiten lässt oder sich über einen Führungsanspruch oder Dominanz definiert, ist ein Nebenschauplatz. In deutlicher Tendenz wird von Jungs eine partnerschaftliche Sexualität vertreten.

Das Thema Dominanz und Führungsanspruch im Sexuellen scheint dabei noch bisweilen als eine Art Patriarchatsrest mit seiner naturalistischer Begründung nachzuwirken, wie es Linus als wahrgenommene Erwartung formuliert: »Ja man muss halt schon, ja sehr den Ton angeben (...) ja also das, vom Verhalten drum herum, das sind ja dann die tierischen Triebe und so, keine Ahnung – und da musst du schon mehr, ja mehr dich so (Ton angebend) verhalten«. Mit biologischen Ursachen wird allerdings äußerst selten argumentiert. Es ist ein »Männlichkeitsding«, das auf Jungs einwirkt, wie Jonas feststellt: »Es ist glaube ich eher die gesellschaftliche Norm, die einen da, dieses Männlichkeitsding, was da einen eher beeinflusst«. Auch das patriarchale Triebmodell, nachdem der Mann einfach eine Entlastung vom sexuellen Überdruck benötigt, taucht nur selten auf, aber es existiert noch; für Lukas sind Pornos ein Überdruckventil, das vor zu stark angereicherter Energie schützt: »Und es gibt vielleicht auch ein Ventil von dieser sexuellen Energie, die natürlich da ist bei jungen Leuten und auch bei älteren Leuten. Dass es halt eine Möglichkeit ist, das irgendwie auszuleben«.

Altersunterschiede könnten als ein den männlichen Führungsanspruch fördernder Faktor wahrgenommen werden; wenn der Mann nicht nur der Mann, sondern auch noch älter als die Partnerin ist, mobilisiert das Kompetenzerwartungen und Überlegenheitswünsche: »Wenn man sich mit Jüngeren trifft und denkt, jetzt muss man zeigen wie es geht und zeigen, dass man besser ist als deren gleichaltrigen Typen, weil man älter ist« (Dominik).

Ein weiteres Stereotyp scheint zwar in seiner Bedeutung ebenfalls überholt zu sein, befindet sich aber noch im kulturellen Männlichkeitsraum und taucht deshalb in den Interviews gelegentlich auf, die Bedeutung der Menge bisheriger Sexualpartner, wie Alexander berichtet: »Wie viele man schon im Bett hatte, das ist ja auch eine gewisse Leistung, die auch voll viel – richtig wichtig ist (...). Und dass das quasi auch ein bissel mit Männlichkeit assoziiert wird«. Zum Bild des Männlichen kann eine Kompetenzerwartung gehören, und zwar nicht nur über sich Bescheid zu wissen, sondern beim Duosex auch über Wünsche und Bedürfnisse des Gegenübers: der Mann muss »selbst drauf kommen«, was gewünscht ist. Kritik oder sogar schon das Äußern, was das Gegenüber möchte, kann als Angriff auf dieses Selbstbild wahrgenommen werden, so empfindet es Linus: »Wenn dann, sie sagt was sie will und man nicht selbst drauf kommt, also dann währenddessen, das ist dann schon doch ein Stich in die Männlichkeit (...) Weil es wird ja erwartet, dass man das dann irgendwie selbst hinbekommt alles«.

Moderne Wege zum Sexstress

Bei den Jungs scheinen traditionell-patriarchale Anforderungen an ihre sexuellen Leistungen demnach weniger Bedeutung zu haben. Ihr Sexstress ist deshalb nicht geringer, er hat andere Ursachen, die mehr aus modernisierten Bildern des Männlichen resultieren. Solche sexuellen Leistungsbilder sind nicht begründet in expliziten persönlichen Erfahrungen, sondern werden implizit erworben und gelten deshalb häufig unhinterfragt als »gegeben«. Nico stellt fest: »Ich habe nicht die Erfahrung gemacht, dass es so von der Freundin ausgesprochen wird oder da wirklich eindeutig so bezeichnet wird, deswegen ist es (Leistungserwartung) eher dann spekulativ«. Und Lennard reflektiert: »Yes, yes, yes. Pressure is there almost all the time (...). But pressure is always there, it's a given«.

Normierungen und Standards werden internalisiert und entwickeln sich zur eigenen Erwartung an die sexuelle Erfahrung. Subtil setzt Männlichkeit dabei Standards, denen Jungs mittels Distanzierung oder kritischer Reflexion nicht entkommen – auch deshalb, weil es an alternativen Bildern und Vorstellungen mangelt, an denen sich Jungs orientieren könnten, wie Niklas feststellt: »Man misst sich trotzdem an diesen Bildern, weil das die einzigen Bilder sind, die man irgendwie hat«. Die Männlichkeitsbilder und -vorstellungen erzeugen zwar Sexstress, füllen aber ein Vakuum, das durch das persönliche Nicht-Wissen und -kennen der Wünsche des sexuellen Gegenübers entsteht; so werden antizipierte Männlichkeits-Erwartungen aufs Gegenüber projiziert, beschreibt Tobias: »Aus einem Gesellschaftsbild heraus irgendwo, dass ich denke, dass die Person was von mir erwartet oder so (...). Dadurch, dass man halt nicht weiß, was die andere Person erwartet«. Pornos können als Männlichkeits-Zuspitzung den – ohnehin schon vorhandenen – Leistungsdruck verschärfen und verstärken. »Dass man oft so eine Über-Leistungsfähigkeit vielleicht irgendwie suggeriert bekommt, ahm – gerade durch Pornografie wahrscheinlich ein Stück weit«, kann Niklas feststellen.

Wird der Leistungsdruck als aktuelle Erfahrungen schon häufig von Jungs und dabei erstaunlich offen angesprochen, ist er in einer retrospektiven Sicht noch plastischer erkennbar. Wie in anderen Bereichen auch, erlaubt es der biografische Rückblick Jungs leichter, Probleme zu erkennen und zu benennen. Sexstress wird dabei zu einem Marker, an dem die eigene sexuelle Entwicklung erkennbar wird, womit der aktuell kompetente Status unterstrichen werden kann. »Ich habe mir sehr viel Leistungsdruck gemacht«, erzählt Max, und Marc ergänzt: »Früher extrem. Also so, im Alter von 14 sag ich jetzt mal, bis 18, – hat man sich extrem Druck gemacht und wollte auf jeden Fall alles irgendwie ausprobieren und auch das so ein bisschen statussymbolmäßig auch vor sich hertragen«.

Was ist Jungs beim Sex wichtig? Sex-Standards haben wir auch in der quantitativen Studie erhoben. Wir haben Jungs nach »Regeln oder Standards« gefragt, die beim Sex gelten, »auch wenn es nicht ausgesprochen wird«. Abgeleitet aus den Interviews haben wir im Fragebogen sieben gängige normative Erwartungen vorgegeben; die Probanden konnten mehrfach und unbeschränkt auswählen (d. h. Jungs konnten theoretisch auch alle anklicken). Allgemein gilt bei ihnen das Konsensmodell, die gleichberechtigte sexuelle Verhandlungsmoral: beide Beteiligten müssen zustimmen, dann geht sexuell alles (85 % Zustimmung), und beide sollen gleich viel Spaß dabei erleben (83 % Zustimmung); diesen beiden Aussagen stimmen deutlich mehr als vier Fünftel der Jungs zu, sie können als gesetzt gelten. Fast zwei Drittel (64 %) meinen, dass Reden für Sex sehr wichtig sei und die Hälfte der Jungs befürwortet die sexuelle Norm, dass ihr sexuelles Gegenüber vor ihnen, also zuerst zum Orgasmus kommen solle. Lang Durchhalten befürwortet dagegen nur etwas mehr als ein Drittel der Jungs als Standard, weniger als ein Drittel pocht auf den unbedingten eigenen Orgasmus. Und die Vorstellung vom Mann als (ver-)führende Person beim Sex hat ausgedient: Nur noch rund jeder zehnte (11 %) der Jungs stimmt dem Satz zu: »Ich sollte als Mann meine Partnerin oder meinen Partner zum Sex verführen«.

Abbildung 22: Sex-Standards der Jungs • Mehrfachnennungen möglich (in %)

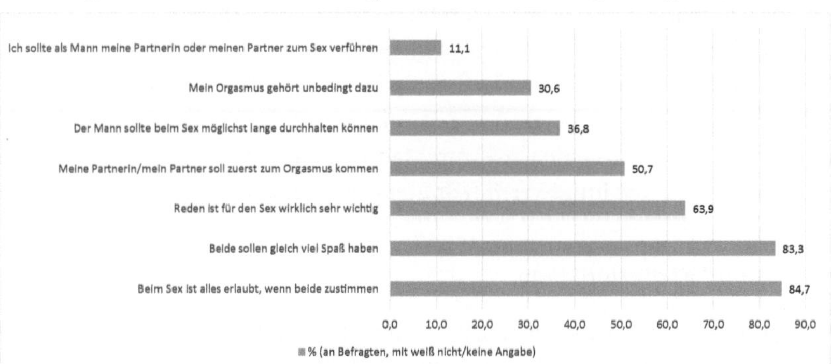

Gruppenunterschiede unter den befragten Jungs gab es dabei zwischen den erfahrenen und den unerfahrenen Jungs. Der Aussage »Beim Sex ist alles erlaubt, wenn beide zustimmen« stimmen 95 % der erfahrenen, aber nur 70 % der unerfahrenen Jungs zu; unerfahrene werten den eigenen Orgasmus deutlich stärker als Standard (nämlich 37 % vs. 24 % bei den Erfahrenen).

Der Aussage »Reden ist für den Sex wirklich sehr wichtig« stimmen viel mehr Jungs aus der Gruppe »zu viel Pornos« zu, nämlich 73,5 %; diejenigen, die nach Selbsteinschätzung »nicht zu viele Pornos« nutzen, schließen sich nur zu 53,5 % dieser Aussage an. So gesehen ist der häufige Pornokonsum zumindest von der Haltung her für die sexuelle Kommunikation förderlich. Etwas häufiger denken die Vielnutzer auch, dass das sexuelle Gegenüber zuerst zum Orgasmus kommen solle (52 % gegenüber 45 %).

Die Jungs, die Sex als wichtig fürs Männlichsein halten, legen deutlich mehr Wert auf den eigenen Orgasmus. Dem Satz »Mein Orgasmus gehört unbedingt dazu stimmen 37 % der Angehörigen zur »Sex-Wichtig-Gruppe« zu, aber nur 20 % der »Sex-Unwichtig-Gruppe«. Auch beim Durchhalten müssen unterscheiden sich diese Gruppen: Der Mann solle beim Sex möglichst lange durchhalten sagen 44 % bei der »Sex-Wichtig-Gruppe«, aber nur 26 % der »Sex-Unwichtig-Gruppe«. Wer Sex als wichtig für sein Männlichsein wertet, so können wir folgern, möchte vom Sex mehr für sich bekommen, setzt sich aber gleichzeitig auch stärker unter Leistungsdruck.

Sexstressoren

Der von Jungs gewünschte und als erfolgreich beschriebene männliche Sex geht so: Ein Mann hat zum genau richtigen Zeitpunkt eine stabile Erektion, er hält in der sexuellen Begegnung ausreichend lange durch und er bringt (damit) seine Partnerin oder seinen Partner vor ihm zum Orgasmus. Diese Vorstellung ist weit verbreitet und führt bei Jungs direkt zum Sexstress. Die drei hauptsächlichen Stressoren, die bei Jungs zu sexuellem Leistungsdruck führen und in den Interviews autonom (also ohne gezieltes Abfragen der Items) formuliert werden, lassen sich mit den Begriffen Erektion, Durchhalten und Orgasmusservice fassen. Die ersten beiden sind funktionale Stressoren, der dritte Verursacher folgt der modernen männlichen Sexualmoral. Alle drei sind eher abstrakte Leistungsnormen, sie sind nicht formal festgeschrieben oder werden persönlich formuliert, sondern im Erleben von Jungs wird »es« wird vom Mann einfach so verlangt: gesellschaftliche Erwartungen, die Jungs vermittelt und mit einer Wertung versehen werden.

Erektion und Körperfunktion

Die Erektion ist ein Lustnachweis, das Symbol für die männliche sexuelle Bereitschaft. Jungs folgen einer Überzeugung, nach der nur die Penetration als vollwertiger Sex gilt. Deshalb muss der Penis hart sein. Die symbolische Aufladung des männlichen Geschlechtsteils ist sprichwörtlich, die Erektion ein bedeutsamer Ausdruck des gesunden Männlichseins. Der Anspruch ist klar, dass der Penis »funktioniert«. Ohne Erektion läuft sexuell nichts, sie ist die Eintrittskarte zum Partnersex. Das formulierte Minimum ist es dann, mit seinem Penis eine Erektion zu bekommen, wenn es sexuell angebracht ist und erwartet wird. Gleichzeitig wissen alle, dass die Erektion ein fragiles Geschehen ist. Sehr viele Jungs stresst die Vorstellung, dass sich ihre Erektion möglicherweise nicht oder nicht rechtzeitig einstellt, sie befürchten eine erektile Dysfunktion, die sich bedrohlich über ihre Sexualität legt. Und bei manchen Jungs kann zur Erektion noch die Penisgröße als Maßstab für die Männlichkeit ins Spiel kommen: »Das ist halt so das Merkmal der Männlichkeit, wenn du einen großen Penis hast«, stellt Louis lapidar fest.

Für den Erektionsmangel, der für Stress sorgt, gibt es in den Gesprächen zahlreiche Umschreibungen: Keinen hoch bekommen, keinen Harten kriegen, nicht steif werden, keinen Ständer bekommen, »es« klappt oder »es« funktioniert nicht. Erektion ist ein großes Thema, auf das in den Interviews etwa die Hälfte der Jungs eingeht. Sie ist die Minimalerwartung, meint zum Beispiel Louis: »das Mindest-, Minimum musst du schon bringen. Also du sollst schon – keine Ahnung – einen Penis haben, der funktioniert«. Die Erektion ist das Merkmal sexueller Leistungsfähigkeit: »Leistungsfähig (…) auf jeden Fall, dass man überhaupt eine Erektion bekommen kann«, sagt Felix. Dementsprechend ist auch in der quantitativen Befragung die Erektion das Hauptthema, über 90 % der Jungs sehen darin eine zu erbringende Leistung.

Durchhalten und Körperkontrolle

Die Dauer bis zum Orgasmus mit dem Anspruch, möglichst lange durchzuhalten und der Befürchtung, »zu früh« zu kommen, ist für viele, in unseren Interviews für die Mehrzahl der Jungs, der primäre Stressfaktor. Er stammt nicht nur vom Hörensagen der sozialen Leistungsnorm, sondern entsteht auch aufgrund ihrer eigenen Erfahrungen. Gerade vor dem Hintergrund des Erlebten müsste das Zu-Früh-Kommen eigentlich als ein Standard festgehalten werden, weil der vorzeitige Samenerguss sehr häufig vorkommt. Demgegenüber gelten aber Ziel und Anspruch, sich und den eigenen Orgasmus zu kontrollieren, um bloß nicht zu früh zu kommen. Auch deshalb ist der zu frühe Erguss ein großes Thema, nicht unbedingt tatsächlich eine sexuelle Störung oder ein Problem, das bei allen Leidensdruck verursacht – sondern ein mehr oder weniger stark wirksamer sexueller Stressor.

Leistung erbringen durch das möglichst lange »Durchhalten« wurde von Jungs an verschiedenen Stellen der Interviews und dabei mit zahlreichen Variationen beschrieben, kurz und knapp von Daniel: »Ich denke es geht darum, so lange durchzuhalten«. Durchhalten ist die Norm, das betont Niklas durch ein dreifaches »man muss«: »Man muss jetzt möglichst lange durchhalten, man muss jetzt möglichst harte und lange Erektionen haben, man muss möglichst lange zum Orgasmus brauchen«. Auch bei den quantitativ befragten Probanden ist das Ziel »länger oder möglichst lange ›durchhalten‹« stark besetzt; über 80 % gaben an, diese Form des Leistungsdrucks beim Sex zu kennen.

Mit dem Leistungsdruck, möglichst lange durchzuhalten, wächst die Gefahr weiterer Enttäuschungen. Wer beim Sex unter Stress kommt, innerlich auf den Sekundenzeiger schielt und aufs Durchhalten fokussiert ist, verstärkt das Problem und verliert sein Gegenüber wie das eigene Erleben aus den Augen, was auf beiden Seiten zu sexueller Frustration führen kann. Durchhalten-Wollen als Problem kann kaum durch noch mehr Durchhalten-Wollen gelöst werden.

Orgasmusservice als großartige Leistung

Dass die Sexualpartnerin oder der Sexualpartner unbedingt zum Höhepunkt kommen soll, optimalerweise als erste:r (»Orgasmusnachrecht« der Jungs) ist ein traditioneller Männlichkeitsnachweis (vgl. Gilmore 1991, S. 81) und scheint auch heute ein breit akzeptierter sexueller Standard für Jungs zu sein (vgl. Böhm/ Matthiesen 2017, S. 129). Er entspringt eher der Partnerschaftsmoral, ist aber zumindest zum Teil auch dort funktional begründet, wo das männliche Orgasmusnachrecht zählt, das sexuelle Gegenüber also zuerst zum Höhepunkt kommen soll; über die Hälfte aller Jungs sehen das im quantitativen Teil der Studie als Standard. Auch deshalb wird vom Mann verlangt, abzuwarten, sich zu kontrollieren und lange durchzuhalten.

Das Thema Orgasmusservice wird von den Jungs in den Interviews häufig angesprochen, und entsprechend hoch ist auch der Leistungsdruck, für diesen Ablauf oder auch unabhängig davon für ihren Höhepunkt zu sorgen. Die Lust der Partnerin oder des Partners ist – als Nachweis wie als Spiegel – wichtig, sie ist für manche Jungs sogar der »zentrale Punkt«, das hebt Luca hervor: »Ja, ich glaube schon, dass es auch ein zentraler Punkt ist, dass die Partnerin kommt, denke ich (…). Jetzt nicht nur, aber ich finde schon, dass das ein zentraler Punkt ist«. Und Alexander bestätigt: »Oh ja, klar, wenn man den anderen nicht zum Kommen bringt, das ist schon – krass«. Die Erwartungslage nimmt Daniel wahr: »Was ja von der Gesellschaft so thematisiert wird, dass das schlimm ist, wenn die Frau nicht kommt«. Dafür ist einer verantwortlich: der Mann muss liefern!

> »Ich muss meine Partnerin zum Orgasmus bringen«, sagen auch fast vier Fünftel der Jungs (78 %) in der quantitativen Befragung; unerfahrene Jungs (86 %) fühlen sich dabei mehr unter Druck, dem zu genügen, als erfahrenere Jungs (74 %), ein Hinweis darauf, dass gute Erfahrungen diesen Druck wenigstens etwas reduzieren können.

Der Orgasmusservice wird mit Männlichkeit gekoppelt: In der Kontroll-Männlichkeit ist es der Beweis für die positive Qualität des Mannes, in der Dominanz-Männlichkeit für seine Stärke und Kompetenz; richtige Männer schaffen das locker (noch bessere gleich mehrfach). Es handelt sich aber nicht nur um eine Sexual- und Männlichkeitsnorm, sondern auch um eine antizipierte, nicht offen verhandelte Beziehungserwartung. Stress entsteht auch deshalb, weil die beschämende Enttäuschung der Partnerin vermieden werden soll, erklärt Jonas: »Wenn jetzt dein Sexualpartner einfach enttäuscht ist und dich das spüren lässt, ist das so oder so unangenehm oder peinlich meistens«. Felix sieht das ähnlich: »Eher im Nachhinein, dass man dann halt quasi Vorwürfe bekommen hat, würde ich sagen, aufgrund von – also ein- ja, nicht nur, nicht erbrachter Leistung (…). Doch ich würde schon sagen, dass dann irgendwie in irgendeiner Form schon was du mir erwartet wurde«. Dieser Druck ist spürbar und wird von Jungs auch angesprochen oder wieder reflektiert, nebst seinen Auswirkungen. Das großartige Ziel steht Jungs gleichzeitig im Weg, wie Jonas reflektiert: »Man geht natürlich schon mit der Erwartung rein oder mit dem Wunsch rein, wäre schon cool, wenn es der Frau auch gefallen würde (…). Durch den Druck, den man sich da teilweise macht (…) macht es vermutlich noch mehr kaputt als es Gutes anstellt«. Vielleicht ist dieses redliche Bemühen der Jungs die Ursache dafür, dass nach repräsentativen Daten (Dekker et al. 2020) junge Frauen im Alter zwischen 18 und 25 Jahren deutlich zufriedener mit ihrer Sexualität sind (70,8 %), als dies bei gleichaltrigen jungen Männern der Fall ist (65,3 %; gefragt wurde nach der sexuellen Zufriedenheit in den letzten 12 Monaten)?

Der Orgasmusservice als Leistungsanspruch ist manchmal verknüpft mit einem Orgasmusnachrecht für Jungs, also das Recht (oder die Pflicht) des sexuellen Gegenübers auf den ersten Orgasmus; über die Hälfte sieht darin ein Richtmaß. Diese »Ladies-First-Haltung« erklären sich manche Jungs auch funktional, denn einerseits führt der Orgasmus bei Männern oft zur Abnahme der Erektion, zum anderen gibt es die Vorstellung (die auch falsch sein kann!), dass es für Männer immer einfacher ist, zum Höhepunkt zu kommen, wie Louis es sieht: »Das ist dann auch so ein Bedürfnis von mir selbst, quasi, dass ich quasi erst meine Partnerin befriedigen muss, und dann – ich meine, bei Männern, beim Mann funktioniert es halt auch viel einfacher«.

Beim Sex sind alle Jungs Versager! (Pia Ewert und Lilia Steinmetz)

Das Gefühl des Versagens ist in den Interviews fast allen Jungs bekannt. Kaum einer behauptet, es im sexuellen Kontext noch nie verspürt zu haben. Lediglich junge Männer in festen Paarbeziehungen, die betonen, dass ihnen offene Kommunikation wichtig sei, kennen manchmal keine Versagensgefühle. Die meisten Jungs erzählen jedoch davon, mit diesem Gefühl vertraut zu sein. Das ist insofern überraschend, als sexuelles Versagen als Nicht-Erfüllung von Männlichkeitserwartungen gewertet werden kann und dementsprechend verdeckt oder tabuisiert werden müsste. Gründe für das Erleben von Versagensgefühlen beim Sex gibt es reichlich. Bei einem ONS zu hören dass der Sexualpartner schon besseren Sex mit Anderen hatte, kann vor den Kopf stoßen. Aber auch die Angst den Anforderungen eines noch neuen und eher unbekannten Partners nicht genügen zu können und vielleicht nicht lang genug »durchhalten« zu können beschäftigt viele Jungs – es nicht zu schaffen, stempelt sie zum Versager.

Dieses Gefühl nehmen auch Frauen bei jungen Männern wahr. Während einige von sich selbst sagen, keine Erwartungen an das erste Mal oder auch die ersten Male gehabt zu haben, scheint es Jungs oft sehr unangenehm zu sein, wenn es die Erwartungen nicht erfüllt. Im Gegensatz dazu berichten wenige Jungs davon, zu lange gebraucht zu haben. Das Versagensgefühl lag dann ebenfalls am falschen Zeitpunkt und die »Freundin war quasi schon drei-, viermal durch«.

Der Druck, den man sich selbst macht, den anderen so gut es geht zu befriedigen, kann so groß werden, dass das Gegenteil des angestrebten Ziels eintritt und es »nicht klappt. Einfach, weil du dir selbst so einen Druck machst«. Der Wunsch, ein guter oder vielleicht sogar der beste Liebhaber zu sein, wird insbesondere dann zum Druckfaktor, wenn die sexuelle Interaktion nicht in einer festen Beziehung stattfindet oder der Sexualpartner schon mehr Erfahrungen gesammelt hat als man selbst. Auch wenn sich der Partner nicht negativ äußert, kann die Enttäuschung, den persönlichen Anforderungen nicht gerecht zu werden, schwer wiegen, ein Beleg dafür, dass es sich dabei eher um internalisierte soziale Erwartungen handelt.

Hohe Anforderungen zu haben, scheint für die jungen Männer normal zu sein und selbst wenn sie davon berichten, Druck durch diese zu erfahren, scheint es ein unvermeidlicher Zustand für sie zu sein. Es ist schwer festzustellen wie viel Verantwortung die Sexualpartner für das Erzeugen des Drucks tragen.

Es wird deutlich, dass nicht nur körperliche Aspekte das Gefühl des Versagens beeinflussen. Zwar spielen Erektionsprobleme oder die Frage nach der »richtigen« Dauer des sexuellen Aktes eine bedeutende Rolle. Allerdings liegt ebenfalls ein großer Fokus darauf, die Partnerin nach ihren Wünschen und Bedürfnissen zufriedenstellen zu können. Kann dies nicht ermöglicht werden, stellt sich das Gefühl des Versagens ein. Der Wunsch, ein perfekter Liebhaber zu sein, herrscht vor und ist eng verknüpft mit dem Gefühl des Erfolgs, des »Gut-genug«-Seins. Hier wird eine Verbindung zu traditionellen Männlichkeitsidealen deutlich. Schließlich wurde Dominanz, das Führen des Sexualaktes und das aktive Ergreifen der Initiative von vielen Jungs als männliches Rollenbild genannt und eine Beeinflussung durch das Aufwachsen mit diesen festgestellt oder zumindest in Erwägung gezogen. Die Situation in der Hand haben heißt eben auch, sexuell das erwünschte Ergebnis herbeiführen zu können. Sex und Leistung scheinen kaum voneinander loszulösen zu sein. Somit ist die Angst vorm Versagen notwendiger Bestandteil der männlichen sexuellen Realität.

Kontrollierter Sex – alles unter Kontrolle

Der Anspruch von Jungs, sich beim Sex zu kontrollieren, hängt auch mit dem Durchhalten beim Partnersex zusammen, geht aber weit darüber hinaus. Eigentlich lautet die Idee, sich in jeglicher sexuellen Form ständig zu regulieren und zu reflektieren, kontrollierte Männlichkeit ist das heimliche Ideal, auch beim Sex. Kontrollierter Sex führt zur Zurückhaltung im konkreten, wie im übertragenen Sinn. Cem hat den Anspruch an sich, beim Sex nicht etwa egoistisch zu werden; er hat in einer Situation versehentlich seiner Partnerin »angetriggert«, »durch eine gewisse Sache, die ich gemacht habe«. Es hat ihn erschrocken, »dass ich auf einmal gar nicht mehr daran gedacht habe und auch ein bisschen egoistisch war, in dem Augenblick«. Das geht im modernen Männersex wirklich gar nicht. »Man sollte sich nicht nur darauf fixieren, dass man selber Spaß hat«, moralisiert Tim.

Die Notwendigkeit zur sexuellen Vollkontrolle korrespondiert mit dem Narrativ des Gefährlichen, das im Mann angeboren angelegt ist, dem Bedrohlichen, das in jedem Mann wohnt, das Tierische, das ausbrechen könnte. Damit hat Max Erfahrungen gesammelt, das »Es« bricht durch, »es« passiert schnell und unverhofft: »Als Mann passiert's gerne, dass man zu animalisch wird, ein bisschen zu grob wird mit der Person und man nicht gelesen hat die Zeichen, dass es nicht das ist, was die andere Person wollte. Das passiert auch gerne«. Es gibt also gute Gründe für den Anspruch, den Sex zu kontrollieren: Das Männliche ist brandgefährlich und muss deshalb unter Kontrolle gehalten werden, und das gilt ganz besonders für die Sexualität. Hier treffen sich zwei Praxen – Mannsein und Sexualität – die gesellschaftlich zu den Risikogebieten zählen. Beides ist gefährlich, und diese Gefahrenlage lädt sich nun noch wechselseitig auf!

Aber der Mechanismus funktioniert umgekehrt: Die Vorstellung, Sexualität sei vor allem durch Gefahren gekennzeichnet, macht Sex gefährlich (HIV, STD, Schwangerschaft, sexuelle Gewalt); die Prämisse, dass das Männliche bedrohlich sei, trägt dazu bei, dass das Problem entsteht. Selektive Wahrnehmungen und symbolischer Interaktionismus verstärken diese Ideen: Jungs werden so, wie sie gesehen werden. Selbstverständlich gehört Impulsregulation zur Sozialisation und führt dazu, nicht jeden egozentrischen oder aggressiven Einfall auszuagieren. Der verallgemeinerte Kontrollanspruch führt aber zu Überreaktionen und verlangt, jegliche Bestrebung und jedes Bedürfnis einer dauerhaften Kontrolle zu unterwerfen. Verdrängtes verschwindet aber nicht, sondern kommt in anderer Form zurück. Die Erscheinungsform in der Kombination von Sexualität und Männlichkeit ist die Pornografie bzw. die Prozesse, die beim Nutzen von Pornos ablaufen.

Wo Pornonutzen ein Ergebnis von Kontrolle ist, muss es schwerfallen, sie zu kontrollieren: eine Folge lässt sich kaum mit ihrer Ursache bekämpfen.

Viele Jungs erleben oder befürchteten in ihrem Pornonutzen einen Kontrollverlust, ein Suchtverhalten. Sie schämen sich, wenn sie ihre Pornonutzung nicht optimal und moralisch einwandfrei regulieren können, verordnen sich deshalb selbst Abstinenzphasen. Moritz hat einmal im Monat so einen Tag, »da denke ich, ich muss unbedingt aufhören mit Pornoschauen«. Sich zu regulieren ist nicht einfach, sagt Louis, denn »es (Porno) ist halt so (…) eine Quelle, die halt nie austrocknet, sag ich mal, also, das ist auch sehr leicht gemacht, also diese instant gratification, so, das auf deinem Handy, Laptop, du kannst es ständig quasi, diese Dopamine ausschütten. Und dass man trotzdem da die Selbstkontrolle behalten sollte«.

Vielleicht ist kontrollierter Sex moralisch wünschenswert und anständig, aber es hört sich in den Schilderungen nicht besonders lustvoll an, sich permanent selbst zu kontrollieren. Im Gegenteil führt das Kontrollproblem zum Zurückhalten sexueller Energie, zum Verlust des Selbstgefühls, zu Leistungsgedanken und Sexstress. Dauerkontrolliert haben Jungen und Männer keine Möglichkeit, sich mit ihrer sexuellen Kraft im Partnersex vertraut zu machen; und auch im Pornosex ist das kaum möglich, weil Solosex mit Pornos der Beleg dafür ist, sich selbst nicht richtig kontrollieren zu können.

Eine Gesellschaft, in der Männlichkeit und Sexualität bevorzugt über Kontrolle gelebt und bewältigt werden sollen, müsste deren Paradigmen überdenken. Unter geänderten Voraussetzungen würde sich männliche Sexualität anders entfalten. Denkbar ist doch, dass es in jedem Jungen und in jedem Mann zuerst angelegt ist, ein sozial kompetenter, kooperativer, fürsorglicher und wertschätzender Mann zu sein, ein kraftvoller und selbstbewusster Liebhaber, bei dem seine sexuellen Energien etwas Positives sind, etwas, das von seinen Sexualpartner:innen begrüßt wird und sie mitnimmt. Es sind äußere, sozialisatorische Einflüsse, die ihn davon abbringen. Machtverhalten, Dominanz, Frauenverachtung oder Schwulenabwertung sind anerzogen, nicht angeboren! Oder anders gesagt: Bei einem Macho muss früher sozialisatorisch viel schief gelaufen sein.

Sexleistung und Größenwahn

Bezogen auf Männlichkeitsfiguren kann das erektile Funktionieren als Kind der Dominanz-Männlichkeit, das Ziel, lange Durchzuhalten als Folge der Kontroll-Männlichkeit verstanden werden. Der Orgasmusservice wird von beiden Männlichkeiten gespeist; er hängt sowohl mit männlichen Phantasien der Überlegenheit, wie auch mit dem Bild des kontrollierten und auf die Partnerin ausgerichteten Liebhabers zusammen. Im Nebeneffekt lässt sich diese Haltung noch als Beleg dafür werten, dass es sich nicht etwa um einen ausbeutenden Triebmann handelt, sondern um einen »guten« Mann (auch Muttis Liebling und ein Traum von Schwiegersohn), der es der Frau recht machen will; als Preis dafür verliert er sich leider selbst aus dem Blick.

In der modernen Leistungserwartung zum Orgasmus der Frau ist allerdings auch ein heimlicher männlicher Größenwahn eingeschrieben: die Frau *kommt* nicht selbst – nein, *der Mann bringt* die Frau zum Orgasmus. Dummerweise ist diese Leistung und damit das Erfolgskriterium der männlichen Aktivität von der weiblichen Sexualität abhängig, die eigene Lust der Jungs von der Lust ihres sexuellen Gegenübers, weil Jungs im reziproken lustvollen Empfinden Selbstbestätigung bekommen. Mehrere Jungs kommen darauf zu sprechen. »Wenn ich es halt schaffe«, sagt Jannik, »die andere Person in so einen ekstatischen Zustand zu bringen oder so, dann fühle ich mich bestätigt«. Gleichzeitig entsteht dadurch aber auch Druck, denn er erklärt weiter: »Und damit aber auch so ein Leistungsdruck, wenn ich das Gefühl hab, es ist gerade nicht so schön für die andere Person«.

Die eigene Lust abhängig zu machen von der Lust der Partnerin oder des Partners ist fatal, weil es Jungs vom eigenen Erleben abbringt. Den Sex mit einer weiblichen Partnerin umklammert im Heterosex eine doppelte Abhängigkeit am Anfang und am Schluss – und dazwischen liegt der Sexstress der Jungs.

- Das traditionelle Bild der sexuellen Interessenverteilung schreibt dem Mann das Wollen, der Frau das Erlauben zu; die Partnerin »gewährt« den Sex, den der Mann will – wie Jessica es ironisch formuliert: »der Mann will Sex und die Frau, die erlaubt es halt oder die täuscht Kopfweh vor«; heterosexuelle Jungs sind in dieser Dynamik vom weiblichen Wohlwollen abhängig.
- Das moderne Bild verlangt vom Mann als Leistungsnachweis für den eigenen sexuellen Erfolg und für die eigene Befriedigung den Orgasmusservice; Jungs sind deshalb zusätzlich von der Partnerin und ihrem Orgasmus abhängig.

In der Heterosexualität gesellt sich zu der traditionellen sexuellen Abhängigkeit des Mannes von der Frau – dass sie ihm Sex »gewährt« – eine zweite: dass ihr der Sex Spaß macht ist eine zwingende Voraussetzung für sein eigenes Lusterleben geworden, sein Spaß ist von ihrem abhängig.

Mit diesem Orgasmusziel und dementsprechenden Sexstress wird es aus Sicht der Jungs schnell eng: Wenn oder weil der Druck auf ihnen lastet, wenn sie sich nicht spüren oder wenn es die Partnerin nicht weiß und selbst aktiv wird oder wenn sie nicht sagt, was sie möchte, um das erhoffte Ziel zu erreichen (oder auch nicht). Moritz ist eine Ausnahme, wenn er das wahrnimmt und verlangt: »Ich will, dass es mir Spaß macht. Klar, auch, dass es ihr Spaß macht, aber sie muss mir sagen, was sie will«. Hier bildet sich ein sexuelles Dilemma der Jungs ab: Sie sind als Nachweis ihrer sexuellen Kompetenz von der Lust und vom Orgasmus der Partnerin abhängig, und sie sind – damit dies gelingen kann – darauf angewiesen, dass sie ihnen dabei hilft, indem sie zielführend agiert oder kommuniziert.

Oft wird von den Jungs auch die Ansicht vertreten, dass gleiches Recht für alle gilt und beim Sex der Spaß für alle Beteiligten im Vordergrund steht. Als normative Selbstverständlichkeit soll Sex auf gegenseitigem Einverständnis beruhen und reziprok sein, beide sollen »etwas davon haben«, nämlich Spaß, beide Beteiligten sollen (gleich viel) Spaß erleben. Aber auch diese, an sich ja positive und egalitäre Erwartung kann im Nebeneffekt wieder Stress verursachen, sobald sie als Maßstab für gelungenen Sex gewertet wird. Justus fasst zusammen: »Ich denk mal schon, dass auf jeden Fall die Partnerin auch (lacht) ihren Spaß haben sollte weil, sonst hat's ja keinen für beide Seiten oder für mich dann schon, aber für sie nicht und das, ja, ist kacke«.

Jungs im Sexstress

Auf andere Begriffe gebracht sind es nach den Leistungsanforderungen und Sexstressoren der Jungs drei männliche Grundsätze, die von ihnen verlangt werden: Funktionieren, Kontrollieren und Großartiges leisten. Es ist leicht nachzuvollziehen, dass diese Erwartungen als einzelne, vor allem aber in Kombination zu hohen Belastungen führen müssen. Ihr Sexstress wird von Jungs nicht etwa beklagt, sondern als gegebene Tatsache wahrgenommen, die auf ihnen lastet. Ihre Ziel- und Erfolgsorientierung ist keine individuelle Erfindung von ihnen, sondern sie erleben dies als gesellschaftlichen Auftrag an sie im Intimen und Privaten, an sie »als Männer«. An dieser Stelle begegnen sich Männlichkeits- und Weiblichkeitsbilder: Wird weibliche Sexualität mit Passivität assoziiert, fördert das den männlichen Größenwahn, den Orgasmus der Frau herbeiführen zu können, was aber umgekehrt und in der Wirklichkeit bedeutet, dazu in der Lage und gleichzeitig dazu verpflichtet zu sein.

Sex hat fürs Männlichsein der Jungs eine doppelte Bedeutung: Einerseits für sie selbst, die persönliche und private Seite; Jungs müssen ihren eigenen Erwartungen an sich genügen, und die sind, nicht zuletzt wegen übernommenen Männlichkeitserwartungen, oft hoch angesetzt. Andererseits ist Sex aber auch eine öffentliche Angelegenheit, andere Jungs sind als soziale Kontrolle ebenfalls beteiligt; zumindest einige Jungs scheinen mit ihren Leistungsideen ein wenig auf andere zu schielen; hier geht es darum, ihren kompetenten Status und ihren sexuellen Erfolg nachzuweisen (auch in der imaginierten Konkurrenz vor anderen Männern). Solche Bestätigungen und Beweise lassen sich heute nicht mehr durch die Menge sexueller »Eroberungen« führen, das ist verpönt – die Lust des Gegenübers ist nun der neue Beweis für erfolgreichen Sex! Deshalb wird der Orgasmus der Partnerin für das sexuelle Erleben so bedeutsam, bisweilen wichtiger als die eigene Lust: Wenn sie einen Orgasmus erlebt, bestätigt das seine Leistungsfähigkeit, seine Kompetenz und seine Männlichkeit, während sich seiner ja ohnehin und mit wenig Aufwand einstellt (und bekanntlich nicht selten zu schnell).

Insgesamt ist in den Gesprächen mit den Jungs kein direkter sexueller Egoismus erkennbar, nach einem traditionell männlichen Muster, dass der Mann sich nimmt, was er will, was ihm angeblich gehört und zusteht. Gleichzeitig ist der Sex der Jungs gerade dort, wo sie sich um ihre Partnerin bemühen, auch nicht frei von indirekt egoistischen Motiven. Wenn Jungs den Orgasmus der Partnerin unbedingt zu ihrer männlichen Selbstbestätigung brauchen, zeigt sich ein kaschierter Egoismus, der sich hinter der Leistung verbirgt und als Störfaktor in die Sexualität wirken kann.

Aber ist Sexstress denn ein neues Phänomen, das erst durch das massenhafte Nutzen von Pornos entsteht? Wohl kaum. Der Auftrag an den Mann, auch im Bett seinen Mann zu stehen und die Frau bzw. generalisiert das sexuelle Gegenüber zu befriedigen, existiert ja schon länger. Durch die Pornonutzung wird dieser Tenor aber herausgehoben und verstärkt – was den Sexstress erhöhen oder erst richtig ausarten lassen kann.

Sexuelle Kompetenz kann sich auch im Grad der Zufriedenheit der Partnerin ausdrücken. Zum Beispiel muss auf Truk (einer Insel im Südpazifik) ein Mann seine Partnerin zum Orgasmus bringen, der »Erfolg« des sexuellen Akts hängt von seiner Leistungsfähigkeit ab (Gilmore 1991, S. 81); kann er eine Frau nicht befriedigen, gilt er als untauglich, wird verhöhnt und verlacht. Dort gilt Sex als eine Art Wettkampf: Wenn der Mann zuerst zum Orgasmus kommt, hat er verloren (was für die Frau nicht gilt). Mindestens seit Beginn des 20. Jahrhunderts gibt es mit dem Aufstieg der Sexologen eine »Pflicht zum Orgasmus« (Béjin 1982, S. 253). Seit den 1960er Jahren – als Massenporno noch in weiter Ferne stand – gab es Ziele für die sexuelle Entwicklung der Männer, die denen von heute ähneln und zu denen selbstverständlich auch der Abbau von Leistungsdruck zählt: »Mehr Kommunikation mit dem Partner, sich selbst kennenlernen, Leistungsdruck abbauen, entspannen und durch Zärtlichkeit Bindung herstellen waren die empfohlenen und einzuübenden Wege zur Behebung der Probleme« (Dinges 2017, S. 29). »Seit Dekaden weisen Sexualtherapeutinnen und -therapeuten darauf hin, dass zumindest ein Teil der Männer Partnersex (…) leistungsorientiert erlebt« (Döring 2017, S. 64).

Die Angst, sexuell zu versagen, und als Folge der Sexstress ist also absolut kein neues Phänomen, sondern ein resistentes »altes Muster« (Dannenbeck/Stich 2002, S. 97). Körperliches »Versagen« ist eine Blamage, dagegen ist der Orgasmus des Gegenübers ein modernes Merkmal, ein Marker für gelingenden Sex, für den Jungs die Verantwortung zugeschoben bekommen oder übernehmen. Denn für das »funktionale Gelingen des Geschlechtsverkehrs fühlen sich Jungen immer noch stärker verantwortlich als Mädchen« (ebd.).

Durchhalten ist als Zeichen von Selbstbeherrschung und Selbstkontrolle männlich assoziiert, steht aber in Konflikt mit einer Idee von Sexualität, in der sich Grenzen auflösen und es nicht mehr um Beherrschung, sondern um Kontakt, Verbindung oder Ekstase geht. Jungs, die unter Sexstress stehen, werden ihre Sexualität nicht in dieser Hinsicht ungetrübt erleben und entfalten können. Aber auch für Partnerinnen oder Partner wird die Sexualität beeinträchtigt, wenn sie erleben, wie ihr sexuelles Gegenüber sich abmüht oder gestresst ist – keine gute Voraussetzung für intimen, resonanten, ekstatischen oder orgiastischen Sex.

Sicher brechen Jungs nicht reihenweise unter der Last des Leistungsdrucks zusammen, Sexstress scheint durchaus zu bewältigen. Aber er verstärkt desintegrierende Tendenzen, indem die ohnehin vorhandene Penis- und Funktionsorientierung noch erhöht wird. Dominiert in der männlichen Sexualität die Idee der Leistung, wird der Körper und besonders der Penis instrumentalisiert: wo das Leistungsprinzip zählt, wird der Körper zu einem nützlichen »Arbeitsinstrument« (Marcuse 1987, S. 44). Männliche Kulturen neigen genauso wie kapitalistische Produktionsbedingungen dazu, Sex zur Leistung zu machen. Dass Jungs diese Vorgabe übernehmen, liegt nahe. Ihr sexueller Leistungsdruck erklärt, warum viele Jungs und Männer auch auf Messwerte schielen: ist mein Penis groß genug, wie lange dauert der Sex, wie viel Erfahrung, wie viele Orgasmen kann ich vorweisen? Dass vor allem Jugendliche und junge Männer in Gleichaltrigenbezügen mit Sex prahlen, wird durch die Leistungsperspektive ebenfalls erklärbarer – gute Leistungen bringen noch mehr Nutzen, wenn andere darüber Bescheid wissen.

Die »erfolgsorientierte« Einstellung zur Sexualität mit Partner:innen wird – was eine Voraussetzung für Stressabbau wäre – von Jungs nur selten kritisiert oder hinterfragt. Sexstress gilt häufig als lästiger, aber gesetzter Standard, der zumindest in den untersuchten Milieus weit verbreitet ist (vgl. auch Böhm/Matthiesen 2017, S. 126). Daniel versucht leicht trotzig, sich gegen diese Leistungsansprüche der Orgasmus-Verantwortung zu stemmen und sich davon zu lösen: »Was ja von der Gesellschaft so thematisiert wird, dass das schlimm ist, wenn die Frau nicht kommt (...) Wenn sie halt nicht kommt, dann kommt sie nicht«. Sein innerer Druck bleibt aber auch mit dieser Haltung spürbar, ein Hinweis darauf, dass dieses Problem nicht mit einer Denkfigur zu lösen ist (sondern eher durch öffentliche Thematisierung und Kommunikation in der Beziehung). Nur ganz wenige Jungs denken oder sprechen es aus, dass die »mental load« für dieses Thema in den konkreten Beziehungen ungerecht verteilt ist. Sie verlangen, diese Last gerechter zu gewichten, dort, wo das möglich ist. Männlichkeitsbilder aktiv zu attackieren oder in Pornos zu bekämpfen fällt ihnen nicht ein, das scheint kaum möglich. Sexstress zu verlagern oder anders zu verteilen ist leichter und verspricht mehr Erfolg.

Florian ist eine Ausnahme, wenn er feststellt: »Es gibt auch viele Sachen, die die Frau besser machen kann. Leistung bringen ist nicht immer nur auf eine Person bezogen, finde ich (...). Aber immer sagen zu müssen, der Mann muss was leisten, das ist immer so, ah, finde ich schwierig«. Max hat sich lang diesen Stress gemacht, heute sieht er es entspannter, es ist kein Muss: »Natürlich ist es schön, wenn so passt, wenn nicht nur ich zum Höhepunkt komme am Ende, sondern dass auch meine Partnerin genug Spaß dabei hat oder auch zum Höhepunkt kommt (…) dann macht's natürlich auch noch mehr Spaß – aber es muss nicht sein«.

Vor dem Hintergrund des Leistungsdrucks beim Sex mit Partnern lässt sich auch ein Teil der magischen Attraktivität der Pornosexualität der Jungs besser verstehen. Beim Pornonutzen mit Solosex müssen Jungs nichts bringen, sie sind nicht von anderen Personen abhängig, allenfalls vom Medium, das ihnen aber unbeschränkt zur Verfügung steht, die Darstellerinnen und Darsteller funktionieren selbst, die Szenen sind beliebig oft wiederholbar und Jungs haben dabei die Kontrolle, alles sprichwörtlich selbst in der Hand. Das ganze Pornoversum ist ganz und nur für sie da, der junge Mann und die Pornowelt, eine abgeschlossene Sphäre, in der es nur um sich geht. Hier müssen sie sich ihre männliche Selbstbestätigung nicht erarbeiten, sondern sie entsteht in der Pornonutzung von selbst, nach der Formel: »Ich nutze Pornos, also bin ich männlich«. Das hieße umgekehrt: Würde es den jungen Männern gelingen, ihre Sexualität von den Leistungsanforderungen und -dynamiken befreien, nähmen Reiz und Macht der Pornos ab.

Machtverhältnisse sind in vergeschlechtliche Körper eingeschrieben, die Sexualität als stark leib-körperliches Ereignis lässt dies wieder zum Vorschein kommen. Beim Mann richtet sich die Aufmerksamkeit auf den Penis als Organ und als gesellschaftlich-kulturelles Symbol (Flaake 2021); diese Verknüpfung des Penis mit Männlichkeit im Sinne von Macht und Stärke und gleichermaßen mit Kontrolle und Versagen, bringt junge Männer unter Druck (ebd.), sie bewegen sich in einer Spannung zwischen Ruhm und Schande, sie müssen viel leisten und sich kontrollieren können, um letzteres zu verhindern. In einer Zeit, in der männliche Gewissheiten aufgelöst, hinterfragt und angezweifelt werden, wird der Penis zum Seismographen: Jede schwache Erektion und jeder vorzeitige Samenerguss, jeder nicht erreichte weiblicher Orgasmus bestätigt deshalb auch die gesellschaftliche Schwäche des männlichen Geschlechts. Stellt sich die Erektion nicht wie erwünscht ein oder dauert der Sex nicht lang genug, kann das für Jungs einen Angriff auf ihre Männlichkeit darstellen.

Mit Sex Geschlecht verhandeln

Geschlecht als Existenzweise beinhaltet es, an Geschlechternormen orientiert zu leben, was – unter vielem anderen – auch Sexualitätspraxen umfasst (Maihofer 2015, S. 636). Solche Geschlechtsnormen sind heterogen und bisweilen auch widersprüchlich, sie bedürfen ständiger Vergewisserungen und Diskurse. Sexualität ist ein sozialer Raum und eine Praxis, an dem oder durch den dies besonders intensiv und akzentuiert stattfindet. Ohne Zweifel wird in der Sexualität, in der sexuellen Praxis – bei partnerschaftlichem Sex genauso wie beim Solosex – und im Reden über Sexualität auch Geschlecht konstruiert und verhandelt. Das geschieht eher selten über Dispute, den reflektierten Austausch von Argumenten, sondern meistens im unspektakulären alltäglichen Handeln.

Die sexuelle Praxis ist ein Raum, in dem Geschlechterverhandlungen sowohl auf der Mikroebene bei den Paaren, wie auch gesellschaftlich wirksam vorgenommen werden. In unterschiedlichen Fragestellungen haben wir in den Interviews mit jungen Männern und Frauen nach Normierungen gesucht, etwa beim Grad der Aktivitäten beim Anbahnen von Sexualbeziehungen oder Sexualität in Beziehungen, bei der Frage nach den ersten Schritten oder beim Angeben, wo es beim Sex langgeht. Dabei sind wir noch auf Rudimente traditioneller Vorgaben gestoßen. Luca vermutet, dass die Vorstellung, der Mann müsse sexuell besonders aktiv sein, »in der Gesellschaft schon durchaus weit verbreitet ist«. Es könnte, denkt er, vielleicht auch biologische Gründe geben, »dass Männer tendenziell mehr Sex wollen, mehr Sex brauchen«. Seine eigene Erfahrung geht in eine andere Richtung, seine Wortwahl verweist (vielleicht … gar nicht so unbedingt) aber auf die Unsicherheit, ober er sich da trauen könnte: er »würde eher sagen, dass das vielleicht auch gar nicht so unbedingt stimmt«.

Gesellschaftliche Aufträge und Standards kommen bei Jungs zwar an, Jungs müssen sich damit auseinandersetzen, tun und können das aber auch, indem sie sich distanzieren. Wenn zum Beispiel überhaupt Normierungen benannt werden können, die Jungs als Klischees über »männlichen« Sex vermittelt werden, dann sind es neben einer gewissen »Wildheit« meistens Aktivitäts- und Dominanzvorstellungen. In den Interviews mit den Jungs zeigt sich, dass solche Ideen zumindest zum Teil und oft in abgeschwächter Form noch bei ihnen ankommen. Durchgängig aber finden sich auch zahlreiche Belege dafür, dass Jungs versuchen, sich davon distanzieren, sie haben (unabhängig davon, ob sie das Stereotyp benennen) weitgehend eine andere Position: Wenn, dann ist das eine gesellschaftliche, nicht ihre eigene Vorstellung. Zusammengefasst ist in diesem Bereich der Sexualität sehr viel vom Wandel zu entdecken und nur wenig von der Persistenzkraft hegemonialer Männlichkeiten.

Auf der Grundlage gesellschaftlicher Konflikte und Kämpfe unterschiedlicher Gruppen werden Normen dadurch hegemonial, dass sich ein gesellschaftlicher Konsens herausbildet. »Hegemoniale Männlichkeit kann man als jene Konfiguration geschlechtsbezogener Praxis definieren, welche die momentan akzeptierte Antwort auf das Legitimitätsproblem des Patriarchats verkörpert und die Dominanz der Männer sowie die Unterordnung der Frauen gewährleistet (oder gewährleisten soll)« (Connell 1999, S. 98). Geschlechternormen sind gleichzeitig fragil, stets im Wandel begriffen, wie auch stabil und beharrlich (Maihofer 2015, S. 645). Sie müssen situativ und vor allem auch in der Begegnung von Menschen immer wieder ausgehandelt werden. Sex ist dabei vielleicht nicht gerade ein Schlachtfeld, aber doch ein Raum, in dem gleichermaßen Geschlechter hergestellt und in Aushandlungsprozessen verändert werden.

In der traditionellen Bestimmung sind dem männlichen Geschlecht Überlegenheit und Stärke zugewiesen. Wo Männlichkeit auf hegemoniale Hierarchie reduziert wird, ist es für alle Beteiligten schwierig, Jungen oder Männer in einer schwächeren, unterlegenen Position zu akzeptieren oder diese auszuhalten. Alle drei Sexstressoren können im Geschlechtervergleich ohne weiteres als Mängelanzeigen, als Unterlegenheiten oder Schwächen interpretiert werden. Für die Jungs stellt sich die Aufgabe, ihren männlichen Status zu erhalten, sie kommen deshalb unter Sexstress. Für die jungen Frauen zeigt sich die Lage aber nicht minder schwierig, sie möchten den männlichen Status der Jungs erhalten, wollen Männlichkeit nicht offensiv demontieren und operieren deshalb mit der verdeckten oder relativierten Bewertung »nicht schlimm« (siehe Kapitel »Alles halb so schlimm?« auf S. 235)

Manche der von den Jungs zitierten Männlichkeitsvorgaben wirken wie Karikaturen, wie eine alte Schwarz-Weiß-Fotografie, ein nicht mehr zeitgemäßes Klischee. Aus dem Mund der Jungs klingt das zwar ironisch oder als bloßes Zitat; dass solche Männlichkeitsbilder, wenn teils auch zögerlich, reproduziert werden, ist ein Zeichen dafür, dass sie unterschwellig doch Bedeutung haben können. Zu diesen Klischees zählt Sex als Machtverhältnis in Beziehungen, bei dem die Frau in der eigentlich bestimmenden, also dominanten Position ist; Jessica stellt es vor: »Es gibt einfach das Bild von einem Mann in der Gesellschaft, also, der Mann will Sex und die Frau, die erlaubt es halt oder die täuscht Kopfweh vor«. Wenn die Frau (oder auch ein homosexueller Partner) über Sexualität bestimmt, sie gewähren oder vorenthalten kann, wird Sex zu einem erstrebenswerten Gut, zu etwas Wertvollem, über das die Frau verfügt; damit gerät der Mann in eine unterlegene Position.

Hält ein Mann das nicht aus, weil es (seinen) Männlichkeitsvorgaben widerspricht, versucht er, einen Ausgleich zu finden – eine Praxis ist die Abwertung von Frauen, schwulen Sexualpartnern oder der Sexualität über das Reden darüber. Wird Geschlechterwandel als Aushandlungsprozess verstanden und Sexualität als einen Raum dafür, gehören Leistungserwartungen und die Aufgabenverteilung beim Sex auf den Verhandlungstisch, selbstverständlich zusammen mit den korrespondierenden Weiblichkeitsbildern. Bislang werden im Sex durchaus Geschlechter ausgehandelt, aber nur als verdeckter, unausgesprochener Prozess, in dem traditionelle Reste der Dominanz-Männlichkeit kritisiert werden, in dem mit nicht eingelösten Leistungserwartungen umgegangen werden muss, in dem oft mehr unter den Teppich gekehrt wird (etwa über die »Nicht-Schlimm-Konstruktionen«), als dass darüber gesprochen würde.

Zusammen wird es guter Sex (Lisa Holzmann und Moritz Malmede)

Sex zu haben bedeutet noch lange nicht, dass der Sex auch als gut bewertet wird. Bei den Jungs gibt es unterschiedliche Ansichten, wodurch aus Sex guter Sex wird. Auffällig ist, dass bei der Frage nach Sex mit guter Qualität das gemeinsame Miteinander bei fast allen in der ein oder anderen Form im Vordergrund steht. Die Antworten der Jungs unterscheiden sich hier nicht allzu sehr. Vielleicht liegt für viele hier der Unterschied zur Masturbation und der Grund, weshalb Offline-Sex für viele Jungs doch mehr und besser als Porno-Masturbation ist? Für ungefähr ein Drittel macht beidseitiger Spaß bzw. ein Orgasmus von beiden richtig guten Sex aus. Es geht hierbei nicht nur um den eigenen Spaß oder darum, selbst einen Orgasmus zu bekommen, sondern das Miteinander steht im Vordergrund. Denn keiner der Befragten hat angegeben, dass allein sein Orgasmus oder der eigene Spaß zu richtig gutem Sex führt. Allerdings kann hier auch das eigene Selbstwertgefühl eine ausschlaggebende Rolle spielen, da die Jungs hier eine gewisse Bestätigung erhalten.

Wenn sie sehen, dass die Partnerin ebenfalls »Spaß« und bestenfalls auch einen Orgasmus hat, führen die Jungs dies möglicherweise direkt auf ihre eigene Leistung zurück und fühlen sich in dieser bestätigt, eine Verbindung zu Männlichkeitsbildern liegt nahe: Jungs fühlen sich möglicherweise darin besonders bestätigt, wenn sie die Frau zum Orgasmus gebracht haben, so denkt Fabian: »Richtig guter Sex – natürlich, wenn beide Spaß haben, beide zu ihrem Höhepunkt kommen, ja und der auch ein Stück weit einfach intensiv ist, wenn man sich gut fühlt – sie sich gut fühlt, du dich gut fühlst – dann war das ein guter Sex«. Für Moritz steht sogar nur die Partnerin und deren Spaß im Vordergrund. Für seinen guten Sex ist ihm offenbar nur die Partnerin wichtig: »Für mich ist es richtig richtig gut, wenn ich merke, dass es ihr gerade Spaß macht und sie die Zeit genießt«. Auch bei anderen steht vor allem das Gemeinsame im Vordergrund, was allerdings nicht ganz einfach zu beschreiben ist. Ein gutes Zusammenspiel bzw. ein gewisser »Flow« wird hier genannt. Dies gilt wie in vielen Lebenslagen, in denen einfach eine gewisse Harmonie vorhanden sein muss, egal ob in Gesprächen, im Alltag oder im Bett. Man möchte sich gegenseitig verstehen und auf einer Wellenlänge sein. »Richtig guter Sex«, sagt Lukas, »ist, wenn man währenddessen die ganze Zeit Spaß hat, wenn's null irgendwie so Momente gibt, wo irgendwie was seltsam ist, weil man hat irgendwie was komisch falsch angefasst oder irgendwie macht was irgendwie seltsam«.

Drei der Jungs sprechen dies direkter an und nennen »entspannt angehen lassen« und »keine Gedanken machen« als ausschlaggebende Punkte für guten Sex. Denn wenn man sich um nichts Gedanken machen muss, sondern nur den gemeinsamen Moment genießen kann, fällt ein gewisser Druck weg, jetzt abliefern zu müssen. Keinen (Leistungs-)Druck zu haben ist demnach wichtig, denn dieser verhindert, dass sich Jungs fallen lassen können und den Sex genießen und so als richtig guten Sex empfinden können. Hier gibt es einen möglichen Kontrast zu dem vorherigen Punkt des beidseitigen Orgasmus. Denn mit dem Orgasmus der Partnerin als Indikator für guten Sex wird ein gewisser Leistungsdruck aufgebaut. Einige Jungs sehnen sich jedoch danach, den Sex entspannt angehen zu lassen und sich diesen Druck eben nicht auszusetzen, auch wenn dies möglicherweise nicht im Orgasmus endet, wie Felix erklärt: »Inwiefern ich irgendwie mich locker machen kann – weißt du, wenn diese Sicherheit da ist (...), solange ich mir nicht zu sehr den Kopf zerbreche irgendwie«.

Für einige Jungs gehört auch Kommunikation zum Merkmal für guten Sex, wenn sie mit ihren Partnerinnen richtig kommunizieren können und sich über gegenseitige Vorlieben austauschen, kann der Sex wirklich gut werden: Es braucht einen gewissen Austausch, um herauszufinden, wie man sich gegenseitig am besten befriedigen kann, weil dies individuell ausgeprägt und demnach nicht von vornerein bekannt ist. Für Jonas zählt: »offen in der Kommunikation und dementsprechend auch ehrlich mit dem, wie es einem gefallen hat oder was man ändern wollen würde oder sowas«.

Bei anderen Jungs äußert sich das Miteinander beim guten Sex in den Gefühlen, die man für die Partnerin empfindet. Liebe oder Romantik sind Voraussetzungen dafür, dass der Sex leidenschaftlich und somit richtig gut ist. Dass Jungs solchen Gefühlen einen hohen Stellenwert zuschreiben, mag im ersten Moment erstaunen. Das stereotype Bild über Jungs weist in die andere Richtung, sie wollen Sex und nehmen Liebe in Kauf (vgl. Sielert 1993). Bei den Jungs in dieser Studie zeigt sich ein anderes Bild, auch für (einige) Jungs können Gefühle eine wichtige Rolle beim Sex spielen. Für Max braucht es das als Grundlage: »Wenn man sich liebt, ist das der schönste Nährboden für guten Sex«. Einer der Jungs geht noch weiter und sagt, dass es für ihn nur dann richtig guter Sex ist, wenn er im Rahmen einer Beziehung stattfindet, womöglich deshalb, weil in einer Beziehung Komponenten wie zum Beispiel Gefühle, Kommunikation und ein gewisses gutes Zusammenspiel bereits gegeben sind.

Im Großen und Ganzen steht also bei »gutem Sex« aus der Jungsperspektive das Gemeinsame stark im Vordergrund, was sich in Kommunikation, einem guten Zusammenspiel, beidseitigem Spaß und positiven Gefühlen äußert.

Guter Sex, schlechter Sex – sexuelle Qualitätsmerkmale

Schon seit Längerem ist öffentlich und auch bei Jungs das Bild vom Mann als möglichst viel vögelndem Macher überholt, wie es traditionell die Dominanz-Männlichkeit verlangt. Sex-Menge oder Zahl der Partnerinnen zählen nicht als Kriterien fürs Männlichsein und auch nicht für guten Sex. Anders als beim Muskelaufbau sind beim Sex auch nicht Regelmäßigkeit und Häufigkeit der Schlüssel zum Erfolg, der sich dann in guter Qualität ausdrückt.

Schlechter Sex ist keine Kunst, das kann jeder haben; demgegenüber wächst guter Sex den Jungs nicht zu, er kann oder muss sogar gelernt werden. Was als »guter Sex« läuft, wird zuerst individuell erlebt und gewertet, das herauszufinden braucht Zeit. Viele der Jungs verfügen über Erfahrungen und können deshalb reflektieren und sich dazu äußern, was sie auf ihrem aktuellen Entwicklungsstand als »guten Sex« bezeichnen. Aus dem Clustern ihrer Antworten ergeben sich Kategorien, mit dem sich nach Ansicht der Jungs – und ohne Vorgaben von den Interviewenden – guter Sex identifizieren lässt.

Bei der Gegenfrage, also nach schlechtem Sex, lassen sich dagegen praktisch keine nennenswerte Themen-Gruppierungen feststellen, es sind zehn, fünfzehn

Aspekte oder Problemfelder, die Jungs hier anführen, und bei jedem gibt es einen, zwei oder drei Jungs, die davon erzählen. So entsteht eher der Eindruck, dass die Schilderungen vor allem ihre unterschiedlichen negativen Erfahrungen wiedergeben. Viele Jungs sehen im schlechten Sex einfach das Gegenteil vom guten und umgekehrt. Dementsprechend ist schlechter Sex zum Beispiel nicht aufeinander bezogen, ohne Resonanz, oder es ist vom gleichberechtigten Mutualismus nichts zu spüren. Lukas beschreibt das in kühlen Worten: »wenn's irgendwie nichts so – nicht liebevoll ist, überhaupt nicht irgendwie aufeinander abgestimmt. Und am Ende wird vielleicht auch nur einer fertig oder gar keiner«. Andere Merkmale für kläglichen Sex sind nach der Erfahrung der Jungs eine schlechte Stimmung oder Konflikte, dass sich Sex »komisch« oder »falsch« anfühlt, wenn Sex unerwünschte, negative Emotionen auslöst oder ohne Gefühle, vielleicht routiniert abläuft, wenn Jungs zu viel denken oder unter Druck stehen, wenn es verkrampft zugeht, die Partnerin sich zu passiv verhält oder einen Orgasmus vortäuscht, wenn der Mann zu früh kommt oder beide keinen Spaß haben.

Diese Merkmale weisen aber auch daraufhin, dass dann beim Sex wahrnehmbar etwas Wichtiges fehlt: eben das, was die Qualität des guten Sex' ausmacht. Bei der Frage danach antworten die Jungs selten mit persönlichen Details oder Vorlieben, sondern mit Erfahrungsaspekten, mit gruppierbaren Komponenten für ihr individuell positives Erleben: eine Typologie des guten Sex.

> Guter Sex ist für Jungs ausschließlich Sex mit einem sexuellen Gegenüber. An keiner Stelle wird die Möglichkeit erwähnt, dass richtig guter Sex nicht mit einer Partnerin oder einem Partner, sondern mit sich selbst erlebt werden kann. Dieses Ergebnis könnte aber dadurch beeinflusst worden sein, dass die Frage nach »gutem Sex« im Interviewverlauf im Bereich der Sexualität mit Partnerinnen oder Partnern angesprochen wurde. Spontan schwärmen die Jungs aber auch dort, wo es um Pornos geht, darüber nicht als »gute« Form ihrer Sexualität.

Typologie des guten Sex der Jungs

Schon während der Interviews und bei den ersten Auswertungsrunden war es auffällig, dass den Jungs bei der Frage nach gutem Sex keineswegs Porno-Standards oder -Muster einfallen. Scripts, Stellungen, Techniken, Ausdauer, Häufigkeit oder ausgefallene Konstellationen tauchen hier überhaupt nicht auf. Sebastian grenzt sich davon ausdrücklich ab: (guter Sex ist) »also kein crazy Monkey-Sex, so. Das wäre eher so – man muss mit den Basics anfangen (lacht)«. Manchmal klingt, bei den stärker spaßorientierten Jungs, schon etwas von der Pornostimmung mit an, allerdings immer eingebettet in ein Set von anderen Kriterien. So denkt Lukas über spannungssteigende Neigungen: »Und natürlich auch, wenn's komplett mit den persönlichen Vorlieben übereinstimmt, wenn zum Beispiel irgendjemand, keine Ahnung, gerne was draußen machen möchte, dann geht raus (lacht)«. Oder Florian spielt auf die Dauer an: »Guter Sex kann ruhig schon eine Weile dauern«.

Im Chor der Jungs sind solche Anklänge nur Ausnahmen. Aber was macht »richtig« guten Sex in den Augen der Jungs aus? Nur wenigen fällt es schwer, das positiv zu formulieren. Lukas grenzt guten Sex einfach von der negativen Evaluation danach ab: »Richtig guter Sex ist (…) wenn's nicht nur am Ende so ist, dass man sagt, okay, ja, das war jetzt gut, wir sind beide fertig geworden«. Umgekehrt führen viele Jungs eine ganze Reihe von Kriterien an, mit denen sie guten Sex erklären, so zum Beispiel Alexander: »Es ist guter Sex, wenn beide eben Spaß dran haben, wenn beide sich respektiert und verstanden fühlen und man kommuniziert«. Beim Clustern der Antworten der Jungs zum richtig guten Sex sind wir auf fünf, oft nicht klar voneinander abtrennbare Dimensionen gestoßen: Kommunikation, Gefühle, Präsenz, Mutualismus und Resonanz.

Kommunikation

Es kann durchaus erotisch und auch romantisch sein, beim Sex über Wünsche und Vorstellungen zu reden. Einige Jungs thematisieren Kommunikation als Bedingung und Element für guten Sex: Kommunikation im Vorfeld und die Bedeutung wahrhaftiger Kommunikation. Alexander bringt es auf den Punkt: »Es ist guter Sex, wenn (…) man kommuniziert«. Detaillierter schildert Tom die Notwendigkeit der Kommunikation für guten Sex:

> *»Wenn man halt wirklich drüber reden kann, auch im Vorfeld, und auch während des Sex, wenn man stoppen kann (…). Und zweitens halt, wenn man persönlich sagt, wenn man manche Sachen nicht möchte, sondern sagen kann, was man jetzt lieber möchte. Um guten Sex zu lernen, müssen die Beteiligten voneinander wissen, was sie mögen – dafür braucht es Erfahrung und Kommunikation«*

Max benennt offene Kommunikation und das Wissen um die Vorlieben beider und Möglichkeit, dies auszuleben. Miteinander reden können ist auch der Weg durch Schwierigkeiten oder Unstimmigkeiten, wie Justus berichtet: »Inzwischen merk' ich's schon, wenn sie kommt, aber damals hab ich's halt irgendwie gar nicht so gemerkt, aber da haben wir dann halt darüber geredet, und danach war's dann auch kein Problem«. Neben der Leidenschaft ist auch für Jonas das wahrhaftige Kommunizieren besonders wichtig für guten Sex: »Ja, offen in der Kommunikation. Und dementsprechend auch ehrlich mit dem, wie es einem gefallen hat oder was man ändern wollen würde oder sowas (…). Aber ich denke A und O ist da einfach Kommunikation«.

Personen unterscheiden sich, natürlich auch beim Sex. Was der einen gefällt, mag die andere nicht so sehr. Was gefällt und was nicht lässt sich nur bis zu einem gewissen Grad erahnen, über den Rest muss kommuniziert werden, damit der

Sex gut wird, da sind sich Jungs und junge Frauen im Grundsatz einig. Auch die befragten Frauen heben die Bedeutung der Kommunikation für guten Sex hervor. Anna sagt, »man sollte auf jeden Fall miteinander kommunizieren und ja, nicht nur an sich selber denken und sagen so, okay, ich mach mein Ding«.

Für Jessica ist Kommunikation sogar das Wichtigste bei sexuellen Begegnungen: »Also Kommunikation. Ich finde, das ist das A und O, wirklich das aller Wichtigste«, dies nach, aber auch während dem Sex: »Am besten vielleicht nicht nach jedem Mal, aber bei jedem zweiten Mal Sex einfach kurz darüber reden, was fand ich gut, was fand ich schlecht, was fandest *du* gut, was fandest *du* schlecht? Genau. Und natürlich kann man das auch beim Sex machen«. Dabei ist sowohl das Fragen, wie auch das »Selber-Sagen« bedeutsam, stellt Emilia fest: »Kommunikation is key. Nachfragen einfach, was gefällt einem und was funktioniert nicht. Und auch selber sagen, hier ist meine Grenze und weiter mach ich nicht«. Julia findet, dass »Kommunikation einfach dazugehört« und Jana erklärt, »Ehrlichkeit ist eine ganz wichtige Rolle, dass man ehrlich drüber reden kann, was gerade gut ist und was schlecht ist«.

Gut für den Sex ist es, wenn Einschätzungen und Vorlieben, wie sie in den folgenden Beispielen von jungen Frauen anklingen, einbezogen, mitbedacht und dafür eben auch kommuniziert werden (können):

- Was ich zum Beispiel auch als guten Sex erachte ist, wenn der abwechslungsreich ist. Also wenn man nicht immer dasselbe macht. Sei es, egal ob an einem anderen Ort oder mit einer anderen Stellung oder wenn man da was Neues versucht. Oder zum Beispiel, wenn man mal ein Toy mit reinbringt« (Hannah).
- »Man muss nicht immer laut sein, damit es gut ist!« (Antonia).
- »Und ja irgendwie glaube ich so ein Spiel aus Sinnlichkeit und Kraft. Ja. Ja, ich glaube das mag ich, finde ich schön (lacht). So die Mischung aus so Kraft und so, nicht aggressiv, aber irgendwie so energiereich, aber irgendwie auch ruhig. Also so stürmisch und ruhig glaube ich beschreibt es ganz gut (lacht)« (Zora).
- »Und ich finde, man sollte unbedingt mal dieses Höhepunkt-Ding so rausnehmen aus den ganzen Sachen. Ich finde, es müssen nicht immer beide zum Orgasmus kommen, dass der Sex gut ist« (Jana).

Gefühle und Präsenz

Ein zweites Element für guten Sex ist die emotionale Ebene, aber eher wenige der Jungs erwähnen oder betonen die Bedeutung der Gefühle. Ein »romantisches Setting« ist für Nico ein Marker für guten Sex und »dass eben beide dann ja, sehr, sehr sehr glücklich dann damit sind«. Mit dem Begriff »Liebe« tun sich Jungs dabei nicht leicht, obwohl sie es manchmal so empfinden oder meinen: Guter Sex entsteht für Finn »wahrscheinlich auch sehr viel durch die Liebe zum Partner, dass diese Gefühle auch sehr viel mehr werden, denke ich«. Max sagt zwar ganz klar: »Wenn man sich liebt ist das der schönste Nährboden für guten Sex,» fragt sich aber schon, ob dieses Wort »heutzutage« noch angebracht ist: »dass es eine schöne Beziehung mit einer Person, die man vielleicht auch wirklich liebt – wenn dieses Wort bestehen darf heutzutage noch (...). Das ist der schönste Nährboden für guten Sex, wenn man sich darauf freut, dass die Person nach Hause kommt, nicht nur, weil man vögeln kann, sondern weil man der Person nah sein kann«.

Mit dem Begriff der Präsenz fassen wir die Schilderungen von auch wieder eher wenigen Jungs zusammen, die um ein »Ganz-da-Sein«, um Hingabe kreisen: Gemeint ist vor allem, den Kopf ausschalten, keine Gedanken, kein Stress, keine Leistung, kein Druck, die Sache Sex also entspannt angehen lassen, den Moment genießen, sich fallen lassen: »Einfach man selbst sein dürfen«, wie Max es beschreibt, oder »ehrlich und leidenschaftlich«, wie Jonas meint.

Zwei Jungs bringen die Fähigkeit zur Präsenz mit Sicherheitsgefühlen und Vertrauen zusammen, die es ermöglichen, sich im Sex zu verlieren: So sagt Jannik: »Mir ist es sehr wichtig, dass ich eigentlich fast alles drum rum vergesse. Also, ich glaube, guter Sex hängt für mich immer stark davon ab, dass ich so keine Gedanken mehr hab eigentlich. Und ähm – ja mich so darin verlieren kann irgendwie. Und vielleicht braucht man dafür auch schon eine gewisse Vertrautheit. Ja, also guter Sex, würde ich sagen, ist Sex, bei dem man so alles drum rum vergisst und sich in so einer Art Flow-Moment befindet«. Und für Felix hängt guter Sex davon ab, »inwiefern ich irgendwie mich locker machen kann – weißt du, wenn diese Sicherheit da ist (...), ist es guter Sex und solange ich mir nicht zu sehr den Kopf zerbreche«.

Mutualismus – wenn es beiden gefällt

Viele Jungs benennen als ein wichtiges Kriterium für guten Sex das für beide Seiten positive Erleben oder Bewerten: »Wenn beide Spaß haben«, ist es für Tim gut, auf der Werteseite ein Ausdruck für Gleichberechtigung und Fairness. Wir verwenden dafür einen Begriff aus der Biologie: Mutualismus (von lat. *mutuus*: wechselseitig, gegenseitig, beiderseitig) als Wechselbeziehung mit gegenseitigem Nutzen. Sex ist dann gut, wenn beide was davon haben, wenn es beiden gefällt, wenn er von den Beteiligten als positiv beurteilt wird. Und umgekehrt wird Sex schlecht, wenn eine:r nicht befriedigt ist: »Wann hast du schlechten Sex? Wenn der Partner oder die Partnerin nicht befriedigt werden kann«, sagt Fabian, genauso Leon: »Wenn man merkt, dass es – wenn es dem Gegenüber nicht gefällt, dann ist es schlechter Sex«.

Sehr oft ist mit der mutualistischen Haltung der Orgasmus für beide gemeint: »Richtig gut ist es eigentlich, wenn, wenn beide fertig sind und wenn beide sich wohl gefühlt haben«, erklärt Dominik. Zwei Orgasmen ist zwar nicht das einzige Kriterium, aber eine Basis für guten Sex, meint Jan: »Wenn's beiden gefällt. Ist schon mal 'ne gute Grundlage (...). So, wenn's beiden gefällt, war's geil«. Dass es beiden gefällt macht, dass sich beide wohlfühlen, und der Orgasmus ist dabei das Ideal, sagt auch Luca: »Ich glaube, wenn beide kommen (…), dass sich beide wohlfühlen und dann halt im Idealfall beide kommen«. Kurz zusammengefasst bemerkt Tim: »Wenn beide Spaß haben«.

Auf eine gewisse Dynamik und den Orgasmus spricht auch Tom an: »Und wenn halt beide in Fahrt kommen so (…). Wenn beide einfach – ja, wenn beide befriedigt werden«. Lennard erklärt: »Well, when both of us come (lacht). Like – a thing a lot of my friends don't understand about me (…) is that if I'm going to get pleasure and she gets pleasure out of it, there is no way, it is a one way thing«. Und Moritz betont das Gute am Gegenseitigen gleich doppelt: »Für mich ist es richtig, richtig gut wenn ich merke, dass es ihr gerade Spaß macht und sie die Zeit genießt«. Nicht kein Orgasmus, sondern der vorgetäuschte ist für einen der Jungs ein Anlass, bei dem guter Sex aber ganz schnell aufhört; Max bezieht das zuerst auf sich selbst, generalisiert dann aber: »Was für mich das Schlimmste ist, was man machen kann, oder was einem Mann angetan werden kann ist, wenn man ohne Grund den Orgasmus fälscht, da es ein Gefühl von Bemitleidung weckt«.

Orgasmus ist beim Mutualismus nicht unbedingt ein Muss (aber vermutlich bei den meisten Jungs ohnehin eine erwartete Selbstverständlichkeit): »Es gibt auch auf jeden Fall Sex, wo ich nie gekommen bin oder meine Freundin oder andere Partner:innen nicht gekommen sind und ich danach denke, oh, das war guter Sex«. Ansonsten gilt als das Kriterium für Mutualismus beim Sex schon die wechselseitige Befriedigung, erklärt auch Nico: »wenn es beiden wirklich gut gefällt (…) und eben man selbst die Partnerin befriedigen kann, aber sie auch einen selbst«.

Dabei geht es nicht darum, sich etwas vorzumachen, nur so tun »als ob«: beim guten Sex ist es eher die Gewissheit: »Wenn ich danach dann auch weiß, dass der Partner halt auch Spaß hatte und das nicht nur gestellt hat, sondern (…) wenn ich den Partner dann halt auch befriedigt hab und nicht nur einseitig ist. Weil dann ist es, dann fühlt man sich halt auch gut«. Dass das gerade passiert, sollte auch geäußert werden, stellt Justus fest, für ihn ist richtig guter Sex, »wenn beide wirklich, äh, wirklich Spaß dabei haben und das auch zeigen«. Mutualismus ist auch für Louis ein Ausdruck für guten Sex: »Also, wenn beide halt sehr zufrieden sind (…) ich finde es halt auch sehr attraktiv, wenn quasi meine Freundin sichtlich Spaß hat, das ist für mich gut. Und auch bei mir quasi«. Und Niklas erlebt guten Sex als Momente, »in denen es einfach sehr, sehr gut läuft«, bei denen etwas »funktioniert« und es wird spürbar, dass »beide auf ihre Kosten gekommen sind«, beschreibt es Niklas. Die Doppelung ist dann auch etwas Besonderes, füreinander sein, die emotionale Wechselwirkung, wie es Nico erlebt: »Und dann ist es wirklich so klar, das ist so die eine und ich bin für sie der, ähm, derjenige dann – das ist irgendwie besonders dann, würde ich sagen«.

Resonanz

Die Einstellung zum sexuellen Mutualismus verweist auf ein Mehr, das Jungs beim partnerschaftlichen Sex erleben. Die reine Wechselseitigkeit ist noch steigerbar, der Sex der Jungs wird offenbar dann besser, wenn sie dabei sich und gleichzeitig auch die Partnerin oder den Partner spüren. Feedback ist die gemeinsame Schwingung in der Resonanz, und »Sex ohne Feedback« ist für Justus deshalb das Merkmal für schlechten Sex. Resonanz im Sex ist exemplarisch für eine vertiefte, authentische, anerkennende Beziehung zum sexuellen Gegenüber und darüber zur Welt (Rosa 2016). Jungs lassen sich vom Gegenüber erreichen und erfahren dabei, dass sie bei ihm etwas bewegen und verursachen können, sie erleben gleichzeitig ihre eigene Selbstwirksamkeit und die Selbstwirksamkeit des Gegenübers, woraus etwas Drittes, Gemeinsames entsteht – erfahrbar als »guter« Sex, bei dem es nicht nur um den Sex »an sich«, sondern um weitere Qualitäten geht: um ein Miteinander, Bezogenheit, Kontakt, um die Verbindung und das daraus entstehende Dritte. Gehen die Beteiligten nicht aufeinander ein, entsteht keine Resonanz, sondern Verkrampfung, sagt Leon, ein Merkmal für schlechten Sex: »Wenn man nicht aufeinander eingeht und dass das alles ein bisschen irgendwie verkrampft wirkt«.

Resonanz meint nicht den oberflächlichen Kontakt, auch nicht eine orgiastische Ekstase, sondern ein in der Sexualität erlebbares Verbundensein mit der anderen Person, den inneren Kontakt vom Kern der einen zum Kern der anderen Person, eine wechselseitige Beantwortung, »eine sich verbindende Wahrnehmung eines Gegenübers« (Theunert/Waldner 2014, S. 37) in der Präsenz. Dann fühlt es sich glücklich an, es ist Wohlgefühl oder gar ein Flow-Empfinden, das durch Resonanz ermöglicht wird. Für Luca weist das über das wechselseitige Befriedigen hinaus: »Wohlfühlen umfasst ja relativ viel, darum würde ich das schon als das Zentrale sagen (…). Also, wer Sex jetzt nicht nur als pures Mittel der Befriedigung empfindet, sondern vielleicht auch als ein schönes Erlebnis, auch für beide, zu haben«. Philipp erzählt davon, wie er feststellt, dass es guter Sex war: »einfach ein gutes Zusammenspiel von wie's ist (…) So, dann merkst du einfach, keine Ahnung, die dreht sich immer genau in die andere Richtung wenn ich gerade in die Position gehen wollte und es ist immer so, wenn so ein Flow ist. Und am Ende sind einfach beide happy und liegen noch nebeneinander und sind erstmal, erstmal glücklich. Dann wars guter Sex«.

Richtig guter Sex weist über das Mechanische, die pure sexuelle Aktivität und den damit verbundenen Spaß hinaus, für Fabian ist das Surplus der Resonanz fühlbar, er betont: »Richtig guter Sex – natürlich, wenn beide Spaß haben, beide zu ihrem Höhepunkt kommen, ja und der auch ein Stück weit einfach intensiv ist, wenn man sich gut fühlt, sie sich gut fühlt, du dich gut fühlst – dann war das ein guter Sex«. Vielleicht ist mechanischer Sex auch gut – wenn beide zum Orgasmus kommen; Dominik sucht aber nach einem Begriff dafür, was das »richtig Gute« in der wechselseitigen Inspiration, der Resonanz ausdrückt: »Aber richtig gut ist es eigentlich, wenn, wenn beide fertig sind und wenn beide sich wohlgefühlt haben (…) Weil ich bin da auch so (…), dass ich Lust daraus ziehe, wenn die Partnerin Lust hat, ich weiß nicht, wie man das nennt, keine Ahnung. Aber das ist mir auf jeden Fall halt sehr wichtig«.

Beim eher oberflächlichen oder schnellen Sex fehlt dieser Aspekt, berichtet Florian: »Also Beziehung auf jeden Fall mehr, also, One-Night-Stands sind lustig, aber (…) die ich hatte, würde ich nicht sagen, dass es unbedingt guter Sex war«. Jakob erlebt Sex ohne tiefere Bindung als »komisch«: »Man sollte die Person natürlich mögen, sonst wäre es irgendwie komisch (…). Und ich glaube, wenn, wenn es so was Einmaliges so ist, wäre es auch irgendwie komisch«. Guter, resonanter Sex dagegen fühlt sich für Lukas anders an: »wenn's null irgendwie so Momente gibt, wo irgendwie was seltsam ist, weil man hat irgendwie was komisch falsch angefasst oder irgendwie macht was irgendwie seltsam«. Das gegenseitige Sich-Kennen sorgt dafür, dass die Kompetenz, sich zu spüren wächst, Lukas nennt das »merken«: »Also – man lernt natürlich immer dazu, man merkt so, was gefällt meinem Partner (…). Also man merkt halt mehr, was einem gefällt und das hilft natürlich auch«. Zu wissen, was dem oder der anderen gefällt, genügt aber nicht, Leon ergänzt um Vertrauen als Element der Resonanz: »Wenn man sich vertraut und beide wissen, was einem gefällt, gegenseitig gefällt. Dann ist es gut«. Auch für Lukas ist das wichtig: »Ich behaupte einfach mal, dass wenn man einen Partner, den man kennt und wo man miteinander vertraut ist, dass es eine bessere Erfahrung sein kann«.

Damit Resonanz entsteht, nützen gegenseitige Wertschätzung und Respekt, sagt Paul: »Wenn beide auf sich achten und halt nicht zu viel erwartet wird. Sondern man das halt einfach wertschätzt«. Bei Philipp stellen sich Resonanz und gemeinsamer Genuss ein, wenn bei ihm Sorgen oder schlechte Gedanken verschwinden, er sich dann »komplett damit wohlfühlt« und »man sich gegenseitig gehört fühlt (…) ich find auch, der Sex ist für mich auch gut, wenn ich weiß auch, dass meine Partnerin sich wohl und respektiert fühlt, sonst kann ich das selber gar nicht genießen«. Mit Respekt können Nähe und Intimität entstehen, für David die Merkmale für Resonanz beim Sex: »Richtig guter Sex ist Sex auf Augenhöhe. Quasi einfach ein intimer Moment, mit einem Menschen, den man einfach sehr, sehr gerne hat, in einem respektvollen Umgang, wo man sich einfach gegenseitig sehr, sehr nahe ist. Und alles Weitere ist glaube ich dann ziemlich egal (…), solange es eben einfach in einem respektvollen Umgang einfach ein intimer Moment zu zweit ist«. Und für Max ist Nähe überhaupt der der Schlüsselbegriff guten Sex mit Resonanz: »Sehr viel Nähe eigentlich. Nähe macht es aus, für mich. Dass man der Person wirklich nahe kommen darf und nahe kommen kann«.

Die Sehnsucht nach resonantem Sex ist gut zu verstehen und auch deutlich spürbar. Jungs können beschreiben, was dabei passiert, aber nicht, was von ihrer Seite her in die Richtung führt. Es hört sich fast ein wenig zufällig an, als könnten

Jungs wenig dafür tun, dass guter Resonanz-Sex geschieht. Zwei Dinge fallen auf: Damit Nähe, Vertrauen und Intimität entstehen, braucht es Wahrhaftigkeit, ein Sich-Zeigen; dafür müssten Jungs sich und ihre sexuellen Bedürfnisse besser kennen und dann klarer dazu stehen – und darauf verzichten, einen Teil ihrer Sexualität im Pornoversum zu deponieren. Und zweitens müssten sie ihre stressige, aber auch bequeme Position verlassen, die eigene Lust aus der Lust ihres Gegenübers zu beziehen, also es ihr oder ihm »zu besorgen«; gefragt ist weniger, Leistungs- und Kontrollvorschriften noch besser zu erfüllen, sondern eine ganz andere Fähigkeit, die beim Pornonutzen stärker aufscheint: nicht tun, meistern, etwas schaffen und leisten, sondern Hingabe. Dafür bräuchten Jungs die Stärke, es sich und ihrem Gegenüber wirklich erlauben zu können, genommen zu werden. Erst in diesem dann vollen Wechsel zwischen Nehmen und Genommenwerden kann sich Resonanz-Sex gut entfalten.

Übereinstimmungen und ein blinder Fleck bei den Jungs

Viele der Frauen haben offenbar auch Erfahrungen mit schlechtem Sex (mit Männern) gemacht. Es gibt nur eine Ausnahme, Jessica, der dazu gar nichts einfällt: »Schwierig zu sagen, ehrlich gesagt. Ich weiß gar nicht, ob es das so – ich habe es glaube ich noch nie erlebt, dass so, also ich hatte nie Sex und dachte: ›okay, das war jetzt richtig richtig schlimm‹« (was möglicherweise auch daran liegt, dass bei dieser Frau die Schwelle recht hoch liegt, um dann etwas als »richtig, richtig schlimm« zu bewerten). Ansonsten schildern die jungen Frauen, ähnlich wie die Männer, Kriterien und Erfahrungen, die für guten Sex wichtig sein können, beispielsweise die Stimmungsproblematik, wie Marie es beschreibt: »Es gibt halt auch – Zeitpunkte, also ich find halt: man kann halt nicht immer auf Kommando sagen ›okay jetzt kann ich‹. Und dann wird's vielleicht auch, wenn man halt auf Kommando dann doch sagt, dass dann halt vielleicht doch auch schlechter Sex wird«. Auch fehlendes Vertrauen oder Fremdheitsgefühle werden von ihr als Ausdruck für schlechten Sex bezeichnet: »Ich find halt immer 'ne ga-, also 'ne fremde Person ist schon immer 'n bisschen komisch. Und das verbind ich dann auch gleich 'n bisschen mit schlecht (…), da fehlt halt irgendwie so 'n bisschen die Vertrautheit, die Empathie auch«.

Eine hohe Übereinstimmung zwischen den jungen Frauen und Männern gibt es dort, wo Sex schlecht wird, weil er sich einseitig gestaltet, wenn sich weder Mutualismus noch Resonanz feststellen lassen. Dafür gibt es in den Interviews der Frauen einige Belege und Schilderungen, nicht gerade massenhaft, aber vom Gewicht und der Bedeutung schon erkennbar als negative Erfahrungen. Das beginnt bei der Grundmotivation, bezieht sich auf den Verlauf der sexuellen Begegnung und endet mit der Befriedigungsfrage, »wenn der Typ jetzt Lust (hat) und du nicht« (Leonie) oder »wenn gerade nicht beide Sex wollen« (Jana), »wenn nur der

Mann kommt (...) und nicht auf mich geachtet wird« (Hannah), »der achtet nur auf seine eigene Befriedigung und lässt mich da voll außen vor« (Luisa), »wenn man merkt, dass es dem anderen gerade keinen Spaß macht« (Lara).

Unbezogener Sex wird ebenfalls häufig als schlecht bezeichnet, etwa nach der Devise »rein raus und tschüss« (Anna); nicht in Verbindung sein, sich nicht umeinander sorgen führen weibliche Interviewpartnerinnen ebenfalls mehrfach als Grund für eine schlechte Bewertung an, wenn eine gewisse Kühle herrscht und der Sex »überhaupt nicht sinnlich und innig« ist, sondern »so richtig oberflächlich einfach«, meint Zora. Und wenn der Sex nicht gefällt, sich nicht befriedigend anfühlt, ist es ebenfalls ungut, sagt Luisa: »ja man muss es auch sagen, unbefriedigender Sex, wenn mir das eben gar nicht guttut, was er macht. Vor allem, weil eben gar nicht auf mich geachtet wird«. Sex nebeneinander her kann ebenfalls nicht gut werden, Laura beschreibt das: »Wenn ich's Gefühl habe, ich werde nicht verstanden bzw. ich weiß nicht, jeder macht so sein eigenes Ding irgendwie, man geht nicht aufeinander ein, dann ist's für mich schlechter Sex«. Der Aspekt Zuneigung und Liebe wird von Frauen etwas häufiger erwähnt und mehr ausgeführt, als es bei den Männern der Fall ist, manchmal auch kategorisch, wie von Luisa, die konstatiert: »Für mich wäre guter Sex mit einem Partner, der mich liebt und den ich liebe – das stellt alles in allem aber keinen gravierenden Unterschied dar«.

Umgekehrt ist es auch für Frauen guter Sex, wenn Stimmung und Gefühle passen, wenn Zuneigung und Liebe fühlbar sind und wenn der Sex mutualistisch erlebt wird. Mutualismus hat dabei für die jungen Frauen die stärkste Bedeutung, über die Hälfte äußert sich dahingehend bzw. fordert es als Merkmal für guten Sex ein, dass sie (auch) beachtet werden und »dass schon jeder auf seine Kosten kommt«, wie Leonie es ausdrückt. Ein leichter Unterschied zwischen den Jungs und den jungen Frauen wird bei Zweck und Ziel des Mutualismus deutlich: Während bei den Jungs im Mutualismus tendenziell eher ihre Verantwortung für die Befriedigung ihres sexuellen Gegenübers anklingt, meinen die jungen Frauen stärker den Aspekt, dass ihr Partner sich ausreichend um sie selbst kümmert; Frauen geht es, meint Anna, darum, dass ihre Partner »nicht nur an sich selber denken«, oder dass »der Partner sich auch um mich sorgt. Dass ich eben auch zum Höhepunkt komme und nicht nur er«, sagt Zora.

Eine markante Differenz zeigt sich aber an einer anderen Stelle. Ein starkes Merkmal für schlechten Sex in den Augen der jungen Frauen ist Zwang, Druck, Übergriffigkeit oder Gewalt. Weder im Zusammenhang mit gutem noch mit schlechtem Sex werden Übergriffe oder Gewalt von den Jungs erwähnt: offenbar ein blinder Fleck bei den Jungs. Lediglich der Faktor »Zwang« wird von zwei männlichen Interviewpartnern kurz angesprochen, Niklas zählt auf: »Sex in dem diese, diese Verkrampftheit vielleicht einfach vorwiegend ist, dieses eben sich nicht darauf einlassen können, keine Lust haben, wenn Zwang irgendwie eine Rolle spielt, und man es da irgendwie vielleicht besser sein lässt«. Und Jonas antwortet spontan auf die Frage nach schlechtem Sex: »Auf Zwang, erstens, weil man sich irgendwie gedrängt fühlt und eigentlich nicht ready ist aus was für Gründen auch immer«.

Dagegen ist dies ein wichtiges Thema für etwa ein Drittel der jungen Frauen. Einige Beispiele dafür, wie Frauen diese Seite des schlechten Sex formulieren:

- »Wenn ich zu irgendwas gezwungen werde, wo ich jetzt eigentlich gerade nicht in der Stimmung bin oder jetzt keine Lust habe. Oder allgemein zu irgendwas gezwungen werde, zu irgendeiner Stellung, die ich jetzt nicht möchte« (Hannah).
- »Man wird zu was gezwungen, was man zum Beispiel gar nicht möchte. Und (…) zu was gedrängt, wofür man eigentlich gar nicht bereit ist« (Laura).
- »Wenn auf die Grenzen nicht geachtet wird. Und sobald es übergriffig wird« (Emilia).
- »Schlechter Sex wäre für mich schmerzhafter Sex, wenn's wirklich weh tut. Und ja, wenn ich jemandem nicht vertrauen kann, bei dem ich das Gefühl habe, dieser Partner, mit dem ich Sex habe, ist unberechenbar, der macht jetzt was, der wird zu gewalttätig, obwohl ich ganz klar sage, dass ich das nicht will« (Luisa).
- »(Wenn) die Person von einem wirklich Sachen verlangt, die man vielleicht auch nicht unbedingt machen möchte und man die eher dann so widerwillig macht« (Marie).
- »Aber wenn halt eine Person sich so oft für die andere Person so beugt, das finde ich dann halt richtig scheiße, weil dann kann der Sex ja nicht gut sein« (Jana).

Junge Frauen erleben den Sex mit Jungs sicher nicht *nur* so, sie spiegeln aber eine Seite von Erfahrungen, die Jungs nicht ein- oder auffällt. Es kann berechtigt angenommen werden, dass auch ein Teil der interviewten Jungs von Partnerinnen übergriffig oder Druck ausübend erlebt wurden. Dass davon nicht jeder gern berichtet, dass man sich nicht gern daran erinnert, liegt auf der Hand. Bemerkenswert ist, dass das Thema Grenzverletzung von den Jungs beim guten und schlechten Sex nicht angesprochen, sondern in ihrer Wahrnehmung und Reflexion anscheinend ausgeblendet wird.

Damit rückt bei ihnen die Möglichkeit aus dem Blick, dass ihr eigenes sexuelles Verhalten auch gegenwärtig oder künftig als grenzverletzend erlebt werden könnte – was die Wahrscheinlichkeit erhöhen kann, dass dieser Fall dann tatsächlich eintritt. Damit ist im Vorfeld von eindeutiger oder »harter« Gewalt (die Jungs sicher normativ ablehnen) eine Schwachstelle freigelegt, um die sich Öffentlichkeit oder sexuelle Bildung verstärkt kümmern müssen.

Zu schön, um wahr zu sein?

Ob bei Diskussionen im Team oder beim Gespräch mit interessierten Personen außerhalb des Projekts: Beim Diskutieren der Ergebnisse zum guten Sex in der Jungsperspektive tauchen (vom letzten Abschnitt einmal abgesehen) schnell und oft fast reflexhaft Zweifel auf. Die von den Jungs entworfene Typologie des guten Sex' klingt zu optimistisch, fast idyllisch, sie überrascht viele, weil sie so gar nicht repräsentiert, was üblicherweise kommuniziert oder gerade vom Jungmännersex erwartet wird. Sind die Ergebnisse also zu schön, um wahr zu sein?

Einerseits sind solche skeptischen Vorannahmen selbst gendergefärbt und pornografisiert; aus dieser Perspektive *dürfen* die Kriterien der Jungs für guten Sex in der ersten Reaktion und »aus dem Bauch heraus« nicht stimmen (»Ja, ja, schön wär's, aber die Realität ist doch eine andere, und ich kenne auch einen Fall, der …!«). Anderseits gibt es ja auch gute Gründe für eine gewisse Skepsis an der Darstellung, wie Jungs guten Sex beschreiben: Ihre Erinnerungen und ihre Reflexion des Sexualverhaltens können beschönigt, ihre Antworten an der antizipierten Erwartung der Interviewenden ausgerichtet sein, also sozial erwünschte Antworten, die das Ergebnis etwas schönfärben, vielleicht neigen manche der Jungs auch dazu, sich besser darzustellen, als sie wirklich sind. Eine gewisse Verzerrung ins Positive muss dementsprechend berücksichtigt werden. Die Menge und die Dichte, mit der die Jungs ihre Ansichten und Erfahrungen schildern, wirken jedoch authentisch, viele der Jungs beschreiben mehr, als dass sie erwünschte Stich- und Schlagworte wiederholen. Sie reflektieren Erfahrungen, die meisten Jungs sind ja aus dem Anfangsstadium mit den entsprechenden Darstellungsproblemen rausgewachsen. Und in anderen, wesentlich heikleren Bereichen der Interviews – zum Beispiel bei Fragen nach sexuellen Störungen oder Sexstress – antworten viele Jungs ebenfalls offen und glaubhaft.

So gesehen gibt es keinen Grund, ihre Äußerungen grundsätzlich anzuzweifeln. Zudem bestätigt die Auswertung der Interviews mit den jungen Frauen zumindest in der Tendenz die Angaben der Jungs; wären es häufige Erfahrungen von Frauen, dass ihre Vorstellungen von gutem – also zum Beispiel kommunikativem oder bezogenem – Sex von Jungs nicht mit getragen werden, hätten sie es formuliert (etwa: »guter Sex ist, wenn man eine Zuneigung füreinander empfindet und den Aspekt der Verbundenheit genießt – aber das wollen die meisten Jungs ja sowieso nicht«); dafür finden sich aber keine Belege. Eine kanadische Studie (Kleinplatz et al. 2013) zeigte, dass positive sexuelle Erfahrungen mit Leistungs- oder Pornokategorien oder mit Darstellungen in Massenmedien nichts zu tun haben. Besonders guter Sex ist vermutlich auch nicht der, mit dem man vor anderen Jungs prahlen und angeben kann, weshalb diese Facetten des sexuellen Erlebens eher verdeckt bleiben. Die »optimale sexuellen Erfahrungen« sind anders gelagert; in der Studie (mit älteren Erwachsenen) wurden »Komponenten« identifiziert, die Sex zum guten Sex machen, das sind Aspekte, wie sie auch von den Jungs beschrieben werden: Gegenwärtig sein, Verbindung, sexuelle und erotische Intimität, Kommunikation, zwischenmenschliche Risikobereitschaft und Erkundung, Authentizität, Verletzlichkeit oder Transzendenz.

Entwicklungsbezogen wichtiger als dem naheliegenden Zweifel nachzugehen scheint es für die Zukunft der männlichen Sexualität zu sein, den Erfahrungen der Jungs zu vertrauen, den daraus abgeleiteten Komponenten für guten Sex mehr Aufmerksamkeit zu widmen und solche Aspekte Jungen und männlichen Jugendlichen auch zu vermitteln. Dann würden Jungen angeregt, sich mit belegten Facetten von »wirklich gutem Männersex« zu befassen, sich in diese Richtung zu entwickeln oder sich Resonanz-Sex als Ziel vornehmen. Umgekehrt müsste sich keiner wie Dominik als »anders« empfinden, weil er Freude an resonantem sexuellen Erleben hat: »Ich tick da auch ein bisschen anders, dass ich Lust daraus ziehe, wenn die Partnerin Lust hat«.

Auf der anderen Seite spricht die starke Betonung des Kommunikativen, Ausgewogenen und Resonanten bei Jungs auch für die Aufspaltung ihrer Sexualität in eine gute, harmonische Partnervariante und in einen Pornozweig, bei dem die Typologie des richtig guten Sex so gar keinen Platz hat. Pornosex ist zwar nicht schlechter Sex, aber mit dem Gehalt seiner problematisierten Elemente – eben Porno, Sex und Männlichkeit – auch nicht mehr vermittelbar mit dem Ideal einer modernisiert partnerschaftlichen Sexualität auf Augenhöhe, Pornosex ist überhaupt nicht »woke«. Das Gute beim Sex spricht unterschwellig nicht nur die erlebte Qualität an, sondern bezieht sich auch auf eine normative und moralische Seite: Das Wahre, Gute und Schöne der Sexualität kann und darf es im Pornosex nicht geben – das gibt es deshalb nur im gemeinsam erfahrbaren sexuellen Raum. Darin ist auch das Moment der Aufspaltung in zwei Sexualitäten begründet, zwei Sphären, die aber jeweils auch Aspekte der »anderen Seite« ausschließen oder unterschlagen. Die Partnersexualität wird im »guten Sex« von den Jungs zwar tendenziell idealisiert, aber in ihr fehlt doch auch ein entscheidendes Moment, das in Pornos wenn nicht zelebriert und selten wirklich abgebildet, so doch versprochen wird: das Ficken.

Einflüsse von Pornos auf den Sex mit Partner:innen (Sophia Hamdorf)

Bei der Frage, inwiefern Pornos den eigenen Sex mit Partnerinnen oder Partnern beeinflussen, teilen sich die Erfahrungen der Jungs: Während einige Befragte keine Wirkung von Pornos auf ihren Sex feststellen, fühlen sich viele andere negativ davon geprägt. Nur wenige erzählen von positiven Effekten auf ihren Sex und berichten höchstens davon, Pornos als Inspirationsquelle für ihren Sex zu nutzen. Obwohl fast alle Befragte in der Lage sind, Pornos kritisch zu betrachten und Risiken des Pornokonsums zu erkennen, sehen nicht alle auch Risiken und Probleme für ihre eigene Partnersexualität.

Jungs, die keinen Porno-Einfluss auf ihren Sex wahrnehmen, fühlen sich in der Lage dazu, Pornos von der eigenen sexuellen Realität zu trennen und lassen sich nicht von Porno-Standards beirren: »Nicht bei mir«. Daniel sieht zum Beispiel keine Auswirkungen: »Also bei mir selber denke ich nicht so viel. Ich denke das kann da schon beeinflussen, aber bei mir eigentlich nicht so, zumindest wäre es mir nicht aufgefallen«. Jungs, die von negativen Auswirkungen des Porno-Konsums auf ihren Sex berichten, tun dies häufiger retrospektiv in Bezug auf ihre früheren oder ersten sexuellen Erfahrungen, aber seltener mit aktuellen Sexpartner:inne:n. Mit mehr sexueller Erfahrung versteht man, was Porno-Fiktion und was real ist. Dennoch: Pornos können die Selbstwahrnehmung beim Sex prägen und geben sexuelle Scripts vor, an denen man sich vor allem bei Unerfahrenheit orientieren kann. Das sieht Florian so: »Wenn man zu viele Pornos guckt, dann hat man natürlich auch andere Vorstellungen davon, wie ist die Wirklichkeit. Und das kann dann auch das Sexualleben beeinflussen«.

Für manche Jungs ist es schwer, sich von sexuellen Scripts zu lösen, die vielleicht anfangs noch hilfreich waren. Einige überlegen, inwiefern ihr Sex hätte anders aussehen können, wenn keine Porno-Vorkenntnisse da gewesen wären. Fabian glaubt schon, »dass du dahingehend schon irgendwie geprägt wirst, den Sex dann auch anders anzugehen als, ich sag mal, ohne dass du die Vorkenntnisse von Pornos hast (…). Wenn ich nie Pornos geguckt hätte, ich glaube, dann würde ich die Sache auch irgendwo anders angehen, denke ich schon«. Insgesamt konkretisieren die Befragten aber selten, welches »falsche Bild« genau in Pornos vermittelt wird. In der Tendenz setzen Pornos für sie Standards an die Ästhetik des eigenen Sex, den linearen und orgasmuszentrierten Ablauf, wie »sauber« der Sex ist oder wie viele Sexpositionen durchprobiert werden. Für Romantik, Empathie oder Partnerschaftlichkeit ist in Pornos meistens wenig Platz. Jannik fällt das auf: »Ja, auf jeden Fall irgendwie eine Art des Sexhabens. Also so – halt selten einen total liebevollen, romantischen Sex, weil ja, weil es einfach nicht so häufig vorhanden ist in Pornos. Und irgendwie Sex eher als so Mittel zum Kommen dann irgendwie und gar nicht so das Genießen der Handlung selbst irgendwie«.

Während einige Jungs eher Performance-Erwartungen und das Fehlen emotionaler Komponenten beim Sex thematisieren, berichtet nur ein Befragter, sich auch Geschlechterrollenverhältnisse in Pornos abgeschaut zu haben. »Ich habe«, erzählt Jannik, »gelernt zum Beispiel in Pornos, dass so die Rolle von Frauen häufig irgendwie so fast unterdrückt waren in meinem Empfinden und es mir voll wichtig ist mit Sexualpartnerinnen von mir, dass es nicht so ein Ungleichgewicht gibt, ahm, aber das irgendwie auch in meine Sexualität mit übergegangen ist, glaube ich. Also, dass sowas existiert. Und es kann ja dann auch okay sein, wenn man sich mit der anderen Person darauf einigt, dass es auch irgendwie vielleicht so ein Machtverhältnis gibt. Aber, also ich glaub, genauso Machtverhältnisse sind irgendwie übergeschwappt von Pornografie in mein Sexleben«.

Besonders vor eigenen sexuellen Erfahrungen mit anderen setzen Pornos Erwartungen an den Sex, dann erst ist ein »Realitäts-Check« möglich. Die Jungs sind sich einig, realer Sex ist »anders«. Anders kann heißen: besser, wie bei Nico: »Vor allem ganz am Anfang war das schon so, dass es so eine gewisse Erwartungshaltung dann gegeben hat. Und man dann überrascht ist, dass es dann in Wirklichkeit ganz anders ist. Aber zum Glück enttäuscht es dann gar nicht, sondern es ist eher so, dass es dann – es ist anders, und manchmal auch dementsprechend besser. Aber man muss schon auch am Anfang erstmal so verstehen, dass man dann weiß, irgendwie okay, das ist irgendwie was ganz anderes, als es in der Wirklichkeit auch ist«. Anders kann aber auch enttäuschend sein, Florian hat es so erlebt: »Wenn man nur Pornos guckt und sonst keine Erfahrungen sammelt, dann denkt man natürlich auch so: ›Ja okay, Was ist das hier eigentlich?‹ Das ist so, der Sex gefällt mir nicht, das habe ich schon besser gesehen«.

Einige der Jungs berichten davon, sich mit der Leistung von Pornodarstellern zu vergleichen, wie zum Beispiel Tom: »Also, bei mir – ja, natürlich auch, weil ich ja auch diese Bilder dann wieder, und diesen Druck erhöhe, von Pornos und so (...). Gerade dass ich eben Erwartungen daran habe, also wie das abläuft – also ja, wie gesagt, im Porno läuft ja alles perfekt. Und so ist die Realität ja einfach nicht«. Die körperliche Leistungsfähigkeit ist dabei eine wichtige Dimension: Möglichst lange durchhalten und durchgängig harte Erektionen haben. Niklas erkannte, »dass man oft so eine Über-Leistungsfähigkeit vielleicht irgendwie suggeriert bekommt, ahm – gerade durch Pornografie wahrscheinlich ein Stück weit« »dieser Leistungsdruck – jetzt, okay, ich, was sicherlich auch durch, durch, durch Pornografie auch irgendwo induziert war: man muss jetzt möglichst lange durchhalten, man muss jetzt möglichst harte und lange Erektionen haben, man muss möglichst lange zum Orgasmus brauchen, auch, auch, auch Fragen: ist er groß genug, ist er dick genug, also der Penis – ahm, solche Dinge, die kamen dann hinzu, und das hat das alles sehr, sehr verkrampft, und dadurch auch, also nicht wirklich schön gemacht«. Oder es geht in den direkten Vergleich: »Wenn der das kann, dann kann ich das doch auch« denkt man sich bei den Typen, die sehr lange Frauen penetrieren in Pornos und merkt dann nach dem ersten Mal, dass es nicht klappt (...). Warum klappt es bei dem und bei mir nicht?«, fragt sich Jannik.

Auch die Penisgröße spielt manchmal eine Rolle dafür, ob man sich als leistungsfähig einschätzt. Cem hat dazu eigens recherchiert: »Weißt du, im Internet siehst du irgendwelche Videos, wo Pornodarsteller gefragt werden, ob die Größe irgendwie wichtig ist und dann sagen die ›Ja, natürlich‹«. Wenn die Leistung beim Sex nicht abgerufen werden kann, verstärkt das den Druck, löst Versagensängste aus und auch dem Selbstbewusstsein wird ein Dämpfer verpasst. Man ist von sich und seinem Körper enttäuscht, wenn man den Erwartungen nicht gerecht wird und wenn der eigene Sex nicht so perfekt abläuft wie im Porno.

»Abstumpfung« durch häufigen Porno-Konsum ist ebenfalls ein großes Thema für die Jungs. Einige nutzen explizit den Begriff, wenn sie über ihre Erfahrungen sprechen; er hat für die Befragten unterschiedliche Bedeutungen. Im Kontext der Masturbation beziehen sie die sexuelle Abstumpfung darauf, dass Selbstbefriedigung zur »Schnellabfertigung« wird. Man arbeitet die Erregung lediglich ab, das Erlebnis verliert an Bedeutung und bringt keine Erfüllung oder Genuss mehr. Nico stellt fest, »dass man so ein bisschen sozusagen abstumpft (...). Und das, finde ich, ist nochmal ein Risiko oder halt auch, kann auch negativ sein: Weil es einen insgesamt dann irgendwie auch – wie sagt man, also runterzieht oder ja, von der Bedeutung einfach, vermindert«.

Weitaus häufiger erleben die Befragten sexuelle Abstumpfung beim Sex mit Partnerinnen. Sie berichten davon, sich durch übermäßigen Porno-Konsum zu sehr an die härteren, überstilisierten Porno-Inhalte zu gewöhnen. Neben einer Art des Sexhabens prägen auch die weiblichen Körper in Pornos, die die Befragten unter anderem als »Botox-Körper« beschreiben. Luca kennt den »Abstumpfungsaspekt« auch und glaubt, »dass, wenn man die ganze Zeit Pornos schaut, dass in der Realität nicht alle Brüste so gemacht sind (lacht). Überspitzt gesagt jetzt natürlich. Das ist dann schon der körperliche Aspekt, dass unterbewusst vielleicht eine falsche Erwartungshaltung entsteht«. Manche Jungs machen dabei die Erfahrung, dass »normale« Frauen und »normaler« Sex nicht mehr reizvoll genug sein können und berichten davon, dass sexuelle Erregung beim Sex mit Partnerinnen schwieriger wird, was zu Erektionsproblemen, Leistungsabfall oder Libidoverlust führen kann. Die Erfahrung oder Angst vor der sexuellen Desensibilisierung ist häufig auch Auslöser für den Wunsch, den eigenen Pornokonsum zu reduzieren. Cem schildert diesen Prozess: »Es kann dich auch so, in dem Aspekt dazu kommen, dass du selber nicht mehr durch eine normale Person erregt wirst. Weil du ganz andere Vorstellungen hast (…). Und dass ich auch den Sex damals nicht so schön fand. Das habe ich bemerkt. Und das hat mich dann auch so erschrocken. Richtig. Und dann habe ich auch weniger Pornos geschaut. Weil ich mich dann auch informiert habe«.

Nicht immer ist es einfach, den Einfluss von Pornos auf den eigenen Sex auszuschließen. Insgesamt fällt es vielen Jungs leichter, allgemein über negative Effekte des Pornokonsums zu sprechen, aber diese Wirkungen auch in Bezug auf den eigenen Sex zu reflektieren, zu erkennen und sich eventuell einzugestehen, stellt die jungen Männer vor eine Herausforderung. Sie überlegen, wieso es schwer ist, die Porno-Wirkung zu bestimmen: Pornos prägen sie vor allem unterbewusst, sie haben als Nutzer keinen Einfluss darauf, wie Pornos vom Gehirn verarbeitet werden, wie sie sexuelle Vorlieben prägen. Diese Ungewissheit über den Porno-Einfluss weckt Befürchtungen; man weiß nicht genau, wie man geprägt wird, wie man beeinflusst wird. Louis denkt, dass Pornos »einen schon unterbewusst« prägen, und Tobias glaubt das, weiß es aber nicht, denn »es ist schwer zu beantworten, es ist schwer, mich da so stark selber zu reflektieren, weil ich ja mein einziger Referenzpunkt bin«.

Beim Sprechen über die negative Wirkung von Pornos fällt auf, dass ein paar der Befragten darüber in einem Narrativ von »ein Opfer von Pornos sein«, »davon eingenommen werden« und »versaut werden« erzählen. Sie erleben sich selbst eher als passiv und den Pornos hörig, wie Max: »Ich muss sagen, ich bin früh Pornografie verfallen«. Entsprechend schwierig ist es, wieder von den Pornos loszukommen, den Einfluss der Pornos von sich abzuwehren. Diese »Macht« der Pornos erleben einige Jungs auch beim Sprechen über die Häufigkeit ihres Porno-Konsums.

Die Erfahrungen der jungen Männer mit den Auswirkungen des Pornokonsums auf ihr Offline-Sexleben zeigen, dass viele Jungs zwar auf einer kognitiven Ebene über ein hohes Maß an Porno-Kompetenz verfügen; in ihrer aktiven Sexualität mit Partner:innen wurden sie dennoch negativ von Pornos beeinflusst. Einerseits profitieren viele von der Integration diverser Sex-Praktiken in ihr Sexleben, andererseits etablieren Pornos auch neue »Machbarbarkeitsmythen« (Nikulka 2015), die sie zwar reflektieren können, aber dennoch in ihrer Sexualität eine Rolle spielen. Die Prägung durch Pornografie ist dabei besonders in der Pubertät vor und bei den ersten sexuellen Erfahrungen prävalent und kann mit fortschreitenden Erfahrungen besser eingeordnet und verarbeitet werden.

Ficken – die wegkontrollierte Dimension der Sexualität

Zur Erinnerung an Helga Sophia Goetze

Bei einigen Jungs kam das Gespräch auf die Frage nach ihren »pornounabhängigen« sexuellen Fantasien. Der erste Eindruck war schon bei der Durchsicht der Antworten beruhigend, denn dabei handelt es sich um »nichts Besonderes«, zumindest dort, wo Jungs ihren Traum mitteilen (Luca und Daniel haben Fantasien, möchten sie aber lieber für sich behalten; Linus stellt sich keine Szenerie vor, sondern einen Typ, sagt lapidar: »ich steh halt so auf rothaarige Iren«). Auffällig ist, dass die meisten der erzählten sexuellen Träume ein deutliches Bedürfnis nach Kontrollverlust, nach Entgrenzung vermitteln.

So einen sexuellen Traum hat Fabian, »der kommt immer wieder (lacht)«, er würde es gerne erleben: »ein Dreier mit zwei Frauen, das ist natürlich ein Träumchen«. Auch Jannik träumt davon, »irgendwann würde ich gerne sexuelle Erfahrungen mit mehreren Leuten machen«. Florian relativiert schon vorab, er sieht seinen Traum als »natürlich typisches Männerding« und weiß nicht, ob er das in der Realität wirklich will, aber »hey, ich würde mal gerne einen Dreier haben. Ich würde es vermutlich auch machen« (aber gleich danach meldet sich wieder die Vernunft: er weiß nicht, ob er das wirklich will und »das sieht halt schon nach viel Arbeit aus«). Ähnlich bei Moritz, er bewertet sich, bevor er erzählt und relativiert, begrenzt sich sofort: »Oder – das klingt jetzt ein bisschen dumm – mit einer Freundin von meiner Freundin halt, dass man dann irgendwie auf einen Dreier kommt oder so, aber das ist auch wieder so, das total Unrealistische, das wird nicht passieren«. Justus verallgemeinert seinen Traum ebenfalls und erzählt »man träumt halt immer von irgendwelchen Personen teilweise, mit denen man gerne Sex haben würde«. Cem hat eine Fantasie, die nach einer Party spielt, »du bist angetrunken, wir stehen an der Bushaltestelle, wir sehen aber schick aus, dann regnet es, wir werden nass«. Es sind nicht Aggressivität oder Dominanzwünsche, die sich hier zeigen, sondern »nur« die Auflösung von Kontrolle, Aspekte der Entgrenzung, die Jungs auch in der Pornosphäre suchen. Selbst dort, wo es in einem Fall um sexuelle Variationen des Dominanzthemas geht, bleibt es ausgewogen. Jannik träumt davon, aber er denkt, die aktuelle Freundin möge Machtspiele wohl eher nicht, aber trotzdem: »Ich glaube, irgendwann würde ich's auch gerne mal versuchen, eigentlich in beide Richtungen. So, mal sehr dominant zu sein und mal eher dominiert zu werden – finde ich interessant«.

In der Kommunikation über Sexuelles und in der entsprechenden erwünschten Einstellung zählt heute ein beziehungsorientiertes Ideal, das auch Jungs vertreten. Der moralisch hochwertige Sex bleibt im Rahmen und ist eingebettet, bevorzugt in Beziehungen, auch bei kurzen (wie One-Night-Stands) oder beiläufigen (wie Freundschaft plus). »Sex embedded« ist die legitime Form, nicht nur für Sex in Medien (Winter/Neubauer 2015), sondern auch beim partnerschaftlichen Sex. Daran ist selbstverständlich nichts auszusetzen, wäre da nicht noch etwas, was sich dahinter verbirgt und offen bleibt. Faszination und Attraktivität von Pornos für Jungs speisen sich auch daher, dass der Sex hier gerade auf etwas Anderes, weniger Beschränktes hinausläuft. Wesentlich ist dabei nicht das vernünftige, ausgewogene und kultivierte Beziehungsgeschehen, sondern Sex wird fokussiert und reduziert auf einen anderen Kern, eine Sehnsucht oder Erfahrung vieler Menschen, Sex als Entgrenzung, darin als Zusammenspiel und Verbindung, Sex pur und in Reinform – und damit Teil einer hohen Kunst von Beziehungserleben, die es nur im Sex und besonders beim Ficken[26] gibt.

Beim Begriff Ficken sind »Bedeutungsnuancen insbesondere der wollüstigen, begehrlichen, ›fleischlichen‹ und ›dreckigen‹ Art im Spiel« (Schnarch 2014, S. 403), die auf verdeckte Seiten beim Sex verweisen. Die Jungs sind zumindest in der Interviewsituation allesamt anständig und kontrolliert. Aber auch die jungen Frauen berichten nicht von einer unflätigen Pornosprache, mit der Jungs mit ihnen über Sexuelles oder beim Sex kommunizieren. Das ist einerseits erfreulich, andererseits verweist das auf Denk- oder Sprechverbote, deren Aufhebung eine Brücke zwischen Pornosex und Partnersex schlagen könnte: Ficken als gerade noch akzeptabler Begriff könnte dabei hilfreich sein, auch wenn er der Pornosprache zu entstammen scheint; es ist ein integrierter Begriff, anders als Sex haben, Liebe machen oder miteinander schlafen.

Bumsen, vögeln, ficken

Das Wort »bumsen« wird von den Jungs in den Interviews meistens ent- oder (negativ) bewertend gebraucht, vor allem im Zusammenhang mit der Jungskommunikation untereinander oder in der negativen Beschreibung von gesellschaftlichen Erwartungen an männlichen Sex. Beispielsweise empört sich Luca über Jungs (zu denen er sich nicht zählt), die über Mädchen sagen, »die müsste mal wieder richtig durchgebumst werden«, was ihm völlig unerklärlich ist. Jan nennt Jungs »Idioten«, die solche Sprüche »rausgrölen«: »›Digger, flank sie jetzt weg‹ und äh neh, – ›bums sie bis nach Jerusalem und wieder zurück‹ und, keine Ahnung«. Und Dominik beschreibt die unterschiedlichen gesellschaftlichen Erwartungen an sexuelles Verhalten, »da heißt es immer, der Kerl,

26 »ficken Vb. ›miteinander schlafen‹, mhd. ficken ›reiben‹, frühnhd. ›reiben, jucken, kratzen‹, nhd. (mundartlich) ›reiben, kurze und rasche Bewegungen machen, mit Ruten schlagen‹. Seit dem 16. Jh. ist für das in den Mundarten überall verbreitete Verb auch die Bedeutung ›miteinander schlafen‹ nachzuweisen, die im gesamten dt. Sprachgebiet üblich wird« (»*ficken*«, Pfeifer et al. 1993).

der da rumbumst, dass das dann der geilste Typ ist. Und wenn ein Mädchen außerhalb der Beziehung dann Sex hat, dann ist es gleich eine Nutte oder was weiß ich – und das ist halt komplett falsch«. Nur Jan verwendet »bumsen« positiv in der Beschreibung einer erstrebenswerten, offenen Einstellung: »›Hey ich lass mich gerne dabei filmen, wie ich gerade am Bumsen bin‹ so (…). Das ist 'ne Form der Freizügigkeit«.

Vögeln ist dagegen eher doppeldeutig verwendet, mit negativem Einschlag, aber auch neutral oder mit leicht positivem Anklang. Jonas nimmt den Begriff »vögeln«, um sich von einer hohen Sexfrequenz mit wechselnden Partnern abzugrenzen: »Ich vögel jetzt nicht so viel rum (…). Ja wie gesagt, wenn das mal passt, dann passt's«. Jan verwendet »untervögelt« zur Beschreibung eines problematischen Zustands: »beispielsweise ist es unangenehm, wenn man sich auf 'ne Sache einlässt weil man untervögelt ist«. Zu Männlichkeitsbildern, die nicht gesund sind, zählt Leon den Lebensstil des Playboy-Gründers, den man sich als Jugendlicher nicht als Vorbild nehmen sollte, er bringt Sex in eine Reihe mit Suchtmitteln: »trinken, vögeln und Alk-, Drogen nehmen«. Marc sieht Pornodarstellende als »Profis meistens, die da irgendwie vor der Kamera rumvögeln (lacht)«. Fabian dagegen sieht die Pornofolgen auf Partnersex beschränkt – »Du guckst ja jetzt weniger Pornos mit einer Freundin und sagst: komm, wir vögeln nicht miteinander, sondern wir ziehen uns ein paar Filmchen rein« – und blickt neidvoll auf seinen Bruder: »Der vögelt mehr als ich! Das ist traurig! (lacht)«.

Der Begriff »ficken« wird überwiegend negativ konnotiert verwendet. Er dient Jungs zur Abgrenzung, von unmoralischem Sex und von »den anderen« Jungs, die unter sich unangemessen über Sexuelles kommunizieren. Justus spricht abwertend über »reines Rumgeficke« (in Pornos), Jan zitiert die Redewendung »lieber gut gewichst, als schlecht gefickt«, Max erzählt über Portale wie Tinder, »wo es eigentlich nur drum geht n' schnellen Fick zu finden« und verwendet das Wort weiter als Abgrenzung von anderen Typen, »die dieses ›Fick und weg Ding‹ machen«. Jannik findet es grundsätzlich schwierig, wie Jungs über Sexualität reden, und zitiert die entwertende Verwendung des Begriffs: »Wenn es nicht drum geht, wir haben zusammen Sex gehabt, sondern ich habe diese Person gefickt«. Sebastian bringt Ficken in direkten Zusammenhang mit krankhaftem Verhalten, Jungs die zu viel und nicht angemessen über Sexuelles kommunizieren: »in der Jugendsprache gesagt: ›kranker Ficker‹, so«. Von den jungen Frauen verwendet nur Michelle den Begriff, ebenfalls als zitierte Beschreibung darüber, wie Jungs miteinander über Sexualität reden: »Ja (lacht). Ich finde es oft, also halt dieses Typische, keine Ahnung, ich finde es fängt dann schon an mit diesem, irgendwie ficken, bumsen«.

Lediglich an einer einzigen Stelle wird das Wort »ficken« positiv verwendet, für die direkte, schamlose sexuelle Kommunikation: Alexander, der den Begriff noch an zwei weiteren Stellen abwertend verwendet, sagt über sich: »(ich) hab auch jetzt gar keine Scham, ich sag auch: lol, ich will ficken (…) ich bin da nicht so zimperlich«.

Ficken kann man nicht alleine

Pornos versprechen zwar den puren Sex, im Solosex mit ihrer Hilfe kann es aber kein Ficken geben: Das braucht ein Gegenüber, die echte, sinnliche, körperliche und sexuelle Offline-Begegnung. Die Erlaubnis zum vorehelichen Sexverzicht, zu allen möglichen sexuellen Konstellationen, Variationen und Techniken (sofern abgesprochen), zum Heiraten oder zum Kinderzeugen als Ziel der Sexualität stellt bei Jungs nirgends ein Problem dar. Ein dezidiertes Interesse am Ficken oder eine Erlaubnis zum Ficken-Wollen scheint dagegen fast nicht möglich. Nur hinter einem gesellschaftlichen Verbotsvorhang sind diese Wünsche gestattet und werden für Jungs im Pornonutzen medial erreichbar. Was in der Pornobranche selbstverständlich ist (oder wie Steve Holmes es ausdrückt: in Pornos »kommen einfach Leute die, ficken«) reflektieren Jungs weder als ihr Pornointeresse noch als Sehnsucht einer gelingenden Partnersexualität; dies sicher auch deshalb, weil über diese Seite der Sexualität noch viel seltener gesprochen wird. Nur in Pornos und in sexuellen Träumen ist es erlaubt, sich das wenigstens aus der Distanz anzuschauen. Pornos sind jedoch Show, Ficken wird gezeigt, aber nur gespielt. Ob es wirklich Ficken ist, können nur die Beteiligten selbst entscheiden.

Ficken meint, sich in die gemeinsame Sexualität mit einem Gegenüber hinein entspannen und den Kopf raushalten zu können, wie es Felix beschreibt: »Inwiefern ich irgendwie mich locker machen kann – weißt du, wenn diese Sicherheit da ist (…) in dem Sinne, ist es guter Sex und solange ich mir nicht zu sehr den Kopf zerbreche«. Den Flow beim Ficken kennen und sehnen einige der Jungs herbei, zum Beispiel Lukas, der ihn so beschreibt: »wenn's null irgendwie so Momente gibt, wo irgendwie was seltsam ist, weil man hat irgendwie was komisch falsch angefasst oder irgendwie macht was irgendwie seltsam«.

In ihrer Pornokritik verweisen Jungs öfter auf die »falschen Vorstellungen« oder »Bilder«, die Pornos vermitteln. Vermutlich ist das auch schwer zu reflektieren, Vorstellungen lassen sich nicht einfach einzelnen Quellen zuordnen. Jungs ist klar, dass Pornos Medien sind und nicht die Wirklichkeit, sie versuchen deshalb – auch nach den Aussagen der jungen Frauen – nicht, die Pornovorstellungen direkt in ihren Partnersex zu übernehmen. Pornos sind »Show«, sagt Steve Holmes, und deshalb dafür nicht geeignet. Eine problematische Wirkung von Pornos stellt sich möglicherweise allein schon dadurch ein, dass Jungs überhaupt Vorstellungen und damit Erwartungen haben. Wer nicht weiß, was ihn erwartet, weil er keine oder nur sehr wenige Vorstellungen hat, begibt sich offener ins Erleben. Pornos und auch anderes Sexwissen verringern diese Offenheit der Erfahrung des Moments und der Einzigartigkeit des Augenblicks. Kann das Sexwissen nicht »abgeschaltet« werden, wird die augenblickliche Erfahrung am Gesehenen und Gewussten gemessen; dieser Dauervergleich entwertet die Erfahrung, Jungs sind im Kopf und nicht im Körper, Ficken wird dadurch erschwert.

Zudem wird Sex, in dem ungehemmt und unkontrolliert gefickt wird, automatisch der Sphäre des Pornosex zugewiesen, und damit abgekapselt. Das Ficken(-Wollen) ist dann in der Partnersexualität nicht verfügbar, Jungs sind nicht mit ihren eigenen Wünschen und mit ihren Kräften im Kontakt, die fürs Ficken benötigt würden. Mit dieser Verlagerung in die Pornoabteilung enthalten Jungs im Partnersex ihrem Gegenüber etwas vor, vielleicht befürchten sie auch, dass ihnen das Interesse am Ficken genommen werden könnte. Ihre sexuelle Persönlichkeit kann sich dadurch nicht voll entwickeln, weil ein Teil von ihr durch Pornos besetzt wird und als verwerflich versteckt werden muss.

Jungs wissen zumindest an dieser Stelle (noch) nicht, wer sie sexuell sind, noch wer sie sein wollen. Das erfahren sie auch nicht beim Pornieren, solange sie durchs Pornoversum rauschen und sich nur aus der Distanz am Ficken anderer erfreuen. Hinter der Pornomasse und der dort präsentierten Sexualität verbergen Jungs ihre Sehnsucht, ohne das Grundproblem der Pornonutzung zu entlarven: Ficken kann man nicht alleine! Um sich selbst dabei näher zu kommen, müssten die Jungs Pornos und sich selbst beim Nutzen lesen, versuchen, sich dabei zu erschließen, etwas zu erkennen oder zu entdecken, was für sie sexuell von Bedeutung ist. Das bevorzugte Ziel wäre dann, nicht immer nur weniger, sondern Pornos anders zu nutzen.

Jungs kapseln ihre Pornowelt auch deshalb vor Mädchen und Frauen ab, weil sie Angst haben, sich mit ihr und damit sich selbst mit dieser Seite zu zeigen. Philipp gesteht im Interview: »Die Sachen die ich mir dann in den Pornos anschaue, würde ich mich vielleicht in echt gar nicht trauen anzusprechen oder denken so: Boah das will ich nicht vorschlagen – was, wenn die nein sagt? Weißt du, oder: komm ich dann irgendwie komisch rüber oder so?« Philipp hat Angst davor, mit einer Seite gesehen zu werden, die ihn sexuell ausmacht.

Ficken wollen setzt voraus, sich zu zeigen. Dominanz-Männlichkeit und Kontroll-Männlichkeit zwingen Jungen und Männer dagegen, sich zu maskieren. Diese Masken ablegen zu können erfordert Mut, ist aber eine Voraussetzung fürs Ficken; denn nur beim Ficken geschieht Hingabe, ohne Vorab-Bremse und Kontrolle, weder von sich noch des Gegenübers, und ohne Angst. Ficken erlaubt und erfordert es, Gebende:r und Empfangende:r zu sein: Penetration und Circlusion, nehmen und sich nehmen lassen; Ficken ist Sex in Resonanz und im gemeinsamen Flow, pure, fließende, unkontrollierte Sexualität, die sich im Nehmen und Genommenwerden verwirklicht; dies ausdrücklich nicht als Aufteilung zwischen den Geschlechtern (z. B alternativ als aktiv oder passiv), sondern als Gleichzeitigkeit, als Wunsch und Aufgabe für alle Beteiligten.

Von Risiken beim Ficken

Anders als beim »Liebemachen« oder »miteinander schlafen« geht es im Ficken stärker um die volle sexuelle Kraft und Potenz, die sexuelle Aggression der Beteiligten. Immer wenn Aggression im Spiel ist und besonders in kontrollierten Zeiten sind Ängste davor nicht weit. Sexuelle Aggression weckt Befürchtungen in zwei Richtungen: Davor, zu verletzen und davor, verletzt zu werden. Darin kann ein weiterer Grund für die Pornofaszination der Jungs vermutet werden: dieses Risiko möglicher negativer Folgen ihrer sexuellen Aggression wird ausgeschaltet. Auch deshalb stellen sich Jungs im Partnersex nicht, sie weichen aus, wo es ums Ficken geht und deshalb in anderer Hinsicht ernst werden könnte beim Sex.

Dass es bei Jungs auch eine Lust aufs Genommenwerden gibt (im Koitus symbolisiert in der Circlusion) scheint auf, wenn sie über ihre Erfahrung mit aktiven Mädchen oder Frauen reden (umgekehrt ist es auch bei den jungen Frauen zu spüren, wenn sie darüber reden wie es ist, den aktiven Part zu übernehmen). Wenn Frauen aktiv sind, fühlen sich Jungs nicht dominiert. Das könnte anders sein, wenn Frauen sie sexuell nehmen wollen und es bei den Jungs darauf ankäme, sich nehmen zu lassen.

Beim Pornonutzen geht es zwar inhaltlich eindeutig ums Ficken, aber nur aus sicherer Distanz. Deshalb sind Pornos doppelt ungefährlich, Jungs müssen sich weder vor ihrer Aggression noch vor der ihres Partners oder ihrer Partnerin fürchten. Zugespitzt: Jungs, die Pornos nutzen, haben Angst vor ihrer eigenen sexuellen Kraft, wie auch vor der ihres Gegenübers. Vielleicht sind Jungs, wegen den Männlichkeitsnormierungen und wegen ihrer reichhaltigen Pornoerfahrungen darauf geeicht und darin geübt, zu nehmen; deshalb haben sie Angst davor, sich nehmen zu lassen, genommen zu werden, der Empfangende zu sein. Ein Beleg dafür ist, dass es vielen Jungs wichtiger ist, ihr sexuelles Gegenüber zu »bedienen« und zufrieden zu stellen, als zu empfangen (siehe Kapitel »Fokus – Gegenüber« auf S. 182). Männer, die sich nicht nehmen lassen (können), entziehen sich und können nicht ficken.

Vorherrschend ist bei Jungs die (irrige) Vorstellung, dass Sex ohne Erektion nicht möglich ist, dass Mann nur durch aktive Penetration sexuell sein könne. Auch deshalb definieren sich Jungs über ihre Erektionsfähigkeit und ihre »Standhaftigkeit«. Sie folgen der Überzeugung, dass ein Mann ohne Penetration nicht vollwertig sexuell interagieren könne, weshalb der Penis stehen müsse. Um zum Ficken zu kommen, ist – schon allein wegen des Sexstresses der Jungs – der Koitus wahrscheinlich nicht die erste Wahl bei der Frage nach der dazu passenden sexuellen Praxis. Die bessere oder gleichwertige Alternative, um Empfangen und Geben, das Nehmen und Genommenwerden zu erschließen, sind andere sexuelle Praktiken, allen voran der Oralsex (Schnarch 2014, S. 406 ff.).

Die wegkontrollierte Seite der männlichen und weiblichen Sexualität wiederzufinden und in die sexuelle Partnersphäre einzubinden, scheint jedenfalls ein wünschenswertes Ziel bei der künftigen Sexualität zu sein. In der fachlichen wie in der intimen Kommunikation müssten dazu das entsprechende Vokabular entwickelt, die Erlaubnis gegeben und Erfahrungen reflektiert werden. Eine fachliche Annäherung gibt es bereits, denn mit den sexuell aggressiven Seiten (und den Risiken) vertraut zu sein ist als ein Indikator für die sexuelle Gesundheit junger Männer festgehalten: »Der Jugendliche kennt die ungestümen, aggressiven (im Sinne einer positiven, behauptenden Energie, nicht gewaltförmig!) Seiten seiner phallischen sexuellen Potenz, ist in Verbindung mit ihnen und mit ihren (potenziell grenzüberschreitenden) Risiken« (Winter 2017, S. 131).

Alles halb so schlimm? Bewertungen, Fehler, Normen, Moral und Schuld

Als gesellschaftlicher Gegenstand ist Sexualität immer auch von Bewertungen, Normen, von Moral und ihren Internalisierungen geprägt und damit potenziell Auslöser von Versagens- oder Schuldgefühlen. Normen der Traditionsmoral werden durch einen aufgeklärten und »seriösen« Moralkodex überlagert: wissenschaftlich begründet, genderreflektiert oder durch Präventionsbemühungen inspiriert. In Zeiten, in denen der vordergründige Blick auf Sexualität von Toleranz, Offenheit oder einer gewissen Beliebigkeit (»jeder so, wie er will«) bestimmt wird, bleiben Bewertungen oder Normierungen dennoch bestehen, sie liegen aber nicht offen, sondern schleichen sich heimlich ein.

Wenig überraschend ist, dass bei den Jungs in unserer Interview-Studie der Begriff »Sünde« an keiner Stelle (mehr) auftaucht. Aber auch das Wort »Verbot« wird lediglich in drei Gesprächen mit jungen Männern erwähnt, interessanterweise immer in Zusammenhang mit den Eltern: zweimal als Ratschlag an sie, dass Porno-Verbote nichts helfen, einmal in Bezug auf den ersten Pornokonsum (»ich wusste, dass es was Verbotenes war«, sagt Marc); bei den Interviews mit den jungen Frauen gab es ebenfalls nur drei, die sich mit der Vergeblichkeit des Verbietens beschäftigen, auch hier wieder im Zusammenhang mit Eltern und Pornografie und nur einmal als Aussage, den Pornokonsum ihrem Freund nicht verbieten zu wollen. Normen, die direkt »von oben« kommen, haben für Jungs kaum Bedeutung, also zum Beispiel religiöse oder traditionell moralische Vorschriften, wie: »kein voreheliche Sex!« oder »Pornonutzen erst ab 18 Jahren!«

Harte Ge und Verbote sind demnach obsolet, aber diffuse Bewertungen bestehen selbstverständlich weiter. Als Einzelaktivität wird das Nutzen von Pornos aus der Erörterung innerhalb der Verhandlungsmoral weitgehend ausgenommen, es ist Privatsache der Jungs. Junge Frauen wissen, dass Jungs Pornos nutzen, ahnen aber nicht, wie viel. Umgekehrt gibt es Jungs, die es sich nicht vorstellen wollen oder können, dass Mädchen oder Frauen Pornos nutzen und dabei masturbieren (vgl. Fallstudie Cem auf S. 43). Manche Jungs stellen im Rückblick und gerade in Pornozusammenhängen fest, dass ihre eigene Erziehung moralisch orientiert war, im Sinne von rückständig und nicht ausreichend offen. Louis registriert das im Zusammenhang mit seiner Pornoinitiation: »Da merkt man schon die sehr moralische Erziehung, die ich da genossen habe«. Beim aktiven Sex mit Partner:innen dagegen ist eine Verhandlungs- oder Konsensmoral selbstverständlich, egal, was jemand sexuell macht oder wie das getan wird: entscheidend ist, dass alle Beteiligten sich einig sind. Moralischer Klärungsbedarf wird für manche Frauen und wenige Jungs bei der Frage erkennbar, ob das Nutzen von Pornos Untreue ist und deshalb innerhalb von Beziehungen nicht geht.

Allgemein hat sich bezogen auf Pornos die Moral aber zumindest bei den jungen Menschen auffällig verändert. Galt früher Pornografie an sich, also generell als moralisch verwerflich, hat sich heute die Moralfrage ins Feld der Pornografie hinein verlagert: Es gibt gute und unmoralische Pornografie, Pornografie kann richtig oder falsch genutzt werden. Die Grenzlinien zwischen moralischen und unmoralischen Pornos, zwischen richtigem und falschem Pornonutzen und damit Schuldfragen sind undeutlich und werden von den jungen Männern, wie auch den jungen Frauen thematisiert: ein individualisierter Bereich, auf dem Geschlechter verhandelt werden.

Porno-Moralapostel gibt es natürlich auch heute noch, die mit alarmistischem Unterton die Folgen der Porno-Nutzung dramatisieren. Gerade dadurch wird Aufmerksamkeit generiert, um Werbung für die eigene Sache zu machen und um das Ziel zu verfolgen, eine moralische Wende einzuleiten (z. B. unter www.moralrevolution.com; Triggerwarnung: hier geht es fundamental-religiös und hochmoralisch zu!); in der Breite junger Männer ist das aber bedeutungslos.

Auf der anderen Seite wird von der Pornoindustrie gerade der Reiz des Unmoralischen betont und kommerziell verwertet (eine Pornoseite nennt sich offensiv »www.fuckmoral.com«; Triggerwarnung in die andere Richtung: hier wird harte, unzensierte Pornografie geboten, aber auch nicht unmoralischer als anderswo).

Pornosex ist nicht per se unmoralisch, aber durch die rationale Kritik, durch seine Macht und die vermuteten oder erlebten Risiken auch nicht im sozial akzeptierten Bereich zu verorten. Jungs laden sich moralische »Schuld« auf, wenn sie Pornos nutzen, weil sie das nicht »vernünftig« und hinreichend kontrolliert tun. Die moralische Schwäche bei Jungs ist ihre eingeschränkte Steuerungsfähigkeit, ihre reduzierte Impulskontrolle – gerade das hängt aber mit dem Reiz der Pornos zusammen. Es meldet sich das schlechte Gewissen »danach«, wie bei Louis:

> *»Ich glaube, viele können dir das auch berichten, so von dem (…) schlechten Gewissen, was man danach hat (…) also wenn man quasi, äh, mittendrin ist, dann ist man halt in diesem Schimpansen-Modus, sag ich mal, absolut triebgesteuert, aber*

danach, also sofort danach – das ist echt krass, wie schnell das funktioniert –, dann tritt halt wieder Rationalität ein, quasi, dann überlegt man das, und dann ist es schon, da fühlt man sich schon so ein bisschen armselig«

Klassisch ist auch die Doppelmoral, die sich in Verbindung mit Sexuellem ja gerne einschlicht und auch hier auftaucht: Die Porno-Industrie wird von den Jungs fast unisono kritisiert, die problematischen Pornofolgen können aus dem Stand referiert und aufgezählt werden – aber dennoch werden von ihnen Pornos oft hemmungslos genutzt. David ist diesbezüglich typisch, er weist mit Nachdruck darauf hin: »Jeder, der Pornos schaut, sollte auch sich mal anschauen, wie das in der Industrie so abläuft!« Und danach? Selbstverständlich nutzt auch David Pornos, aber nach seiner Einschätzung »nicht zu viel«.

Auch wenn Pornonutzen von jungen Männern und Frauen rational akzeptiert ist, bleibt unterschwellig doch ein negativer, moralischer Beigeschmack. Ihre unmoralische Schlagseite bekommt das Genre durch ihre Mischung von explizitem Sex und Männlichkeit in Pornos, die mit dem Ideal einer modernisiert partnerschaftlichen Sexualität auf Augenhöhe schwer vermittelbar sind. Gelingende Sexualität spricht nicht nur die erlebte Qualität an, sondern bezieht sich auch auf eine normative und moralische Seite: Moralisch einwandfreie Sexualität darf es im Pornosex nicht geben, sondern nur im idealisierten, edlen Partnersex.

Selber schuld!

Die Themen Schuld oder Schuldgefühle bleiben bei den Jungs in der Studie ein Randthema. Sie bedrängen und beschäftigen sie nicht besonders, zumindest nicht so offen, dass sie als solche deklariert werden. Schuldgefühle sind Signale, die auf mögliche soziale Schäden verweisen; sie entstehen, wenn eine Person Unrecht begangen, sich damit schuldig gemacht hat, wenn sie ihr Verhalten als falsch bewertet und sich dafür verurteilt; die Bewertung verknüpft sich mit dem Gefühl der Scham: Schuld entsteht in der negativen Bewertung des Verhaltens (»ich habe etwas Falsches gemacht«); Scham als reaktive Emotion zeigt an, dass Selbstwert und Selbstgefühle dadurch ins Negative rutschen (»ich bin nicht in Ordnung«).

Pornos reizen und faszinieren viele Jungs, es zieht sie zu ihnen hin. Lustimpulse und das Dranghafte ihres Körpers sagen: ja! Ein modernes, aufgeklärtes Männlichsein und Kontroll-Männlichkeit vertragen sich damit aber nur schwer und die Vernunft sagt deshalb: nein! Standards in der partnerschaftlichen Sexualität verlangen es, dass Männer Erwartungen und ihre Pflicht zum Orgasmus erfüllen (vor allem bei der Partnerin). Sowohl in der partnerschaftlichen Sexualität wie auch beim Solosex können sich auch heute Quellen der Schuld verbergen. Die neue Schuld der Männer ist so gesehen eine Kombination aus ihrer moralischen Schwäche und partnerschaftlicher Leistungsschuld. Das wird für Jungs dann zum Problem, wenn sie ein »Guter« (ein guter, kontrollierter, bewusster Mann; aber auch Mamas Liebling) sein wollen und es deshalb eigentlich vermeiden, sich schuldig zu machen.

In sexualitätsfeindlichen Gesellschaften gehören Schuldgefühle selbstverständlich zur Sexualität. Je nach Regeln des Beziehungs- und Sexuallebens waren es früher verbotene sexuelle Partner oder Praktiken, insbesondere die Masturbation oder der voreheliche Sexualverkehr. Heute sind solche Restriktionen überwunden, weshalb sich die Gesellschaft und die Menschen in ihr als modern bezeichnen. Schuldgefühle gibt es aber dennoch, sie werden nur von anderen Quellen erzeugt und treten weniger massiv auf. Zwei Ursachen führen dazu, dass Schuldgefühle eher selten ins Bewusstsein drängen.

- Vorschriften und Regeln in Bezug auf Sexualität sind heute weniger klar und eindeutig formuliert, allgemein herrscht weitgehend sexuelle Toleranz. Dennoch gibt es selbstverständlich gerade im Sexuellen auch Schuldgefühle; sie können in der partnerschaftlichen Sexualität entstehen, wenn die Häufigkeitsstatistik nicht stimmt (zu wenig Sex in der Beziehung), wenn trotz Beziehung (zu viel) masturbiert wird oder wenn die »Pflicht zum Orgasmus« (Béjin 1982, S. 254) nicht erfüllt werden kann; auch das Nutzen von Pornografie selbst kann wegen der Pornokritik und potenziellen Pornofolgen eine Quelle von Schuldgefühlen sein.
- Zudem ist es fast schon anstößig geworden, sich wegen Sexuellem schuldig zu fühlen, weil das nicht zum Image moderner Gesellschaften passt, wo fast alles möglich und erlaubt ist. Die Ge- und Verbote des 19. und 20. Jahrhunderts sind überwunden, sie geben rückblickend allenfalls Anlass zu ungläubigem Staunen. Aber weil heute scheinbar nichts mehr verboten ist, darf es auch keinen Grund für Schuldgefühle und Scham geben.

Generell wird mit der Masturbation selbst zwar fast nichts Verwerfliches mehr assoziiert, wer es nicht öffentlich und (vor allem auch in Beziehungen) nicht zu oft macht, braucht kaum Kritik oder Vorwürfe zu fürchten. Allerdings verändert sich durch die Pornonutzung die Bewertungs- und damit die Schuldfrage. Denn mit Pornos geht doch eine ganze Reihe von Verwerflichem und Verbotenem einher, eine Aufzählungsreihe von Kritik und Problemen: Die Produktionsbedingungen von Pornos, Männlichkeitsdominanz, entwertende Darstellungen und Ausbeutung von Frauen, der männlich-mediale Blick »objektifiziert« die Frau (nebenbei: Männer selbstverständlich auch), zudem vertreten Pornos bekanntlich völlig unrealistische Standards, sind Abbilder traditioneller Männlichkeiten und die möglichen negativen Folgen können – von Abstumpfungseffekten und Sucht bis Impotenz – wirklich gravierend sein. Und trotz allgemeiner Toleranz wird Pornografie oft und undifferenziert in Verbindung gebracht mit hochproblematischen Rändern und Auswüchsen, mit Gewalt (Kinderpornografie, Vergewaltigung), mit

Abstoßendem und Ekelhaftem (Tiere, Fäkalien, Blut) mit Zwängen und Sucht. Wer trotz alledem Pornos nutzt, der muss einfach schwach oder »verdorben« sein. Nicht nur die Pornos, auch die Pornokritik übt auf Jungs ihre Macht aus. Über sie wird ihre Solosexualität anrüchig, ihr Pornonutzen kollidiert mit ihrem Anspruch, ein »guter Mann« sein zu wollen.

Würden Jungs ihre Pornokritik und ihre Wahrnehmung negativer Auswirkungen der Pornografie ernst nehmen, dürften sie konsequenterweise keine Pornos nutzen. Dass sie es dennoch tun, lässt sie meist unreflektiert und deshalb unbewusst schuldig werden. Einen direkten Schuldvorwurf macht den Jungs, wenn auch nur zart und stark relativiert (durch die tolle Konstruktion: »irgendwie vielleicht ein bisschen«), nur eine der jungen Frauen in Bezug auf deren Pornonutzung und die problematischen Folgen; Jana wirft Jungs vor, sie seien durch das Pornonutzen »auch selbst irgendwie vielleicht ein bisschen Schuld da dran, dass dieser (Leistungs-)Druck entsteht«. Einige Jungs betreiben in den Gesprächen aktive »Schuldabwehr«. Philipp betont etwa, dass es »keinermanns Schuld« sei, wenn der Sex nicht gut ist, weil unterschiedliche sexuelle Vorstellungen zusammenkommen. Wenn medizinische oder psychische Bedingungen verantwortlich dafür sind, dass ein Mann seine Leistungserwartung nicht erfüllt, dann meint Florian, dies sei »ja nicht unbedingt dann seine Schuld«. Louis betont, dass er sich im #MeToo-Kontext, also bezogen auf sexualisierten Machtmissbrauch »jetzt nichts zuschulden kommen« ließ und relativiert: »zumindest in meinem Bewusstsein«.

Schlimm oder nicht so schlimm?

Schuldthemen und -gefühle scheinen heute gezähmt und verdrängt, aber selbstverständlich beurteilen Jungs sich mit ihrem sexuellen Verhalten normativ oder moralisch, sie werden auch von anderen so bewertet oder antizipieren eine mögliche Bewertung. Wenn es dabei nicht um die weitgehend überwunden geglaubte Schuld gehen darf, braucht es Alternativen: »Schlimm« kann als eine abgeschwächte, heute gestattete Form interpretiert werden, wie mit Schuldhaftem oder Belastendem umgegangen wird. Auf den Begriff »schlimm« sind wir in der Interviewauswertung anfangs mehr zufällig gestoßen; er wird für die bewertende Kommunikation verwendet. Fast alle Frauen und zwei Drittel der Männer verwendeten das Wort, entweder zur Kennzeichnung einer problematischen Angelegenheit oder in deren Verneinung.

Mit dem Begriff »schlimm« werden Sachverhalte, Erlebnisse oder Handlungen normativ oder moralisch bewertet oder sie sollen in der Negation »nicht schlimm« davon entlastet werden. »Schlimm« ist problematisch oder verwerflich, das Wort enthält eine klar negative Bewertung; wenn etwas schlimm ist, gilt es als unerhört oder empörend, denn es ist nicht »normal«, es droht eine soziale

Ausgrenzung – normal ist nicht schlimm, schlimm ist nicht normal. Nico sagt zum Beispiel über ein Erlebnis: »Mittlerweile würde ich es auch ganz normal, als nicht schlimm empfinden«.

Zwischen der Konstruktion schlimm – nicht schlimm finden sich interessante Nuancen oder Abstufungen: »Richtig schlimm« unterstreicht das negative Gewicht in Richtung des Absoluten (schlimmer geht es fast nicht), diese Konstruktion kommt nur bei den Männern ein paarmal vor. Dagegen schwächt »nicht so schlimm« Problematisches ab, es steht im negativen Bereich, aber nicht so weit, ist schon ein wenig problematisch, aber nicht so sehr. Umgekehrt erhält »nicht schlimm« öfter noch einen verstärkenden Nachdruck: etwas ist »überhaupt nicht schlimm« oder »gar nicht schlimm« – wohl ein Hinweis darauf, dass das Gegenüber oder die Gesellschaft das vielleicht anders sehen.

»Nicht schlimm« ist zwar als entspannende, entlastende Bewertung gemeint, die eine normative Erlaubnis gegen etwas »falsch Schlimmes« beinhaltet. »Nicht schlimm« kann dabei aber auch wie eine Verdeckungsformel wirken. Das Gehirn tut sich mit Negationen schwer, »schlimm« bleibt so im Bewusstsein stärker hängen, auch wenn ein »nicht« davorsteht. Schwerer wiegt, dass die doppelte Negation unterm Strich doch kein positives Ergebnis ergibt: Hinter dieser Bewertung oder Entlastung verbirgt sich eine offene Frage, nämlich was ein Sachverhalt dann in der positiven Bestimmung wäre, wenn er nicht negiert würde. Genauer betrachtet ist die Sache zwar nicht verwerflich oder tragisch – aber irgendwie ja auch nicht richtig, angenehm oder erwünscht. Vielleicht ist etwas also schade, bedauerlich, ärgerlich, leicht fragwürdig oder auch nur ein bisschen schlimm? Schließlich kann manchmal hinter einem »nicht schlimm« auch das Interesse, vielleicht ein versteckter Wunsch vermutet werden: beim Pornothema etwa, um sich selbst etwas zu erlauben, was eigentlich schon auch kritisch gesehen wird; oder bei weniger Erfahrung, um das »Nicht-Schlimme« tatsächlich einmal erleben zu wollen, wenn es sich ergibt (z. B. Fremdgehen, ein One-Night-Stand) – also kein direkter Wunsch, der aktiv verfolgt wird, aber eine Sache, die irgendwann möglicherweise interessant werden könnte.

Jungs und das Schlimme

Zwei von drei Jungs verwenden irgendwann im Interview das Wort »schlimm«. Sie nutzen das Wort dabei relativ ausgewogen, sowohl zur Benennung dessen, was sie als negativ oder verwerflich bewerten, als auch zur Negation der negativen Bewertung eines Sachverhalts. Einige Probleme oder Aspekte der männlichen Sexualität werden als »schlimm« bewertet, von Erektionsproblemen, wie andere Jungs in Gruppen mit Sexuellem prahlen, dass Masturbation zur Sucht werden kann bis zur Tatsache, dass es in der Schule keine Sexualkunde gab. »Ja, also dass ich halt einfach – einfach keinen Ständer bekommen hab, weil ich, ja weil ich zu betrunken war, ja also schlimm« beklagt Linus. Die Betonung der Bewertung kann gesteigert werden. Schlimm ist schon unerfreulich, aber es kann noch heftiger kommen. Druck zum Beispiel macht alles – gemeint ist die fragile Erektion – noch schlimmer. Tom hat festgestellt: »das ist dann eh so das Ding, wenn man denkt, okay, das muss jetzt alles glatt laufen, dann wird halt alles nur noch schlimmer, weil man dann den Druck hat«. Die Betonung des Negativen wird in der Steigerung durch den Zusatzbegriff »richtig« nochmals unterstrichen. Erektionsprobleme können schlimm, und zwar »richtig schlimm« werden, wie Moritz es schildert: »Weil es (mangelhafte Erektion) halt schon extrem peinlich ist. Es ist so peinlich, einfach! Das ist richtig schlimm«.

Aber auch das ist noch zu steigern; manche Sachverhalte liegen im negativen Superlativ, sie sind »am schlimmsten«, hier sprechen Jungs allerdings nicht dieselben Themen an, die sie hier verorten. Im schlimmsten Fall geht es zum Beispiel beim Sex nur um die eigene Befriedigung, am schlimmsten ist es auch, aneinander vorbei Sex zu haben, als Frau einen Orgasmus vorzutäuschen oder nach dem Triebmodell seine Sexualität zu unterdrücken: Schlechter Sex ist nach David der, »wo es einfach nur irgendwie, im schlimmsten Fall nur um die eigene Befriedigung geht«. Und für Jannik ist es »eine der schlimmsten Sachen beim Sex, wenn so zwei Leute aneinander vorbei Sex haben«. Auch das Vortäuschen eines sexuellen Höhepunkts kann zum Schlimmsten gehören, wie etwa für Max, der sagt: »Was für mich das Schlimmste ist, was man machen kann, oder was einem Mann angetan werden kann ist, wenn man ohne Grund den Orgasmus fälscht, da es ein Gefühl von Bemitleidung weckt«.

Umgekehrt liegt in der Bewertung oder der Betonung, etwas sei »nicht schlimm« eine Form des Umgangs mit negativen Bewertungen im Sexuellen. »Nicht schlimm« relativiert eine negative Bewertung und positioniert sie im neutraleren Bereich, Jannik folgt gern diesem Muster: »Es (eine sexuelle Erfahrung) war auch nicht schlimm, aber halt nicht so erfüllend« oder bezogen auf negative Gefühle: »Ekel, sicher irgendwie mal, aber ich glaub, nicht so schlimm«. Von mehreren Jungs wird in Verbindung mit Sexstressoren (Erektion, Höhepunkt, Orgasmusservice) die Wertung »nicht schlimm« gezogen; dies liegt dann zwischen dem Bewältigen einer schwierigen Situation und dem Versuch, etwas sehr Unerwünschtes durch die Betonung, es sei nicht schlimm, zu bannen; die Häufung bei den Sexstressoren weist über das Individuelle hinaus, es lässt sich eine kollektive Seite der Betonung ahnen. Information durch andere half Jannik, Funktionsstörungen richtig einzuordnen, weil er es »auch wusste von anderen Leuten, ah, es ist nicht schlimm, wenn irgendwas nicht funktioniert«. Nico bewältigte seinen zu frühen Höhepunkt so (aber durch »man« auch distanziert): Weil »man eigentlich wirklich auch offen irgendwie darüber gesprochen hat, war es dann irgendwie auch gar nicht so schlimm«. Jakob beschreibt die Lage bezogen auf künftige Situationen: »Wenn jetzt zwischendrin irgendetwas ›Schlimmes‹ in Anführungsstrichen passieren würde, man das dann auch gut irgendwie ausbaden kann. So – ich denke, so schlimm kann es nicht werden«. Daniel setzt seine eigene Wertung gegen gesellschaftliche Erwartungen: »Was ja von der Gesellschaft so thematisiert wird, dass das schlimm ist, wenn die Frau nicht kommt, das ist auch so ein Ding, wo ich jetzt nicht so schlimm find«.

Bezogen auf Pornos stemmen sich Jungs mit ihrer Bewertung als »nicht schlimm« gegen schwelende Abwertung oder Schuldgefühle. Luca hat erfahren, dass »auch nichts Schlimmes passiert, wenn man diese Seiten im Internet aufruft« und findet es »nicht schlimm, Pornos zu schauen«. Jonas Eltern würden gerne mit ihm über Pornos reden, er aber nicht, mit einem der Eltern wäre das aber »vielleicht nicht ganz so schlimm«. Bisweilen hört sich die Verwendung der Nicht-schlimm-Konstruktion fast schon an wie eine Beschwörungsformel, ein Sachverhalt wird doch als fragwürdig erlebt, aber es soll oder darf nicht schlimm sein; wenn etwa die Partnerin beim ersten Mal erfahrener und damit kompetenter ist, war das »nichts Schlimmes«, dann folgt das »Aber …« (es hat sich komisch angefühlt, vielleicht war doch was Schlimmes enthalten?); bei Luca war das so: »Also es ist ja nichts Schlimmes nur weil der Partner mehr Erfahrung hat, aber irgendwie hat es sich ein bisschen komisch angefühlt«. Bei einigen Jungs ist die Verwendung von »nicht schlimm« eine mehr individuelle Angelegenheit, das heißt es gibt Themen, die nur in jeweils einem Interview oder maximal in zweien auftauchen. Als »nicht schlimm« werden etwa Fetische bezeichnet (Finn), keine Lust zu haben (Jannik, David) oder unterschiedliche Interessen beim Sex (Niklas).

Kein schlimmer Gedanke kann auch sein, sich etwas zugestehen, was die Partnerin missbilligen könnte, etwa zusätzliche sexuelle Erfahrungen mit anderen Frauen (als Gedankenspiel). Louis sagt dazu: »Also, es ist jetzt kein schlimmer Gedanke oder so, aber manchmal denkt man sich dann auch so, hey, hätte ich vielleicht nicht davor (…) die eine oder andere, andere Erfahrung gesammelt?« Jakob verwendet die Nicht-schlimm-Konstruktion nicht als Markierung seiner eigenen Einstellung, sondern im gesellschaftlichen Zusammenhang als Merkmal für sozialen Wandel in Bezug auf Männlichkeitskonzepte: »Dass es irgendwie nicht so schlimm ist, wenn man eine andere Meinung über Männlichkeit hat (…) dass es nicht so schlimm ist, wenn man als Junge (…) was weiß ich, im Blumengeschäft arbeitet«.

Schlimm als Schlüsselbegriff bei den jungen Frauen

Bei Frauen ist »schlimm« ein noch stärker gewichteter Schlüsselbegriff als bei Männern: Sieben Achtel der jungen Frauen – alle bis auf zwei – verwenden in den Interviews mindestens einmal das Wort »schlimm« (bei den jungen Männern sind es nur rund zwei Drittel), wobei besonders auffällig ist, dass die Frauen den Begriff meistens in der Negation, also in Kombination mit dem Wort »nicht« gebrauchen, und dann bezogen auf eine eigene Bewertung (»ich finde es nicht schlimm, dass …«).

Verwenden junge Frauen den Begriff ohne Negation, dann in der Beschreibung von Selbst-Einschätzungen der Jungs, und zwar bezogen auf die Sexstress-Themen. Antonia glaubt in einer interessanten Kombination, dass Jungs es als »nicht männlich oder schlimm« werten, wenn sie zu schnell zum Höhepunkt kommen, und Hannah denkt, es sei für Jungs »auf jeden Fall schlimm, wenn sie keinen hochbekommen«. Jessica verwendet den Begriff als Bewertung ihrer an sich positiven – bzw. besser: nicht besonders negativen – sexuellen Erfahrungen mit Jungs; sie hat es noch nie erlebt, dass Sex »richtig, richtig schlimm« war, er war wohl nicht immer gut oder eher mittelmäßig, aber eben auch nicht furchtbar: »Also ich hatte nie Sex und dachte: Okay, das war jetzt richtig, richtig schlimm«. Nur in zwei der Interviews benutzten die jungen Frauen den nicht negierten Begriff »schlimm« für ihre eigene Bewertung, in einem Fall bezogen auf Männer, die befürchten, durch Augenhöhe in der Beziehung ihre Position zu verlieren (Jana), im anderen erzählt Lina von einem abstoßenden Porno, von dem andere meinten, dass er »das Schlimmste ever« sei, was dann auch nach ihrer Meinung zutrifft.

Sehr viel häufiger taucht in den Interviews mit den jungen Frauen der Begriff »schlimm« in der Negation auf. »Nicht schlimm« verweist bei den jungen Frauen auf Ambivalenzen, sie formulieren damit eine Relativierung. Lina bewertet eine Erfahrung mit den Worten: »Also ich fand es (dass der Partner weniger Erfahrung als sie hatte) jetzt nicht schlimm, aber es war auch nicht super gut«. Oft betont »nicht schlimm« eine antizipierte Bewertung, gegen die sich die jungen Frauen aktiv stellen: Sie positionieren sich vor allem und betont gegen das, was sie im Erleben und der Bewertung der Jungs als für diese »schlimm« wahrnehmen. Die Begriffskombination »nicht schlimm« verdeckt ein Aber: Ein Sachverhalt ist zwar nicht schlimm – also vielleicht nicht dramatisch oder gar tragisch – aber gleichzeitig ja auch nicht positiv bewertet und wünschenswert, sondern irgendwo im neutralen Mittelbereich. Manchmal kann aus einer Bewertung als »nicht schlimm« in der Tendenz ein tröstlicher, mitleidiger oder auch mütterlicher Anflug herausgelesen werden (so wie: »ist doch nicht so schlimm, Kleiner«).

Ganz anders ist es, wie die jungen Frauen Jungs beschreiben, nämlich schon so, dass einiges von ihnen als schlimm empfunden wird (auch wenn die Frauen das als nicht schlimm bezeichnen würden) – von Hannah gut zusammengefasst klingt das so: »Also ich glaube für Jungs ist es auf jeden Fall schlimm, wenn sie keinen hochbekommen. Wenn sie zu früh kommen (…) und wenn sie das das Gefühl haben, dass die Frau entweder Schmerzen hat oder es nicht genießt«.

Nicht-Schlimm-Themen bei den Frauen sind besonders die drei Haupt-Sexstressoren Erektion, Durchhalten und Orgasmus der Frau. Lara stellt fest: »Wenn die Gesellschaft auch nicht so viel Druck ausüben würde, dann wär's nicht so schlimm für einen Mann, wenn er mal keinen hochkriegt«. Marie findet es »jetzt nicht unbes- äh nicht unbedingt schlimm, wenn's halt mal nicht klappt« und so weiter. Die meisten Nicht-schlimm-Aussagen der Frauen lassen sich hier finden. Und noch bei einem weiteren Thema kommt die Nicht-schlimm-Konstruktion häufig vor, wenn es um weniger Erfahrung beim Mann geht. Für Antonia war es »gar nicht schlimm, gar nicht schlimm, nee (lacht)«, dass der Mann wegen mangelnder Erfahrung unsicher war, das »ist nicht schlimm, muss er sich nicht dafür schämen«. Michelle betont: »Das (noch keine sexuelle Erfahrung zu haben) ist überhaupt nicht schlimm«. Für Michelle wäre es eine Möglichkeit zur Entwicklungshilfestellung, sie »fände es (Partner mit weniger Erfahrung) auf jeden Fall nicht schlimm«.

Weitere Nicht-schlimm-Themen mancher der jungen Frauen sind Pornos, wie für Jana: »An sich, finde ich jetzt Pornos nichts Schlimmes. Ich kann's auch total nachvollziehen«. Auch Antonia meint, »das ist ja auch nichts Schlimmes, wenn sie sich mal sowas angucken oder so«. Und auch hier finden sich weitere individuelle Aspekte, etwa ein entspannter Penis nach dem Sex (Antonia), keine Lust auf Sex beim Mann (Lara), standardisierter Sex (Laura), den Sex mit Jungs zu vergleichen (Lina) oder wenn die Frau aktiver ist (Jana).

Interessant ist, dass die Sexstressoren von den Jungs ja als für diese problematisch, also als peinlich oder eben als »schlimm« bezeichnet werden, die Frauen beim selben Thema aber durchgängig dagegenhalten. Wo Frauen ihre »Nicht-schlimm«-Bewertung abgeben, fällt der Sachverhalt auf der Männerseite umgekehrt in die »Schlimm«-Kategorie. Möglicherweise verleugnen junge Frauen an dieser Stelle ähnlich ihre eigenen Bedürfnisse, wie es bei Jungs beim Orgasmusservice festzustellen ist (siehe S. 201). Ihr Verwenden der »Nicht-schlimm«-Konstruktion kann so als Ausdruck einer Service-Haltung der jungen Frauen in Bezug auf die Jungs gesehen werden. Frauen wären dann an dieser Stelle nicht offen, zumal zumindest einige Jungs die Durchhalte- oder Orgasmuswünsche der Frauen ja wahrnehmen und die Erwartung an Sexualität, es müsse »beiden gleich viel Spaß machen« mit vertreten. Etwas zugespitzt versuchen die jungen Frauen, die Jungs in ihrer Männlichkeit zu stützen, sie von Männlichkeitsanfragen zu entlasten; Frauen helfen Jungs damit, sich weiterhin männlich fühlen zu dürfen oder sich wegen ihres nicht konformen Verhaltens nicht schämen zu müssen.

Die »Nicht-schlimm«-Konstruktion ähnelt in dieser Funktion dem »Vortäuschen« eines sexuelle Höhepunkts: Ziel der Frauen ist, Jungs nicht in ihrem Männlichsein zu verunsichern; mit »nicht schlimm« versuchen sie, die Männlichkeit der Jungs nicht anzugreifen, sondern sie trotz des sexuellen Missgeschicks zu stabilisieren. Die jungen Frauen möchten den männlichen Status der Jungs durch eindeutige Bewertungen schützen. Würden sie Erektionsprobleme, einen zu frühen Orgasmus beim Partner oder ihre fehlende Befriedigung direkt und klar als »schlimm« bezeichnen, würden sie Dominanz-Männlichkeit demontieren. Deshalb operieren sie mit der relativierenden Bewertung »nicht schlimm« und signalisieren damit: Solche Probleme tangieren seinen männlichen Status nicht weiter. Auch emotional kann »nicht schlimm« als Entlastung von möglicher Peinlichkeit oder Scham wirken: Wenn etwas »nicht schlimm« ist, »muss man sich nicht schämen«, und auch damit stabilisieren die jungen Frauen Männlichkeiten.

So verständlich diese Strategie ist, so schwierig ist dieses kollusive Verhalten für die Entwicklung der Jungs und für die Beziehung zu ihnen. Denn um zu sich zu kommen, für ein realistisches Selbstbild und um sich weiter zu entwickeln, brauchen Jungs keine Streicheleinheiten für ihre Männlichkeit, sondern Offenheit, Klarheit und Konfrontation, zumal sie ja schon selbst ahnen, dass sich hinter der Bezeichnung »nicht schlimm« etwas Unangenehmes verbirgt.

Voll peinlich

Ein Ereignis löst Gefühle des Unbehagens, der Verlegenheit oder der Beschämung aus, es ist innerlich quälend, die Blamage wird körperlich fühlbar, wer sich in so einer Lage befindet, läuft rot an, das Herz schlägt schneller: Vielleicht ist Peinlichkeit so etwas wie das kleine Geschwister der Scham, die Gefühle gehören eng zusammen. Scham ist angeboren, worüber man sich schämt ist kulturell geprägt, als peinlich bewertete Situationen unterscheiden sich dementsprechend. Eine männliche Norm besagt allerdings, dass sich (»richtige«) Männer nicht schämen dürfen; deshalb gibt es als Träger dieser Norm in Toiletten für Männer stets mehrere Urinale, die dicht an dicht montiert sind, oft ohne eine Blicke reduzierende »Schamwand« dazwischen. Dementsprechend kann es auch peinlich werden, wenn einem etwas peinlich ist, und daraus folgt der Rat an Jüngere, dass nichts peinlich sein muss. Vor dem Hintergrund seiner Erfahrungen formuliert Jannik eine modern-männliche Sex-Beschwörungsformel: es muss nichts peinlich sein heißt, es darf nicht peinlich sein und ist es aber genau genommen doch: »Alles ist okay, also dir muss nichts peinlich sein. Und auch, ich habe das total bei mir selbst bemerkt (…), es ist nicht schlimm, wenn irgendwas nicht funktioniert, es ist normal«.

Etwas als peinlich zu empfinden ist zwar unangenehm, aber unterm Strich hilfreich. Wer eine soziale Regel bricht, die er selbst für verbindlich hält, empfindet Peinlichkeit oder Scham. Es wird ausgelöst, wenn Normen, Regeln oder Ansprüche – an sich oder von anderen – verletzt werden, das peinliche Gefühl ist der Hinweis darauf. Peinlich fühlt es sich an, wenn etwas falsch gemacht wurde, wird das schlechte Gefühl gezeigt, erübrigt sich die Sanktion der Partnerin oder des Partners. Wer sich für eigene Fehler schämt macht es dem Gegenüber leichter, ihm zu verzeihen.

Scham- oder Peinlichkeitsgefühle entstehen in Menschen, wenn sie sich nicht konform verhalten oder eben gegen sexuelle Normen verstoßen. Wenn also von Jungs etwas als peinlich erlebt wird, ist es ein Hinweis auf eine sexuelle Norm. Gäbe es keine sexuellen Normen, würde sich keine Peinlichkeit einstellen. Voraussetzungen für Scham und Peinlichkeit sind, dass es eine Norm für die entsprechende sexuelle Situation gibt, dass die Norm von Jungs akzeptiert und als gültig und erwünscht gewertet wird. Peinlich wird es dann, wenn diese Normen nicht eingehalten werden; umgekehrt zeigen Peinlichkeitsgefühle, welche Normen es sind, die Jungs vertreten und die für sie gelten. Dementsprechend ist die Peinlichkeitserhebung gleichzeitig ein sexueller Normenkatalog.

Peinlich berührte Jungs

Viele Jungs können von peinlichen Situationen berichten und tun das auch, manche direkt über sich und ihre Erfahrungen, manche über selbst Erlebtes in der dritten Person (»das ist für einen dann schon peinlich«) und damit in einer größeren Selbst-Distanz. Eigenen oder außen wahrgenommen Normen und Standards nicht zu genügen ist nicht tabuisiert, Jungs reden darüber, was peinlich war, ist oder wäre, den meisten fällt auf unsere Frage dazu auch etwas ein. Nur einmal erhielt die Interviewerin keine Antwort, das lange Schweigen allerdings könnte auf reichlich Peinliches bei Jakob hindeuten: »Beim Sex meinst du jetzt? (Lange Pause) Ich glaube, darauf habe ich jetzt keine Antwort«.

Die Peinlichkeit, die oft mit Sexualität assoziiert ist, strahlt dabei ins ganze Thema. Einige der jungen Männer nehmen es so wahr, dass das Thema Sex nach wie vor etwas Ungewohntes ist, darüber zu reden wird leicht unangenehm. Deshalb kann es schon peinlich sein, darüber zu sprechen – selbst unter Jungs, wo die Norm vertreten wird, dass nichts peinlich sein dürfe, und die deshalb vorhandene Peinlichkeit mit Abwertung oder Derbheit quittieren, erzählt Marc: »Also gerade, wenn man so Freundeskreise hat, da ist es eher so ein bisschen herabwertend, auch vielleicht ein bisschen abgestumpft, so. Dann, das Thema ist so, – es ist ja schon peinlich«. Jungs halten verschiedene Dinge für peinlich; immer wieder berichten sie über Szenen, in denen sie männlichen Standards nicht genügen konnten, und dass daraus peinliche Situationen entstanden; Cem erwähnt den Druck auf die Ejakulationskontrolle: »Und da wird ganz viel Druck ausgeübt und meistens auf die männliche Person logischerweise, und dann ist es auch irgendwie peinlich für die Person dann, wenn sie in einer ganz kurzen Zeit, in einem ganz kurzen Zeitraum auf einmal, ja, seinen Spaß gehabt hat, ejakuliert, und der Sex dann vorbei ist. Da ist das dann eben peinlich für die Person«.

Neben den Hauptpeinlichkeiten gibt es noch Nebenthemen, die von einzelnen Jungs oder auch mal von zweien als Peinlichkeitsauslöser benannt werden. »Nicht genug männlich zu sein« kann nach Cem peinlich werden, »wenn du nicht sofort die Richtung vorzeigst, wo es jetzt hingehen soll, wäre es dann peinlich, weil du dich nicht traust«, oder männlichen Körpernormen nicht zu genügen, körperliche Mängel oder Defizite zu haben, die Jannik aufzählt, kann bei Jungs Peinlichkeit auslösen: »Ich glaub, es kann auch peinlich sein, eh, wie man körperlich ist oder wie man sich körperlich fühlt. Also, zum Beispiel, ob man übergewichtig ist oder ob man einen großen oder kleinen Penis hat«. Nur einmal wird der Klassiker beschrieben, bei der Masturbation entdeckt zu werden, hier entstanden peinliche Gefühle für beide Seiten, macht Sebastian deutlich: »Ich bin halt noch auf Toilette gegangen und schau so rüber und sehe so meinen Kumpel, wie er so in seinem Bett sitzt und sich gerade einen runterholt, weil er auf seinem Handy irgendeinen Porno schaut – und er schaut mich natürlich so ganz verdutzt an und ich schaue ihn so ganz verdutzt an, und bin einfach auf Toilette gegangen. Ja, und man hat da nicht wirklich drüber gesprochen, weil das eine ziemlich, ziemlich komische Situation ist, wenn man den andern beim Masturbieren quasi erwischt – aber für (mich), der keine Ahnung davon hatte und für ihn, dem es halt peinlich war, war es dann halt so: man spricht nicht darüber!«

Die Außensicht der jungen Frauen bestätigt die Selbstwahrnehmung der Jungs. Auch hier taucht das moderne Beschwörungscredo auf, dass nichts peinlich sein müsste, zumindest wenn darüber geredet werden kann: »Im Prinzip finde ich muss nichts peinlich sein, so lange man darüber redet«, sagt dazu Emilia. Ansonsten nehmen es auch die jungen Frauen so wahr, dass Ursachen für Sexstress bei Jungs Anlass für Peinlichkeit sein könnten, zu früh fertig zu sein und keine Erektion zu bekommen, Lina fasst zusammen: »Wenn er keinen hochbekommt oder zu schnell kommt«. Michelle denkt, mangelnde Sex-Erfahrung in einem bestimmten Alter könnte ebenfalls peinlich werden: Peinlich ist es, wenn Jungs (im Alter von 21 Jahren) noch keinen Sex hatten und »ja keine Ahnung, halt denken, dass irgendwas mit ihnen falsch ist oder, dass es halt voll peinlich ist, dass sie jetzt nie irgendwie Sex haben können oder das halt verleugnen müssen, weil's halt voll peinlich ist in der Gesellschaft«. Auch »unmännlicher« Sex, der nicht der Pornoregie folgt, also »Blümchensex« könnte für Jungs peinlich werden, zumindest zu Beginn der sexuellen Erfahrung, denkt Lea: »dass da ›Blümchensex‹ gar nicht infrage kommt, weil das wäre ja peinlich«.

Katastrophengebiete und gewaltnahe Grauzonen

Sexuelles Misslingen und Fehlverhalten, sexuelle »Unfälle« und erlebte Katastrophen der Jungs liegen im nachträglichen Empfinden oft eng beieinander. Emotional sind es im Rückblick meist peinliche Situationen.

In der quantitativen Studie haben wir einige solcher Vorkommnisse abgefragt, die von Jungs in den Interviews angesprochen wurden. Wenig überraschend, dass uns hier zuerst die Sexstressoren begegnen; jeweils über zwei Drittel der Jungs kennen die Erfahrung, zu früh einen Samenerguss oder keine Erektion zu bekommen. Sexuelle Unsicherheit, beim Sex nicht weiter zu wissen, kennt fast die Hälfte aller Jungs. In und mit diesen Erfahrungen unterscheiden sich Jungs aber. Jungs die meinen, für das Männlichsein sei Sex wichtig, berichten viel häufiger über die Erfahrung, zu früh gekommen zu sein: rund 76 % kennen das, bei den Jungs die sagen, Sex sei fürs Männlichsein nicht wichtig, sind das etwas mehr als die Hälfte (54 %).

Abbildung 23: Sexuelle Unfälle und Fehler • Gruppenvergleich »Sex unwichtig«/»Sex wichtig« fürs Männliche (in %)

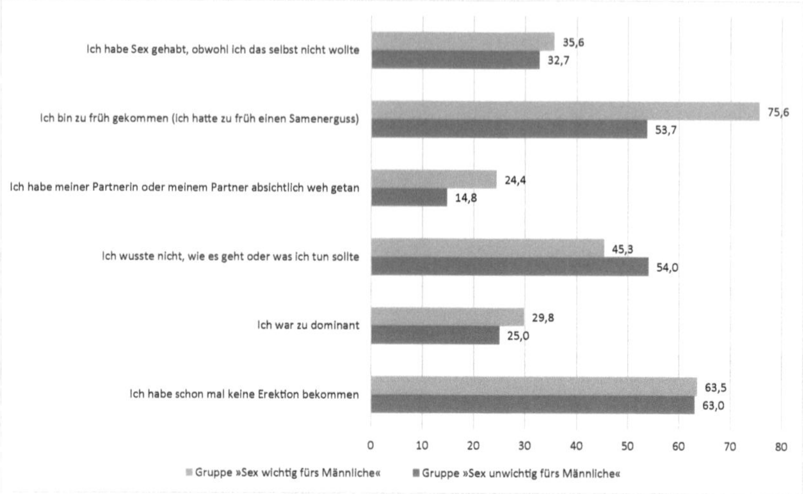

In der Porno-Kritik wird das (zu) häufige Porno-Nutzen häufig in Verbindung mit solchen Katastrophengebieten oder auch mit sexueller Übergriffigkeit gebracht. Dementsprechend interessiert uns hier der Gruppenvergleich zwischen den »Viel-« und den »Wenignutzern« besonders. Maßgeblich unterscheiden sich die beiden Gruppen bei den drei Aussagen zur sexuellen Unsicherheit, Erektionsproblemen und Durchhalten. Viel Pornos zu nutzen erhöht offenbar nicht die sexuelle Selbstsicherheit, sondern kann die sexuelle Unsicherheit erhöhen (»nicht wissen, was tun«: Bei den Vielnutzern stimmen 55 %, bei den Nicht-Vielnutzern nur 43 % zu). Gleichzeitig könnte die häufige Pornonutzung Erektionsprobleme reduzieren (von den Vielnutzern kennen das Problem »keine Erektion bekommen« 57 %, bei den Wenignutzern 72 %). Schließlich kann das Vielnutzen etwas zum vorzeitigen Erguss beitragen, der Unterschied ist aber nicht so groß (71 % zu 66 %).[27]

In der Studie wurde der Sex von Jungs im gewaltfreien Raum, also vom »grünen Bereich« her untersucht; Gewalt in sexueller Form, abweichendes sexuelles Verhalten oder sexuelle Kriminalität waren nicht Gegenstand der Studie, diese Themen wurden nicht von vorn herein ausgeschlossen, aber auch nicht gezielt gesucht. An mehreren Stellen gab es Überschneidungen und wir kamen in den Graubereich: wenn unter 18-jährige Jungs Pornos nutzen können, ist das zum Beispiel illegal; wenn Jungs sich beim Sex »zu dominant« verhalten oder »Sex haben, obwohl sie das nicht wollten«, fällt dies unter Umständen in den Bereich sexueller Gewalt.

27 Zur Erinnerung: Aufgrund der geringen Zahl von Fällen sind diese Ergebnisse nur als vorläufige Momentaufnahmen, nicht als repräsentativ zu betrachten!

Zwar weniger angeklickt, aber von den Zahlen her beachtlich hoch sind die drei folgenden Erlebniskategorien; alle liegen im Graubereich zur sexuellen Gewalt:

- Über ein Drittel (35 %) der Jungs hatte demnach Sex, obwohl sie das nicht wollten; dabei ist unklar, ob sich das »Nicht-Wollen« lediglich auch temporäre Unlust bezieht und sich der Junge vom sexuellen Gegenüber erotisch überzeugen ließ, oder ob dabei Druck ausgeübt wurde – in jedem Fall: ein auffälliger Wert, der weiterer Untersuchungen bedarf.
- Mehr als ein Viertel (29 %) der Jungs gab an, beim Sex »zu dominant« gewesen zu sein. Auch hier entsteht der Verdacht, dass es sich möglicherweise um Übergriffigkeit oder Zwang gegenüber anderen gehandelt haben könnte; denkbar ist auch, dass es ein Vorkommen im Rahmen des sexuellen Experimentierens war, das auf einen Hinweis des Gegenübers korrigiert oder eingestellt wurde.
- Über ein Fünftel (21 %) der Jungs gab im Fragebogen an, dass sie ihrem sexuellen Gegenüber »absichtlich weh getan« hätten. Sich Schmerzen zuzufügen kann lustvolle sexuelle Praxis, aber auch sadistisch sein oder sexuelle Gewalt darstellen. Diejenigen Jungs, die denken, Sex sei fürs Männlichsein wichtig, sind hier deutlich häufiger vertreten; fast ein Viertel von ihnen (24,4 %) kennen diese Erfahrung, bei den Jungs die Sex als nicht wichtig fürs Männliche einschätzen sind es nur 14,8 %.

Die Diskrepanz zwischen sexuell erfahrenen und unerfahrenen Jungs beim Vergleich solcher sexuellen Unfälle oder Fehler ist – abgesehen vom zu frühen Orgasmus – groß. Offenbar wächst mit der Erfahrung das Risiko, sich »falsch« zu verhalten, Problematisches zu erleben oder dass sich Unerwünschtes einstellt: Sex ohne das zu wollen hatten 43 % der erfahrenen, aber nur 23 % der unerfahrenen Jungs. Zu dominant verhielten sich 39 % der Jungs mit viel und 16 % mit wenig Erfahrungen; dem Gegenüber absichtlich weh getan haben 10 % der unerfahrenen und 30 % der erfahrenen Jungs.

Alle drei Formen des problematischen sexuellen Erlebens der Jungs lassen aufhorchen; in den Interviews bildet sich die Dramatik nicht ab; dort, wo Jungs potenziell gewalttätig sind, liefern zum Beispiel die Antworten der jungen Frauen keinen Hinweis dahingehend, dass das gehäuft vorkommt. Die Fallstudie »Marc« gibt Hinweise darauf, dass Jungs sich in unklaren Bereichen bewegen, die möglicherweise nicht tolerabel sind. Umgekehrt taucht die potenzielle Opferseite der Jungs in den Interviews ebenfalls nicht auf (wurde aber auch nicht aktiv abgefragt). Diese Grauzonen müssten genauer in den Blick genommen werden, sie auszuleuchten und die darin liegenden Grenzfälle zu klären wäre die Aufgabe einer eigenen Studie.

Auch schlimm – Fehler beim Partnersex (Pia Ewert und Lilia Steinmetz)

Die Frage nach dem groben Fehler wurde nur einem Drittel der Jungs gestellt; die Mehrheit von ihnen gab überraschenderweise an, dass ihnen noch nie ein Fehler unterlaufen sei. Diese Einschätzung wird von manchen selbstsicher vorgenommen, von einigen eher zögerlich formuliert, etwa mit Worten wie »ich glaube« oder »wahrscheinlich«, oder wie Jonas so: »Groben Fehler? Ähm, ich glaube nicht (lacht). Also, I don't know. Eher nicht. Also ich wüsste jetzt nicht«. Jungs wissen es oftmals nicht genau, sie gehen von ihrem Gefühl aus und von einer potenziellen Reaktion der anderen Person, manchmal nach dem Motto: Solange das Gegenüber sich nicht beschwert, wird alles gut gelaufen sein. Tobias formuliert es so: »Fehler gemacht? Nichts Dramatisches, was mir einfallen würde. Also nichts, was mir eine Person stark kommuniziert hätte«.

Es wird erwartet, dass sich das Gegenüber mitteilt, sollte etwas passieren, das als unangenehm wahrgenommen wird. Auf der anderen Seite ist es vielleicht etwas widersprüchlich, die Offenheit ohne Nachfrage oder ohne Kommunikation über den Sex zu erwarten. Tom dagegen versucht, den Austausch am Laufen zu halten, wir »sprechen die Themen schnell an, wenn etwas weh tut oder jemand auf etwas keine Lust hat«. So gesehen ist es auch nicht problematisch, wenn Fehler vorkommen: »Also, ich habe natürlich schon jemand weh getan, aber das war nicht mit Absicht (...) Kann halt mal passieren, dann hört man halt auf«. Schlechte Kommunikation wird teilweise im Nachhinein als Fehler erkannt. Wenn etwas passiert, das einem selber oder der anderen Person nicht gefällt, kann dies durch mangelhafte Kommunikation zustande gekommen sein. Alexander sieht es als Fehler bei sich selbst, nicht rechtzeitig Einspruch erhoben zu haben: »Vielleicht gab es mal einen Fehler von meiner Seite, dass ich nicht kommuniziert habe: hey, ich will das jetzt nicht. Vielleicht ein' Fehler in dem Sinne gab es«.

Ein paar Jungs berichten aber davon, es zu kennen, dass etwas schiefgeht, zum Beispiel dass jemandem aus Versehen weh getan wird, weil die Zeichen des anderen falsch gelesen werden. Einer der Jungs gibt an, dass dies besonders ein Problem von Männern sei, weil diese manchmal zu »animalisch« werden und daraufhin »ein bisschen zu grob (werden) mit der Person«. Dass dabei aus Versehen etwas möglicherweise sehr Schmerzhaftes passiert, wird von Max normalisiert (jeder würde das bestimmt kennen): »Es ist auch bestimmt jedem Typen mindestens einmal passiert, dass man halt so gesehen ähm – aus Versehen die Frau anal penetriert. Und das tut halt scheiße weh ganz einfach und man kann das nicht nachempfinden als Mann«.

Cem berichtet beim Nachdenken über Fehler davon, versehentlich den Trigger einer Partnerin bedient zu haben, die zuvor schlechte sexuelle Erfahrungen gemacht hat: »aus Versehen diese schlechte Erfahrung, dieses Erlebnis, durch eine gewisse Sache, die ich gemacht habe, ähm angetriggert habe (...). Unabsichtlich. Aber grober Fehler, der mich auch sehr erschrocken hat, mich selber, dass ich auf einmal gar nicht mehr daran gedacht habe und auch ein bisschen egoistisch war, in dem Augenblick, fand ich das«.

Umgekehrt berichten die befragten Frauen überwiegend, noch nie einen groben Fehler beim Sex erlebt zu haben, solche groben Fehler kennen sie eher vom Hörensagen von anderen. Es gibt durchaus grenzwertige Erlebnisse, die unklar formuliert werden, wenn die Frauen nicht sicher sind, ob sie diese bereits zu der Kategorie »grober Fehler« zählen können. Etwa, wenn sie selbst eigentlich keine Lust hatten, sich dann aber überreden ließen, weil sie nicht nein sagen konnten oder wollten. Jana hat es schon so erlebt: »Wenn ich selbst nicht so richtig Lust hatte, aber der andere schon, dass es dann so war, so von wegen, ja okay, ich mich zu überreden lassen hab. Und im Nachhinein denke ich mir: ›Warum‹?« Schlechte Kommunikation wird häufig als Grundproblem erkannt und somit vielleicht auch im übertragenen Sinne als der wahre grobe Fehler. Ganz ähnlich, wie von den Jungen berichtet.

6. Zukünfte männlicher Sexualitäten

An den untersuchten Schnittstellen, zwischen Sexualität und Männlichkeit sowie zwischen Jugend- und Erwachsensein, öffnet sich ein Panoptikum an Facetten und Themen, die Jungs beschäftigen und bewältigen. Sie bilden die Gegenwart und formen die Zukunft männlicher Sexualitäten. Trotz Männlichkeitsnormierungen wurde dabei offenkundig: Selbst in einer knappen Alters- und bei nur einer Geschlechtsgruppe gibt es keine Anzeichen für Homogenität. »Die« Jungs gibt es nicht, sie sind keine einheitliche Gruppe, unterschiedlich interessiert, verschieden in ihrem sexuellen Gewordensein. Sie lassen sich individuell unterscheiden nach Einzelfällen, dann können auch kleinere und größere Untergruppen gebildet werden, aber an keiner Stelle können wir sagen: Alle Jungs sind gleich. Auch wenn wir uns den Zukünften männlicher Sexualität zuwenden, hat das nie mit allen Jungs zu tun. Manche befinden sich schon weit in der Zukunft, andere hängen in ihrer Vergangenheit fest und die meisten bewegen sich dazwischen.

Nach den Einblicken in die sexuellen Jungswelten können wir optimistisch feststellen: Jungs schaffen das. Deshalb muss auch kein Alarm geschlagen werden, was im Zusammenhang mit Pornos sehr oft passiert und was schon halb erwartet wird. Das Thema motiviert zur Dramatisierung und zum Alarmismus. Die Überschrift »Jungs und Pornos: Forscher schlagen keinen Alarm!« eignet sich nicht für medienwirksame Resonanz, wohl aber zu Positionsbestimmungen männlicher Sexualität.

»Jugendschützer schlagen Alarm: Auf Schulhöfen kursieren Porno- und Gewaltvideos« (eltern.de, 18.4.2022)

»Kinderschutz – Medienaufseher schlagen Alarm: Von der Kindersendung zur Hardcore Pornografie« (safersurfing.org, 10.04.2020)

»Jugendschutz: Lehrer schlagen Porno-Alarm bei Wikipedia« (welt.de, 03.06.2014)

»Porno-Alarm! So gefährdet sind unsere Kinder« (TZ München, 16.4.2013)

»Englische Lehrer schlagen Alarm (...) Kinder und Jugendliche massive psychische Schäden durch Internet-Pornos« (deutsche-wirtschafts-nachrichten.de, 02.11.2012)

»Pornos, Gewalt, Extremismus im Netz Jugendschützer schlagen Alarm« (Spiegel.de, 31.05.2011)

»Pornos im Kinderzimmer: Psychologen schlagen Alarm« (idea.de, 03.04.2007)

Obwohl kein Grund für Alarmstimmung und Aufgeregtheit besteht, müssen Jungs dennoch mit der neuen Pornowelt, mit veränderten Koordinaten der Partnersexualität und traditionellen wie neuen Männlichkeitszumutungen umgehen. Damit werden sie auch künftig zu schaffen haben. Im entsprechenden Rahmen kann dann auch über heikle Seiten der Sexualität gesprochen werden, etwa über Erektionsprobleme oder zu schnellen Samenerguss. Das ist bemerkenswert. Aneignung und Bewältigung ihrer Sexualität ist für Jungs komplexe, stellenweise schwierige oder überfordernde männliche Praxis. Jungs stellen sich darin nicht problemfrei dar, wirken aber zuversichtlich: Schwieriges kommt vor, gehört aber einfach dazu. Jungs vertrauen meist darauf, dass Probleme lösbar sind oder später werden.

Porno, Sex und Männlichkeit beeinflussen sich wechselseitig, teils offen, teils verdeckt. Sie bilden Verstrickungszusammenhänge, die in dieser Studie teilweise entwirrt werden konnten. An diesen drei Faktoren können die Zukünfte männlicher Sexualitäten festgemacht werden.

> *»Wir müssen verstehen, dass sich mit unseren Begierden und durch sie neue Formen von Beziehungen, neue Formen von Liebe und neue Formen von Schöpfung herstellen lassen. Der Sex ist nichts Schicksalhaftes; er ist eine Möglichkeit, Zugang zu einem schöpferischen Leben zu erhalten« (Foucault 2005, S. 910).*

Porno

Brauchen Jungs auch morgen noch Pornos? Ja, zumindest die meisten. Beim Pornonutzen kommen Jungs in Kontakt mit verborgenen Anteilen ihrer Sexualitäten und ihres Männlichseins. Sie können Bedürfnisse stillen, die sie an anderer Stelle nicht oder nicht genügend befriedigt bekommen. Pornos erfüllen bei Jungs gleich drei Funktionen: Entspannung, Entlastung, Entgrenzung. In der Zukunft der Jungssexualität kommen Internet-Pornos vor, sie sind ein fester Teil männlicher Lebenswelten geworden und werden das – wie Instagram, YouTube und Facebook – auch bleiben.[28]

28 Der Jugendschutz in Deutschland ist zwar zuversichtlich, Pornoportale für Jugendliche unter 18 Jahren sperren zu können; auch in Großbritannien plant die Regierung eine Altersverifikation für Porno-Webseiten, ein entsprechendes Gesetz ist in Arbeit. Das Interesse von Jungs an Pornos wird das nicht reduzieren, clevere Jungs finden für das Problem erschwerter Zugänge aber sicher schnell eine Lösung.

Fairtrade-Pornos

Oft laufen Pornokritik und -reflexionen auf eine geringere, kontrollierte und bewusste Nutzung hinaus. Könnten dann nicht qualitativ hochwertige und ethisch wertvolle, also »fairtrade« Pornos eine Lösung sein? Rational wäre es doch eine gute Idee, wenn Jungs nur noch saubere, geprüfte Pornos mit zertifiziertem Genderlabel nutzten! Ein Teil der Pornokritik wäre dann entschärft, vielleicht würde Männern eine Unterstützung bei der Kultivierung ihrer Sexualität helfen, eine »Slow-Sex-Bewegung«, um aus der Engführung durch leistungs- oder pornosexuelle Vorstellungen zu kommen?

Ansätze dazu, mit einer Gleichzeitigkeit in der Porno-Ambiguität, mit Vernunftwunsch und Rauschsehnsucht umzugehen, finden sich beim Anspruch, Pornos »ethisch« herzustellen und zu nutzen. Ob solche Fairtrade-Pornos, die stets kritisch-reflektiert verwendet werden, bei Jungs ankommen, ist aber fragwürdig. Die Definition lässt erahnen, dass solche Pornos und die Art, sie mit diesem Anspruch zu nutzen, zwar Ambivalenzen besänftigen, aber gleichzeitig auch Reiz und Kick vermindern. David K. Ley, Autor des Buches ›Ethical Porn for Dicks‹ definiert das in einem Interview (Campbell McMillian 2016) so:

> *»Ethischer Porno-Konsum ist bedacht, aufmerksam, verantwortungsvoll und von sexueller Integrität geprägt. Ethisch produzierte Pornos sind im beidseitigen Einverständnis entstanden und die Darsteller wurden alle fair bezahlt. Außerdem nutzt man dabei niemanden aus – weder die Darsteller noch die Konsumenten. Des Weiteren wird die Sexualität auf eine gesunde Art und Weise behandelt. Man ist sich der breit gefächerten sexuellen Interessen, Körperformen und Verlangen bewusst. Bei ethischen Pornos geht es darum, ethische sexuelle Werte verantwortungsvoll und bewusst zu unterstützen«.*

Ethische Pornos[29] sind vernünftig, korrekt und moralisch einwandfrei – aber deshalb erfüllen sie (zumindest der Definition nach) vermutlich nicht die wesentlichen Bedürfnisse der Jungs, die sie beim Pornonutzen befriedigen. Ein Reiz der Pornos besteht gerade darin, dass sie unkorrekt und dreckig sind, dadurch wird das Lösen der dreifachen Kontrolle – von Körper, Sexualität und Männlichkeit – ermöglicht. Die Forderung nach sauberen Pornos ist moralisch oder kognitiv verständlich, aber nicht sehr erfolgversprechend. Verdeckte Pornobedürfnisse der Jungs und die Pornomacht stehen dem entgegen, Fairtrade-Pornos sind kein Ausgleich oder ein positiver Ersatz, der die Lücke füllen könnte, die durch eine bloße Reduktion der Pornonutzung entsteht. Ethische Pornos werden aber einen anderen Zweck erfüllen. Sie werden zu der Schnittstelle, an der sich Jungs und

29 vgl. auch »How to be an ethical porn consumer in nine easy steps« von Erika Lust (2015): www.independent.co.uk/voices/your-definitive-guide-on-how-to-be-an-ethical-porn-consumer-a6741911.html.

ihre weiblichen Partnerinnen, die Sphären Pornosex und Partnersex treffen und begegnen. Für Jungs gerade noch geil und für ihre Partnerinnen gerade noch tolerierbar bekommen solche Pornos Bedeutung, sie dienen der sexuellen Integration, Sex wird vollständiger: In Jungs und in Beziehungen mit ihnen.

Pornos als Chance für Jungs

Heute ahnen Jungs nur, warum und wann Pornos für sie attraktiv sind; das müssen sie aber wissen, um sich entscheiden zu können, sie anders, nicht oder weniger zu nutzen, um Alternativen zu finden und um Partnersex mit dem in Pornos Abgelegten aufzuladen. Die Medialisierung von Sexualität vor allem durch Pornos ist eine Chance und eine Herausforderung für die Generation der Jungs. Pornos müssen bewältigt werden und zeigen Wirkung. Jungs schaffen das insgesamt ganz gut, was die häufig formulierten Befürchtungen angeht. Ihre Risiko- und Pornokompetenzen (Döring 2011) nehmen mit der Pornonutzung zu, weshalb es kaum Grund für Dramatisierung und Aufgeregtheit gibt. Dieses Ergebnis deckt sich mit der Pornowirkungsforschung: »Wahrscheinlich betreffen mögliche negative Effekte eine Minderheit von zum Teil auch anderweitig auffälligen Konsumenten, während die meisten ›Mainstream‹-Konsumenten und Jugendlichen mit Pornografie angemessen umgehen können« (Hill 2011, S. 393). Das vernünftige und reflektierte Pornonutzen mit seinen legitimen Motiven ist also auch künftig kein Problem, viele Jungs sind sich der Risiken und der verdeckten Kosten bewusst.

Sowohl sozial, wie auch individuell gibt es Entwicklungsnotwendigkeiten dort, wo Jungs sich die mysteriöse Anziehung der Pornos auf sie nicht erklären können, wo es um Kontrollverlust, unbewusste sexuelle Rauschwünsche und eine gewisse Magie geht. Weil diese Dimensionen rätselhaft sind, finden Jungs im Pornosex auch »hexen- und hurenhafte« Weiblichkeiten, die sie zugleich faszinieren und erschrecken, die öffentlich stigmatisiert sind und aus Beziehungswelten eliminiert werden, aber dann über Pornos mit Macht zurückkommen; Pornos erfüllen für Jungs – wie vielleicht Märchen für Kinder – die Funktion, diese Macht beherrschen zu können, denn es sind ja nur sexuelle Geschichten. Diesem Faszinosum werden sich Jungs zuwenden und sich mit ihm auseinandersetzen, sie werden versuchen, das Rätsel zu lösen und die Ergebnisse bewusster in ihre Sexualität einzubinden. Bisher schützen Jungs ihre Partnersexualität vor der Pornowelt, damit deren vermuteten negativen Einflüsse diese zumindest leicht idealisierte sexuelle Sphäre nicht erfassen können. Das ist nur halb edel. Künftig werden Jungs ihre Partnersexualität mit den Bedürfnissen behelligen, die sie bisher in der Pornosexualität verortet und deponiert hatten.

Ein Bedarf für Entwicklung ist zudem dort erkennbar, wo Männlichkeiten ins Sexuelle ausstrahlen. Sie belasten Jungs mit Standards und Erwartungen die verhindern, dass Jungs erkennen und erfahren, wer sie sexuell sind. Pornosex ist unmittelbar auf die Bedürfnisse der Jungs ausgerichtet und wird von ihnen so genutzt. Die Pornosphäre ist für sie eine Schutzzone für sich mit ihrem Männlichsein, das im Sexstress überlastet wird; sie ist, obwohl heftig kritisiert, darin auch eine heile Welt für Jungs, in welche Kritik, Vernunft und die Schatten oder Belastungen der Partnersexualität nicht eindringen sollten. Deshalb schirmen Jungs ihre Pornowelt vor den problematischen Einflüssen und den hohen Ansprüchen der Partnersexualität ab. Damit ähnelt das Pornonutzen der Motivation von Freiern in der Prostitution, bei der Angstfreiheit und sexuelle Passivität Raum bekommen (vgl. Howe 2008). Anstelle der üblichen, Angst- oder Schuldgefühle verbreitenden Präventionsnarrative benötigen Jungs Unterstützung dabei, sich die Macht der Pornowelt erklären zu können, um sich dann zu erlauben, auch Bedürfnisse hinter ihrer Pornonutzung wahr- und ernstzunehmen.

Wenn Jungs über ihr Pornonutzen reden, sprechen sie über diesen Teil ihrer eigenen Sexualität, also über sich. Umgekehrt verschleiern Jungs ihre Pornowelt nicht nur vor anderen, sondern vor allem auch vor sich selbst. Damit sorgen sie dafür, dass Pornos untergründig wirkmächtig werden können. Das in ihnen Verborgene bricht immer wieder aus bzw. in die Jungs ein, weil es als legitimer Anteil der Jungssexualität gesehen werden will; die Kraft, die Jungs den Pornos zuschreiben, ist mehr die ihrer eigenen Sexualität. Gleichzeitig verhindert das Abschirmen die Entwicklung, welche im Aufgreifen und Integrieren dessen liegt, was bisher noch in Pornos gefangen gehalten wird. Hilfreich könnte es sein, wenn Jungs (z. B. auch und gerade mithilfe ihrer Post-nut-Clarity) nicht entwertend, sondern akzeptierend auf ihr Porno-Nutzungsverhalten schauen, wenn sie sich dabei überraschen lassen: Ah, das gefällt mir also in meinen tiefsten Träumen! Mit dieser Öffnung in sich selbst wäre es für Jungs einfacher, ihre Pornowelten auch für ihre sexuellen Gegenüber, insbesondere für Partnerinnen zu öffnen. Erst wenn Jungs vor sich die Bedürfnisse anerkennen, die sie in die Pornowelt auslagern, können sie dazu stehen und ihr Männlichsein vergrößern; wenn sie mehr wissen, wer sie sexuell sind, lässt sich dies in ihre sexuelle Identität und auch in die Sphären des Partnersex bereichernd einbinden.

> Was spricht und springt mich an, wenn ich die Kontrolle ausschalte? Auf welche Pornos stehe ich gerade und welche Bedürfnisse könnten sich dahinter verbergen, die im Partnersex zu kurz kommen? Was ist für mich der Reiz des Verbotenen, was bedeutet es für mich, die Grenze des Erlaubten zu überschreiten? Was meine ich, kontrollieren zu müssen? Wobei im Partnersex könnten mir Pornos Wegweiser sein?

Pornosex wurde durch Männlichkeitszumutungen und (dadurch) unterschlagene Bedürfnisse zur Antithese des Partnersex. Wenn sie Pornos zum Masturbieren nutzen, müssen Jungs nichts bringen, alles »funktioniert«, ohne sich anzustrengen. Reiz und Macht der Pornos werden abnehmen, wenn Jungs ihre Sexualität weniger als Leistung begreifen, die sie erbringen müssen. Was sie in der Pornosphäre finden, dass dieses ganze Pornoversum allein für sie da ist ohne etwas zu leisten, wird nun in den Sex mit anderen einbezogen werden. Natürlich ist nicht das Ziel, dass die Sexualität mit anderen zu einer egozentrischen Einseitigkeit verkommt. Aufeinander bezogen sein geht aber auch ohne Sexstress in einem dritten Feld, etwa in der Formel »ganz bei dir *und* ganz bei mir«: elaborierter, postpornografischer Sex.

Sex

»Männlicher« Sex im traditionellen Sinn der Dominanz-Männlichkeit hat bei den meisten Jungs keine Bedeutung mehr. Damit ist schon heute eine gute Grundlage für guten Partnersex geschaffen. Jungs müssen im Bett zwar nicht diejenigen sein, die aktiver sind und zeigen, wo es langgeht. Dennoch verfolgen sie ein sexuelles Konzept, das ihren Sex einschränkt, behindert oder umgekehrt guten Sex verhindert. Ihr Männlichsein beim Sex binden Jungs an Erektionsfähigkeit und Durchhalten. Jungs wird in ihrer sexuellen Sozialisation und nicht zuletzt durch Pornos die Vorstellung vermittelt, dass für richtigen männlichen Sex in jedem Fall Erektion und Penetration nötig seien. Für eine Show im Pornosex mag das als Voraussetzung genügen, für guten Partnersex aber gar nicht. Hier kommt es darauf an, dass Jungs ganz »da« sind, mit ihrem Penis, aber auch mit dem Rest des Körpers und ihrer Person, dass sie sich zeigen, dass sie ihr Gegenüber nehmen und sich gleichzeitig selbst sexuell nehmen lassen können. All dem stehen Männlichkeitsnormierungen im Weg.

Während Jungs im Pornonutzen die positiven Funktionen für sich ausblenden, idealisieren sie in der Tendenz den Beziehungssex, insbesondere den mit Frauen. Die Haltung und die Meinung ihrer Sexpartnerinnen erscheinen weitgehend unangreifbar; Jungs haben es quasi immer mit besseren, kompetenteren und sexuell stärkeren Frau zu tun, Frauen erscheinen unantastbar, sakrosankt, jede Kritik von ihnen am männlichen Sex ist immer berechtigt. Keiner der Jungs beschwert sich auch nur ansatzweise darüber, dass Frauen ihren Sex nicht hinkriegen, dass sie lahm, passiv, einfallslos im Bett sind oder nicht schneller zum Orgasmus kommen: immerhin wäre es theoretisch schon möglich, dass nicht die Jungs zu schnell, sondern die Frauen zu langsam oder auf den falschen Wegen zum Orgasmus kommen, dass so wie dysfunktionale Männlichkeitsbilder ja auch Weiblichkeitsbilder mit im Bett liegen, die gutem Sex nicht förderlich sind.

Sex weiter denken

In gleichberechtigten Partnerschaften stellen sich neue Aufgaben. Es geht nicht mehr um Macht und Stärke der Dominanz-Männlichkeit. Dennoch werden im Sex und darüber auch Geschlechter verhandelt. Solche Beziehungen verlangen es, mit Konkurrenz und Rivalitäten umzugehen. Frauen und Männer haben heute zunehmend gleiche Qualifikationen, Geschlechterbilder nähern sich an, deshalb gibt es mehr Verhandlungsbedarf und mehr Konflikte und Konkurrenz, auch in sexuellen Beziehungen. Wenn die Partnerin und der Partner jeweils ihre sexuellen Erfahrungen machen und eigene Vorstellungen über Sexualität entwickeln, gibt es notwendigerweise auch Konflikte, ein wertvoller Stoff fürs Liebesleben. Für sexuelle Beziehungen sind Kontroversen grundsätzlich positiv. Dafür ist es allerdings erforderlich, dass auf beiden Seiten alte sexuelle Rollenmodelle weiter aufgegeben und neue reflektiert werden. Männer müssen sich mit ihrer sexuellen »Schwäche« (Ausdauer, Erektion) auseinandersetzen und diese integrieren, Frauen dagegen ihre sexuellen Stärken und Potenzen einbringen. Hier scheint es auf beiden Seiten noch Luft nach oben zu geben. Jungs schaffen das, wo sie es wagen, aber sie wagen es noch zu wenig. Sie lassen sich schnell dazu verführen, Schwierigkeiten beim Partnersex dadurch auszuweichen, noch mehr von sich zu verlangen, sich noch mehr anzustrengen, noch mehr zu leisten. Bequemer als sich und ihre Partner:innen zu konfrontieren scheint es zu sein, den Sexstress durch noch mehr Leistung zu bekämpfen und ansonsten in Pornowelten zu schwelgen.

So wirkt der Partnersex der Jungs romantisch überladen und gleichermaßen sexuell entschärft, mit vielen Pflichtaufgaben für Jungs versehen und mit einer Tendenz zur Überforderung. Kontroll- und Leistungserwartungen bei geringem Bezug auf sich selbst bringt bei Jungs die Unfähigkeit oder Unmöglichkeit mit sich, Sexualität im Moment wirklich zu erleben – was die ersehnte Resonanz des guten Sex oder das Ficken als authentischen und energischen Ausdruck davon verhindert. Fluchttendenzen aus dieser Lage in die Pornografie sind eine verständliche Bewältigung, ein Übergangsobjekt, aber eben keine dauerhafte, erwachsene Lösung. In Zukunft werden Jungs sich mehr für sich und für ihr Erleben beim Sex einsetzen, weil sie die Funktion der Pornos für sich mehr durchschauen und das in den Offline-Sex zu integrieren versuchen, was sie bisher dahin verlagern. Das Fixieren auf den Orgasmus der Partnerin bzw. des Partners ist wenigstens eine indirekte Bestätigung, aber keine Resonanz auf Bedürfnisse der Jungs. Die Aufteilung, die Jungs sich konstruieren, verantwortlich für Spaß und Orgasmus des sexuellen Gegenübers zu sein, entmündigt dieses und produziert in der Bilanz Ungerechtigkeit. Dass sich hier auf Dauer Funktionsstörungen einstellen müssen, liegt nahe. Ohne egoistisch zu werden könnte Jungs und ihren sexuellen Gegenübern die Maxime helfen, dass jede:r für ihren bzw. seinen Orgasmus in erster Linie selbst verantwortlich ist.

Die Attraktivität von Pornos belegt zudem, dass es im Empfinden und Erleben der Jungs eine Leerstelle gibt. Bei aller Vernunft, Moral und Bedürfniskontrolle bei den Jungs ist zumindest in den unterschwelligen Phantasien doch noch etwas Anderes wirksam: Hier sind Frauen massenhaft ausschließlich für den Spaß der Jungs verfügbar. Was Jungs in Pornos können, weniger aber in realen Beziehungen, ist, sich dem hinzugeben, dass sie Bedürfnisse haben und bedürftig sind, dass sie etwas bekommen wollen, dass sie genommen werden wollen und das auch aushalten können. Eine künftige Aufgabe für Jungs hieße, diese Lücke zu füllen, im Abgleich und in der Auseinandersetzung mit ihren jeweiligen sexuellen Gegenübern. Viele Jungs betonen die Bedeutung sexueller Kommunikation, verorten sie zeitlich aber eher im Hinterher bei der sexuellen Evaluation und zur Bewältigung von Problemen. Hier gibt es ein Feld für die sexuelle Kommunikation der Zukunft, die vor und während der sexuellen Aktivitäten angesiedelt wird.

> Jungs entwickeln sich sexuell weiter. Offene Fragen, die sie auf diesem Weg beantworten werden, sind in dieser Hinsicht: Wer bist du sexuell vollständig? Welches sind deine Bedürfnisse? Warum ist der Orgasmus des Gegenübers so wichtig? Was ist mit meiner eigenen Lust? Worüber kann in sexuellen Beziehungen nicht gesprochen werden und warum?

Die zwei Sphären verbinden

Durch das massenhafte Pornonutzen und durch die Akzeptanz der Pornosexualität hat sich der Spalt zwischen Pornosex und Beziehungssex vergrößert. Pornos betonen und verstärken die vorhandene Tendenz und lassen die Pornowelt zu einer beinahe gleichwertigen Schiene der Sexualität werden (Jungs bevorzugen Partnersex aber eindeutig, sie lehnen ihn nicht ab, weil sie bevorzugen, Pornos zu nutzen). Beide Sphären der Sexualität beeinflussen sich, nicht nur einfach und offen (Sextechniken, sexuelle Scripts), sondern durch die Aufteilung und durch einen wechselseitig verstärkenden Effekt: Je mehr Pornos genutzt werden, desto stärker wird Beziehungssex romantisiert und idealisiert; je mehr Beziehungssex romantisiert wird, desto weniger ist darin Platz für »dreckigen« Pornosex und für die Bedürfnisse, die Jungs im Pornonutzen befriedigen können. Menge und Akzeptanz erhöhen den Abstand von romantisiertem Beziehungssex und der Pornowelt der Jungs; das gilt für Jungs, die sich wegen ihres Kontrollverlusts schämen, aber auch für Frauen, die angesichts der Menge des Pornonutzens der Jungs staunen.

In der Studie gab es zahlreiche Hinweise darauf, dass Jungs mehr versuchen, »es den Frauen recht zu machen«, als wirklich in Kontakt mit sich zu sein; sie liefern den Orgasmusservice, versuchen lang durchzuhalten, keine Fehler zu machen und verlagern stattdessen eigene Bedürfnisse aufs Pornonutzen; dort gibt es dann keinen Stress, keine Leistungserwartungen, Pornos agieren und Jungs können passiv sein, sie stellen sich in den sexuellen Mittelpunkt (wichtig: daran sind nicht die Partnerinnen »schuld«, es ist eine gut eingespielte Partnerdynamik!). Auch bei den jungen Frauen finden sich Tendenzen, die eigenen Bedürfnisse zugunsten einer Männlichkeitsstabilisierung der Jungs zurückzustellen (durch die »Nicht-schlimm«-Konstruktion), die eigene sexuelle Potenz nicht voll zu entfalten, Jungs nicht zu zeigen, wo es langgehen könnte, sexuell eher weniger offensiv zu fordern. Damit wird die Potenz der Sexualität mit einem Gegenüber beschränkt. Umgekehrt wird die Partnersexualität integrativer und erweitert, wenn Jungs ihre Bedürfnisse mehr wahr- und ernstnehmen. Sie verstehen ihre eigene Lust weniger als das Erfüllen von Jobs und als das Spiegeln ihres Gegenübers, sondern erlauben sie sich stärker, indem sie mit ihren Bedürfnissen in Kontakt sind.

Bedürfnisse sind unabhängig von anderen, sie drücken eigene Befindlichkeiten aus; sie zu bemerken und sie zu vertreten, auch wenn es dem Gegenüber vielleicht nicht gefällt, erfordert Reife, Erwachsensein, Differenzierung und Autonomie. Dabei geht es nicht darum, Druck auszuüben, sondern darum, dass Jungs wissen und äußern, wer und wo sie sexuell sind. Selbstverständlich kann das Gegenüber frei entscheiden, darauf einzugehen; Bedürfnisse bleiben unabhängig davon, ob das Gegenüber im Moment bereit ist, sie zu befriedigen (das Bedürfnis »Hunger« bleibt, auch wenn niemand etwas zu essen gibt). Mit dem offenen Umgang mit ihren sexuellen Bedürfnissen tragen Jungs etwas dazu bei, dass eine tiefere Form der Beziehung entsteht, die auf Wahrhaftigkeit, Nähe, Intimität gründet. Dazu braucht es beide Partner, und wenn Jungs sich mit ihren Bedürfnissen in die Pornowelt verabschieden, entziehen sie ihrer Partnersexualität etwas von ihrem Potenzial. Mit Personen und ihren Bedürfnissen wahrhaftig umzugehen, ist nicht so bequem wie das Ausweichen in die Pornosphäre, es erfordert Aufwand und die Arbeit, bei sich zu bleiben, offen und echt zu sein und nicht nur im harmonisierenden »so tun als ob« zu verweilen.

Das Aufspalten und Getrennthalten ihrer Sexualität hat Folgen für Jungs und ihre sexuellen Gegenüber. Der in den Pornosex verlagerte Teil steht im Partnersex nicht zur Verfügung und umgekehrt: Jungs können ihre Sexualität immer nur zu einem Teil erleben, enthalten ihren Partner:innen aber auch etwas vor. Auch bei Frauen wirkt die Zuschreibung depotenzierend: Sieht der Mann die Frauen als Heilige, bejaht er ihre Sexualität nicht vollständig; und wer aktive, lustvoll agierte Sexualität ins »Hurenhafte« verschiebt, entwertet weibliche Sexualität oder zwingt Frauen, diesen Teil besser unter Verschluss zu halten. In Zukunft werden Jungs diese Sphären stärker verbinden. Paare wie auch Geschlechter könnten davon profitieren, diese Welten weniger zu separieren. Eine Voraussetzung dafür ist, Sinn und Nutzen der Pornosphäre anzuerkennen und sie nicht von vornherein generalisiert zu entwerten, auch wenn nach gängigen Wertesystemen viele

Inhalte abstoßend wirken: hier kommt es mehr auf die Funktionen für Jungs an, auf Entspannung, Entlastung, Entgrenzung, die ja alle ihre guten Gründe haben.

Beim Partnersex können Pornos eine Anregung werden, wenn Jungs zu ihrer Pornoseite stehen und diese Medien dafür nutzen, dass der Sex als Paar nicht blutleer und langweilig wird. Das Moralproblem, ob Pornos in Beziehungen eine Form der Untreue sind, lässt sich lösen, wenn diese Form der virtuellen Polyamorie mehr in die Beziehung integriert wird. Jungs werden deshalb öfter darüber reden, welche Pornos sie nutzen, was das Pornoschauen mit ihnen währenddessen und danach macht, und sich fragen, warum das für den Partnersex sinnvoll ist. Dazu ist es notwendig, das Pornoversum zu integrieren, mit den Figuren darin zu interagieren und die Personen, mit denen man Offlinesex hat, einzubeziehen. Kommunikation wird von Jungs an mehreren Stellen als wichtigste Zutat für gelingende Sexualität hervorgehoben; dem Reden über heikle Fragen gehen sie dabei aber gern aus dem Weg, die Bedeutung der Kommunikation als Verbindung ihrer beiden sexuellen Sphären klammern sie aus. Das Pornonutzen vervollständigt in Zukunft den Partnersex, wenn wahrhaftig darüber reflektiert und kommuniziert wird.

So wird der Partnersex ein wenig wie Pornonutzen werden: entspannend, entlastet und unbeschränkt. In einer derart von Anforderungen befreiten Sexualität ist es wahrscheinlicher, dass es zum Ficken kommt. Jungs können sich diesen Sex so vorstellen, wie sie sich beim Pornieren fühlen. Sie müssen nichts bringen und nichts wegkontrollieren, sie dürfen sexuell genauso sein, wie sie sind; sie können ihre Lust unabhängig von anderen Personen empfinden, der sexuelle Raum ist (auch) für sie da. Partnersex wird dadurch dreidimensional, was Pornosex (sogar mit 3D-Brille) nie sein wird: ein Erleben zwischen dem Du, dem Ich und dem verbindenden, gemeinsamen Sex.

und Männlichkeit

Männlichkeiten existieren, es wird sie weiter geben und sie werden sich auf die Sexualität auswirken. Die Zukunft männlicher Sexualität wird durch heutige Gewohnheiten, Praxen und Entscheidungen geprägt und damit verwirklicht. Sie hängt auch davon ab, welche Praxen gewählt, welche Entscheidungen von Jungs aktiv und bewusst getroffen werden – wenn sie das nicht tun, entscheiden andere über die Zukunft. Normierungen und Verengungen, die durch Männlichkeitsvorgaben in Jungs verankert werden, bestimmen ihren Sex mit. Alle Männlichkeiten bringen Jungs in Schwierigkeiten; weil sie als quasi natürlich erlebt werden, ist es schwer, das zu reflektieren und zu benennen. Männlichkeiten haben sich verändert und differenziert. Für Jungs ist es verhängnisvoll, dass sie mit den Normierungen der Dominanz- wie der Kontroll-Männlichkeit zu kämpfen haben. Männlichkeiten führen umgekehrt nicht dazu, dass Jungs egozentrisch ihre sexuellen Energien und Potenzen, koste es was es wolle, ausleben. Vielmehr sorgen solche Vorgaben dafür, dass Jungs Selbstbezüge nur schwach entwickeln, ihr Sex spielt sich deshalb oft eher oberflächlich, aber dafür leistungs- und erfolgsorientiert ab.

Von der Entwicklung der Männlichkeiten und vom Blick auf dieselben hängt die Zukunft der Sexualität ab. Die alte Dominanz-Männlichkeit ist auf dem Rückzug, aber sie mischt noch kräftig mit. Die neue Kontroll-Männlichkeit wirkt ebenfalls deutlich, wird von Jungs aber nicht als »männlich« identifiziert. Beide Männlichkeiten versprechen Grandiosität und stellen Jungs eine Falle; sie beauftragen sie zum heldenhaften Orgasmusmacher oder Frauenretter, strafen sie aber gleichzeitig mit Überlastung und sorgen für Enttäuschung und Versagensgefühle, die den Stress noch erhöhen. Fatalerweise verstärkt ihr Sexstress die Penis- und Funktionsorientierung der Jungs. Auch deshalb ist es hilfreich, wenn sie ihren Leistungsdruck mehr wahrnehmen, sich mit ihm auseinandersetzen und ihn womöglich reduzieren: aber bloß nicht durch noch mehr Leistung und noch bessere Kontrolle! Darüber mit Partnerinnen und Partnern zu reden ist sicher ein guter Anfang, dass Kommunikation darüber ohne weiteres möglich ist, zeigen unsere Gespräche mit den Jungs.

Die Entwicklung von Männlichkeiten und der Umgang mit ihnen wird den männlichen Körper anders und neu mit einzubeziehen. Der Überhöhung von sexuellen Körperleistungen werden dann zum Beispiel stärkere Bezüge zu Hoden, Sperma, Prostata oder Ejakulation gegenübergestellt; die intentionale sexuelle Bildung in Familie, Schule und Internet wird solche männlichen Körperaspekte aufnehmen, auch um damit Jungs vom Druck zu entlasten, ihr Männlichsein durch Leistungen belegen und beweisen zu müssen.

Schwächelndes Männlichsein

Das Männlichsein der Jungs wirkt auch deshalb schwach entwickelt, weil mit Männlichkeit häufig nur negative Effekte benannt werden. Männlichkeiten wird es auch in Zukunft geben, weil sie in einem gewissen Rahmen sinnvoll sein können. Sie helfen Jungs im zunächst sehr weiten, offenen und unbestimmten Feld der Sexualität beim Orientieren und geben ihnen Zielmarken vor. Es ist wenig hilfreich, wenn unter Männlichkeit nur negative, toxische Effekte gefasst werden. Für die Analyse und die Weiterentwicklung männlicher Sexualität sind auch tragfähige Aspekte wichtig, die Jungen und Männern gegenüber kommuniziert werden können. Jenseits dieser Defizitorientierung stellt sich die Frage, womit identifiziert werden kann, dass und wie ein Junge oder Mann seine Sexualität schafft, dass er sie positiv bewältigt und weitergedacht: wie diese Seite gefördert werden kann.

Auch wenn die Dominanz-Männlichkeit zurückgedrängt wird, gelangen Jungs dadurch nicht in paradiesische Zustände. Männlichkeit wird reflektierter, nivellierter und vielfältiger (also woker), Homosexualität ist selbstverständlicher und muss nicht mehr so brutal bekämpft werden; die Kontroll-Männlichkeit ist auf dem Vormarsch und hinterlässt in der Jungssexualität ebenfalls Spuren. Sex wird dadurch anders schwierig als unter der Dominanz-Männlichkeit. Ist nicht auch für den Sex Vertrauen gut, Kontrolle aber besser? Nein, es ist umgekehrt: Kontrolle ist sicher nicht nur schlecht; aber Vertrauen in die eigenen sexuellen Kräfte und deren positive Wirkungen für alle Beteiligten wäre besser! Jungs folgen unbewusst der Argumentation, die zur Kontroll-Männlichkeit beiträgt. Sobald Sexualität »männlich« wird, erhält sie das Prädikat problem- und mangelhaft. Im Grunde empfinden Jungs einen guten Teil ihrer Sexualität als etwas Schlechtes: sie ist schlecht, sonst gäbe es nicht den verpflichtenden Auftrag, sie zu kontrollieren; sie ist schlecht, wenn Jungs Leistungserwartungen nicht genügen oder wenn sie sich im Pornoversum entspannen, entlasten oder entgrenzen.

So eine negative Sicht auf männlichen Sex vermittelt: Vorsicht, deine Sexualität ist feindlich, gefährlich, unanständig, bedrohlich. Jungs übernehmen diese Einstellung und versuchen, sich zu zügeln, bevor sie ihre sexuellen Kräfte überhaupt kennengelernt haben. Dies verhindert es, dass Jungs sich mit ihrer Sexualität anfreunden, ihre sexuellen Strebungen und Energien vorbehaltlos kennenlernen, um mit ihnen gut umgehen zu können. Jungs werden durch Kontroll-Männlichkeit zu Risikovermeidern erzogen, die Sex nur mit angezogener Handbremse leben und erleben. Hier wird es neue Diskussionen und Verhandlungsrunden geben. Jungs wird es auffallen, sie werden es hinterfragen und sich gegen die Unterstellung wehren, dass ihre Sexualität von vornherein etwas Schlechtes sei.

Insgesamt schaffen es Jungs aber, mit den Männlichkeitserwartungen umzugehen. Die Art, wie sie das tun, verspricht, dass sie auch künftig ihre Sexualität nicht nur bewältigen, sondern tatsächlich aktiv gestalten. Die Auseinandersetzung mit alten und neuen Männlichkeiten kann dies erleichtern. Dazu muss viel mehr über die Zusammenhänge von Sex und Männlichkeit geredet werden, sowohl bei den sexuellen Paaren, wie auch öffentlich. Nachholbedarf gibt es, weil es diese öffentlichen Diskurse bislang nicht gibt oder nur so, dass Jungs abgeschreckt werden, sich nicht vorbehaltlos damit identifizieren können und diese Auseinandersetzungen als Entwicklungschance für besseren Sex sehen können.

An Jungs lässt sich ablesen, dass sich mit den Männlichkeiten auch Männer weiter entwickeln und sich bereits umgestellt haben. Dominanz beim Sex ist keine einseitige Rollenbeschreibung mehr. Wenn Frauen erfahrener sind oder die Führung übernehmen ist das kein Grund zur Sorge, im Gegenteil, das wünschen sich Jungs und genießen das. Führung ist, wie wir gesehen haben, erlaubt. Aber können Jungs auch veränderte Weiblichkeiten ertragen, können sie den Partnerinnen ihr eigenes Begehren zugestehen, oder derber ausgedrückt: dürfen ihre Freundinnen auch geil sein? Und was macht das mit Jungs? Vermutlich lässt sie das nicht kalt. Solange Jungs ihre Sexualität aufspalten in zwei getrennte Sphären, verbieten sie es ihren realen Partnerinnen nebenbei, geil, begehrend, fordernd zu sein; das passt nicht in die geschönte Partnersexualität, sondern gehört in die andere Abteilung, die neben dem moralisch Anrüchigen überdies noch gefährlich ist. Praktisch, wenn solche Bedrohungen bei Pornos abgelegt werden und dadurch beherrschbar bleiben können, der Märcheneffekt der Pornografie.

Beim Sex der jungen Männer passen die Geschlechterzuordnungen nicht mehr, jedenfalls nicht in traditionelle Schematisierungen. Das binäre Denken ist aufgebrochen, Differenzierungen, individuelle Unterschiedlichkeit und selbstverständliche Gleichwertigkeit sind die Leitideen beim Sex. Damit zeichnet sich die Gleichwürdigkeit aller Geschlechter ab. Gendervorgaben haben beim Sex an Bedeutung verloren, wodurch das Körpergeschlecht mehr in den Vordergrund tritt. Und hier zeigt sich eine verhängnisvolle Leerstelle bei Jungs.

Leerstelle Männerkörper

Die Interpretation der Daten ergab bei allem Optimismus zwei größere Leerstellen, die in Männlichkeiten begründet sind. Die erste bezieht sich auf den Körper. Offenbar führen Männlichkeiten nach wie vor dazu, dass Jungs ihren Körper stärker instrumentell wahrnehmen. Gleichzeitig gilt nicht der Körper selbst als Nachweis des Männlichen, sondern (nur) sein Funktionieren. Hier wird sich in Zukunft durch die Jungs etwas ändern, sie werden entdecken, dass sie grundlegend, nämlich in jeder Zelle männlich sind, und dass das genügt. Es braucht nicht mehr Beweise und auch keinen Leistungsnachweis fürs Männlichsein. Ihr Körper ist einfach und immer da, und damit das Männliche. Dafür muss nichts getan werden, es tut sich selbst.

Jungs nehmen die massiven körperlichen Beschränkungen und Einengungen durch männliche Gender-Konzepte bisher weniger wahr, schon gar nicht gehen sie aktiv gegen sie vor. Männlichkeitsanforderungen wie die unbedingte Erektionsfähigkeit oder verengte Vorstellungen von körperlicher Sexualität (Dauer, Orgasmuspflicht) sind Hindernisse für eine breiter angelegte, integrierte und damit weniger peniszentrierte männliche Sexualität, die sinnlichen sexuellen Genuss verspricht und weniger Sexstress verursacht. Dafür wäre es erforderlich, dass Jungs (und ihre Partnerinnen und Partner) die Erektion nicht mehr so stark für eine erfüllte Sexualität verantwortlich machen und sich vom Sexstress befreien. Der Penis gehört zum Körper, aber er ist nicht der Körper.

Jungs werden zu den speziellen, den exklusiv männlichen Körperaspekten mehr Bezüge aufnehmen, zu Hoden, Ejakulation und zu ihrem Sperma. Sie werden ihren Körper stärker beteiligen und ihn einladen, ihn als Ganzes mit vielen Kontaktflächen, Abteilungen oder Fähigkeiten entdecken und integrieren. Jungs werden deshalb »genügende«, befriedigende und nicht-koitale Sexualität entdecken und leben, die den ganzen Körper als vollwertiges Sexualorgan respektieren und einsetzen (z. B. Haut, Oberarme, Schenkel, Finger, Lippen, Zunge) und ergänzend Sextoys nicht als Peniskonkurrenz erleben, sondern als Entspannungsinstrument für ihre eigene Sexualität, als ein Mittel gegen Sexstress. Jungs werden ihren Körper mehr mit dem Penis verbinden, was ihren Sex verändern wird.

Leerstelle Gewalt

Frauenabwertung und -hass führen durch Dominanz-Männlichkeit zu Gewalt. Davon ist in dieser Studie allenfalls nur schwach etwas erkennbar (vgl. z. B. die Fallstudie »Marc«), vermutlich auch deshalb, weil Jungs gelernt haben, ihre Sprache und Gedanken gut zu kontrollieren, aber auch, weil Kontroll-Männlichkeit nicht auf die Entwertung des Weiblichen aufbaut. Dennoch sind Gewalt oder gewaltnahes Verhalten die zweite Leerstelle, ein blinder Fleck bei den Jungs. Hier waren in der Studie die Erfahrungen der jungen Frauen wertvoll, die Zwang, Druck, Übergriffigkeit oder Gewalt stärker ins Gespräch brachten. Von Jungs dagegen werden diese Themen ausgeklammert. Dementsprechend gibt es bei Jungs noch viel Potenzial zur Entwicklung. Jungs werden sich damit beschäftigen müssen, dass und wo sie Grenzen zur sexualisierten Gewalt überschreiten, und dass das nichts mit ihrer sexuellen Kraft (Potenz) zu tun hat. Tatsächlich kann jeder Mensch sexuell gewalttätig werden (unabhängig vom Geschlecht). Jungs werden in der Auseinandersetzung mit ihren Gewaltpotenzialen erkennen, dass sexuelle Grenzverletzungen und der Vollbesitz ihrer sexuellen Kraft sich grundlegend anders anfühlen.

Wie erwähnt haben wir uns vorgenommen, den Sex im gewaltfreien Feld zu erkunden, nicht Gewalt in sexualisierter Form. Dennoch sind die Jungs schon dort extrem schweigsam, wo Sex sich nur in einer Grauzone in Richtung Gewalt bewegt. Besonders auffällig ist dies in der quantitativen Studie. Hier haben wir die aktive und die passive Grenz-Fragen gestellt. Über ein Drittel der Jungs gibt an, schon Sex gehabt zu haben, obwohl sie das nicht wollten. Umgekehrt gab es nur zwei Fälle (1,4 %), die angeklickt hatten: »Ich habe Sex mit jemandem gehabt, obwohl die andere Person das nicht wollte«. Gerade weil das noch zahm formuliert ist – wir haben nicht nach Vergewaltigung oder massiven Übergriffen gefragt! – kann diese Zahl nicht der Wirklichkeit entsprechen; Vergleichsdaten weisen in eine ganz andere Richtung: »Sexuelle Kontakte schon mindestens einmal durch Ausübung oder Androhung körperlicher Gewalt, durch Ausnutzung von Widerstandsunfähigkeit oder durch verbalen Druck gegen den Willen einer gegengeschlechtlichen Person durchgesetzt zu haben, berichtet in Deutschland jeder zweite männliche Jugendliche (46,4 %) und jede zehnte weibliche Jugendliche (10,5 %)« (Döring 2017, S. 56).

Sich an Männlichkeit anpassen zu müssen ist eine Form von kultureller Gewalt die Jungs erleiden; umgekehrt kann jede Männlichkeit dazu beitragen, dass sie bei Jungs zu Gewalt führt (z. B. kann, solange Sex als Nachweis fürs Männlichsein gilt, darin ein Grund dafür liegen, dass Jungs Druck auf Partnerinnen oder Partner ausüben, weil sie denken, endlich Sex haben zu müssen). Das Gewaltrisiko, das von ihnen ausgeht, haben Jungs aber nicht im Blick. Lediglich der Faktor »Zwang« wird von zwei Jungs kurz im Zusammenhang mit schlechtem Sex angesprochen; für Niklas geht es gar nicht, »wenn Zwang irgendwie eine Rolle spielt, und man es da irgendwie vielleicht besser sein lässt«. Jonas erlebt den Druck gegen sich selbst gerichtet: »Auf Zwang, erstens, weil man sich irgendwie gedrängt fühlt und eigentlich nicht ready ist, aus was für Gründen auch immer«. Die Zukunft wird das ändern, auch angeregt durch eine andere Kultur, die sich momentan entwickelt und vielleicht bald die neue rechtliche Lage: Wo es zwingend notwendig ist, dass alle Beteiligten aktiv ihre Zustimmung zum Sex geben, muss dafür die passende Verhandlungs-, Vereinbarungs- und Gesprächskultur entwickelt werden. Jungs werden sich den Gewaltrisiken beim Sex stellen müssen, von beiden Seiten: wo sie selbst übergriffig werden oder Druck ausüben und dort, wo sie Sex haben, obwohl sie es nicht wollen.

Offener Ausblick

In den Einstellungen und im Verhalten der Jungs zeigen sich immer auch die Schattenseiten von Männlichkeiten, durch die sie sozialisiert werden und wurden. Weder das Dominieren noch das Kontrollieren sind männliches Zuckerschlecken, beides produziert Probleme. Wenn beide (und vermutlich alle) Männlichkeiten ihre Problemseite haben, was könnte dann Männlichkeit jenseits von Dominanz und Kontrolle heißen? Diese Frage muss gestellt und beantwortet werden, wenn die nächste soziale oder wirtschaftliche Entwicklung ansteht. Mit dem Blick auf Kontroll-Männlichkeit (und möglicherweise noch weitere Parallel-Männlichkeiten) zeigen sich aber heute schon in der Männerforschung neue Theorie- und Forschungssektoren, die das Verständnis moderner Männlichkeiten in der paradoxen Gleichzeitigkeit von Persistenz und Wandel besser verstehen helfen.

Blicken wir in die Zukunft der männlichen Sexualität, kann dennoch eine vorsichtig positive Prognose abgegeben werden. Jungs schaffen ihre Sexualität – auch zusammen mit den jungen Frauen. Gleichzeitig gibt es eine Reihe von Entwicklungsmöglichkeiten, die über die bloße Selbstoptimierung hinausweisen: Es sind soziale Themen, die auch öffentlich besprochen werden müssen. Der Umgang mit Porno, Partnersex und Männlichkeiten ist für Jungs eine soziale Herausforderung. Sie werden dadurch angeregt, sich und damit auch die Gesellschaft weiter zu entwickeln. An manchen Stellen tun sich Jungs schwer und stehen vor ungelösten Aufgaben und Problemen, an anderen sind wenigstens einige von ihnen schon weiter. Solche Herausforderungen gibt es überhaupt, damit wir uns weiter entwickeln können, Menschen brauchen das. Selbst in einem optimalen Umfeld und unter besten Entwicklungs- und Förderbedingungen, eines ist auch in der Zukunft in jedem Fall sicher: Sex bleibt kompliziert. Und das ist gut so.

Literatur

Adamczak, B. (2016): Come on. Diskussion über ein neues Wort, das sich aufdrängt – und unser Sprechen über Sex revolutionieren wird. In: ak – analyse & kritik – Zeitung für linke Debatte und Praxis Nr. 614.

Aigner, J. C. (2017): Männlichkeit und männliche Sexualität als das Andere, Fremde. Wovor Genderforscher/-innen Angst haben könnten. In: Franz, M./Karger, A. (Hrsg.): Männliche Sexualität und Bindung. Göttingen: Vandenhoeck & Ruprecht, S. 291–312.

Arendt, H. (1957): Was ist Autorität. In: Arendt, H. (Hrsg.): Fragwürdige Traditionsbestände im politischen Denken der Gegenwart. Frankfurt am Main: Europäische Verlagsanstalt, S. 117–168.

Badinter, E. (1991): Ich bin Du. Die neue Beziehung zwischen Mann und Frau oder die androgyne Revolution. München/Zürich: Piper.

Badinter, E. (1992): XY. Die Identität des Mannes. München/Zürich: Piper.

Baur, N./Luedtke, J. (2008): Konstruktionsbereiche von Männlichkeit. Zum Stand der Männerforschung. In: Baur, N./Luedtke, J. (Hrsg.): Die soziale Konstruktion von Männlichkeit. Hegemoniale und marginalisierte Männlichkeiten in Deutschland. Opladen/Farmington Hills: Barbara Budrich, S. 7–30.

Beauvoir, S. d. (1951): Das andere Geschlecht. Sitte und Sexus der Frau. Hamburg: Rowohlt.

Beck, U./Beck-Gernsheim, E. (1990): Das ganz normale Chaos der Liebe. Frankfurt am Main: Suhrkamp.

Beier, K./Bosinski, H./Loewit, K. (2005): Sexualmedizin – Zeitgemäße Beratung für die Praxis. München: Urban & Fischer.

Béjin, A. (1982): Die Macht der Sexologen und die sexuelle Demokratie. In: Aries, P./Béjin, A./Foucault, M. (Hrsg.): Die Masken des Begehrens und die Metamorphosen der Sinnlichkeit. Zur Geschichte der Sexualität im Abendland. Frankfurt am Main: Fischer, S. 253–272.

Bernholt, N. (2022): Die Welt der Arbeit in einer postkapitalistischen Gesellschaft. Überlegungen und Anfragen zur Rolle von Bildung. In: Wischmann, A./Spieker, S./Salomon, D./Springer, J.-M. (Hrsg.): Jahrbuch für Pädagogik 2022. Weinheim/Basel: Beltz Juventa, S. 137–151.

Blaß, H. (2017): Pornografie und die Angst vor (abhängiger) Bindung. In: Franz, M./Karger, A. (Hrsg.): Männliche Sexualität und Bindung. Göttingen: Vandenhoeck & Ruprecht, S. 113–129.

Bodamer, J. (1956): Der Mann von heute. Seine Gestalt und Psychologie. Stuttgart: Schwab.

Böhm, M./Matthiesen, S. (2017): Solosexualität? – Selbstverständlich! In: BZgA/Matthiesen, S. (Hrsg.): Sexualität von Studierenden im Internetzeitalter. Sexuelle und soziale Beziehungen von deutschen Studierenden. Köln: BZgA.

Böhnisch, L. (1997): Möglichkeitsräume des Mannseins: Zur sozialisationstheoretischen und historischen Begründung einer Jungen- und Männerarbeit. In: Möller, K. (Hrsg.): Nur Macher und Macho? München: Juventa, S. 61–90.

Böhnisch, L. (2003): Die Entgrenzung der Männlichkeit. Verstörungen und Formierungen des Mannseins im gesellschaftlichen Übergang. Opladen: Leske + Budrich.

Böhnisch, L. (2013): Männliche Sozialisation. Eine Einführung. 2. Auflage. Weinheim/Basel: Beltz Juventa.

Böhnisch, L. (2015): Pädagogik und Männlichkeit. Weinheim/München: Juventa.

Böhnisch, L./Funk, H. (2002): Soziale Arbeit und Geschlecht. Theoretische und praktische Orientierungen. Weinheim/München: Juventa.

Böhnisch, L./Winter, R. (1993): Männliche Sozialisation. Bewältigungsprobleme männlicher Geschlechtsidentität im Lebenslauf. Weinheim/München: Juventa.

Bourdieu, P. (1982): Die feinen Unterschiede. Kritik der gesellschaftlichen Urteilskraft. Frankfurt a. M.: Suhrkamp.
Bourdieu, P. (2012): Die männliche Herrschaft. Frankfurt am Main: Suhrkamp.
Bründl, S./Fuss, J. (2021): Impulskontrollstörungen in der ICD-11. In: Forensische Psychiatrie, Psychologie, Kriminologie 15 (1), S. 20–29.
Brunotte, U. (1999): Initiation. In: Auffarth, C./Bernard, J./Mohr, H./Imhof, A./Kurre, S. (Hrsg.): Metzler Lexikon Religion. Stuttgart: J. B. Metzler. www.doi.org/10.1007/978-3-476-03703-9_33.
BZgA (2021): Jugendsexualität: 9. Welle. Im Fokus: Einstieg in das Sexualleben. Faktenblatt Oktober 2021. Köln: BzgA.
Campbell McMillian, John (2016): Über die ethische Art und Weise, Pornos zu schauen. www.vice.com/de/article/qkbab3/uber-die-ethische-art-und-weise-pornos-zu-schauen (27.04.2022).
Connell, R. (1999): Der gemachte Mann: Konstruktion und Krise von Männlichkeiten. Opladen: Leske + Budrich.
Connell, R. (2015): Der gemachte Mann. Konstruktion und Krise von Männlichkeiten. 4., durchgesehene und erweiterte Auflage. Wiesbaden: Springer VS.
Connell, R./Wood, J. (2005): Globalization and Business Masculinities. In: Men and Masculinities 7 (4), S. 347–364.
Dannecker, M. (2017): Verändert das Internet die Sexualität? In: Dannecker, M. (Hrsg.): Faszinosum Sexualität. Theoretische, empirische und sexualpolitische Beiträge. Gießen: Psychosozial, S. 81–92.
Dannenbeck, Clemens/Stich, Jutta (2002): Sexuelle Erfahrungen im Jugendalter. Aushandlungsprozesse im Geschlechterverhältnis. Köln: BzgA.
Dekker, A./Matthiesen, S./Cerwenka, S./Otten, M./Briken, P. (2020): Gesundheit, sexuelle Aktivität und sexuelle Zufriedenheit. In: Deutsches Ärzteblatt International 117 (39), S. 645–652.
Dinges, M. (2017): Sexualität in Deutschland (1933–2016). In: Stiftung Männergesundheit (Hrsg.): Sexualität von Männern. Dritter Deutscher Männergesundheitsbericht. Gießen: Psychosozial, S. 23–38.
Döring, N. (2011): Pornografie-Kompetenz. Definition und Förderung. In: Zeitschrift für Sexualforschung 24 (3). Stuttgart/New York: Thieme, S. 228–255.
Döring, N. (2017): Männliche Sexualität im Digitalzeitalter: Aktuelle Diskurse, Trends und Daten. In: Stiftung Männergesundheit (Hrsg.): Sexualität von Männern. Dritter Deutscher Männergesundheitsbericht. Gießen: Psychosozial, S. 39–78.
Döring, N. (2020): Sex, Jungs und Pornos. Was soll man nur dazu sagen? In: Junge, Junge. Das Magazin der LAG Jungenarbeit NRW, S. 24–30.
Emily, S. (2021): Pornography as a cultural resource for constructing and expressing gendered sexual subjectivities among students in a co-educational boarding school. In: Porn Studies. www.doi.org/10.1080/23268743.2021.1875028.
Fend, H. (2005): Entwicklungspsychologie des Jugendalters. Wiesbaden: Springer VS.
Fichte, J. G. (1797): Grundlage des Naturrechts nach Principien der Wissenschaftslehre. Zweiter Theil oder Angewandtes Naturrecht (zit. n. Lauth, R./Gliwitzky, H. (1964): Fichte Gesamtausgabe. Stuttgart: Fromann).
Flaake, K. (2021): »Du pinkelst ja im Sitzen« – Gesellschaftliche Zuschreibungen an den Körper und Körpererleben in der Adoleszenz junger Männer. In: Busch, K./Benzel, S./Salfeld, B./Schreiber, J. (Hrsg.): Figurationen spätmoderner Lebensführung. Wiesbaden: Springer VS, S. 45–64.
Foucault, Michel (2005): Schriften in vier Bänden. Dits et Ecrits, Band IV, 1980–1988. Frankfurt am Main: Suhrkamp.
Friebel, H. (2014): Selbstverletzendes Verhalten verletzungsoffener Jungs. In: Diskurs Kindheits- und Jugendforschung 1, S. 115–120.
Geißler, R. (2006): Die Sozialstruktur Deutschlands. Wiesbaden: Springer VS.
Gilmore, D. D. (1991): Mythos Mann: Rollen, Rituale, Leitbilder. Zürich: Artemis und Winkler.

Helfferich, C. (2005): Das erste Mal – männliche sexuelle Initiation. In: King, V./Flaake, K. (Hrsg.): Männliche Adoleszenz. Sozialisation und Bildungsprozesse zwischen Kindheit und Erwachsensein. Frankfurt am Main/New York: Campus.
Hill, A. (2011): Pornografiekonsum bei Jugendlichen. Ein Überblick über die empirische Wirkungsforschung. In: Zeitschrift für Sexualforschung, 24 (4), S. 379–396.
Hollstein, W. (2012): Was vom Manne übrig blieb. Das missachtete Geschlecht. Stuttgart: Opus Magnum.
Honneth, A. (1994): Kampf um Anerkennung. Zur moralischen Grammatik sozialer Konflikte. Frankfurt am Main: Suhrkamp.
Hornung, A. (2014): Queere Ritter. Geschlecht und Begehren in den Gralsromanen des Mittelalters. Bielefeld: transcript.
Horvath, M. A./Alys, L./Massey, K./Pina, A./Scally, M./Adler, J. (2013): Basically porn is everywhere: a rapid evidence assessment on the effects that access and exposure to pornography has on children and young people. London: Middlesex University Research Repository.
Howe, C. (2008): Männer(bilder) im Rahmen von Prostitution. In: Baur, N./Luedtke, J. (Hrsg.): Die soziale Konstruktion von Männlichkeit. Opladen/Farmington Hills: Barbara Budrich, S. 239–264.
Kinsey, A. C. (1948/1998): Sexual Behavior in the Human Male. Philadelphia: W.B. Saunders; Bloomington: Indiana U. Press, S. 636–659.
Kimmel, M. S. (1987): The Contemporary ›Crisis‹ of Masculinity in Historical Perspective. In: Brod, H. (Hrsg.): The Making of Masculinities. The New Men's Studies. Boston: Unwin Hyman, S. 121–153.
Kleinplatz, P./Ménard, A. D./Paquet, M.-P./Paradis, N./Campbell, M./Zuccarino, D./Mehak, L. (2013): Components of Optimal Sexual Experiences. In: Michalos, A. (Hrsg.): Encyclopedia of Quality of Life and Well-Being Research. Dordrecht: Springer, S. 1148–1153.
Klusmann, D./Kurrat, S. (1993): Unterschiede zwischen Jungen und Mädchen. In: Schmidt, G. (Hrsg.): Jugendsexualität. Sozialer Wandel, Gruppenunterschiede, Konfliktfelder. Stuttgart: Enke, S. 102–118.
Laakkonen, H. (2014): Adolescents sexual and reproductive Health (SRH): Empowering young people to realize their full potential. In: Entre Nous, The European Magazine for Sexual and Reproductive Health 80 (3).
Latour, B. (2014): Der Berliner Schlüssel. Berlin: Botopress.
Lauth, R./Gliwitzky, H. (Hrsg.) (1964): J. G. Fichte – Gesamtausgabe der Bayerischen Akademie der Wissenschaften. 1. Reihe: Werke: Werke 1791–1794: BD I, 1. Stuttgart: Fromann.
Lorenzer, A. (1984): Intimität und soziales Leid. Archäologie der Psychoanalyse. Frankfurt am Main: Fischer.
Lust, Erika (2015): How to be an ethical porn consumer in nine easy steps. www.independent.co.uk/voices/your-definitive-guide-on-how-to-be-an-ethical-porn-consumer-a6741911.html (27.04.2022).
Maier, M. (1993): »Es gibt keine wirklichen Männer mehr«. Männerliteratur in den fünfziger Jahren und heute. Tübingen: Institut für Erziehungswissenschaften (unveröffentlichte Diplomarbeit).
Maihofer, A. (2007): Gender in Motion. Gesellschaftliche Transformationsprozesse – Umbrüche in den Geschlechterverhältnissen? Eine Problemskizze. In: Grisard, D./Häberlein, D./Kaiser, A./Saxer, S. (Hrsg.): Gender in Motion. Die Konstruktion von Geschlecht in Raum und Erzählung. Politik der Geschlechterverhältnisse. Frankfurt am Main: Campus, S. 281–315.
Maihofer, A. (2015): »Sozialisation und Geschlecht«. In: Hurrelmann, K./Bauer, U./Grundmann, M./Walper, S. (Hrsg.): Handbuch Sozialisationsforschung. Weinheim/Basel: Beltz, S. 630–658.
Marcuse, H. (1987): Triebstruktur und Gesellschaft. Frankfurt am Main: Suhrkamp.
Matthiesen, S. (2013a): Jugendsexualität im Internetzeitaler. Eine qualitative Studie zu sozialen und sexuellen Beziehungen von Jugendlichen. Köln: BZgA.

Matthiesen, S. (2013b): Sexuelle Entwicklung. In: Brieken, P./Berner, M. (Hrsg.): Praxisbuch sexuelle Störungen. Sexuelle Gesundheit, Sexualmedizin, Psychotherapie sexueller Störungen. Stuttgart: Thieme, S. 53–59.

Medienpädagogischer Forschungsverbund Südwest (Hrsg.) (2021): JIM-Studie 2021. Jugend Information Medien. Basisuntersuchung zum Medienumgang 12- bis 19-jähriger. Stuttgart: Medienpädagogischer Forschungsverbund Südwest.

Mertner, E./Mainusch, H. (1970): Pornotopia. Das Obszöne und die Pornographie in der literarischen Landschaft. Frankfurt am Main: Athenäum.

Meuser, M. (2006): Hegemoniale Männlichkeit – Überlegungen zur Leitkategorie der Men's Studies. In: Aulenbacher, B./Bereswill, M./Löw, M./Meuser, M./Mordt, G./Schäfer, G./Scholz, S. (Hrsg.): FrauenMännerGeschlechterforschung. State of the art. Münster: Westfälisches Dampfboot, S. 160–174.

Meuser, M. (2008): Ernste Spiele: zur Konstruktion von Männlichkeit im Wettbewerb der Männer. In: Rehberg, K.-S. (Hrsg.): Die Natur der Gesellschaft: Verhandlungen des 33. Kongresses der Deutschen Gesellschaft für Soziologie in Kassel 2006. Teilband 1 und 2. Frankfurt am Main: Campus, S. 5171–5176.

Meuser, M. (2013): Jungen- und Männlichkeitsforschung. In: Meuser, M./Calmbach, M./Kösters, M./Melcher, M./Scholz, S./Toprak, A. (Hrsg.): Jungen und ihre Lebenswelten – Vielfalt als Chance und Herausforderung. Opladen: Barbara Budrich, S. 38–60.

Neubauer, G./Winter, R. (2010): Jungengesundheit in Deutschland. Themen, Praxis, Probleme. In: Bardehle, D./Stiehler, M. (Hrsg.): Erster Deutscher Männergesundheitsbericht. München: Zuckschwerdt.

Nikulka, I. (2015): »Ich will die Brüste von Katie Price«. Psychoanalytische Überlegungen zum Spannungsfeld von Adoleszenz, Pornographie und Chirurgie. In: Aigner, J. C./Hug, T./Schuegraf, M./Tillmann, A. (Hrsg.): Medialisierung und Sexualisierung. Vom Umgang mit Körperlichkeit und Verkörperungsprozessen im Zuge der Digitalisierung. Wiesbaden: Springer VS, S. 305–324.

Noah, T. (2021): Republicans Are Too Subservient to Corporate America to Wage War on »Woke Capitalism«. In: The New Republic. 8. April 2021. www.newrepublic.com/article/161984/georgia-voting-republicans-woke-capitalism.

Penny, L. (2015): Unsagbare Dinge. Sex, Lügen und Revolution. Hamburg: Edition Nautilus.

Pfeifer, Wolfgang et al. (1993): Etymologisches Wörterbuch des Deutschen. Digitalisierte und von Wolfgang Pfeifer überarbeitete Version im Digitalen Wörterbuch der Deutschen Sprache. www.dwds.de/wb/etymwb/ficken (07.04.2022).

Philaretou, A. G./Allen, K. R. (2001): Reconstructing Masculinity and Sexuality. In: The Journal of Men's Studies 9 (3), S. 301–321.

Pielow, D. (1998): Lilith und ihre Schwestern. Zur Dämonie des Weiblichen. Düsseldorf: Grupello.

Pleck, J. H. (1976): The Male Sex Role: Definitions, Problems, and Sources of Change. In: Journal of Social Issues 32 (3), S. 1976.

Pohl, R. (2019): Feindbild Frau. Männliche Sexualität, Gewalt und die Abwehr des Weiblichen. Hannover: Offizin.

Popitz, H. (1981): Zum Verständnis von Autorität. In: Matthes, J. (Hrsg.): Lebenswelt und soziale Probleme. Verhandlungen des 21. Deutschen Soziologentags in Bremen 1980. Frankfurt am Main, S. 78–87.

Quandt, T./Vogelsang, J. (2018): Jugend, Internet und Pornografie. Eine repräsentative Befragungsstudie zu individuellen und sozialen Kontexten der Nutzung sexuell expliziter Inhalte im Jugendalter. In: Rössler, P./Rossmann, C. (Hrsg.): Kumulierte Evidenzen. Wiesbaden: Springer VS, S. 91–118.

Rosa, H. (2016): Resonanz. Eine Soziologie der Weltbeziehung. Berlin: Suhrkamp.

Schade, S. (2009): Vom Umgang mit Hexen-Bildern. In: Historisches Museum der Pfalz Speyer (Hrsg.): Hexen. Mythos und Wirklichkeit. Begleitbuch. München: Edition Minverva, S. 200–209.

Schenk, M. (2007): Medienwirkungsforschung. 3., vollständig überarbeitete Auflage. Tübingen: Mohr Siebeck.
Schiller, Friedrich (1823): Schillers sämmtliche Werke. Band 6, Teil 2. Karlsruhe: Carlsruhe Büreau der deutschen Classiker.
Schmidt, G. (2004): Das neue Der Die Das. Über die Modernisierung des Sexuellen. Gießen: Psychosozial.
Schmidt, G./Matthiesen, S. (2011): »What do boys do with porn?« Ergebnisse einer Interviewstudie. In: Zeitschrift für Sexualforschung 24, S. 353–378.
Schmitz, S. (2012): Geschlecht zwischen Determination und Konstruktion: Auseinandersetzung mit biologischen und neurowissenschaftlichen Ansätzen. In: Enzyklopädie Erziehungswissenschaft Online, S. 1–38.
Schnarch, D. (2011): Intimität und Verlangen. Sexuelle Leidenschaft in dauerhaften Beziehungen. Stuttgart: Klett Cotta.
Schölper, D. (2008): Männer- und Männlichkeitsforschung – ein Überblick. Berlin: Freie Universität Berlin, Gender Politik Online. www.fu-berlin.de/sites/gpo/soz_eth/Geschlecht_als_Kategorie/M__nner_und_M__nnlichkeitsforschung/index.html.
Setty, E. (2021): Sex and consent in contemporary youth sexual culture: the ›ideals‹ and the ›realities‹. In: Sex Education 21 (3), S. 331–346.
Sielert, U. (1993): Liebe in Kauf nehmen, um Sexualität zu bekommen? In: Winter, R. (Hrsg.): Stehversuche. Sexuelle Jungensozialisation und männliche Lebensbewältigung durch Sexualität. Tübingen: Neuling, S. 55–70.
Sigusch, V. (2013): Sexualitäten. Eine kritische Theorie in 99 Fragmenten. Frankfurt am Main: Campus.
Sigusch, V. (2016): Das Sex-ABC: Notizen eines Sexualforschers. Frankfurt am Main/New York: Campus.
Stahl, C. (1993): Sexuelle Skripts junger Männer. In: Winter, R. (Hrsg.): Stehversuche. Sexuelle Jungensozialisation und männliche Lebensbewältigung durch Sexualität. Schwäbisch Gmünd/Tübingen: Neuling, S. 197–212.
Steffen, N. (2014): Porn Chic. Die Pornifizierung des Alltags. München: Deutscher Taschenbuch Verlag.
Stein-Hilbers, M. (2000): Sexuell werden. Sexuelle Sozialisation und Geschlechterverhältnisse. Opladen: Leske + Budrich.
Theunert, M. (2013): Co-Feminismus. Wie Männer Emanzipation sabotieren und was Frauen davon haben. Bern: Hans Huber.
Theunert, M. (2021): Männerarbeit: Entwicklung und Positionierung. In: Theunert, M./Luterbach, M. (Hrsg.): Mann sein …!? Geschlechterreflektiert mit Jungen, Männern und Vätern arbeiten. Ein Orientierungsrahmen für Fachleute. Weinheim/Basel: Beltz Juventa, S. 53–91.
Theunert, M./Waldner, K. (2014): Grundbegriffe. In: Theunert, M./Waldner, K. (Hrsg.): Alles Neue beginnt im Kleinen. Psychoenergetik nach Peter Schellenbaum. Aachen: Shaker, S. 31–52.
Trio Virilent (= Jungnitz, L./Walter, W./Beier, S.) (1995): Überraschend Beraten. Niedrigschwellige Sexual- und Lebensberatung für Männer. Tübingen: Neuling.
Van Gennep, A. (2005/1909): Übergangsriten (Les rites de passage). Frankfurt am Main: Campus.
Verhaeghe, P. (2016): Autorität und Verantwortung. München: Kunstmann.
Wedel, A. (2013): Männlichkeit und Körperlichkeit. In: Böhnisch, L. (2013): Männliche Sozialisation. Weinheim/Basel: Beltz Juventa, S. 37–51.
Wermuth, B./Theunert, M. (2012): Das Sexuelle ist politisch: Grundlagen einer Sexualpolitik aus Männersicht. In: Markus Theunert (Hrsg.): Männerpolitik. Was Jungen, Männer und Väter stark macht. Wiesbaden: Springer VS, S. 283–307.
Winter, R. (1993): Männer-Selbst-Befriedigung. Masturbation: Befriedigung des verwehrten männlichen Selbst. In: Winter, R. (Hrsg.): Stehversuche. Sexuelle Jungensozialisation und männliche Lebensbewältigung durch Sexualität. Schwäbisch Gmünd/Tübingen: Neuling, S. 263–282.

Winter, R. (2005): Männer. In: Otto, H.-U./Thiersch, H. (Hrsg.): Handbuch Sozialarbeit Sozialpädagogik. München/Basel: Ernst Reinhardt, S. 1160–1168.
Winter, R. (2013): Sexualpädagogik in der Jugendhilfe. In: Schmidt, R.-B./Sielert, U. (Hrsg.): Handbuch Sexualpädagogik und sexuelle Bildung. 2. Auflage. Weinheim/Basel: Beltz Juventa, S. 619–627.
Winter, R./Neubauer, G. (2005): Körper, Männlichkeit und Sexualität. Männliche Jugendliche machen »ihre« Adoleszenz. In: King, V./Flaake, K. (Hrsg.): Männliche Adoleszenz. Sozialisation und Bildungsprozesse zwischen Kindheit und Erwachsensein. Frankfurt am Main/New York: Campus, S. 207–226.
Winter, R./Neubauer, G. (2013): Sex embedded. Jungen und »ihre« Fernseherotik. In: Götz, M. (Hrsg.): Die Fernsehheld(inn)en der Mädchen und Jungen. München: kopaed, S. 393–425.
Zaneva, M./Philpott, A./Singh, A./Larsson, G./Gonsalves, L. (2022): What is the added value of incorporating pleasure in sexual health interventions? A systematic review and meta-analysis. In: PLoS ONE 17 (2), e0261034.
Zilbergeld, B. (1996): Die neue Sexualität der Männer. Was Sie schon immer über Männer, Sex und Lust wissen wollten. Tübingen: dgvt.

Links

Links, auf die im Text verwiesen wird

www.berlinerfestspiele.de/de/gropiusbau/programm/2020/masculinities/glossar.html
www.fu-berlin.de/sites/gpo/soz_eth/Geschlecht_als_Kategorie/M__nner_und_M__nnlichkeitsforschung/index.html
www.fuckmoral.com
www.gender-glossar.de
www.independent.co.uk/voices/your-definitive-guide-on-how-to-be-an-ethical-porn-consumer-a6741911.html (27.04.2022)
www.jungsfragen.de
www.loveline.de
www.moralrevolution.com
www.mpf3.de
www.newrepublic.com/article/161984/georgia-voting-republicans-woke-capitalism
www.vice.com/de/article/qkbab3/uber-die-ethische-art-und-weise-pornos-zu-schauen

Links zu »guten« Pornoseiten (Qualitätspornos, teils feministisch)

arthousevienna.at
bellesa.co
feuerzeugfilms.com
hystericalliterature.com
lustery.com
pinklabel.tv
pinkpornstars.com
schnick-schnack-schnuck.net
xconfessions.com

Dank

Ein erster und herzlicher Dank geht ans Team des SOWIT-Projekts »Jungs und Sex«, an Katharina, Lilia, Lisa, Moritz, Pia und Sophia. Es war eine Freude und ausgesprochen anregend, mit dieser nachwachsenden Forscherinnen- und Forschergeneration zusammenzuarbeiten, gemeinsam zu suchen, zu planen, zu diskutieren. Trotz Coronabeschränkungen und wenig Offline-Präsenz hat das Zusammenarbeiten auch persönlich gut geklappt. Danke für eure Kontakte zu Jungs und jungen Frauen, für euer Engagement und eure Ideen, euren Sachverstand und für die postadoleszenten Forschungsenergien.

Vielen Dank auch an unsere Interviewpartnerinnen und -partner für ihre Bereitschaft, ihre Offenheit, ihre Ernsthaftigkeit oder ihre bisweilen auch humorvolle Distanz, ihr Interesse am Thema und am Reden über Sexuelles und für die oft wirklich tiefen Einblicke in ihre Sexualleben. Danke an (Aliasnamen) Cem, Daniel, David, Dominik, Fabian, Felix, Finn, Florian, Jakob, Jan, Jannik, Jonas, Justus, Lennard, Leon, Linus, Louis, Luca, Lukas, Marc, Max, Moritz, Nico, Niklas, Paul, Philipp, Sebastian, Simon, Tim, Tobias, Tom und an Anna, Annika, Annika, Antonia, Emilia, Hannah, Jana, Jessica, Julia, Katharina, Lara, Laura, Lea, Leonie, Lina, Luisa, Marie und Michelle.

Ebenso bedanken wir uns bei den vielen Jungs, die unseren Online-Fragebogen ausgefüllt haben, obwohl sie weder einen persönlichen Kontakt noch einen direkten Nutzen davon haben.

Vielen Dank auch an Steve Holmes (Künstlername) für ein tiefgründig-entspanntes, interessantes, horizonterweiterndes Gespräch unter Männern über Pornos, Männer und Frauen.

Herzlich bedanken möchte ich mich bei Markus Theunert für seinen Rat in einer kritischen Phase der Auswertung und für sehr wichtige Ergänzungsvorschläge im Männlichkeitskapitel, für seinen wohlwollenden Fachblick und seine elegante Art, Kritisches dezent anzusprechen. Und abgesehen davon ist es immer sehr interessant und anregend mit ihm, auf sämtlichen Ebenen der Männer-Erforschung und -Entwicklung – Danke dafür!

Tübingen, im Mai 2022
Reinhard Winter